プリント形式のリアル過去問で本番の臨場感！

茨城県

茨城県立中高一貫校

2025年春受験用

解答集

本書は，実物をなるべくそのままに，プリント形式で年度ごとに収録しています。
問題用紙を教科別に分けて使うことができるので，本番さながらの演習ができます。

■ 収録内容

・解答集（この冊子です）

書籍ＩＤ番号，この問題集の使い方，最新年度実物データ，リアル過去問の活用，解答例と解説，ご使用にあたってのお願い・ご注意，お問い合わせ

・2024（令和６）年度 ～ 2018（平成30）年度　学力検査問題

○は収録あり	年度	'24	'23	'22	'21	'20	'19
■ 問題(適性検査)		○	○	○	○	○	○
■ 解答用紙		○	○	○	○	○	○
■ 配点		○	○	○	○	○	○

全分野に解説があります

上記に2018年度を加えた7年分を収録しています
注)問題文等非掲載:2024年度適性検査IIの3, 2021年度適性検査Iの3と適性検査IIの1と2, 2020年度適性検査IIの1と3, 2018年度適性検査IIの3

資料の非掲載につきまして

著作権上の都合により，本書に収録している過去入試問題の資料の一部を掲載しておりません。ご不便をおかけし，誠に申し訳ございません。

教英出版

■ 書籍ＩＤ番号

入試に役立つダウンロード付録や学校情報などを随時更新して掲載しています。
教英出版ウェブサイトの「ご購入者様のページ」画面で，書籍ＩＤ番号を入力してご利用ください。

書籍ＩＤ番号　101210

（有効期限：2025年9月30日まで）

【入試に役立つダウンロード付録】
「要点のまとめ(国語／算数)」
「課題作文演習」ほか

■ この問題集の使い方

年度ごとにプリント形式で収録しています。針を外して教科ごとに分けて使用します。①片側，②中央のどちらかでとじてありますので，下図を参考に，問題用紙と解答用紙に分けて準備をしましょう（解答用紙がない場合もあります）。

針を外すときは，けがをしないように十分注意してください。また，針を外すと紛失しやすくなりますので気をつけましょう。

① 片側でとじてあるもの

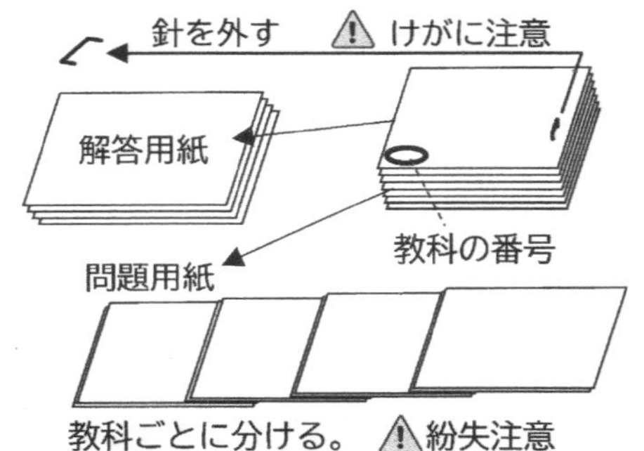

② 中央でとじてあるもの

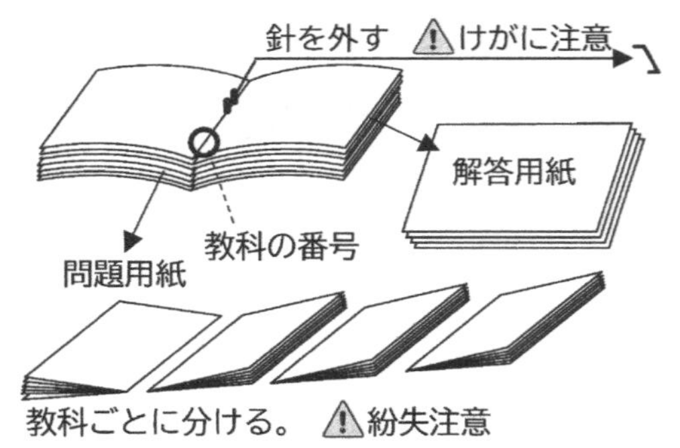

※教科数が上図と異なる場合があります。
解答用紙がない場合や，問題と一体になっている場合があります。
教科の番号は，教科ごとに分けるときの参考にしてください。

■ 最新年度 実物データ

実物をなるべくそのままに編集していますが，収録の都合上，実際の試験問題とは異なる場合があります。実物のサイズ，様式は右表で確認してください。

問題用紙	Ａ４冊子(二つ折り)
解答用紙	Ａ３プリント(問題表紙裏)

リアル過去問の活用

～リアル過去問なら入試本番で力を発揮することができる～

本番を体験しよう！

問題用紙の形式（縦向き / 横向き），問題の配置や余白など，実物に近い紙面構成なので本番の臨場感が味わえます。まずはパラパラとめくって眺めてみてください。「これが志望校の入試問題なんだ！」と思えば入試に向けて気持ちが高まることでしょう。

入試を知ろう！

同じ教科の過去数年分の問題紙面を並べて，見比べてみましょう。

① 問題の量

毎年同じ大問数か，年によって違うのか，また全体の問題量はどのくらいか知っておきましょう。どのくらいのスピードで解けば時間内に終わるのか，大問ひとつにかけられる時間を計算してみましょう。

② 出題分野

よく出題されている分野とそうでない分野を見つけましょう。同じような問題が過去にも出題されていることに気がつくはずです。

③ 出題順序

得意な分野が毎年同じ大問番号で出題されていると分かれば，本番で取りこぼさないように先回りして解答することができるでしょう。

④ 解答方法

記述式か選択式か（マークシートか），見ておきましょう。記述式なら，単位まで書く必要があるかどうか，文字数はどのくらいかなど，細かいところまでチェックしておきましょう。計算過程を書く必要があるかどうかも重要です。

⑤ 問題の難易度

必ず正解したい基本問題，条件や指示の読み間違いといったケアレスミスに気をつけたい問題，後回しにしたほうがいい問題などをチェックしておきましょう。

問題を解こう！

志望校の入試傾向をつかんだら，問題を何度も解いていきましょう。ほかにも問題文の独特な言いまわしや，その学校独自の答え方を発見できることもあるでしょう。オリンピックや環境問題など，話題になった出来事を毎年出題する学校だと分かれば，日頃のニュースの見かたも変わってきます。

こうして志望校の入試傾向を知り対策を立てることこそが，過去問を解く最大の理由なのです。

実力を知ろう！

過去問を解くにあたって，得点はそれほど重要ではありません。大切なのは，志望校の過去問演習を通して，苦手な教科，苦手な分野を知ることです。苦手な教科，分野が分かったら，教科書や参考書に戻って重点的に学習する時間をつくりましょう。今の自分の実力を知れば，入試本番までの勉強の道すじが見えてきます。

試験に慣れよう！

入試では時間配分も重要です。本番で時間が足りなくなってあわてないように，リアル過去問で実戦演習をして，時間配分や出題パターンに慣れておきましょう。教科ごとに気持ちを切り替える練習もしておきましょう。

心を整えよう！

入試は誰でも緊張するものです。入試前日になったら，演習をやり尽くしたリアル過去問の表紙を眺めてみましょう。問題の内容を見る必要はもうありません。どんな形式だったかな？受験番号や氏名はどこに書くのかな？…ほんの少し見ておくだけでも，志望校の入試に向けて心の準備が整うことでしょう。

そして入試本番では，見慣れた問題紙面が緊張した心を落ち着かせてくれるはずです。

※まれに入試形式を変更する学校もありますが，条件はほかの受験生も同じです。心を整えてあせらずに問題に取りかかりましょう。

《解答例》

1 問題1．式…3200×(1－0.1)　値段…2880　問題2．1.8

問題3．記号…イ　説明…おじいさんの家の水そうに小石と水草を入れると水そうの底から水面までの高さが1cm高くなるので，その分の水の量を求めると，30×60×1＝1800で，1800(cm³)　あおいさんは，Aの水そうに入れる小石と水草をちょうど半分にするので，その分の水の量を求めると，1800÷2＝900で，900(cm³)

2 問題1．①ア　②イ　③エ　問題2．④5　⑤2.2

3 問題1．ア．○　イ．×　ウ．×　エ．○　問題2．記号…ア　理由…葉やその周りの熱をうばう

問題3．ア，ウ，エ　問題4．39

4 問題1．以外の条件を同じにするため。　問題2．ア．×　イ．×　ウ．○　エ．×　オ．○

問題3．①エ　②ウ　③ア　問題4．0.1152

《解　説》

1 **問題1**　1割＝0.1より，3200円の1割引きの値段は，3200×(1－0.1)＝2880(円)である。

問題2　おじいさんの言葉より，おじいさんの家の水そうはCの水そうと同じである。おじいさんの家では水そうの高さの$\frac{5}{6}$倍の水が入っているので，容積64.8Lの水そうに，64.8×$\frac{5}{6}$＝54(L)の水が入っていることがわかる。おじいさんの家で飼っているメダカは30ぴきなので，メダカ1ぴきあたりの水の量は54÷30＝1.8(L)である。

問題3　「あおいさんの考え」より，あおいさんの家の水そうに入れる水の量は11700cm³＝11.7Lである。あおいさんの言葉より，あおいさんは，メダカ1ぴきあたりの水の量を2L以上にしたいので，あおいさんが飼うことのできるメダカの数は，11.7÷2＝5余り1.7より，5ひきである。また，900は，あおいさんが入れようと思っている小石と水草の量である。おじいさんの家のCの水そうに小石と水草を入れると，水そうの底から水面までの高さが1cm高くなることを考えて，おじいさんの家の小石と水草の量を求める。あおいさんはその半分をAの水そうに入れようと思っていることから，あおいさんの家の小石と水草の量を求めればよい。

2 **問題1**　図2の下のゆうかさんの言葉より，Aのぬり分け方は回転して同じになるものがあるから3通りである。Bも回転して同じになるものがあるので，3通りである。

Cは，回転して同じになるものがないので，右の図で(㋐，㋑)＝(赤，青)，(赤，黄)，(青，黄)，(青，赤)，(黄，赤)，(黄，青)の6通りである。

3色での色のぬり分け方は，A＋B＋C＝3＋3＋6＝12(通り)である。

問題2　例えば，図iの3つの正方形について，一番大きい正方形に対角線を引いて記号をおく。三角形OCDは三角形OABの4個分と同じ大きさの三角形とわかる。だから，CDの長さはABの長さの2倍である。

図iiのように，一番小さい正方形の1辺の長さを1とすると，3番目に小さい正方形の1辺の長さ

図 i

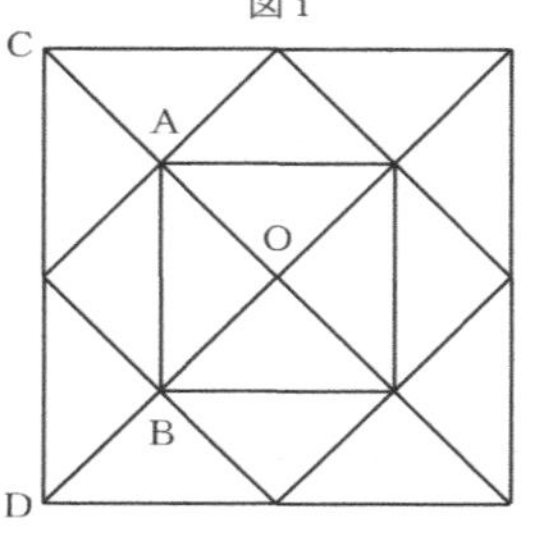

図 ii

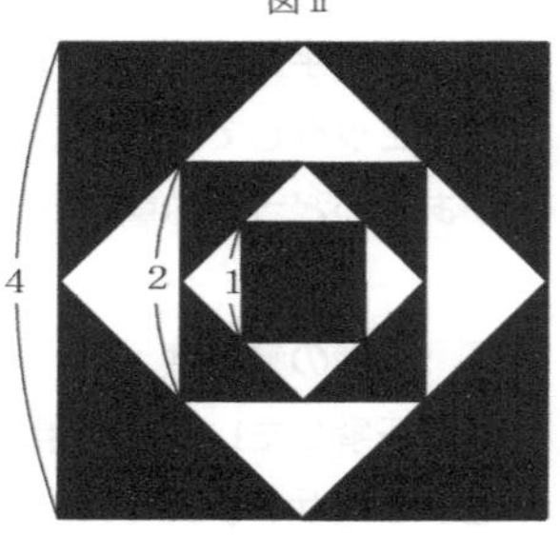

は１×２＝２，一番大きい正方形の１辺の長さは２×２＝４となる。２番目に大きい正方形の面積は，対角線が４だから，４×４÷２＝８となる。２番目に小さい正方形の面積は，対角線が２だから，２×２÷２＝２となる。したがって，白の部分の面積は，８－２×２＋２－１×１＝５となる。一番内側の黒の正方形の面積は１だから，文中の④は５÷１＝５(倍)である。黒の部分の面積は，４×４－５＝11だから，文中の⑤は11÷５＝2.2(倍)である。

3 **問題１** イ×…15時のとき，何もなしの室内の温度は約35.3℃，緑のカーテンの室内の温度は約32.9℃である。グラフ縦じくの室内の温度の最も低い温度が０℃でないことに注意しよう。ウ×…室内の温度が最高温度を記録した時刻は，何もなしと緑のカーテンでは15時，すだれでは16時である。

問題３ ［１枚の葉から出る水の量(ウ)］÷［１枚の葉の面積(ア)］で，葉の面積当たりから出る水の量が求められる。これに［緑のカーテン全体の面積(エ)］をかけることで，緑のカーテン全体から出るおおよその水の量が求められる。

問題４ 設定温度28℃のときの６日間の消費電力量の合計は，緑のカーテンがある部屋では1.08＋0.97＋0.39＋0.60＋0.74＋0.90＝4.68(kWh)，緑のカーテンがない部屋では1.55＋1.40＋0.67＋0.90＋0.94＋1.25＝6.71(kWh)である。エアコンの消費電力量は設定温度を１℃上げると，上げる前に対し13%節約できるから，緑のカーテンがある部屋で設定温度を１℃上げると６日間の消費電力量の合計は4.68×(１－0.13)＝4.0716(kWh)となる。したがって，消費電力量の合計は，緑のカーテンがある部屋でエアコンの設定温度を１℃上げた場合，設定温度28℃で緑のカーテンがない部屋と比べて，6.71－4.0716＝2.6384(kWh)減少する。よって，消費電力量の合計は$\frac{2.6384}{6.71}\times 100=$39.3…→39%減少する。

4 **問題１** ビニル導線を切ってしまうと，結果のちがいが，長さのちがいによるものか，巻数のちがいによるものか判断できなくなる。

問題２，３ スイッチが入っているとき，うすい鉄の板と点Ｐがつながったり，はなれたりすることで，鉄心入りコイルが鉄の棒(ぼう)を引きつけたり(磁石(じしゃく)のようなはたらきをしたり)，引きつけなかったりする。これにより，鉄の棒がかねをくり返したたくので，音がくり返し鳴る。

問題４ ５回かねをたたいたとき，鉄の棒の先端(せんたん)は５往復しているから，８×５＝40(mm)動いている。したがって，鉄の棒の先端は１秒間に40÷1.25＝32(mm)の速さで動いている。よって，１時間→3600秒，１km→1000000mmより，１時間に32×3600＝115200(mm)→0.1152kmの速さで動いている。

《解答例》

1　問題１．ア　問題２．野菜…ピーマン　記号…イ　問題３．イ　問題４．(1)エ　(2)ウ

2　問題１．C→F→A　問題２．ア．○　イ．×　ウ．×　エ．×　問題３．記号…ア　①北海道の年間旅客数と合わない。　②北海道の他の空港の旅客数がふくまれる。

3　問題１．(1)①×　②○　③○　④○　⑤×　(2)A．役割　B．社会の役に立つ　問題２．(1)C．好き　D．知識　E．能力（DとEは順不同）　(2)ア，オ

4　問題１．ウ，オ　問題２．エ　問題３．土手をふんで固める　問題４．祖父のやさしさを伝えるために，やわらかい印象をあたえる「ほほえみ」を使いたい

《解　説》

1　**問題１**　ア　資料１の地図の左上の方位記号より，地図中の上は北，右は東である。道の駅は，２回目の休けい場所(船の乗り場)の右上(北東)にある。また，地図中のスケールバーを利用すると，船の乗り場から道の駅までの直線距離は，５kmより短いことがわかる。

問題２　野菜…ピーマン，記号…イ　資料２より，2022 年９月から 10 月にかけて，すべての野菜の出荷量が増えているが，2022 年２月から６月にかけて，常に増え続けているのはピーマンだけである。次に資料４の**あ**～**う**を見ると，１年を通して東京都中央卸売市場に出荷されているのは**あ**だけだから，**あ**が茨城県である。茨城県の出荷量が減る冬に出荷量が増えている**い**が，あたたかい地方(九州地方)に位置する宮崎県になるから，残った**う**が岩手県である。

問題３　イ　イの地方の特産物を納める調と，ウの都で働くかわりに布を納める庸は，農民が都に運ばなければならなかった。アは雑徭，エは兵役で，都の警備が衛士，九州の警備が防人である。

問題４(1)　エ　資料７の 1890 年の輸入額の１番にあるのは綿糸であり，1910 年の輸入額の１番にあるのは綿花である。綿花から綿糸をつくる紡績業では，蒸気の力で動く紡績機械が導入され，日清戦争頃には中国や朝鮮に向けて綿糸が盛んに輸出された。

(2)　ウ　資料７の輸出額を見ると，1890 年の生糸の輸出額は 5660×0.245＝1386.7(万円)，1910 年の生糸の輸出額は 45843×0.284＝13019.412(万円)だから，13019÷1387＝9.3…より，約９倍になっている。

2　**問題１**　C→F→A　C(京都府)→F(兵庫県)→A(広島県)　中尊寺金色堂は岩手県，富岡製糸場は群馬県，日光東照宮は栃木県にあり，いずれも東海道・山陽新幹線は通らない。

問題２　ア＝○　イ＝×　ウ＝×　エ＝×　ア．正しい。日本の工業地帯はそのほとんどが太平洋ベルトにある。イ．誤り。高速道路の発達によって，内陸に北関東工業地域が形成された。ウ．誤り。京葉工業地域では，機械工業の割合より金属工業・化学工業・食料品工業の割合の方が大きい。エ．誤り。化学工業のしめる割合が最も大きくなっているのは京葉工業地域である。

問題３　資料５より，Aの年間旅客数は 6830.7＋1816.4＝8647.1(万人)だから，資料４より，ほぼ東京国際空港の旅客数に等しい。Bの年間旅客数は 2281.2＋2279.5＝4560.7(万人)だから，関西国際空港と大阪国際空港の年間旅客数の和の 2930.8＋1629.9＝4560.7(万人)と一致する。Cの年間旅客数は 730.5＋3393.3＝4123.8(万人)だから，成田国際空港の年間旅客数と一致する。ここで，資料６より，東京都の空港は東京国際空港以外にも離島を含めて

いくつかあることが読み取れるから，Aの年間旅客数が東京国際空港の年間旅客数に等しくならないことがわかる。同じように，北海道の年間旅客数が新千歳空港の年間旅客数と一致せず，資料6より，北海道も新千歳空港以外に多くの空港があることが読み取れる。

3 **問題1(1)①** ひろしさんの最初の発言は，「どんな仕事をしているの」かをたずねたものであり，インタビューの目的や意図を伝えていない。よって，×。　② ひろしさんの3番目の発言は，直前のおねえさんの話の中心がどこにあるのかを考え，まとめたものである。よって，○。　③ ひろしさんの2番目の発言は，疑問(ぎもん)をもったことについて，さらにくわしくたずねたものである。よって，○。　④ ひろしさんの5番目の発言に，「今回のインタビューのメモをもとに」とある。よって，○。　⑤ ひろしさんは，ていねいな言葉も使っているが，「会社員って」「そうなんだ」などのていねいとはいえない言葉も使っている。よって，×。　**(2)** おねえさんの4番目の発言に「わたしたちの仕事はそれぞれですが，社会の役に立つために，メンバーひとりひとりが欠かすことのできない役割を果たしているのです」とある。つまり，おねえさんの会社では，メンバーがそれぞれの役割を果たし，チーム全体で社会の役に立つことをしていると言える。また，ひろしさんの5番目の発言に，「きっと，他の会社も同じように，チーム全体で社会の役に立とうとしているのですね」とある。

問題2(1)C さやかさんはお菓子づくりが，なおきさんはサッカーが好きだと言っている。そして，それぞれが好きなものに関係する職業がたくさんあると言っている。　**D・E** なおきさんの2番目の発言に着目する。なおきさんは，「スポーツでは，競技についてくわしい知識をもつことが基本」だと言った上で，それぞれの職業で必要な能力を具体的に挙げている。　**(2)** スキーの事例を示した筆者の意図は，「学ぶということは自分の選択肢(せんたくし)を広げること」だという筆者の主張をわかりやすく伝え，説得力をもたせることである。筆者は最後に「選択肢の多い人生の方が楽しいと僕は思うのです」と述べている。よって，アとオが適する。

4 **問題1** 4行後の「おじいちゃんの桜好きは，あなたが受けついだのね」という言葉は，「いっしょに桜をながめている時に母に言われた言葉」である。この1文が加わることで，作文の始めと終わりの内容がつながる。よって，ウとオが適する。

問題3 さやかさんの発言に「たくさんの人が土手をふむと，固くなるよね」とある。

問題4 Cの案とDの案のちがいは，短歌の最後の「ほほえみ」と「笑顔が」の部分である。両者のちがいを，資料4の内容をふまえて読み取る。

《解答例》

1 問題1．式…80÷２÷２〔別解〕200÷５÷２　半径…20　問題2．白い花かざり…28　赤い花かざり…28

2 問題1．ア．15　イ．11　問題2．①森の駅　②バス　③13：25　④13：27　⑤14：03　⑥14：35　⑦14：55　⑧15：19　バスや電車の運賃と入場料の合計…450

3 問題1．コ　問題2．記号…ア　水の量…375　問題3．温度が変わっても水にとける食塩の量はあまり変わらない

4 問題1．エ　問題2．541　問題3．ア．○　イ．×　ウ．×　エ．×

《解　説》

1 **問題1**　２つの円の直径が看板の縦の長さ 80 cmにぴったり収まるから，円の半径は 80÷２÷２＝20(cm)となる。

問題2　右図のように，看板の周囲の花かざりを点線で４つに分けて考える。

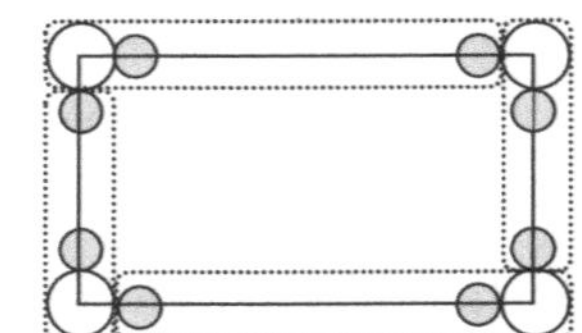

点線で囲んだ縦の部分と横の部分の長さはそれぞれ 80 cmと 200 cmで，白と赤の花かざりが同じ数ずつふくまれる。白と赤の花かざりは直径が合わせて 12＋８＝20(cm)なので，縦の部分には白と赤の花かざりが 80÷20＝４(個)ずつ，横の部分には 200÷20＝10(個)ずつふくまれる。したがって，白い花かざりも赤い花かざりも，４×２＋10×２＝28(個)必要である。

2 **問題1**　見学する場所の数によって見学ルートが全部で何通りあるか分けて考える。

見学する場所が１つの場合，見学ルートは３通り。

見学する場所が２つの場合，見学しない場所を１つ選べばよいので，見学場所の組み合わせは３通り。この３通りそれぞれに対し，どちらから見学するかの２通りがあるので，見学ルートは，３×２＝６(通り)

見学する場所が３つの場合，最初に行く場所の選び方が３通り，この３通りそれぞれに対し，次に行く場所の決め方が２通り，最後は残った場所に行くので１通り。よって，見学ルートは，３×２×１＝６(通り)

以上より，見学ルートは全部で３＋６＋６＝15(通り)ある。

このうち，タワーを入れた見学ルートは，見学する場所が１つの場合は１通り。

２つの場合はタワーをふくまないルートが公園→滝と滝→公園の２つだから，６－２＝４(通り)

３つの場合は必ずタワーに行くので６通り。

よって，タワーを入れた見学ルートは，１＋４＋６＝11(通り)ある。

問題2　最短で美術館に向かう場合，中央駅から電車で城の駅まで行き，大仏から美術館までバスで行くことになるが，この場合だと電車の運賃が 180 円，城の入場料が 200 円，バスの運賃が 150 円で合計 530 円となり，予定金額を 30 円超えてしまう。よって，中央駅から森の駅まで電車で行くか，大仏から美術館まで徒歩で行くルートになる。どちらのルートであっても必ずかかる時間は，中央駅で電車を待つ時間が 25 分，城の見学時間が 20 分，城から大仏までの移動に 12 分，大仏の見学に 15 分で，合計 72 分となる。13 時から 15 時 30 分までは２時間 30 分＝150 分だから，その他の時間は，150－72＝78(分)である。したがって，降りた駅から城までの移動時間を考えると，大仏から美術館まで徒歩で移動するのは不可能である。よって，バスには必ず乗るので，電車は森の駅で降り

なければならない。集合時間に間に合わせるためには，15 時 30 分－24 分＝15 時 6 分以前のバスに乗らなければならないので，14 時 55 分発のバスに乗る。

以上を予定表にまとめると，下のようになる。

見学ルート 【移動方法】	中央駅 →	（森の駅）→ 【電車】	城 → 【徒歩】	大仏 → 【徒歩】	美術館 【（バス）】
発着時刻	（13：25）発	（13：27）着 到着後 すぐに出発	（14：03）着 見学後 すぐに出発	（14：35）着 （14：55）発	（15：19）着

また，このときの金額の合計は，電車の運賃が 100 円，城の入場料が 200 円，バスの運賃が 150 円で，450 円となる。

3 **問題 1**　ろ紙の代わりに，ミョウバンの水溶液（すいようえき）は通すが水にとけない小麦粉の固体は通さないキッチンペーパーを，ろうとの代わりに，キッチンペーパーを置くことができ，水溶液が通り抜けるざるを選ぶ。

問題 2　ミョウバンは 100 g の水に $9\times\frac{100}{250}=3.6$(g)～$12\times\frac{100}{250}=4.8$(g)とけているので，表より，0℃に冷やすとミョウバンが出てくる。ミョウバンの水溶液を 0℃に冷やしたとき，250 g の水に $3\times\frac{250}{100}=7.5$(g)のミョウバンがとけているので，250 g の水に 3 g のミョウバンがとけたつけじると同じこさにするために，水の量を $250\times\frac{7.5}{3}=625$(g)にする。よって，加える水の量は 625－250＝375(g)となる。

問題 3　表より，温度が変わっても 100 g の水に溶ける食塩の量はほとんど変わらないことがわかる。

4 **問題 1**　エ〇…図 2 より，台風Ｘの中心がＡ市に最も近づいたのは，台風がＡ市の北西にあるときである。図 1 より，Ａ市の北西を台風が通過するとき，Ａ市の風向は南東から南に変化すると考えられる。

問題 2　109 ㎢→109000000 ㎡，59000000 t →59000000000 kgより，1 ㎡の面積に 59000000000÷109000000＝59000÷109＝541.2…kgの雨が降ったことになる。よって，降水量は 541 ㎜である。

問題 3　イ×…貯水量は減少している。　ウ×…7 月～9 月の貯水量は 3000 万㎥以下になっている。　エ×…過去の平均の 2 倍以上の降水量だった月は 10 月である。10 月の貯水量よりも 11 月と 12 月の貯水量の方が多い。

《解答例》

1 問題1．エ　問題2．江戸から遠いところには、外様大名を多く配置している。　問題3．オ
問題4．まとめ①…×　まとめ②…○　まとめ③…×

2 問題1．エ　問題2．イ　問題3．A．カ　B．イ　C．オ　D．ウ　問題4．ウ

3 問題1．⑴A．ウ　C．ア　⑵社会現象が変えられるかもしれないと回答した人の割合が高い　問題2．⑴経験
⑵日常生活での成功と失敗から学び、生きるために必要なちえを身に付ける

4 問題1．エ，オ　問題2．⑴ア．○　イ．×　ウ．○　エ．×　オ．○　カ．○　⑵B．エ　C．オ　D．ア
E．イ

《解　説》

1 **問題1**　資料1の地図は上側が北になっているので，最高裁判所から見た東京駅の方角は東になる。また，地図の下部分に地図上での500mの長さが示されていて，この長さの約4つ分が最高裁判所と東京駅間の長さなので，500×4＝2000(m)より，約2kmと判断する。

問題2　親藩は徳川家一門，譜代大名は関ヶ原の戦い以前から徳川氏に従っていた大名，外様大名は関ヶ原の戦い前後に徳川氏に従った大名のことである。幕府からの信頼度の違いから，それぞれの支配地の場所に違いがあった。また，外様大名の中には50万石以上の大大名も多くいるが，譜代大名はほとんど30万石以下である。

問題3　D→B→Cの順。資料Dは江戸時代の開国直後，攘夷論が高まるなか，長州藩の外国船ほうげきに対する報復として起きた事件。資料Bは五箇条の御誓文(1868年)。資料Cは明治時代，殖産興業によって開設された官営模範工業である富岡製糸場。

問題4　まとめ①　資料6より，海外から大分県に宿泊した客が最も少なかった月は9月で34445人，資料4より1年間に東北・北海道から宿泊した客は61803人だとわかるので誤り。　まとめ③　資料5より，韓国・台湾から宿泊した客は344269＋140405＝484674(人)より，大分県内からの宿泊客581997人より少ないので誤り。

2 **問題1**　法隆寺は奈良県にある。奈良県は海に面していない内陸県なので，海外線がないエと判断できる。アは岩手県，イは京都府，ウは兵庫県。

問題2　ア．資料3より，チェーンソーの台数は減っているので誤り。　ウ．プロセッサは木を切り倒す機械ではない。また，プロセッサよりハーベスタのほうが増えた分の台数が多いので誤り。　エ．チェーンソーの台数は減っていて，プロセッサやハーベスタの台数は増えているので誤り。

問題4　アは平和維持活動(PKO)，イは国民主権，エは象徴天皇制についての説明。

3 **問題2⑴**　3つの［D］の前後を見ると，「成功や失敗の［D］を積み重ねることで生きるために必要なちえを学んでいく」「［D］をすることで，正しい判断ができるようになる」「判断に必要な［D］を積んで」とある。資料5では，「成功と失敗を繰(く)り返すことで，どうすれば成功するのか，どうしたら失敗するのかを学んでいく。そして，判断に必要な経験を積み重ねていくのである」「成功と失敗を繰り返して，経験を積み重ねるためには」「遊びを通して模擬的(もぎてき)な成功と失敗を繰り返し～生きるために必要な知恵(ちえ)を学んでいくのである」と述べているので，「経験」が適する。　⑵　［E］には，「自分の行動に責任をもてる大人になるために」大切なことが入る。資

料６の③を参照。「自由には責任がともなう」については［Ｅ］の前で述べているので，「日常生活での成功と失敗から学ぶこと」「生きるために必要なちえを身に付けていくこと」という２つの点をまとめる。

4 **問題１**　「資料１にも資料２にも関連のある」ものである。２つの資料に共通しているのは，「日本食」「温泉」「日本の歴史・伝統文化体験」(＝お祭り，伝統玩具，和服，柔道・剣道など，書道)である。よって，エとオが適する。

問題２(1)　ア．〈和食の４つの特徴〉の３に「季節に合った道具や器を利用～季節感を楽しんでいる」とあるので，○。　イ．〈和食の４つの特徴〉の２に「動物性油脂の少ない食生活を実現しており」とあるので，×。
ウ．〈和食の４つの特徴〉の１に「各地で地域に根差した多様な食材が用いられている。また，素材の味わいを生かす調理技術～が発達している」とあるので，○。　エ．２段落目に「海外から～取り入れ，日本独自の食文化を発展させてきた」とあるので，×。　オ．〈和食の４つの特徴〉の２に「一汁三菜を基本とする日本の食事スタイルは，栄養バランスが取りやすい」とあるので，○。　カ．〈和食の４つの特徴〉の４に「年中行事と密接～食の時間を共にすることで，家族や地域のきずなを深めてきた」とあるので，○。　**(2)**　Ｂ．「日本の国土～表情豊かな自然が広がっているため～多様な食材が用いられている」と述べているので，エが適する。　Ｃ．「栄養バランスが取りやすい～長寿，生活習慣病予防に役立っている」と述べているので，オが適する。　Ｄ．「季節感を楽しんでいる」と述べているので，アが適する。　Ｅ．「食の時間を共にすることで，家族や地域のきずなを深めてきた」と述べているので，イが適する。

《解答例》

1　問題1．141.75　　問題2．75

2　問題1．60　　問題2．最大の総試合数…87　最大のチーム数…88

3　問題1．B→D→E→C→A　　問題2．イ，オ　　問題3．ア，イ，オ，ク，ケ　　問題4．ウ

4　問題1．グラフ…イ　Y．キ　　問題2．エ　　問題3．38.4

《解　説》

1　**問題1**　㋐の面積は，手順①で折ってできた五角形の面積の半分である。

五角形の面積は，(1辺が18cmの正方形の面積)－(直角をはさむ2つの辺の長さが9cmの直角二等辺三角形の面積)＝$18\times18-9\times9\div2=283.5$(cm²)だから，㋐の面積は，$283.5\div2=141.75$(cm²)

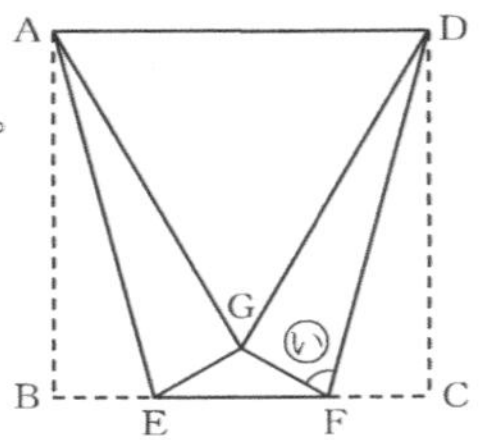

問題2　右のように記号をおく。折って重なる辺だから，AB＝AG，DC＝DG

よって，三角形ADGは正三角形とわかるので，角ADG＝60°，角GDC＝90°－60°＝30°

折って重なる角だから，角DGF＝角DCF＝90°，角GDF＝角CDF

角GDF＋角CDF＝角GDC＝30°なので，角GDF＝30°÷2＝15°

三角形GDFの内角の和は180°なので，㋑の角の大きさは，180°－90°－15°＝75°

2　**問題1**　7チーム参加の場合は，右図のように，1回戦3試合，2回戦(準決勝)2試合，3回戦(決勝)1試合で優勝が決まるので，求める時間は，20×3＝60(分)

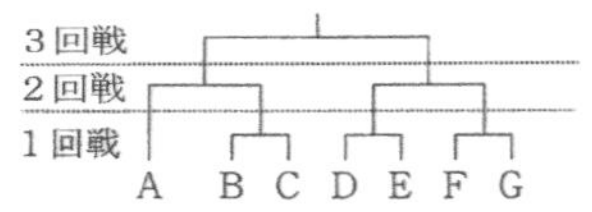

問題2　試合時間は合計で16時40分－9時＝7時間40分＝460(分)ある。

460＝20×23であることから，20×23(分)で最大何チームが参加できるかを考える。試合数が最大になる場合，決勝は1試合，準決勝は2試合，準々決勝は4試合，その前は8試合，…，と1回戦にさかのぼっていくように考えると，準々決勝まではすべて4で割り切れる試合数だから，それまでは20分ごとに4試合ずつ行われる。そして，準決勝の2試合，決勝の1試合で20分ずつかかるので，20分ずつ区切って考えると，4試合が23－2＝21(回)，2試合が1回，1試合が1回行われるから，最大の総試合数は，4×21＋2×1＋1×1＝87(試合)

また，1試合ごとに1チームが負けて，最後の1チームになるまで試合を行うのだから，最大のチーム数は，(最大の試合数)＋1＝87＋1＝88(チーム)

3　**問題1**　メダカのスケッチだけでなく，文章にもヒントがあるのでしっかり読もう。

問題2　イ○…ふ化したばかりのメダカは泳ぐ力が弱いため，じっとしていることが多い。　オ○…ふ化してから2，3日はふくらんだはらの養分を使って生活し，えさを食べなくても成長する。

問題3　日光が当たることで養分をつくることができるのは，緑色をした植物である。緑色の部分(葉緑体)に日光が当たると，水と二酸化炭素を材料にして養分(でんぷん)と酸素をつくり出す光合成が行われる。

問題4　ある生物の数が一時的に減ると，その生物に食べられる生物の数は一時的に増え，その生物を食べる生物の数は一時的に増える。

4 **問題１**　ふりこが往復する時間は，おもりの重さやふりこのふれはばによって変化せず，ふりこの長さによってのみ変化する。おもりの重さによって変化しないことは④と⑦，ふりこのふれはばによって変化しないことは②と③を比べることでもわかる。したがって，ふりこの長さとふりこが20回往復する時間の関係をグラフに表すと右図のようになる。ふりこが１回往復する時間は，ふりこが20回往復する時間を20で割ったものだから，右図の縦じくをふりこが１回往復する時間にしても同じような形になると考えられる。また，右図より，ふりこの長さが150 cmのときのふりこが20回往復する時間としては，約50秒が最も近いことがわかる。

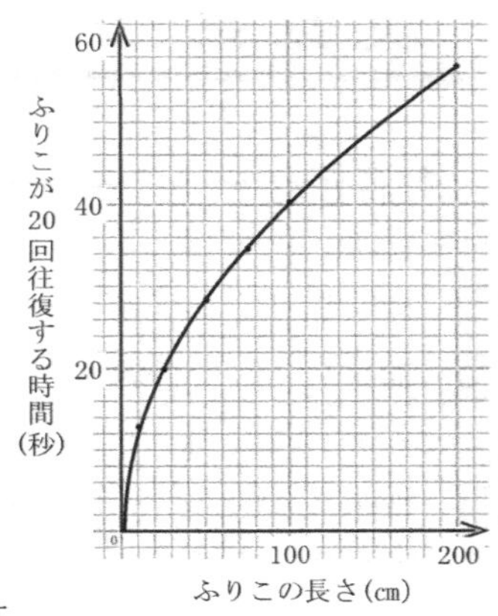

問題２　１分間に鳴る回数を増やすためには，ふりこの往復時間が短くなるようにすればよい。おもりが低い位置にあるほどふりこの長さが短くなり，ふりこの往復時間が短くなる。

問題３　演奏時間(秒)は，$\dfrac{(\text{1小節にある音ぷ(休ふ)の数})\times(\text{小節数})}{(\text{1分間に鳴るメトロノームの回数})}\times 60$ で求められる。

よって，演奏時間は，$\dfrac{4\times 16}{100}\times 60 = 38.4$(秒)

《解答例》

1 問題1．ア，ウ，オ　問題2．ウ　問題3．イ

2 問題1．エ　問題2．イ　問題3．ウ　問題4．D．カ　E．エ　F．ア　問題5．①エ　②イ　③ア

3 問題1．カ　問題2．設置サービスがないよ。それに，送料が代金と別に必要だよ。〔別解〕配送はげん関までしかしてくれないし，送料は代金とは別だよ。

4 問題1．ア，エ　問題2．来そうなときは，すぐに高いところへ逃げてください。〔別解〕起こるおそれがあるときは，すぐに高いところへ逃げてください。／来る心配があるときは，直ちに高いところへ逃げてください。
問題3．ア，オ

《解　説》

1 **問題1**　ア，ウ，オが適切である。ア．資料3より，新潟市と水戸市の梅雨の期間がほぼ同じことがわかる。資料4より，新潟市と水戸市の6月の降水量に大きな差はないが，7月の降水量は明らかに新潟市の方が多いから，6月と7月を合わせた降水量は多いと言える。イ．誤り。資料5より，日本では夏は太平洋側(南東)から，冬は日本海側(北東)から季節風が吹くことがわかる。ウ．資料1より，新潟市と水戸市の年平均気温が等しいことが読み取れる。資料2より，夏のかみなりの発生回数は新潟市の方が水戸市より4日程度少ないが，冬のかみなりの発生回数は10日以上新潟市の方が多いことが読み取れる。エ．誤り。資料2より，新潟市でかみなりが最も多く発生した時期は冬であることが読み取れる。オ．資料5より，冬の新潟市では，日本海側からしめった風が吹くことが読み取れる。資料4より，新潟市は，水戸市と比べて冬の降水量が多いことが読み取れる。

問題2　ウが正しい。ひろしさんたちの発表原こうの2行目から3行目「茨城県は，11月から2月の間は雨や雪の日が少なく，年間を通して野外でキャンプを楽しめます。」の説明としてウが適切である。

問題3　イが適切でない。資料10を見ると，茨城県の米の収かく量は約35万ｔ，新潟県の米の収かく量は約65万ｔだから，茨城県の3倍にはなっていない。

2 **問題1**　エが正しい。2人の会話から場所をしぼっていく。「まわりに田んぼ(Ⅱ)が多い」のは，アとウとエ。「西(左)に 600ｍぐらい進むと果樹園(ỏ)」があるのは，アとエ。「その先に有名な古いお寺(卍)もある」のはエだけだから，エを選ぶ。

問題2　イが正しい。4つに分かれた矢印のうち，1番目と3番目の矢印の長さは，スケールバーの長さにほぼ等しく，1000ｍ＝1㎞である。2番目と4番目の矢印の長さの和は，スケールバーの半分より少し長いくらいだから，道のりの和は2.5㎞程度と判断できる。

問題3　ウが正しい。A．資料2より，前方後円墳は，県央より南の部分に分布していることがわかり，資料3より，県央より南の部分の土地の高さは，低い土地であることが読み取れる。B．資料4より，古墳をつくる素材は，土と石，はにわだけで木は使われていないことがわかる。C．資料5より，規模の大きい前方後円墳は大阪府や奈良県に多いことが読み取れる。古墳は，ヤマト王権の大王や貴族，ヤマト王権に従った地方豪族の墓であるから，ヤマト王権の中心地である近畿地方に多くの古墳が分布する。

問題4　D．カが正しい。資料7より，商店街へ来る人が減った理由のうち，最も割合の高い理由は，「地域の人

口減少」であることが読み取れる。　Ｅ．エが正しい。資料７の項目の「み力のある店ぽの減少」から「商店街の宣伝・情報不足」までが商店街内の理由にあてはまる。そのうち減少しているのは，エのみ力のある店ぽである。　Ｆ．アが正しい。資料８より，商店街へ来る人を増やす取り組みは，「祭り・イベントの開さい」が最も多く，「サービス券・スタンプ・ポイントカードの発行」や「チラシ・マップなどでの宣伝」は予定なしが最も多くなっていることがわかる。

問題５　①＝エ，②＝イ，③＝ア　　道の駅での販売は，自宅まで届けるサービス，商店街までの送迎サービス，移動販売サービスのどれにもあてはまらない。

3　**問題１**　ひろしさんの「飲み物がたくさん入って，氷がたくさん作れるものがいいな」という希望に，「２Ｌペットボトル収納(冷蔵室に４本，野菜室に５本)」と「たっぷりおまかせ製氷」が合う。お母さんの「よい品が安くなっているといいわね。電気代もかからない方が助かるわ」という希望に，「通常価格 185000 円→特別価格 110000 円(税こみ)」と「省エネトップクラス」が合う。お父さんの「開けたときに，中のものを確認しやすいとよい。家族４人に合う大きさのものが欲しい」という希望に，「整理しやすい４段ドア」「明るく見やすいＬＥＤ照明」と「４～６人家族にぴったり！」が合う。おばあちゃんの「重いものをもらうこともあるから，野菜を入れる場所は出し入れしやすいところにあるとよい」という希望に，「野菜室が真ん中タイプ(重い野菜も，無理のない姿勢で出し入れ可能)」が合う。つまり，家族全員の希望を満たしているので，カが適する。

問題２　「資料２　インターネット上の広告」と「資料３　まちの電器屋さんのチラシ」のちがいをさがす。価格以外に，「設置サービスは行っておりません。配送は，げん関までとなります」と「設置サービス付き！建物内のご希望の場所に設置いたします」，「送料は代金と別に必要となります」と「送料無料！」というちがいがある。

4　**問題１**　ア．「○　自分の体を守ってください。」「○　すぐに外に出ないでください。」「○　出口を作ってください。」「○　火を消してください。」という見出しがあるので，適する。　イ．「二人の会話形式で説明している」が誤り。　ウ．「けんじょう語を多く使っている」が誤り。　エ．「～てください。」という文末表現が多いので，適する。　オ．「文と文をつなぐ言葉を使っている」が誤り。

問題２　先生の言葉に「『発生する』『高台』『避難して』という言葉は難しいから書きかえる必要があります」とあるので，この３語を書きかえる。また，「さらに，その他にも難しい言葉があります」とあるので，自分でさがす。「おそれ」と「直ちに」も，よりやさしい言い方に変えることができる。

問題３　ア．資料２から読み取れる内容である。　イ．「中国語を公用語とする人」は，資料２より，27.7％＋2.2％＝29.9％。よって，「半数近くをしめていて」は誤り。　ウ．「住んでいる期間が長い」といった内容は，資料から読み取れない。　エ．「図や写真を用いてのコミュニケーションの方が」といった内容は，資料から読み取れない。　オ．資料３の「日本語」が 62.6％なので，このようなことが言える。

《解答例》

1 問題１．あ．14　い．太陽の光が地面をあたため，地面によって空気があたためられるので，あたたまるまでに時間がかかる　う．太陽がしずむと，地面はあたためられないため，地面の温度がだんだん下がり，地面近くの空気の温度も下がる　問題２．カ　問題３．太陽は南から西の方にしずんでいくので，かげは，北から東の方に動き，長くなる。

2 問題１．方法…手であおいでにおいをかぐ。　理由…つんとしたにおいがあるから。　問題２．記号…エ　うすい塩酸…Ｂ　炭酸水…Ｃ　石灰水…Ｅ　食塩水…Ｄ　アンモニア水…Ａ　水酸化ナトリウムの水よう液…Ｆ　水…Ｇ　問題３．色が変化する理由…たがいの性質を打ち消し合うから。
液体を緑色にして処理する理由…(中性にすることで，)かん境に悪いえいきょうが出ないようにするため。

3 問題１．［○か×／○の場合は効果，×の場合は方法］　資料１［○／魚やこん虫がすみやすいかん境になる。］　資料２［×／川底をほり，その土を両岸にもり，生物がすめるようにする。］　資料３［○／魚が川を移動できる。］
問題２．エ　問題３．17875
問題４．(例文)ゆうかさんは，地球温だん化の原因の一つに，二酸化炭素の増加が考えられると言っています。そこで，わたしは二酸化炭素の発生量を少なくするために，将来，ソーラーパネルを設置した家に住み，太陽光発電を利用します。太陽光発電が社会に広がることで，二酸化炭素を出す量がさく減され，地球温だん化を防止する効果があると思います。

4 問題１．6400　※問題２．タイヤＡの４本セットを…１　タイヤＢの４本セットを…２

5 問題１．５　※問題２．点灯していない

※の説明は解説を参照してください。

《解　説》

1 **問題１**　あ．図２より，気温が一番高くなるのは 14 時ごろである。　い．太陽からの光は，空気を通りぬけて，当たったものを直接あたためる。このような熱の伝わり方を放射という。放射によって，太陽からの光はまず地面をあたため，地面からの熱が空気をあたためるので，太陽が一番高くなる 12 時ごろの２時間後の 14 時ごろに気温が一番高くなる。　う．地面から空気へ熱が伝わらないと，気温が下がっていく。太陽が出ていない夜の間に気温が下がっていき，ふつう日の出ごろに一番低くなる。

問題２　カ○…かげの見え方は，パネルがかげができる位置に倒れたときの見え方と同じである。

問題３　太陽は東の地平線からのぼり，南の空を通り，西の地平線に沈む。高度は南の空で一番高くなるので，正午ごろから３時間の間に，太陽は高度を下げながら西へ動いていく。かげは太陽と反対の方角にでき，太陽の高度が低くなるほど長くなるので，パネルのかげは北から東へ動き，長くなっていく。

2 **問題１**　アルカリ性の水よう液は石灰水とアンモニア水と水酸化ナトリウム水よう液，酸性の水よう液はうすい塩酸と炭酸水，中性の水よう液は食塩水と水である。けんたさんの３回目の発言より，アルカリ性の水よう液がＡとＥとＦだとわかるので，実験器具を使わずに見た目やにおいで区別できるＡはアンモニア水だと考えられる。アンモニア水はつんとしたにおいがあるので，においをかぐときは，手であおぐようにしてかぐ。なお，Ｃはあわが出ている炭酸水だと考えられる。

問題２　エ○…①酸性の水よう液は青色リトマス紙を赤色に変え，アルカリ性の水よう液は赤色リトマス紙を青色に変える。中性の水よう液では，リトマス紙の色は変わらない。リトマス紙を使って水よう液の性質を調べるときは，かくはん棒を使って水よう液をリトマス紙につけるので，水よう液の性質を順に調べるときは，かくはん棒を水で洗ってから次の水よう液を調べなければならない。　②問題１解説より，ＢとＣが酸性(Ｂがうすい塩酸，Ｃが炭酸水)だと考えられるので，ＤとＧは食塩水か水である。これらは，熱して水を蒸発させれば区別できる。白い固体が出たＤが食塩水(Ｇが水)である。　③ＥとＦは石灰水か水酸化ナトリウム水よう液である。石灰水は二酸化炭素を通すと白くにごるが，水酸化ナトリウム水よう液は二酸化炭素を通しても白くにごらない。にごったＥが石灰水(Ｆが水酸化ナトリウム水よう液)である。

問題３　このたがいの性質を打ち消し合う反応を中和という。酸性のうすい塩酸とアルカリ性の水酸化ナトリウム水よう液の中和では，ちょうど中和したときに，中性の食塩水ができる。

3　**問題１資料１**　「○」である。穴のあいたブロックは，水中で魚やこん虫が敵から逃れるための隠れ家となる。

資料２　「×」である。川底が浅い川では，大雨が降ると勢いよく水が流れるため，水中の生物が下流に流されてしまう。　**資料３**　「○」である。サケなどの川を上って卵を産む魚が，移動できるように工夫されている。

問題２　エが正しい。資料４より，2000 年からの林業で働く人の数の変化は，若年者が 6755.8 人→7304.22 人→9216 人→7724.8 人，高れい者が 20267.4 人→14086.71 人→10752 人→11360 人である。　ア．資料５より，日本の木材自給率は 1995 年から 2000 年にかけて減っている。　イ．資料５より，木材供給量は 2017 年から 2018 年にかけて減っている。　ウ．資料５より，木材自給率は 2000 年から増え続けている。

問題３　2015 年度に出した二酸化炭素の５％は，$5005000\times\frac{5}{100}=250250$(kg)だから，スギの木 $250250\div14=$ 17875(本)分にあたる。

問題４　自分の言いたいことを，メモをとってから書き始めよう。条件がたくさんあるので，そのすべてを満たした文章が書けているか，文字に誤りがないか，ていねいに見直すこと。

4　**問題１**　タイヤの大きさは直径 670 mm＝67 cmだから，タイヤ１回転で進む道のりは，(67×3.14)cmである。
よって，13.4 km＝13400m＝1340000 cm＝(67×20000)cmの道のりを進んだときは，$\frac{67\times20000}{67\times3.14}=6369.4\cdots$より，上から３けた目の数を四捨五入して，約 6400 回転していることがわかる。

問題２　タイヤＡ，Ｂがそれぞれ１回の交換でその後何km走行できるのかを考える。
タイヤＡは，みぞが 7.6−1.6＝6.0(mm)減るまで走行できるから，交換後の走行距離(きょり)は，$2000\times\frac{6.0}{0.3}=40000$(km)
タイヤＢは，みぞが 8.0−1.6＝6.4(mm)減るまで走行できるから，交換後の走行距離は，$2000\times\frac{6.4}{0.4}=32000$(km)
100000 km走行したいので，最低でも３回はタイヤを変えることになる。
４本セットの価格はタイヤＡよりタイヤＢの方が安いので，３回のうちタイヤＢをできるだけ多く使用する組み合わせを考えると，タイヤＡに１回，タイヤＢに２回交換する組み合わせが見つかる(タイヤＢに３回交換すると 100000 kmまで走行できない)。このときの費用は，(54000＋8000)＋(39000＋8000)×２＝156000(円)である。タイヤＢに４回変えた場合の費用は(39000＋8000)×４＝188000(円)となり，タイヤＡに１回，タイヤＢに２回交換する場合よりも高くなるので，求める組み合わせは，タイヤＡを１回，タイヤＢを２回である。

5 **問題１**　移動する様子をまとめると，右図のようになるので，⑥の光が左はしに移るのは，５秒後である。

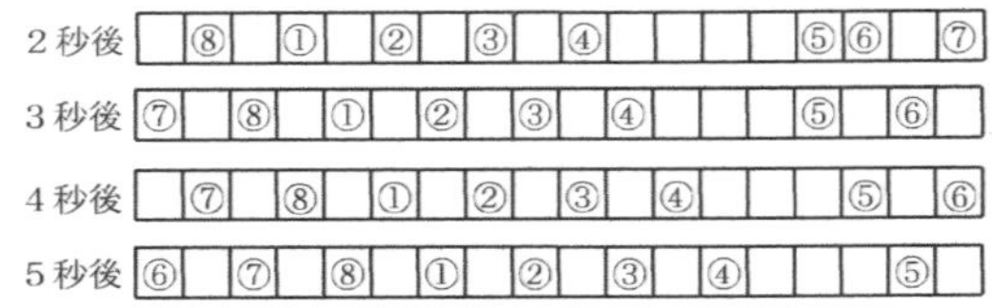

２秒後		⑧		①		②		③		④					⑤	⑥		⑦
３秒後	⑦		⑧		①		②		③		④				⑤		⑥	
４秒後		⑦		⑧		①		②		③		④				⑤		⑥
５秒後	⑥		⑦		⑧		①		②		③		④				⑤	

問題２　周期の問題であることが予想できるので，１秒ごとの点灯のしかたを実際に書いていきながら，どこかですでに現れた点灯の仕方と同じにならないかを考える(必ずしもスタートと同じになるとは限らない)。

点灯の様子をまとめると，右図のようになる。

３秒後		○		○	○	○	○		○		○		○	○	○	○		○
４秒後	○		○	○	○	○		○		○		○	○	○	○		○	
５秒後		○	○	○	○		○		○		○	○	○	○		○		○
６秒後	○	○	○	○		○		○		○	○	○	○		○		○	
７秒後	○	○	○		○		○		○	○	○	○		○		○		○
８秒後	○	○		○		○		○	○	○	○		○		○		○	○
９秒後	○		○		○		○	○	○	○		○		○		○	○	○
10秒後		○		○		○	○	○	○		○		○		○	○	○	○
11秒後	○		○		○	○	○	○		○		○		○	○	○	○	

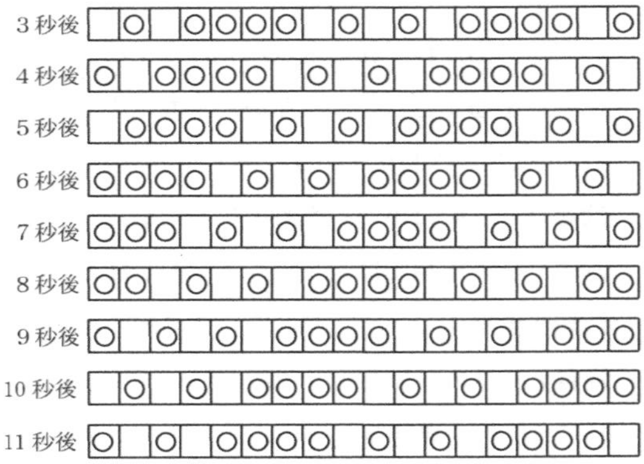

これより，２秒後と11秒後の点灯している電球が同じだから，最初から１秒後を除いた２秒後からは，11－２＝９(秒)ごとに点灯している電球が同じになることがわかる。よって，２＋９×６＝56(秒後)は２秒後と同じであり，60秒後はこの４秒後だから，２＋４＝６(秒後)と同じになる。したがって，６秒後の右から５番目を見て，「点灯していない」ことがわかる。

《解答例》

1　問題１．相手の話をきちんと受け止めた上で，「具体的には？」「たとえば？」などのように，質問を重ねてやりとりをする〔別解〕人と向き合うには，相手に興味を持ち，一生けん命聞きながら，質問や感想を会話のと中にはさんでやりとりをする　問題２．どのように子どもたちと関わっているのですか。〔別解〕子どもたちとの関わりで，どのようなことに気をつけていますか。　問題３．(例文)わたしは，質問したい内容が相手にうまく伝わるように話をしたいと思います。なぜなら，質問したい内容が伝わらないと，話し手が答えるのにこまるからです。やりとりを通しておたがいの理解を深めるために，質問したい内容をはっきりさせて話をしたいです。

2　問題１．必要な数だけを買うことができる　問題２．トレーサビリティ　問題３．(1)代かき…エ　田植え…ウ　(2)それぞれの農家のこう入費用が安くなる。／保管場所が１つでよい。　問題４．(1)こう水を防ぐ。〔別解〕土しゃくずれを防ぐ。　(2)農業で働く人が減少している。／農業で働く人の高れい化が進んでいる。
問題５．(たっぷり野菜カレーの例文)茨城県が生産量全国１位のれんこんやさつまいもが入っています。れんこんには，おもに体の調子を整えるビタミンが多くふくまれています。多くの種類の野菜を食べることができるのでみんなにおすすめします。　(具だくさんオムレツの例文)生産量全国１位のたまごやピーマンを使っています。たまごには，おもに体をつくるもとになるたんぱく質が，ピーマンには，おもに体の調子を整えるもとになるビタミンが多くふくまれているのでおすすめします。

3　問題１．ア　問題２．国名…サウジアラビア　位置…イ　問題３．原油，鉄鉱石，石炭などの原料品を輸入して，自動車，船などの工業製品に加工し，輸出する貿易。　問題４．金属工業…イ　化学工業…エ　せんい工業…オ
問題５．うすい鉄を使うことで，自動車の車体が軽くなり，走るための燃料が少なくなる。また，二酸化炭素などのはい出を減らすことができるから。　問題６．高速道路ができて，トラックなどによる工業製品の輸送が便利になったため。　問題７．(1)茨城県は，高速道路，鉄道，港などの交通もうが整備されているので，原材料や製品をトラックや鉄道，船で輸送するのに便利です。また，平たんな土地が広いので，工場を新しく建設するのに適しています。さらに，茨城県は，他の４都県より工業地の平均地価が安いので，工場を建設する土地を安く買うことができます。　(2)茨城県は，農業がさかんなので，特産物のさつまいもなどを使ったおかしを開発することを提案します。〔別解〕筑波研究学園都市の研究し設と協力して，食品に関する商品開発をすることを提案します。

《解　説》

2　**問題１**　消費者が必要な数だけ食品を買えるばら売りは，家庭での食品ロス削減につながる。

問題２　トレーサビリティでは，食品の仕入れ先や，生産・製造方法などの情報を調べられる。

問題３(1)　米づくりの作業は，種まき→田おこし→代かき→田植え→農薬散布→稲かりの順である。　**(2)**　大型コンバインのこう入費や修理費を農家で分け合えば，それぞれの農家が経費を抑えることができる。

問題４(1)　棚田には，水をたくわえるダム機能，土しゃの流出や地すべり防止機能の他，水や空気をきれいにするろ過機能もある。　**(2)**　2015年から2019年にかけて，農業で働く人数は40万人以上減少している。また，農業で働く65歳以上の人の割合は6.7%増加している。

問題５　資料７のしょうかい文を書くポイントに「茨城県の農産物をアピールしよう」とあるので，資料８で選ん

だメニューの材料と，資料９の茨城県で生産量１位の農産物とで共通しているものを探そう。次に，それらの農産物にふくまれる栄養素や効能について，資料10と関連づけてまとめればよい。

3 **問題１**　ア．かつてはせんいなどの軽工業が中心であったが，やがて機械や自動車などの重工業へ内容が変わっていった。日本は1950年代後半から1970年代初めにかけて，技術革新や重化学工業の発展によって，高度経済成長を遂げ，1968年にアメリカに次ぐ世界第２位の国民総生産（ＧＮＰ）を記録した。

問題２　サウジアラビアのイを選ぶ。アは南アフリカ共和国，ウはアラブ首長国連邦，エはタイ，オはオーストラリア。

問題３　原料品を輸入し，工業製品を輸出する加工貿易が行われてきたため輸出入に便利な沿岸部の太平洋ベルトに工業が発達した。

問題４　金属工業にはイのレール，化学工業にはエの薬，せんい工業にはオのシャツがあてはまる。パソコンは機械工業，焼き物は窯(よう)業である。

問題５　二酸化炭素などの温室効果ガスのはい出を減らすことは，地球温暖化の防止につながる。

問題６　筑西市・古河市の近くや土浦市に高速道路が通っていることに着目する。高速道路ができて，目的地まで工業製品を直接運べるようになったため，ＩＣ周辺に多くの工場ができ，工業団地がつくられた。

問題７(1)　資料８より，東京駅から100㎞圏内に首都圏中央連絡自動車道，つくばエクスプレス，鹿島港などがあることを読み取り，輸送に便利であることを導く。資料９より，茨城県には平たんな土地が4000㎢ほどもあることを読み取り，工場の建設に適していることを導く。資料10より，茨城県の工業地の平均地価が，他の４都県のうち最も低い千葉県の半分以下であることを読み取り，土地が安く買えることを導く。　(2)　ひろしさんが「茨城県は…農業だけでなく，工業もさかんだね」「筑波研究学園都市には，多くの研究し設があり，会社に協力して，最先たんの研究に取り組んでいる」と言っていることと，2の問題５の資料９の茨城県産の農産物を関連づけてまとめればよい。

《解答例》

1 問題1．20　問題2．11

2 問題1．［ア，イ］［25，24］〔別解〕［５，６］　※問題2．19

3 問題1．プロペラにつながっているねじれたゴムが元にもどろうとするときに，つながっているプロペラを回すから。　問題2．あ．りく　い．ゆうか　う．けんた　問題3．プロペラを回す方向を時計回りにし，プロペラを回す回数を80回よりも多くする。

4 問題1．記号…エ／けずりぶしは，水の動きと同じ動きをし，なべの中の水は，温度の高くなった水が上の方へ動き，上の方にあった温度の低い水が下がってきて，全体が温まっていくから。　問題2．二酸化炭素

問題3．記号…Ａ／Ａの方がＢに比べて，まきの間に，すき間が多く，空気にふれやすいので，燃えやすい。

5 問題1．メロンのおばなの花粉をめばなに運んで，受粉させるはたらき　問題2．①ウ　②イ　③ア

問題3．ア．25.8　イ．１haあたりの収かく量　問題4．2.9　問題5．地域で生産された農産物を地域で消費する

※の説明は解説を参照してください。

《解　説》

1 **問題1**　図２の展開図を何枚か使って，サッカーボールを作ることを考える。サッカーボールには正五角形が全部で12個あるから，図２の展開図を12枚用意すると，正六角形は全部で５×12＝60(個)あるが，この12枚からサッカーボールを作ると正六角形はそれぞれ何枚かずつ重なってしまうことに注意する。図１より，１個の正六角形ととなり合う正五角形は３個あるとわかるから，図２の展開図12枚を組み合わせてサッカーボールを作ろうとすると，正六角形はそれぞれ３枚ずつ重なる。よって，求める正六角形の数は，60÷３＝20(個)である。

問題2　()の中の数の和が$\frac{1}{3}$以上になる組み合わせを求める。

どのサラダを選んでも野菜が入っているので，まず選ぶサラダを決める。

とうふサラダを選んだとき，スパゲッティとデザートで，$\frac{1}{3}-\frac{1}{6}=\frac{1}{6}$以上の野菜をとる必要があるので，ナポリタンとかぼちゃアイスクリームの１通りに決まる。

コーンサラダを選んだとき，スパゲッティとデザートで，$\frac{1}{3}-\frac{1}{4}=\frac{1}{12}$以上の野菜をとる必要があるので，スパゲッティをたらこにすると，デザートはかぼちゃアイスクリームの１通り，スパゲッティをナポリタンにすると，デザートは３つのうちどれを選んでもよく３通りあり，１＋３＝４(通り)ある。

グリーンサラダを選んだとき，サラダだけで$\frac{1}{3}$の野菜がとれるので，スパゲッティもデザートもどれを選んでもよく，スパゲッティの選び方は２通り，デザートの選び方は３通りあるから，２×３＝６(通り)ある。

よって，条件に合う組み合わせは，１＋４＋６＝11(通り)ある。

2 **問題1**　両方の機械を同時に動かし始めた場合，10時間後までにできる部品の個数の比を求める。

機械Ａが１時間に作る個数を①とすると，機械Ｂが動いているときに１時間で作る個数は，①×1.2＝(1.2)となる。

機械Ａは連続して動かすことができるので，10時間後までにできる部品の個数は，①×10＝⑩である。

機械Ｂは２時間動かすと，30分＝0.5時間止まるから，2.5時間で(1.2)×２＝(2.4)でき，10÷2.5＝４より，10時間後までにできる部品の個数は，(2.4)×４＝(9.6)である。

よって，求める比は，⑩：(9.6)＝100：96＝25：24である。

〔別解〕

機械A，機械Bをそれぞれ10時間動かした(整備のために止まる時間はのぞく)ときに，作られる部品の個数の比を求める。このとき，機械Aは10時間連続で動き，機械Bが動いている時間の合計が10時間と考えるから，機械が動いている時間はそれぞれの機械で同じだから，10時間動かしたときに作られる部品の個数の比と，1時間動かしたときに作られる部品の個数の比は等しく，1：1.2＝5：6となる。

問題2　機械Cが2時間で組み立てられる個数は130×2＝260(個)である。機械Cで組み立てた20個に1個の割合で不良品ができるから，組み立てたもののうち$\frac{1}{20}$が不良品である。したがって，検査1で合格するのは，$260\times(1-\frac{1}{20})$＝247(個)である。機械Dで仕上げると，247個のうち4％が検査2で不良品となるので，検査2で合格する製品は，247×(1－0.04)＝237.12(個)である。これを12個ずつ箱に入れるのだから，237.12÷12＝19.76より，19箱できる。

3　**問題2**　プロペラを回す方向が同じであればプロペラカーは同じ向きに進むから，1つだけ後ろに進んだりくさんのプロペラカーは，反時計回りにプロペラを回した「あ」だと考えられる。また，プロペラを回す回数が多いほど，ゴムが元にもどろうとする力が強くなり，プロペラカーが速く進むと考えられるから，プロペラを回す回数が多かった「う」がけんたさん，「い」がゆうかさんのプロペラカーである。

問題3　プロペラカーが前に進むように，プロペラを回す方向は時計回りにし，けんたさんのプロペラカーよりも速く進むように，プロペラを回す回数を80回よりも多くすればよい。

4　**問題1**　エ○…温められた水は軽くなって上に移動し，冷たい水が下に移動してくることで，全体が温まっていく。このような温まり方を対流という。

問題3　ものが燃えるには空気(酸素)が必要である。Aのように置くと，空気が下から上に移動していくときに，まきのすき間を通り，まきが空気にふれやすくなる。

5　**問題1**　メロンなどのウリ科の植物は，めしべがなくおしべがあるおばなと，おしべがなくめしべがあるめばなの2種類の花をさかせる。めしべの先におしべでつくられた花粉がつくと，めしべの根もとのふくらんだ部分が成長してやがて実ができる。

問題3　全国のメロンの収かく量が155000tで，茨城県のメロンの収かく量が40000tだから，茨城県産は，40000÷155000×100＝25.80…より，ア25.8％である。

作付面積と収かく量を関連づけて考えるのだから，作付面積イ1haあたりの収かく量と考えられる。例えば，茨城県の1haあたりの収かく量を実際に求めると，40000÷1330＝30.07…より，30.1tとなり，表の数字と合う。

問題4　1ha＝100m×100m＝10000㎡で，サッカーコートの面積は70×50＝3500(㎡)だから，1haはサッカーコートの面積の，10000÷3500＝2.85…より，2.9倍である。

《解答例》

1 問題1．群馬県　問題2．1890 年から 1910 年にかけて，綿糸生産高が大きくのびた。綿糸は，1890 年には輸入品目であったが，1910 年には原材料である綿花の輸入割合が増加して，綿糸は輸出品目になった。

問題3．右表

	大阪府	沖縄県	茨城県	愛知県
資料5の記号	C	A	B	D
資料6の記号	ウ	エ	ア	イ

問題4．レジぶくろやペットボトルなどのプラスチックごみは，海まで流れ出ると，し外線や波の力などでこわれて小さくなり，マイクロプラスチックになる。こうしたマイクロプラスチックは，魚などが食べてしまうこともある。近年，世界のプラスチックごみの発生量は増えてきており，また，マイクロプラスチックも世界の海に広がっている。そのために，プラスチックごみとなるレジぶくろやペットボトルを減らす必要があり，エコバッグやマイボトルを使用する取り組みが行われている。　問題5．資料 10…バスで目的地にスムーズに移動できるようにするため。　資料 11…トイレなどの場所が自分でわかり，観光地で困らないようにするため。

2 問題1．お年寄りの世話は，とても大変だと思っていたが，リニさんが，遠い外国まで来て，家族以外のお年寄りの世話をしていることを知って，すごいと思った

問題2．(選んだ資料の番号が１，２の場合の例文)高れい期の一人暮らしで，病気になったときのことを不安に思うと多くの方が回答しているので，健康相談窓口の設置とあわせて，高れい者を定期的に訪問して，気軽に健康相談できるようにすればよいと思う。

(選んだ資料の番号が１，２の場合の例文)高れい期の一人暮らしで，日常会話の相手がいないことを不安に思う方には，地域の行事に高れい者を講師として招くなど，高れい者が積極的に社会活動に参加しやすい仕組みづくりをすればよいと思う。

(選んだ資料の番号が１，３の場合の例文)高れい期の一人暮らしで，かい護が必要になったときのことを不安に思う方には，かい護を助けるロボットを体験してもらい，かい護される人の精神的な負担を減らせるロボットの長所を理解してもらうとよいと思う。

(選んだ資料の番号が２，３の場合の例文)健康づくりなどのために身近な場所で運動ができるし設を整備すれば，多くの方が利用するだろう。利用者に，かい護を助けるロボットを説明し，かい護する人の負担を減らせる長所などを理解してもらうとよいと思う。

3 問題1．ウ　問題2．多くの日本人がブラジルに移民としてわたり，サンパウロに住む日本人の移民の子孫が日本の文化や伝統を引きついでいるから。　問題3．蒸発した水が，水蒸気となって空気中にふくまれていき，空気中の水蒸気が上空に運ばれて冷やされる　問題4．記号…エ　大量の雨が降る。／強い風がふく。／(大量の)ひょうが降る。／かみなりが発生する。などから２つ　問題5．記号…イ　①葉が窓から入る日光をさえぎり，室内の温度が上がるのをおさえることができるから。　②蒸散の効果により，外から部屋に伝わる熱を和らげることができるから。

《解　説》

1 **問題1**　富岡製糸場は，生糸の品質を高めることや生産技術を向上させることを目的に，1872 年，群馬県につくられた。日本の資本主義の父といわれた渋沢栄一は，伊藤博文の指示で富岡製糸場設立に尽力した。

問題２　資料２より，1890年から1910年にかけて，綿糸生産高が10万梱→110万梱と11倍にのびたことを読み取る。資料３より，1890年における輸入品目１位であった綿糸が，1910年には輸出品目１位となっていることを読み取る。さらに，1910年における輸入品目１位が綿花であったことを読み取り，それを踏まえて資料４を見ると，輸入した綿花を原材料として，綿糸を製品化していたことを導ける。

問題３　資料５について，Aは，県庁所在地(那覇市)の年平均気温が高いから沖縄県である。Bは，面積が大きく，農業産出額が高いから近郊農業のさかんな茨城県である。Cは，農業産出額が少なく，比較的製造品出荷額が高いから阪神工業地帯のある大阪府である。Dは，製造品出荷額が圧倒的に高いから，機械を中心とした重化学工業がさかんな中京工業地帯のある愛知県である。

問題４　資料７より，海に流れ出たプラスチックごみが，し外線や波の力で小さくなってマイクロプラスチックとなること，そのマイクロプラスチックが魚などの体内にとりこまれることを読み取る。資料８と資料９より，世界のプラスチックごみの発生量が年々増加し続け，世界の海に広がっていることを読み取る。北太平洋には，漂流するプラスチックごみが集まる「太平洋ごみベルト」と呼ばれる海域があり，2050年までに海のプラスチックの重量が魚の重量を上回ると言われている。マイクロプラスチックを体内にとりこんだ魚を人間が食べて，人体に影響を及ぼす危険性が問題視されている。

問題５　案内板を見ると，ピクトグラムや多言語表記で日本のわからない外国人にも意味することが伝わるようになっていることが読み取れる。

2　**問題１**　「お年寄(としよ)りのお世話をしたい，と思った」と言ったリニさんの言葉を，オウム返しで聞き返したところに，佑(たすく)の驚(おどろ)きが感じられる。「お年寄りのお世話は，とても大変だということは，ちょっと見ただけでもわかっていたからだ」「それなのに，家族以外のお年寄りのお世話をしたいなんて。いや，実際(じっさい)にしているなんて。しかも，遠い外国まで来て」などから佑がリニさんに感心していることがうかがえる。

問題２　グラフで答えた人の割合が多い項目(こうもく)に着目すると書きやすい。また，資料１の「不安に思うこと」を選んだら，その解決策になるようなことを，資料２，３から選ぶとよい。

3　**問題１**　東京は北半球にあり，気温や降水量の変化が大きい温帯温暖湿潤気候だから，ウと判断する。アは南半球の熱帯サバナ気候のリオデジャネイロ，イは北半球の温帯西岸海洋性気候のロンドンである。

問題２　1908年，笠戸丸に乗った移民781名がブラジルに初めて入植した。移民の子孫は日系二世，三世と呼ばれる。

問題３　水蒸気をふくんだ空気が上空に運ばれて冷やされると，空気中にふくみきれなくなった水蒸気が水てきや氷のつぶとなって現れる。これらが集まったものが雲である。

問題４　エ○…積乱雲は縦にのびる非常に厚い雲で，せまい範囲(はんい)に大量の雨を降らせる。積乱雲の中で氷のつぶが上昇(じょうしょう)と下降をくり返しているうちに氷のつぶが大きくなって(直径５㎜以上)落ちてきたものがひょうである。また，積乱雲の中では氷のつぶがぶつかり合うなどして静電気が生じ，かみなりが発生する。

問題５　Aがウ，Bがア，Cがイである。イがアより温度が上がりにくくなるのは，窓から入る日光をさえぎるだけでなく，蒸散の効果も合わさるためである。蒸散は，葉の裏側に多くある気孔(きこう)から体内の水が水蒸気となって出ていく現象で，水が水蒸気に変化するときに周りから熱をうばっていく。

《解答例》

1　2512

2　問題１．27　※問題２．３

3　問題１．上の段…赤　下の段…むらさき　※問題２．24

4　さぼうダムの上流側では，たまった土や石によって，川のかたむきがゆるやかになり，流れる水の速さがおそくなる。そのため，川底や川岸をしん食するはたらきや土や石を運ぱんするはたらきが小さくなるため，さぼうダムの下流に土や石が流れにくくなる。

5　問題１．①100，１　②50，１　③100，２　　問題２．100，１，100，２　理由…コイルの巻き数と電流の大きさが同じとき，電磁石は強さが同じになる。３通りの組み合わせの中で，コイルの巻き数と電流の大きさが同じになるのは，どちらも 100 回巻きのコイルで，かん電池１個とかん電池２個の並列つなぎのときである。このとき，どちらの電磁石も同じ強さになるため，鉄球が動かなくなる。

6　問題１．ミョウバンは温度によって水にとける量が大きく変わるが，食塩はあまり変わらない。そのため，それぞれを高い温度の水にできるだけたくさんとかした後，それらの水よう液の温度を下げると，ミョウバンはたくさん出てくるのに対し，食塩はほとんど出てこない。よって，食塩の結しょうは大きくならない。

問題２．ガラスぼうの先をろ紙にあてる。／ろうとの先をビーカーの内側につける。

7　問題１．ア．水にとけている気体を出す　イ．ふっとうさせて冷やした水に，二酸化炭素をとかす。その水に，水草を入れ，光のあたる場所に置いておく。　　問題２．人の息には，二酸化炭素のほかに酸素なども入っているため，二酸化炭素があるから酸素が出たとはいえなくなるから。

※の説明は解説を参照してください。

《解　説》

1　二人が考えている立体と同じもの２つを，右図のように組み合わせると，底面の半径が８÷２＝４(cm)，高さが 40＋60＝100(cm)の円柱となる。よって，立体２つ分の体積が４×４×3.14×100＝1600×3.14(cm³)だから，立体１つ分の体積は 1600×3.14÷２＝800×3.14＝2512(cm³)である。

2　**問題１**　２つの数の積が偶数(ぐうすう)となるのは，少なくともどちらか１つが偶数のときである。したがって，赤白２つのさいころの目の積が偶数となるのは，右表の○印の 27 通りある。

		白					
		1	2	3	4	5	6
赤	1		○		○		○
	2	○	○	○	○	○	○
	3		○		○		○
	4	○	○	○	○	○	○
	5		○		○		○
	6	○	○	○	○	○	○

〔別の解き方〕

２つの数の積が偶数とならない(奇数(きすう)となる)のは，２つの数のどちらも奇数のときである。したがって，赤白２つのさいころの目の積が奇数となるのは，赤のさいころが１，３，５の３通り，白のさいころが１，３，５の３通りあり，全部で９通りだから，赤白２つのさいころの目の積が偶数となるのは，36－９＝27(通り)ある。

問題２　出た目の和が４となるのは，(赤，白)のさいころの目が，(１，３)，(２，２)，(３，１)の３通り考えられるが，出た目の和だけ進むのは，２つの目の積が偶数のときだから，(２，２)の１通りある。

出た目の差が４となるのは，(赤，白)のさいころの目が，(１，５)，(２，６)，(５，１)，(６，２)の４通り考えられるが，出た目の差だけ進むのは，２つの目の積が奇数のときだから，（１，５），（５，１）の２通りある。
よって，４マス進むのは，１＋２＝３(通り)ある。

〔別の解き方〕
すべての赤白のさいころの目の出方で進むマスの数を求めると，右表のようになる。
よって，４マス進むのは，○印の(赤，白)のさいころの目が，（１，５），（２，２），（５，１）の３通りある。

		白					
		1	2	3	4	5	6
赤	1	0	3	2	5	④	7
	2	3	④	5	6	7	8
	3	2	5	0	7	2	9
	4	5	6	7	8	9	10
	5	④	7	2	9	0	11
	6	7	8	9	10	11	12

3 **問題１**　上の段は，赤，黄，青，緑の４色をくり返すから，17÷４＝４余り１より，17番目の上の段は赤となる。下の段は，白，赤，青の３色をくり返すから，17÷３＝５余り２より，17番目の下の段は赤となる。したがって，上下の色が赤で同じになるから，下の段の色をむらさきに変えることになる。よって，上の段は赤，下の段はむらさきとわかる。

問題２　３と４の最小公倍数が12だから，左から12番目までならべたときの色をまとめる。
まず，上の段は，赤，黄，青，緑の順に，下の段は白，赤，青の順にはり，上下で同じ色となるところの下の段をむらさきに変えると，右表ｉのようになる。
次に，３番目，６番目，９番目，12番目のところの上下を入れかえて，左右で同じ色となるところの右をピンクに変えると，右表ⅱのようになる。

表ｉ

番目	1	2	3	4	5	6	7	8	9	10	11	12
上の段	赤	黄	青	緑	赤	黄	青	緑	赤	黄	青	緑
下の段	白	赤	む	白	む	青	白	赤	青	白	赤	青

（む：むらさき）

⇩

表ⅱ

番目	1	2	3	4	5	6	7	8	9	10	11	12
上の段	赤	黄	む	緑	赤	青	ピ	緑	青	黄	青	ピ
下の段	白	赤	青	白	む	黄	白	赤	ピ	白	赤	緑

（む：むらさき　ピ：ピンク）

したがって，左から12番目までにピンクは３枚必要とわかる。また，13番目の上の段は赤，下の段は白だから，13番目の色がピンクに変わることはなく，13番目以降，１番目から12番目までと同じ色のならびをくり返すとわかる。100÷12＝８余り４より，100番目まで，１番目から12番目までと同じ色のならびを８回くり返して，そのあと１番目から４番目までと同じ色のならびとなる。１番目から４番目までにピンクはないから，求めるピンクの枚数は，３×８＝24(枚)である。

4 流れる水が川底などをけずるはたらきをしん食，土や石を運ぶはたらきを運ぱんという。流れが速いところほど，どちらもはたらきが大きくなる。図１と図２を比べると，さぼうダムができた図２では，さぼうダムがあるところで川の高さが大きく変わっていて，川のかたむきはゆるやかになっていることがわかる。川のかたむきがゆるやかになると，流れがおそくなるから，しん食や運ぱんのはたらきが小さくなり，土や石が下流へ流れにくくなると考えられる。

5 **問題１**　鉄球は強い電磁石の方に引きつけられる。コイルの巻き数が多いほど，また，コイルに流れる電流が大きいほど，電磁石は強くなる。鉄球の動きから，電磁石の強さの関係を表すと，①>②，②<③，①<③となるから，強い順に並べると，③>①>②となる。したがって，③が100回巻きのコイルとかん電池２個，①が100回巻きのコイルとかん電池１個，②が50回巻きのコイルとかん電池１個になっていると考えられる。

問題２　かん電池の数が２個以上のときはつなぎ方に注意する。直列につなぐとコイルに流れる電流は大きくなるが，並列につなぐとコイルに流れる電流はかん電池が１個のときと同じである。したがって，電磁石の強さが同じになる可能性があるのは，巻き数が同じでかん電池の数が異なるときである。

6 **問題１**　ミョウバンは60℃の水50mLには約28ｇまで，20℃の水50mLには約６ｇまでとけるから，60℃の水50mLに28ｇとかしたものを20℃まで冷やすと約28－６＝22（ｇ）の結しょうが出てくる。これに対し，食塩は60℃のときも20℃のときも水50mLにとける量は約18ｇ（20℃のときの方がわずかに少ない）だから，ミョウバンと同じような方法では結しょうをほとんど得ることができない。なお，食塩の結しょうをたくさん得るには，食塩水を加熱して，水を蒸発させていけばよい。

問題２　どちらも液体が飛び散るのを防ぐためのものである。

7 **問題１**　ア．水には空気中の二酸化炭素がとけこんでいるので，「二酸化炭素がないと酸素を出さない」ことを確かめるには，二酸化炭素がとけていない水を用意しなければならない。気体は水の温度が高くなるととける量が少なくなるので，水をふっとうさせて気体（二酸化炭素）を追い出した水を用意する。イ．ノートの実験は，「二酸化炭素がないと酸素（あわ）を出さない」ことを確かめているだけで，「二酸化炭素があると酸素を出す」ことを確かめていないから，このことを確かめる実験をする必要がある。

《解答例》

1 問題1．資料1と資料2をもとに読み取れる課題…農業を行う人は減ってきていて，高れい者の割合が高くなってきている。　考えられる取組…若者が農業を学ぶとき，新しい技術を身につけることができるようにする。／新しい機械を活用することで，人手が少なくても，効率よく農作業を行えるようにする。／県の農産物を用いて魅力ある商品を開発し，農産物の売り上げをのばすようにする。などから1つ

問題2．安心・安全な暮らしを守るために，地域でたがいに協力したり，共に助け合ったりすることや，自分の安全は自分で守るという，防犯や防災の意識をもつことが大切だと考える。

問題3．情報化が進むことで，知りたい情報をすぐ手に入れることができるようになった。しかし，情報には正しくないものがふくまれていることもあるので，必要な情報を選たくする必要がある。

問題4．平氏の政治への不満が高まる中，頼朝にしたがって戦えば領地の所有を認めてもらえたうえ，手がらを立てれば新しい領地をあたえられた。そこで領地を守ることに命をかけていた武士たちは頼朝の家来になった。

2 問題1．失敗しても，今自分にできることをがんばれば，やがて自分が目指すべき大切なものに気付くこともできる

問題2．（Aを選んだ場合の例文）わたしは，ピアノのコンクールで失敗し，くやしい思いをしたことがあります。あきらめずに練習方法を見直し，次は満足できる演奏ができました。この経験からどんな失敗をしてもあきらめないで新しく一歩をふみ出すことが大切だと考えAの言葉を選びました。

3 （例文）ねこがよいと思います。ねこは，好きな動物調べでもたくさんの人が選んでいるので，みんなが親しめると思ったからです。ねこのきれい好きなイメージを生かすと，そうじをがんばっているという学校のよいところを伝えることができます

《解　説》

1 **問題1**　資料1から，茨城県の農業従事者数が，約108,000人(1995年)→約101,000人(2000年)→約102,000人(2005年)→約80,000人(2010年)→約75,000人(2015年)と減少傾向にあること，資料2から，茨城県の農業従事者にしめる65さい以上の割合が，約30%(1995年)→約50%(2000年)→約60%(2005年)→約65%(2010年)→約70%(2015年)と年々高くなっていることを読み取り，茨城県の農業の課題として，就農者の減少・高齢化による人手不足があることを導く。それを踏まえて資料3①～③の写真を見ると，①では，若者がベテラン農家から栽培方法などを学べる育成制度の取組，②では，無人運転のトラクターの活用で作業の少人化を実現する取組，③では，「そばパスタ」「そば米」などの消費者の要望に合わせた商品開発でブランド価値をつける取組がされているとわかる。

問題2　資料4からは，防犯パトロールによって地域の犯罪や事故を防ぎ，地域一体となって安全に対する意識を高めていることが読み取れる。資料5からは，防災訓練によって地域におけるそれぞれの役割を理解し，災害被害を防ぐための「自助(自分の身は自分で守る)・共助(力を合わせて助け合う)」の意識を高めていることが読み取れる。資料6からは，地域安全マップの作成によって地域の危険な場所などを点検し，子どもの危険を避ける意識を高めていることが読み取れる。資料7からは，家族防災会議によって災害時の安否確認方法や行動などを家族でシミュレーションし，防災意識を高めていることが読み取れる。

問題３　資料８～10から，インターネットでは知りたい情報を調べたり，発信したりすることが手軽にできることを読み取ろう。一方で，インターネット上には間違った情報も含まれているので，インターネットから発信される情報をそのまま受け取らず，さまざまな角度から自分でその情報を解釈するメディアリテラシーの能力が，今後ますます重要になっていくと考えられている。

問題４　資料11の「平氏一族は…たくさんの土地を支配し栄え…そんな平氏に対し，貴族や武士たちの間では不満が高まりました」に着目しよう。鎌倉時代，将軍は，ご恩として御家人の以前からの領地を保護したり，新たな領地を与えたりして，御家人は，奉公として京都や幕府の警備につき命をかけて戦った。このような土地を仲立ちとした主従制度を封建制度という。

2 **問題１**　けいこさんは，ひろしくんの「筆者が読者に伝えたいことは，『失敗しても，あきらめないでほしい。』ということだと思いました」という発言と，あきらくんの「『あきらめないで』ということだけではなく，もっと深いことを言っているのではないか」という発言を受けて，「筆者は，あきらめずに写真をとったからこそ気が付いたことがあったのだと思います」と発言している。筆者は「ボルトを忘(わす)れ」た(＝失敗した)ため，「小さなカメラでスナップ写真をとるしかなかった」(＝今自分にできることをがんばった)が，「この写真がとてもよかった」。そして「ぼくはこのときはじめて自分がとりたい世界がわかった気がしました。ハレーすい星がちっちゃく写った一枚(まい)の写真は，自分の目ざすべき道を教えてくれたのです」(＝自分が目ざすべき大切なものに気付くこともできる)と語っている。

問題２　選んだ理由を，自分の体験や具体例を入れて書きやすい記号を選べばよい。「選んだ理由を体験や具体例を入れて，100字以上120字以内で」という条件を満たすこと。

3 司会者が「他の意見がある人は発言してください」と言っているので，しょうさん，ゆうとさん，まきさんとは別の意見を考えて答える。「資料１～資料４をもとに，マスコットキャラクターにしたい動物と，そのように考えた理由を～話をしているような表現で書く」という条件を満たすこと。

《解答例》

1 問題．109.68

※2 問題．10

3 問題1．60　※問題2．570

4 問題1．記号…B

説明…クモは頭と胸がいっしょになっていて，体が二つの部分からできている。あしは8本あり，こん虫ではないから。

問題2．完全変態，不完全変態のちがいで分けた。〔別解〕さなぎになるものとならないもののちがいで分けた。

5 問題．ア．流れる水のはたらきによって，石が流されていくうちに，われたり，けずられたりして

イ．海底　ウ．大きな力でおし上げられて　エ．火山のふん火があった

6 問題．液体…炭酸水／アンモニア水

説明…炭酸水とアンモニア水は気体がとけた水よう液なので，水が蒸発し，とけている気体が空気中へ出ていくと，何も残らないから。

7 問題．言葉…ふりこの長さ

実験方法…右図

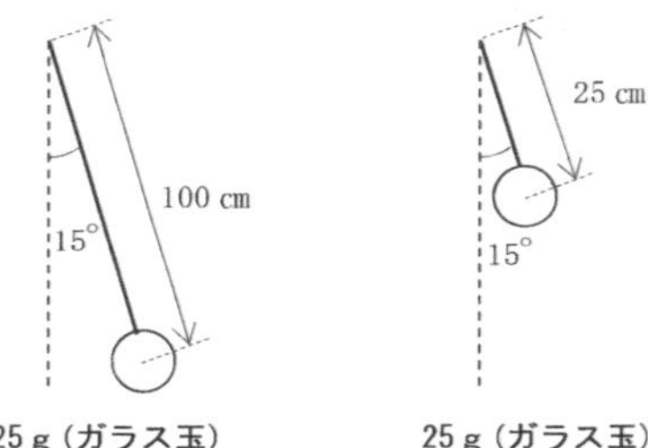

※の説明は解説を参照してください。

《解　説》

1 右図のように点線をかいて考えるとわかりやすい。周りの長さを直線部分と，太線で表した曲線部分に分けて考える。直線部分の長さは横がトイレットペーパー2個分，たてがトイレットペーパー1個分とわかる。よって，横の長さは12×2＝24(cm)，たての長さは12×1＝12(cm)である。また，4つの太線部分をあわせると直径12cmの円になるので，太線部分の長さの合計は，12×3.14＝37.68(cm)である。したがって，包みを上から見たときのまわりの長さは，24×2＋12×2＋37.68＝109.68(cm)である。

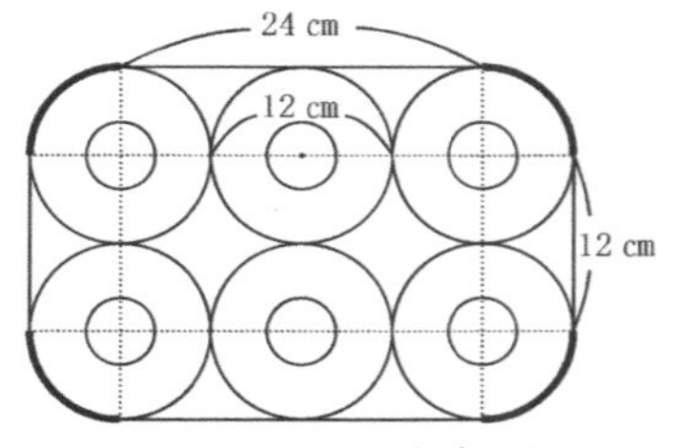

2 会員でない場合，3月と9月にシャツを1枚ずつ出したとき，100＋100＝200(円)となる。

会員の場合のシャツ1枚の価格は，3月がサービス①により100×(1－0.1)＝90(円)，9月がサービス②により100×0.6＝60(円)なので，3月と9月にシャツを1枚ずつ出したとき，90＋60＝150(円)となる。

このとき会員でない場合と会員の場合とでは，差が200－150＝50(円)である。年会費が500円かかるので，

500÷50＝10(枚)ずつクリーニングに出したとき，去年1年間でクリーニングにかかった金額が同じになる。

3 **問題1**　タイルの段の数とまわりの辺の数の関係を表で表すと，右表のようになる。表から，まわりの辺の数は(タイルの段の数)×6であることがわかる。

タイルの段の数	1	2	3
まわりの辺の数	6	12	18

よって，10段目までのとき，まわりの辺の数は，10×6＝60(本)とわかる。

問題2　タイルの段の数とくっついている辺の数の関係を表で表すと，右表のようになる。くっついている辺の数の増え方は連続する3の倍数になっているとわかるから，例えば段の数が3から4に増えるときのくっついている辺の数の増え方は，3×(4－1)＝3×3＝9(本)と計算できる。したがって，段の数が19から20に増えるときのくっついている辺の数の増え方は，3×(20－1)＝3×19(本)となるから，20段目までのときのくっついている辺の数は，

タイルの段の数	1	2	3	4	…
くっついている辺の数	0	3	9	18	…

＋3　＋6　＋9

3×1＋3×2＋3×3＋…＋3×19＝3×(1＋2＋3＋…＋19)(本)である。

1＋2＋3＋…＋19では，1～9と11～19で和が20になる2数の組み合わせが9組つくれるから，

3×(1＋2＋3＋…＋19)＝3×(20×9＋10)＝570(本)となる。

〔別の解き方〕

すべてのタイルの辺の数の合計から，まわりの辺の数をひいて求めることもできる。

20段目までのすべてのタイルの数は1＋2＋…＋20＝21×10＝210(枚)である。また，タイル1枚の辺の数は6本だから，すべてのタイルの辺の合計は6×210＝1260(本)となる。このとき，問題1の解説より，まわりの辺の数は20×6＝120(本)である。したがって，タイルのくっついている部分の辺の数は1260－120＝1140(本)である。

くっついている2本の辺を1本と数えるので，1140÷2＝570(本)となる。

4 **問題1**　こん虫には，あしが6本，体が頭・胸・腹の3つの部分に分かれている，などの特徴がある。ゆうかさんのなかま分けは，Aがこん虫，Bがそれ以外のものである。クモはあしが8本で，体は2つの部分に分かれていて，こん虫ではないためBに入る。

問題2　こん虫の育ち方で，卵→幼虫→さなぎ→成虫という段階で育つものを完全変態(へんたい)といい，卵→幼虫→成虫とさなぎの時期がなく育つものを不完全変態という。けんたさんのなかま分けは，Cが完全変態のこん虫，Dが不完全変態のこん虫である。

5 ア．もともとの大きな岩石からわれたばかりのときは，ごつごつととがった状態のはずであるが，それが丸みをもったれきになるのは，川などに流されているうちにお互いがぶつかり合ったり，川底や川岸にこすれたりして，角がとれて丸くなったからであると考えられる。イ，ウ．地層に貝の化石があることから，たい積した当時は海であったと考えられ，それが陸になったのは，大きな力でおし上げられたものと考えられる。エ．火山灰の層があることから，近くで火山のふん火があったことがわかる。

6 ムラサキキャベツの液では，水よう液の酸性やアルカリ性を判別することができる。炭酸水やレモンのしるは酸性，石灰水やアンモニア水はアルカリ性なので，色が変化して文字が見える。しかし，炭酸水やアンモニア水は，それぞれ二酸化炭素やアンモニアという気体が水にとけたものなので，水が蒸発するときに気体も空気中に逃げてしまい，文字が見えなくなったと考えられる。

7 実験1も実験2も，ふりこの長さが等しかったため結果に差がでなかった。ふりこの長さによって往復時間が変わることを調べるには，ふりこの長さ以外の条件(この実験の場合は，ふりこの重さとふれはばである)をすべて同じにそろえて，ふりこの長さだけを変えた装置を用いて比較(ひかく)すればよい。

《解答例》

1 問題1．さいたま市では、ごみを減らす目的でごみの分別を進めている。ごみの分別をすることにより、燃えるごみの処理やリサイクルがしやすくなり、ごみを減らすことにつながっていく。

問題2．資料6から…茨城県では3月から5月と 10 月から 11 月にかけての春と秋の時期に東京都の市場で取り引きされる量が多くなるが、長野県では6月から9月の夏の時期に取り引きされる量が多くなる。

資料7と資料8から…長野県南牧村は夏でもすずしい気候で、その時期はレタスが最もよく育つ 15 度から 20 度ほどの気温になるからである。

問題3．キリスト教が禁止される前は、幕府は、スペインやポルトガルと貿易を行っていたが、キリスト教が禁止されたあとは、スペイン船やポルトガル船の来航を禁止した。それは、キリスト教の信者が神を敬うことを基本とし、幕府に従わないことをおそれたためである。

問題4．函館市では、歴史のある貴重な建物を文化財に指定したり、大切に守るきまりを決めたりして、次の時代に残すように努力している。わたしのまちには長年続いているお祭りがあるので、わたしも積極的に参加して、受けついでいきたい。

2 問題．ア．どのような場面でどのようなけい語を使うかを、本やインターネットできちんと調べておくという点と、けい語を使う機会をどんどん増やしていくという点がちがいます

〔別解〕けい語をまちがって使うと、相手をいやなきもちにさせてしまうからよくないという点と、まちがうことを心配せずに積極的に使った方がよいという点がちがいます

イ．ひろしさんの「けい語を使う機会をどんどん増やしていく」という意見に近いと考えます。なぜなら、使い方を確かめても、実際に大人を前にしてけい語を使おうとすると、使えなくなることがあるからです。わたしも、ふだんけい語を使い慣れていないので、大人と話すときにきんちょうして、まちがったけい語を使ってしまったことがあります。そのため、ふだんから使い慣れていくことが大切だと考えます

〔別解〕あきらさんの「どのような場面でどのようなけい語を使うかを、本やインターネットできちんと調べておく」という意見に近いと考えます。なぜなら、使い方をきちんと確かめることで、自信をもって話すことができるからです。わたしも、けい語の学習をしてすぐに、学校に来たお客さんをけい語を使ってうまく案内することができた経験があります。そのため、使い方を確かめてから使うのがよいと考えます

3 問題．ア．自分とことなる意見や少数意見のよさを生かしたり、折り合いをつけたりして、意見をまとめることがあまりできていない

イ．やりたいことや大事なことがちがうからだ

〔別解〕それぞれやりたいことや大事なことがちがうからだ／それぞれちがう人生を送っているからだ

ウ．一人一人ちがうということを理解して、たがいの意見をよく聞き合う

〔別解〕意見がちがって当たり前ということを理解して、それぞれのよさを生かす

4 問題．記号…A

物語の世界を味わってもらうことができると思うからです。内容がおもしろい本を選び、場面の様子を想像できるように、ろう読の仕方をくふうして発表することで、読書のよさや楽しさを伝えたいです。

《解　説》

1　**問題1**　資料2と資料3をみると，さいたま市がごみを再利用して減らす取り組みを進めていることがわかる。資料1と資料4をみると，ごみの分別をすることで燃やす作業が効率的にできるようになったことがわかる。

問題2　資料6からは，6月から9月の夏の時期に取り引きされるレタスの大部分が長野県産のものだとわかる。長野県では，夏でも涼しい気候をいかして，価格の高い時期に出荷するレタスの抑制栽培がさかんである。なお，茨城県などの大消費地の近くでは，新鮮な野菜を大消費地に出荷する近郊農業が行われていることも覚えておこう。

問題3　資料12で，先生が「神を信じることが幕府に従うことよりも大切だった」「信者の数が増えていきました」と言っていることに着目すると，資料9でキリスト教が禁止されたことと結びつけて考えやすい。幕府は，キリスト教の神への信仰を何よりも大事とする教えが支配のさまたげになると考え，キリスト教の布教を行うスペインやポルトガルの船の来航を禁止した。その後，日本人の海外への行き来を禁止したり，外国との貿易を制限したりするなど，鎖国体制を整えていった。

資料4　函館市のまちづくりのような，地域の景観を守るための活動が全国的に進められている。そのためには，ひとりひとりが積極的に活動に関わっていくことが大事である。地域のよさを守るための個人の活動としては，解答例のほか，「まちの歴史や文化について聞き取り調査を行って，まちのよさを外に発信していきたい。」などとまとめてもよい。

2　**ア**　あきらさんとひろしさんの意見のちがいを書くので，それぞれの言っていることをていねいに見ていこう。敬(けい)語を適切に使えるようになるために，あきらさんは「どのような場面でどのような敬語を使うかを，本やインターネットできちんと調べておくことが大切だ」と言っているが，ひろしさんは「敬語を使う機会をどんどん増やしていくことが大切だ」と言っている。また，敬語をまちがって使うことに関して，あきらさんは「まちがって使うと，相手をいやな気持ちにさせてしまう」，つまり，よくないことだと考えているが，ひろしさんは「まちがった使い方をしていたら，その場で教えてもらうこともできる」と考え，「まちがうことを心配せずに積極的に使」うのがよいと考えている。

イ　「あなたの体験を入れて具体的に」とあるので，自分が敬語で失敗したこと，困っていることなどを思い出してみよう。その問題点を改善(ぜん)するには，あきらさんの言った方法，ひろしさんの言った方法のどちらが合っているか。そのように考えていくと，どちらの意見に近いかが決まる。また，失敗ではなく，二人のどちらかの方法を実行していたために敬語をうまく使うことができたという経験でもよい。書くときは，まず「～に近いと考えます。」と立場を明らかにして，「なぜなら，～からです。」のように，それが理由であるとはっきり分かる表現をするのがよい。

3　**ア**　1つ目の［ア］の直前でけいこさんが言っているとおり，資料1から「話し合い活動は十分に行われている」ことがわかる。では，資料2からは何が読みとれるか。数字を見ると，「どちらかというと当てはまらない」と「当てはまらない」を合わせて62%にもなる。つまり，「自分と異(こと)なる意見や少数意見のよさを生かしたり，折り合いをつけたりして話し合い，意見をまとめ」ることが，あまりできていないということ。この問題点を改善するためにどうすればよいか，以後の会話が続いている。

イ　資料3の2段落目に，「クラスや委員会の話し合いでなかなか意見が合わないのは～<u>それぞれやりたいことや大事なことがちがうからだ</u>」とある。また，同様の意味の，「みんな<u>それぞれちがう人生を送っているから</u>，意見はちがっている方が当たり前なのかもしれない」も可。

ウ　感じ方や意見は一人一人ちがうもの。資料3の最後に「意見はちがっている方が当たり前なのかもしれない」とあるが，そのことを理解したうえで，どうすれば良い話し合いができるのかを考えよう。ちがうことを認めたうえで，おたがいに相手の考えをよく聞くようにする，それぞれの良いところを生かすくふうをする，などが考えられる。

4　それぞれの候補と，資料2の「読書が好きな主な理由」，資料3の「どのような本を読みたいか」を結びつけて考えるとよい。読書が好きな理由にはたらきかけるようなくふう，読んでみたいと思ってもらえるようなくふうを考えよう。

■ ご使用にあたってのお願い・ご注意

（１）問題文等の非掲載

著作権上の都合により，問題文や図表などの一部を掲載できない場合があります。

誠に申し訳ございませんが，ご了承くださいますようお願いいたします。

（２）過去問における時事性

過去問題集は，学習指導要領の改訂や社会状況の変化，新たな発見などにより，現在とは異なる表記や解説になっている場合があります。過去問の特性上，出題当時のままで出版していますので，あらかじめご了承ください。

（３）配点

学校等から配点が公表されている場合は，記載しています。公表されていない場合は，記載していません。

独自の予想配点は，出題者の意図と異なる場合があり，お客様が学習するうえで誤った判断をしてしまう恐れがあるため記載していません。

（４）無断複製等の禁止

購入された個人のお客様が，ご家庭でご自身またはご家族の学習のためにコピーをすることは可能ですが，それ以外の目的でコピー，スキャン，転載（ブログ，ＳＮＳなどでの公開を含みます）などをすることは法律により禁止されています。学校や学習塾などで，児童生徒のためにコピーをして使用することも法律により禁止されています。

ご不明な点や，違法な疑いのある行為を確認された場合は，弊社までご連絡ください。

（５）けがに注意

この問題集は針を外して使用します。針を外すときは，けがをしないように注意してください。また，表紙カバーや問題用紙の端で手指を傷つけないように十分注意してください。

（６）正誤

制作には万全を期しておりますが，万が一誤りなどがございましたら，弊社までご連絡ください。

なお，誤りが判明した場合は，弊社ウェブサイトの「ご購入者様のページ」に掲載しておりますので，そちらもご確認ください。

■ お問い合わせ

解答例，解説，印刷，製本など，問題集発行におけるすべての責任は弊社にあります。

ご不明な点がございましたら，弊社ウェブサイトの「お問い合わせ」フォームよりご連絡ください。迅速に対応いたしますが，営業日の都合で回答に数日を要する場合があります。

ご入力いただいたメールアドレス宛に自動返信メールをお送りしています。自動返信メールが届かない場合は，「よくある質問」の「メールの問い合わせに対し返信がありません。」の項目をご確認ください。

また弊社営業日（平日）は，午前９時から午後５時まで，電話でのお問い合わせも受け付けています。

2025 春

株式会社教英出版
〒422-8054　静岡県静岡市駿河区南安倍３丁目 12-28
TEL　054-288-2131　　FAX　054-288-2133
URL　https://kyoei-syuppan.net/
MAIL　siteform@kyoei-syuppan.net

神奈川県

①[県立] 相模原中等教育学校／平塚中等教育学校
②[市立]南高等学校附属中学校
③[市立]横浜サイエンスフロンティア高等学校附属中学校
④[市立]川崎高等学校附属中学校
✿⑤聖光学院中学校
✿⑥浅野中学校
⑦洗足学園中学校
⑧法政大学第二中学校
⑨逗子開成中学校（1次）
⑩逗子開成中学校（2·3次）
⑪神奈川大学附属中学校（第1回）
⑫神奈川大学附属中学校（第2·3回）
⑬栄光学園中学校
⑭フェリス女学院中学校

新潟県

①[県立] 村上中等教育学校／柏崎翔洋中等教育学校／燕中等教育学校／津南中等教育学校／直江津中等教育学校／佐渡中等教育学校
②[市立]高志中等教育学校
③新潟第一中学校
④新潟明訓中学校

石川県

①[県立]金沢錦丘中学校
②星稜中学校

福井県

①[県立]高志中学校

山梨県

①山梨英和中学校
②山梨学院中学校
③駿台甲府中学校

長野県

①[県立] 屋代高等学校附属中学校／諏訪清陵高等学校附属中学校
②[市立]長野中学校

岐阜県

①岐阜東中学校
②鶯谷中学校
③岐阜聖徳学園大学附属中学校

静岡県

①[国立]静岡大学教育学部附属中学校（静岡·島田·浜松）
② [県立]清水南高等学校中等部／[県立]浜松西高等学校中等部／[市立]沼津高等学校中等部
③不二聖心女子学院中学校
④日本大学三島中学校
⑤加藤学園暁秀中学校
⑥星陵中学校
⑦東海大学付属静岡翔洋高等学校中等部
⑧静岡サレジオ中学校
⑨静岡英和女学院中学校
⑩静岡雙葉中学校
⑪静岡聖光学院中学校
⑫静岡学園中学校
⑬静岡大成中学校
⑭城南静岡中学校
⑮静岡北中学校
⑯ 常葉大学附属常葉中学校／常葉大学附属橘中学校／常葉大学附属菊川中学校
⑰藤枝明誠中学校
⑱浜松開誠館中学校
⑲静岡県西遠女子学園中学校
⑳浜松日体中学校
㉑浜松学芸中学校

愛知県

①[国立]愛知教育大学附属名古屋中学校
②愛知淑徳中学校
③ 名古屋経済大学市邨中学校／名古屋経済大学高蔵中学校
④金城学院中学校
⑤椙山女学園中学校
⑥東海中学校
⑦南山中学校男子部
⑧南山中学校女子部
⑨聖霊中学校
⑩滝中学校
⑪名古屋中学校
⑫大成中学校
⑬愛知中学校
⑭星城中学校
⑮名古屋葵大学中学校（名古屋女子大学中学校）
⑯愛知工業大学名電中学校
⑰海陽中等教育学校（特別給費生）
⑱海陽中等教育学校（I·II）
⑲中部大学春日丘中学校
新刊⑳名古屋国際中学校

三重県

①[国立]三重大学教育学部附属中学校
②暁中学校
③海星中学校
④四日市メリノール学院中学校
⑤高田中学校
⑥セントヨゼフ女子学園中学校
⑦三重中学校
⑧皇學館中学校
⑨鈴鹿中等教育学校
⑩津田学園中学校

滋賀県

①[国立]滋賀大学教育学部附属中学校
②[県立] 河瀬中学校／守山中学校／水口東中学校

京都府

①[国立]京都教育大学附属桃山中学校
②[府立]洛北高等学校附属中学校
③[府立]園部高等学校附属中学校
④[府立]福知山高等学校附属中学校
⑤[府立]南陽高等学校附属中学校
⑥[市立]西京高等学校附属中学校
⑦同志社中学校
⑧洛星中学校
⑨洛南高等学校附属中学校
⑩立命館中学校
⑪同志社国際中学校
⑫同志社女子中学校（前期日程）
⑬同志社女子中学校（後期日程）

大阪府

①[国立]大阪教育大学附属天王寺中学校
②[国立]大阪教育大学附属平野中学校
③[国立]大阪教育大学附属池田中学校

④[府立]富田林中学校
⑤[府立]咲くやこの花中学校
⑥[府立]水都国際中学校
⑦清風中学校
⑧高槻中学校(A日程)
⑨高槻中学校(B日程)
⑩明星中学校
⑪大阪女学院中学校
⑫大谷中学校
⑬四天王寺中学校
⑭帝塚山学院中学校
⑮大阪国際中学校
⑯大阪桐蔭中学校
⑰開明中学校
⑱関西大学第一中学校
⑲近畿大学附属中学校
⑳金蘭千里中学校
㉑金光八尾中学校
㉒清風南海中学校
㉓帝塚山学院泉ヶ丘中学校
㉔同志社香里中学校
㉕初芝立命館中学校
㉖関西大学中等部
㉗大阪星光学院中学校

兵庫県

①[国立]神戸大学附属中等教育学校
②[県立]兵庫県立大学附属中学校
③雲雀丘学園中学校
④関西学院中学部
⑤神戸女学院中学部
⑥甲陽学院中学校
⑦甲南中学校
⑧甲南女子中学校
⑨灘中学校
⑩親和中学校
⑪神戸海星女子学院中学校
⑫滝川中学校
⑬啓明学院中学校
⑭三田学園中学校
⑮淳心学院中学校
⑯仁川学院中学校
⑰六甲学院中学校
⑱須磨学園中学校(第1回入試)
⑲須磨学園中学校(第2回入試)
⑳須磨学園中学校(第3回入試)
㉑白陵中学校
㉒夙川中学校

奈良県

①[国立]奈良女子大学附属中等教育学校
②[国立]奈良教育大学附属中学校
③[県立] 国際中学校 / 青翔中学校
④[市立]一条高等学校附属中学校
⑤帝塚山中学校
⑥東大寺学園中学校
⑦奈良学園中学校
⑧西大和学園中学校

和歌山県

①[県立] 古佐田丘中学校 / 向陽中学校 / 桐蔭中学校 / 日高高等学校附属中学校 / 田辺中学校
②智辯学園和歌山中学校
③近畿大学附属和歌山中学校
④開智中学校

岡山県

①[県立]岡山操山中学校
②[県立]倉敷天城中学校
③[県立]岡山大安寺中等教育学校
④[県立]津山中学校
⑤岡山中学校
⑥清心中学校
⑦岡山白陵中学校
⑧金光学園中学校
⑨就実中学校
⑩岡山理科大学附属中学校
⑪山陽学園中学校

広島県

①[国立]広島大学附属中学校
②[国立]広島大学附属福山中学校
③[県立]広島中学校
④[県立]三次中学校
⑤[県立]広島叡智学園中学校
⑥[市立]広島中等教育学校
⑦[市立]福山中学校
⑧広島学院中学校
⑨広島女学院中学校
⑩修道中学校
⑪崇徳中学校
⑫比治山女子中学校
⑬福山暁の星女子中学校
⑭安田女子中学校
⑮広島なぎさ中学校
⑯広島城北中学校
⑰近畿大学附属広島中学校福山校
⑱盈進中学校
⑲如水館中学校
⑳ノートルダム清心中学校
㉑銀河学院中学校
㉒近畿大学附属広島中学校東広島校
㉓AICJ中学校
㉔広島国際学院中学校
㉕広島修道大学ひろしま協創中学校

山口県

①[県立] 下関中等教育学校 / 高森みどり中学校
②野田学園中学校

徳島県

①[県立] 富岡東中学校 / 川島中学校 / 城ノ内中等教育学校
②徳島文理中学校

香川県

①大手前丸亀中学校
②香川誠陵中学校

愛媛県

①[県立] 今治東中等教育学校 / 松山西中等教育学校
②愛光中学校
③済美平成中等教育学校
④新田青雲中等教育学校

高知県

①[県立] 安芸中学校 / 高知国際中学校 / 中村中学校

福岡県

①［国立］福岡教育大学附属中学校（福岡・小倉・久留米）
②［県立］育徳館中学校
門司学園中学校
宗像中学校
嘉穂高等学校附属中学校
輝翔館中等教育学校
③西南学院中学校
④上智福岡中学校
⑤福岡女学院中学校
⑥福岡雙葉中学校
⑦照曜館中学校
⑧筑紫女学園中学校
⑨敬愛中学校
⑩久留米大学附設中学校
⑪飯塚日新館中学校
⑫明治学園中学校
⑬小倉日新館中学校
⑭久留米信愛中学校
⑮中村学園女子中学校
⑯福岡大学附属大濠中学校
⑰筑陽学園中学校
⑱九州国際大学付属中学校
⑲博多女子中学校
⑳東福岡自彊館中学校
㉑八女学院中学校

佐賀県

①［県立］香楠中学校
致遠館中学校
唐津東中学校
武雄青陵中学校
②弘学館中学校
③東明館中学校
④佐賀清和中学校
⑤成穎中学校
⑥早稲田佐賀中学校

長崎県

①［県立］長崎東中学校
佐世保北中学校
諫早高等学校附属中学校
②青雲中学校
③長崎南山中学校
④長崎日本大学中学校
⑤海星中学校

熊本県

①［県立］玉名高等学校附属中学校
宇土中学校
八代中学校
②真和中学校
③九州学院中学校
④ルーテル学院中学校
⑤熊本信愛女学院中学校
⑥熊本マリスト学園中学校
⑦熊本学園大学付属中学校

大分県

①［県立］大分豊府中学校
②岩田中学校

宮崎県

①［県立］五ヶ瀬中等教育学校
②［県立］宮崎西高等学校附属中学校
都城泉ヶ丘高等学校附属中学校
③宮崎日本大学中学校
④日向学院中学校
⑤宮崎第一中学校

鹿児島県

①［県立］楠隼中学校
②［市立］鹿児島玉龍中学校
③鹿児島修学館中学校
④ラ・サール中学校
⑤志學館中等部

沖縄県

①［県立］与勝緑が丘中学校
開邦中学校
球陽中学校
名護高等学校附属桜中学校

もっと過去問シリーズ

北海道

北嶺中学校
7年分（算数・理科・社会）

静岡県

静岡大学教育学部附属中学校
（静岡・島田・浜松）
10年分（算数）

愛知県

愛知淑徳中学校
7年分（算数・理科・社会）
東海中学校
7年分（算数・理科・社会）
南山中学校男子部
7年分（算数・理科・社会）
南山中学校女子部
7年分（算数・理科・社会）
滝中学校
7年分（算数・理科・社会）
名古屋中学校
7年分（算数・理科・社会）

岡山県

岡山白陵中学校
7年分（算数・理科）

広島県

広島大学附属中学校
7年分（算数・理科・社会）
広島大学附属福山中学校
7年分（算数・理科・社会）
広島学院中学校
7年分（算数・理科・社会）
広島女学院中学校
7年分（算数・理科・社会）
修道中学校
7年分（算数・理科・社会）
ノートルダム清心中学校
7年分（算数・理科・社会）

愛媛県

愛光中学校
7年分（算数・理科・社会）

福岡県

福岡教育大学附属中学校
（福岡・小倉・久留米）
7年分（算数・理科・社会）
西南学院中学校
7年分（算数・理科・社会）
久留米大学附設中学校
7年分（算数・理科・社会）
福岡大学附属大濠中学校
7年分（算数・理科・社会）

佐賀県

早稲田佐賀中学校
7年分（算数・理科・社会）

長崎県

青雲中学校
7年分（算数・理科・社会）

鹿児島県

ラ・サール中学校
7年分（算数・理科・社会）

※もっと過去問シリーズは
国語の収録はありません。

教英出版
〒422-8054
静岡県静岡市駿河区南安倍3丁目12−28
TEL 054-288-2131
FAX 054-288-2133
詳しくは教英出版で検索
教英出版　検索
URL https://kyoei-syuppan.net/

令和６年度
適性検査Ⅰ

注　　意

1　「はじめ」の合図があるまで、この冊子(さっし)を開いてはいけません。

2　検査時間は45分間で、終わりは10時15分です。

3　問題は、４問で13ページまであります。ページの足りないところや、印刷のはっきりしないところがあったら手をあげなさい。

4　**解答用紙は、この用紙です。**解答用紙をとりはずして、**受検番号を決められたところに書きなさい。**

5　声を出して読んではいけません。

6　解答は、すべて**解答用紙の決められたところにはっきりと書きなさい。解答らんの外に書いたものは採点しません。**

＃教英出版　編集部　注
編集の都合上、解答用紙は適性検査Ⅱの問題の後にあります。

日立第一高等学校附属中学校
太田第一高等学校附属中学校
水戸第一高等学校附属中学校
鉾田第一高等学校附属中学校
鹿島高等学校附属中学校
土浦第一高等学校附属中学校
竜ヶ崎第一高等学校附属中学校
下館第一高等学校附属中学校
下妻第一高等学校附属中学校
水海道第一高等学校附属中学校
勝田中等教育学校
並木中等教育学校
古河中等教育学校

1

あおいさんは、おじいさんの家に遊びに行きました。おじいさんが飼っているメダカを見ながら２人で話をしています。

あおい：おじいさん、わたしも家でメダカを飼うことにしたんだ。インターネットで調べてみたら、こんなページ（**資料**）があったよ。

おじいさん：よく見つけたね。分からないことについて、何でも自分で調べるのはいいことだね。

資料　メダカの飼い方のページ

☆メダカの飼い方☆
おすすめの水そうと水の量について

メダカを飼うときの水そうは、置く場所やメダカの数などを考えて選びましょう。

【おすすめの水そう】

いろいろな大きさや形の水そうがありますが、その中でもおすすめの直方体の形をした水そうをしょうかいします。

商品名	縦(たて) (cm)	横 (cm)	高さ (cm)	容積 (L)
A	20	30	24	14.4
B	24	45	30	32.4
C	30	60	36	64.8
D	45	90	42	170.1

※　縦、横、高さは水そうの内側の長さを表します。

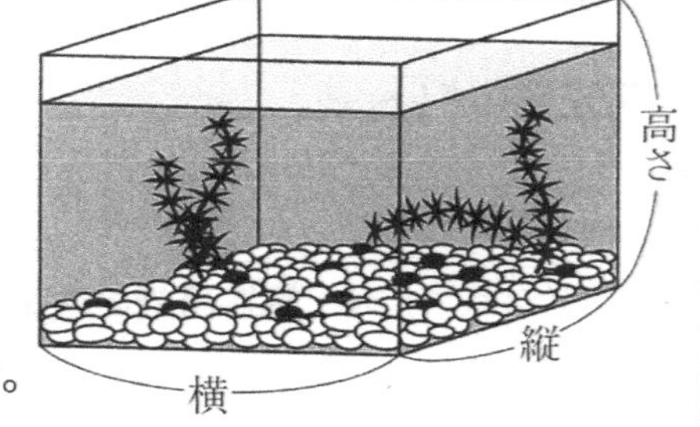

【メダカの数と水の量の関係】

メダカ１ぴきあたりの水の量は１Ｌくらい必要と言われています。しかし、水のよごれ方や水の温度の変化のことを考えると、メダカ１ぴきあたりの水の量はさらに多いほうが育てやすいです。

おじいさん：いろいろなことが書いてあるね。うちの水そうの大きさは、縦30cm、横60cm、高さ36cmだから、**メダカの飼い方のページ**（**資料**）のCの水そうと同じだよ。

あおい：おじいさんの家の水そうは大きいね。わたしは、置く場所のことを考えて一番小さいAの水そうにするよ。

おじいさん：値段はいくらなの。

あおい：Aの水そうは、定価3200円って書いてあったよ。今なら１割引きの値段で売ってるよ。

問題１　定価3200円の１割引きの値段を求めるための式を書きなさい。また、その値段は何円かを求めなさい。ただし、消費税は考えないものとする。

おじいさん：ところで、メダカは何びき飼うの。

あおい：できるだけたくさん飼いたいとは思っているんだ。**メダカの飼い方のページ**（**資料**）の**【メダカの数と水の量の関係】**を読むと、１ぴきあたりの水の量を考えてメダカの数を決めたほうがいいようだね。

おじいさん：そうだよ。それは、おじいさんも気をつけているんだ。でも、きちんと計算したことはないな。

あおい：それじゃ、計算してみようよ。おじいさんの家ではメダカを何びき飼っているの。

おじいさん：30ぴきだよ。水そうに水だけを入れたとき、水そうの底から水面までの高さは、水そうの高さの$\frac{5}{6}$倍にしているよ。

問題２　おじいさんの家の水そうのメダカ１ぴきあたりの水の量は何Ｌかを求めなさい。ただし、水そうの底と水面はつねに平行になっているものとする。

あおい：**メダカの飼い方のページ（資料）**を読むと、「水の量はさらに多いほうが育てやすい」と書いてあるから、わたしはメダカ１ぴきあたりの水の量を２L以上にしようかな。

おじいさん：それがいいね。そうすると、何びき飼うことができるかな。水そうをそうじするときに水がこぼれちゃうから、水そうの底から水面までの高さは、水そうの高さより３cm以上低くしたほうがいいよ。

あおい：うん、気をつけるよ。それに、メダカを飼うときには水そうに小石と水草も入れないとね。

おじいさん：うちの水そうに小石と水草を入れたら、水そうの底から水面までの高さが水そうに水だけを入れたときより１cm高くなったよ。

あおい：Ａの水そうはおじいさんの家の水そうより小さいから、おじいさんの家の水そうに入れた小石と水草のちょうど半分にするよ。計算すると水そうに入れられる水の量は最大でこうなるね。

あおいさんの考え
Ａの水そうの容積から、条件に合うように水の量を減らせばよいので、 14400 −（1800 + 900）= 11700

おじいさん：そうだね。

あおい：だから、メダカは**最大**［　　　］飼うことができるよ。

問題３　あおいさんとおじいさんの会話文中の［　　　］にあてはまる最も適切なものを、次の**ア**～**エ**から１つ選んで、その記号を書きなさい。

また、**あおいさんの考え**の中の下線部「900」はどのように求めたのか、言葉や数、式などを使って説明しなさい。ただし、文字に誤（あやま）りがないようにしなさい。

ア　４ひき　　**イ**　５ひき　　**ウ**　６ぴき　　**エ**　７ひき

2

けんたさんとゆうかさんは、きれいな模様（もよう）に興味をもったので、正方形を組み合わせてできる簡単（かんたん）なデザインを考えています。

けんた：こんなデザイン（**図１**）を考えたけど、どうかな。

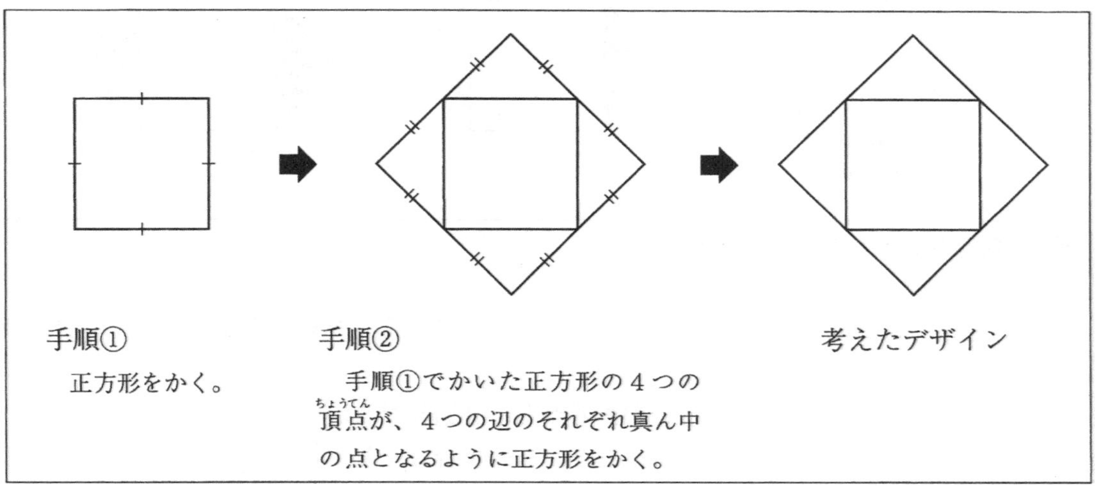

手順①
正方形をかく。
手順②
手順①でかいた正方形の４つの頂点（ちょうてん）が、４つの辺のそれぞれ真ん中の点となるように正方形をかく。
考えたデザイン

図１　けんたさんの考えたデザイン

ゆうか：いいデザインだね。あとは、内側の正方形とまわりの４つの三角形を合わせた５つの部分に、色をどうぬるかだね。

けんた：赤、青、黄の３色全部使ってぬり分けようと思うんだ。

ゆうか：内側の正方形とまわりの三角形が同じ色にならないようにしようよ。

けんた：そうだね。

ゆうか：そうすると、まわりの４つの三角形のうちどれかは同じ色になるから、ぬり分け方は、この３つの場合（**図２**）があるね。

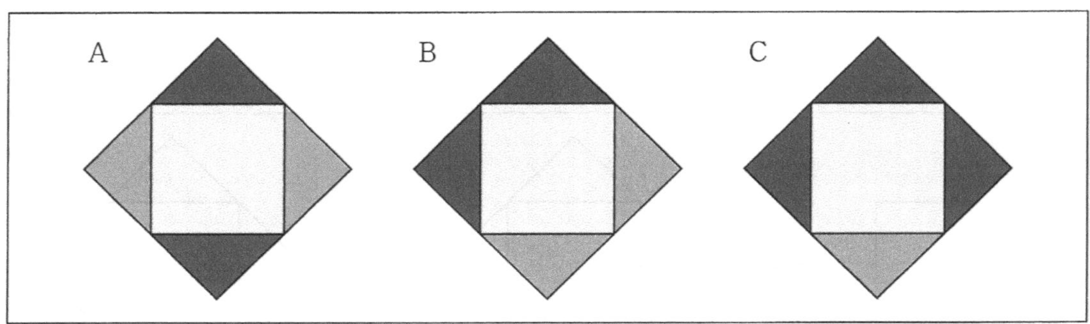

図２　色のぬり分け方の３つの場合

けんた：そうだね。Aのようなぬり分け方は、どこに何色をぬるかを考えると、全部で何通りあるのかな。

ゆうか：回転して同じになるものがあるから、３通りだね。

けんた：なるほど。同じように考えると、Bの場合は全部で［　①　］だね。

ゆうか：そうだね。それから、Cの場合は全部で［　②　］だね。

けんた：そうすると、３色での色のぬり分け方は、この３つの場合を合わせて、全部で［　③　］だね。どのぬり分け方にしようかな。

問題１　けんたさんとゆうかさんの会話文中の［　①　］～［　③　］にあてはまる最も適切なものを、次の**ア**～**オ**からそれぞれ１つ選んで、その記号を書きなさい。ただし、同じ記号は何度使ってもよいものとする。また、回転して同じになるものは同じぬり分け方とする。

ア　３通り　　**イ**　６通り　　**ウ**　９通り　　**エ**　12通り　　**オ**　15通り

ゆうか：わたしは**けんたさんの考えたデザイン**（**図１**）の外側に、同じ手順で、あと３つ正方形を増やして、こんなデザイン（**図３**）にしようかな。

けんた：それなら、シンプルに白、黒の２色でぬり分けるといいんじゃない。

ゆうか：すごくいいね。

けんた：そうすると、この**白、黒２色でぬり分けたデザイン**（**図４**）で、白の部分の面積は一番内側の黒の正方形の面積の［④］倍だね。

ゆうか：そうだね。それから、黒の部分の面積は、白の部分の面積の［⑤］倍だね。

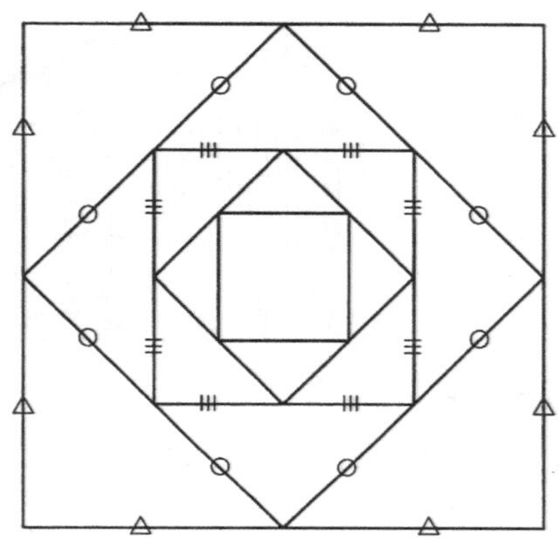

図３　ゆうかさんの考えたデザイン

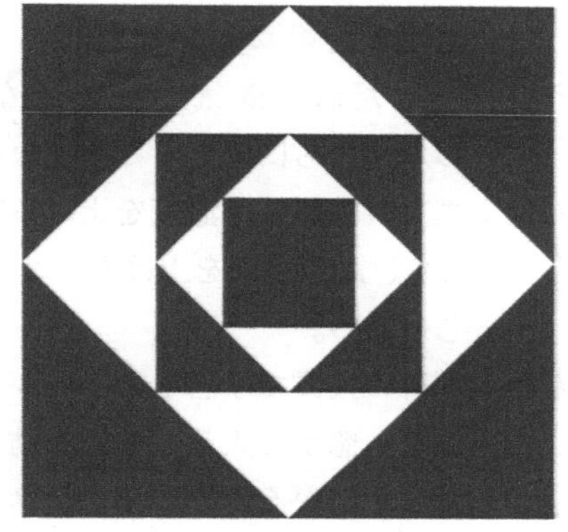

図４　白、黒２色でぬり分けたデザイン

問題２　けんたさんとゆうかさんの会話文中の［④］、［⑤］にあてはまる数を求めなさい。

3

4月のある日、緑化委員のけんたさんとゆうかさんは、理科の授業で育てたツルレイシが、窓から入る日差しを防ぎ、室内の温度が上がるのをおさえる**緑のカーテン**（**図1**）になることを学習しました。そこで、学校の窓辺でツルレイシをさいばいしようと相談しています。

図1　緑のカーテン

図2　すだれ

けんた：最近、電気代が高くなっているって、ニュースで見たよ。

ゆうか：そうだね。電気を節約しないといけないね。わたしたちにできることはないかな。

けんた：エアコンの設定温度を上げる方法があるね。

ゆうか：でも、設定温度を上げたら室内が暑くなってしまうじゃない。

けんた：理科の授業で学習したツルレイシの**緑のカーテン**なら、窓から入る日差しを防ぐものがない（**何もなし**）ときと比べて、室内の温度が上がるのをおさえられるんじゃないかな。

ゆうか：なるほどね。でも、前にツルレイシを育てたとき、世話をするのが大変だったな。日差しを防ぐなら**すだれ**（**図2**）でもいいんじゃないかな。

けんた：たしかに、ツルレイシを育てるのは大変なこともあるけれど、このグラフ（**図3**）を見てごらんよ。**すだれ**よりもツルレイシの**緑のカーテン**のほうが室内の温度が上がらないんだよ。

ゆうか：本当だね。でも、**すだれ**も同じように日差しを防いでいるのに、どうして**緑のカーテン**のほうが室内の温度が上がらないんだろう。

けんた：それは、ツルレイシが日差しを防ぐだけじゃなくて、葉から水を出しているからじゃないかな。

ゆうか：それはどういうことかな。

けんた：**a** 葉の気孔から水が水蒸気として出ていくときに、［　　　　　］からだよ。

ゆうか：なるほど。それじゃあ、**b** 葉からどのくらいの水が出ているのか調べてみよう。

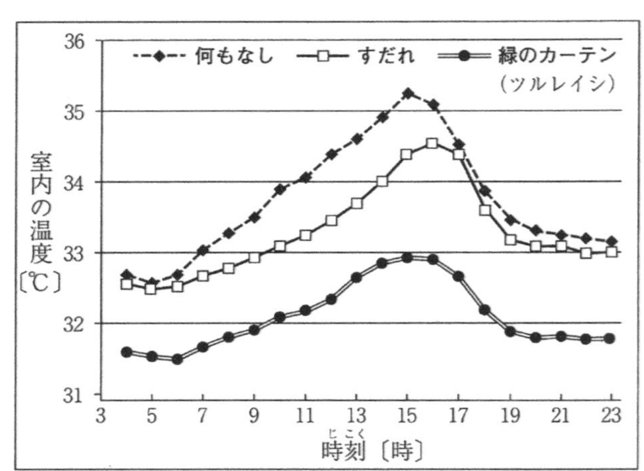

図3　室内の温度の変化

（国立研究開発法人建築研究所の資料より作成）

令和６年度
適性検査Ⅱ

注　　意

1　「はじめ」の合図があるまで、この冊子（さっし）を開いてはいけません。

2　検査時間は45分間で、終わりは11時30分です。

3　問題は、４問で14ページまであります。ページの足りないところや、印刷のはっきりしないところがあったら手をあげなさい。

4　**解答用紙は、この用紙です。**解答用紙をとりはずして、**受検番号を決められたところに書きなさい。**

5　声を出して読んではいけません。

6　解答は、すべて**解答用紙の決められたところにはっきりと書きなさい。解答らんの外に書いたものは採点しません。**

1

東京都に住むけいこさんは、駅で「茨城デスティネーションキャンペーン」のポスターを見て、10月の週末にお父さんと茨城県の霞ヶ浦周辺でサイクリングとキャンプをしました。その時にもらったチラシを見ながら話をしています。

「茨城デスティネーションキャンペーン」のロゴマーク

お父さん：茨城県に行ってよかったね。地域と鉄道会社が一体となった観光キャンペーンだから、鉄道を使った人も多かったね。ロゴマークにある「体験王国いばらき」という言葉のとおり、よい体験ができたね。

けいこ：ロゴマークには、キャンプとサイクリング、それに豊かな自然もえがかれているよ。

お父さん：茨城県の魅力がわかりやすく示されているね。体験できることもわかるね。

けいこ：キャンペーンを記念して運行したサイクルトレインに乗れたのもよかったね。電車に自転車をそのままのせることができて、とても便利だったよ。

お父さん：**a** 道の駅までサイクリングしたときの景色は、すばらしかったね。

問題１　下線部**a**「道の駅までサイクリング」について、けいこさんは、サイクリング地図（**資料１**）とサイクリングの記録をかきました。**資料１**をもとに、**【サイクリングの記録】**の［A］、［B］にあてはまるおおよその方位とおおよそのきょりの組み合わせとして最も適切なものを、下の**ア**～**エ**から１つ選んで、その記号を書きなさい。

資料１　けいこさんがつくったサイクリング地図（略図）

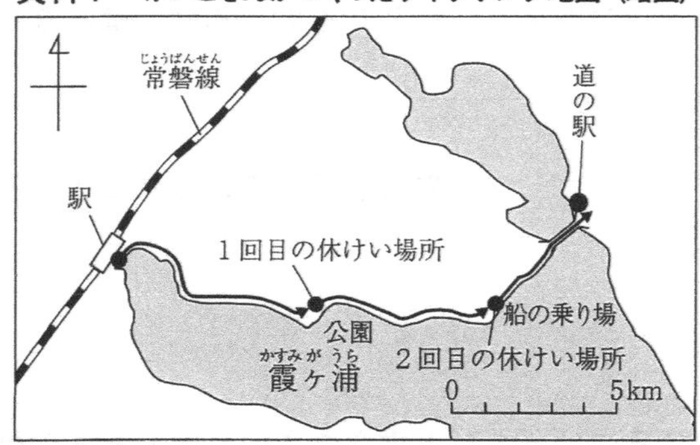

【サイクリングの記録】
駅の東口から湖に沿って進んでいくと、小さな公園があり、ここで１回目の休けいをした。さらに湖に沿って進んでいくと、船の乗り場が見えてきた。次の日にここから観光帆引き船の見学船に乗るので、下見のためこの近くで２回目の休けいをした。２回目の休けい場所からおおよそ［A］方向に［B］進むと道の駅に着いた。

ア　**A**　北東　**B**　約４km　　**イ**　**A**　南東　**B**　約４km
ウ　**A**　北東　**B**　約８km　　**エ**　**A**　南東　**B**　約８km

けいこ：道の駅では、地元の野菜を売っていたね。そこで、**b** キャンプで使った野菜をたくさん買ったんだよね。

お父さん：そうだね。どの野菜も新鮮でとてもおいしかったなあ。他のお客さんも茨城県のおみやげを買っていたね。

けいこ：国道沿いにあるから、便利なんだよね。

問題２　下線部ｂ「キャンプで使った野菜」について、けいこさんは、茨城県産の「ある野菜」に着目し、インターネットから**資料２**～**資料４**を見つけました。さらにインターネットで調べたことを付け加え、それらを**【メモ】**にまとめました。「ある野菜」にあてはまるものを**資料２**から１つ選んで、その野菜の名前を書きなさい。また、**資料４**の**あ**～**う**にあてはまる県の組み合わせとして最も適切なものを、下の**ア**～**カ**から１つ選んで、その記号を書きなさい。

資料２　東京都中央卸売市場における茨城県産の野菜の月別出荷量（2022年６月～2023年６月）（kg）

	2022年6月	7月	8月	9月	10月	11月	12月	2023年1月	2月	3月	4月	5月	6月
ねぎ	2254761	1926921	1080419	461294	523040	806694	1506006	1515719	978218	869298	762467	1964510	2453424
ピーマン	1849328	1031701	472652	973866	1255762	953367	573940	151600	272841	811929	1243998	1865475	1890827
にんじん	506480	28841	2539	136	1299	68832	286733	275487	408638	313070	48417	332141	634933
れんこん	76022	187708	576086	974223	1043620	1029634	1371725	894418	900784	875992	538824	404306	131087
ほうれん草	407628	130698	81279	153214	305039	502268	524089	534160	574271	773302	556868	608075	354353
たまねぎ	219345	153220	7610	0	145	425	384	45	215	860	24800	79564	197940

（東京都中央卸売市場ウェブページより作成）

資料３　「ある野菜」が生産される県の県庁所在地の月別平均気温の変化（1991年～2020年）

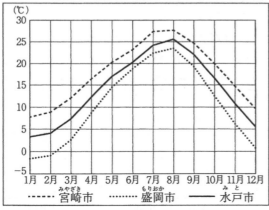

（℃）
30
25
20
15
10
5
0
−5
1月 2月 3月 4月 5月 6月 7月 8月 9月 10月 11月 12月
宮崎市　盛岡市　水戸市

（「理科年表2023」より作成）

資料４　東京都中央卸売市場における「ある野菜」の月ごとの産地別出荷量（2022年６月～2023年６月）

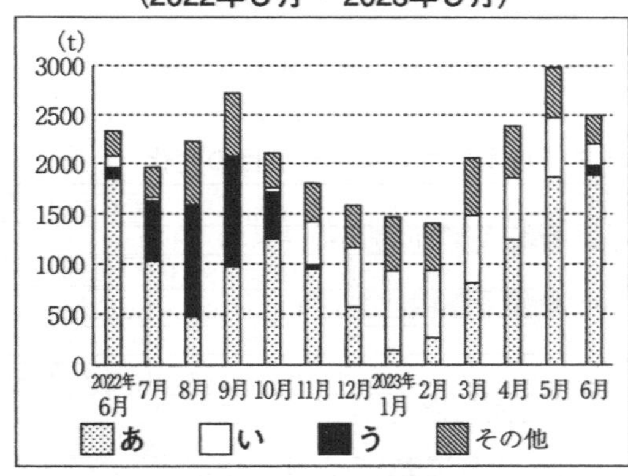

（東京都中央卸売市場ウェブページより作成）

【メモ】＜「ある野菜」の説明＞

・茨城県からは１年を通して東京都中央卸売市場に出荷される。
・茨城県では、2022年９月から10月にかけてと2023年２月から６月にかけての東京都中央卸売市場への出荷量が前の月より増えている。
・ビニールハウスを使うことで、冬でも生産ができる。あたたかい気候の土地では、燃料にかかる費用を少なくすることができる。
・あたたかい地方からの出荷には運送費が多くかかるが、東京に近い県の出荷量が減少する冬は、あたたかい地方からの出荷量が多くなる。

ア　**あ** 茨城県　**い** 岩手県　**う** 宮崎県
イ　**あ** 茨城県　**い** 宮崎県　**う** 岩手県
ウ　**あ** 岩手県　**い** 茨城県　**う** 宮崎県
エ　**あ** 岩手県　**い** 宮崎県　**う** 茨城県
オ　**あ** 宮崎県　**い** 茨城県　**う** 岩手県
カ　**あ** 宮崎県　**い** 岩手県　**う** 茨城県

けいこ：道の駅では、地域で作られたものが売られていたね。c奈良時代も今と同じように人やものの流れがあったということを学校で学習したよ。

お父さん：最近、さかんな農業を生かして、茨城県で生産される野菜を外国にd貿易品として輸出しているんだよ。

けいこ：茨城県には、まだわたしたちの知らない魅力がたくさんあるんだね。また、茨城県に行ってみたいな。

問題３　けいこさんは、下線部c「奈良時代」について興味をもちました。そこで、そのころの様子を表した**資料５**、**資料６**を参考にし、調べてわかったことを**【カード】**にまとめました。**【カード】**の［　　　］にあてはまる最も適切なものを、下の**ア**～**エ**から１つ選んで、その記号を書きなさい。

資料５　奈良時代の都へ運ばれてきた各地の主な産物の例

産地	産物
茨城県	あわび、わかめ、くろだい
静岡県	かつお、みかん、海そう
岐阜県	あゆ、大豆
岡山県	塩、くり、豆でつくった調味料
徳島県	わかめ、うに、しか肉

＊産地は、現在の県名で示している。
（東京書籍「新しい社会６歴史編」より作成）

資料６　奈良時代の都に住む貴族の食事の例

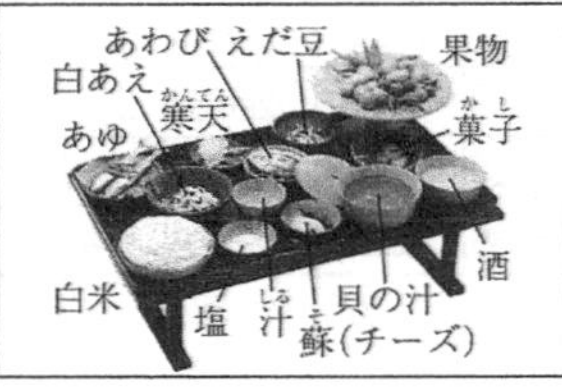

（教育出版「小学社会６」より作成）

【カード】
資料５と**資料６**から、奈良時代は各地から産物が都に集められ、貴族の食事を支えていたことがわかりました。これは、国を治める法律である「律令」によって、［　　　］という農民の負担があったからです。

ア　役所や寺の土木工事を行う　　**イ**　地方の特産物を納める
ウ　都で働くか、布を納める　　**エ**　都や九州などの警備をする

問題４　下線部d「貿易品」について、けいこさんは**資料７**を見つけました。**資料７**をもとに、同じ学級のひろしさんと気づいたことをまとめました。下の**(1)**、**(2)**の問題に答えなさい。

資料７　日本の主要な貿易品目の変化

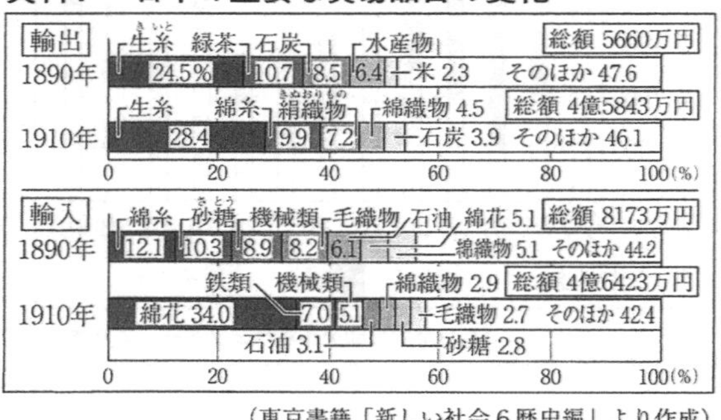

（東京書籍「新しい社会６歴史編」より作成）

【けいこさんとひろしさんのまとめ】

名前	気づいたこと
けいこ	1890年の輸入品目では［Ａ］の割合が最も大きかったが、1910年には［Ｂ］を大量に輸入して、それを［Ｃ］にして輸出するようになった。日本でも十分な生産ができるようになってきたと考えられる。
ひろし	1890年から1910年にかけて、生糸の輸出額が約［Ｘ］倍になっていることから、日本では製糸業が重要な産業となったことがわかった。

(1)　**【けいこさんとひろしさんのまとめ】**の［Ａ］、［Ｂ］、［Ｃ］にあてはまる主要な貿易品目の組み合わせとして最も適切なものを、次の**ア**～**カ**から１つ選んで、その記号を書きなさい。

ア　Ａ 綿糸　Ｂ 綿織物　Ｃ 綿糸　　**イ**　Ａ 砂糖　Ｂ 鉄類　Ｃ 石炭
ウ　Ａ 緑茶　Ｂ 鉄類　Ｃ 石炭　　**エ**　Ａ 綿糸　Ｂ 綿花　Ｃ 綿糸
オ　Ａ 砂糖　Ｂ 綿花　Ｃ 綿糸　　**カ**　Ａ 生糸　Ｂ 絹織物　Ｃ 生糸

(2)　［Ｘ］にあてはまる数字として最も適切なものを、次の**ア**～**オ**から１つ選んで、その記号を書きなさい。

ア　2　　**イ**　5　　**ウ**　9　　**エ**　13　　**オ**　20

2

けいこさんとひろしさんは、日本の交通に興味をもち、調べてみることにしました。

けいこ：社会の授業で江戸時代に五街道が整備されたことを学習したね。五街道は江戸と各地を結んでいた道だったね。

ひろし：江戸と京都を結んでいた「東海道」は、今でも**a** 鉄道の路線名に使われているよ。この「東海道」が通っていた地域は、現在の**b** 工業のさかんな地域とも重なるね。交通網との関わりがあるのかもしれないね。

けいこ：そうだね。工業製品は、トラックや船などいろいろな方法を上手に組み合わせて運ばれているんだよ。

ひろし：その他にも**c** 飛行機を利用した航空輸送もあるよね。ものだけでなく、人の輸送にも飛行機が使われているね。

問題1　下線部**a**「鉄道の路線名」について、けいこさんは、**資料1**を見つけました。**資料1**を参考にして、東海道・山陽新幹線が通る都府県にある世界遺産に関係のあるものを**A**～**F**の写真の中から**3つ**選んで、東京駅から博多駅の間に通過する都府県の順にならべ、その記号を書きなさい。

資料1　東海道・山陽新幹線の路線図

A　厳島神社

B　中尊寺金色堂

C　金閣

D　富岡製糸場

E　日光東照宮

F　姫路城

（A、B、E　東京書籍「新しい社会６歴史編」より作成）
（C　教育出版「小学社会６」より作成）
（D、F　帝国書院「小学生の地図帳」より作成）

問題２　下線部ｂ「工業のさかんな地域」について、ひろしさんは**資料２**と**資料３**を見つけました。下の**ア～エ**のうち、**資料２**、**資料３**からわかることとして、正しいものには○を、誤っているものには×を書きなさい。

資料２　日本の工業のさかんな地域

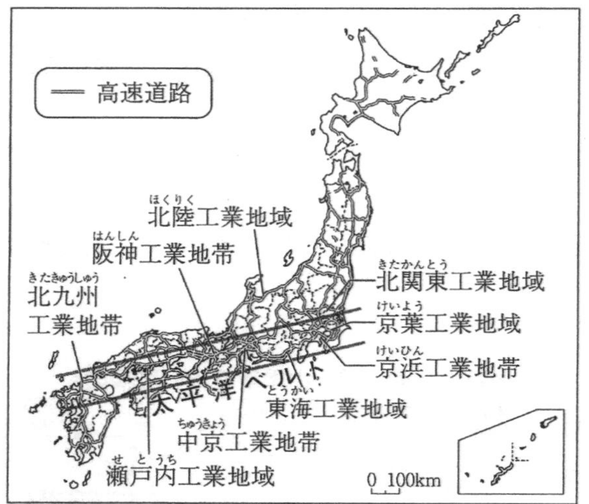

＊高速道路は、主な自動車専用道路をふくむ。
＊北九州工業地帯は、北九州工業地域とよばれることもある。
（帝国書院「小学生の地図帳」より作成）

資料３　工業地帯・工業地域別の工業生産額（2016年）

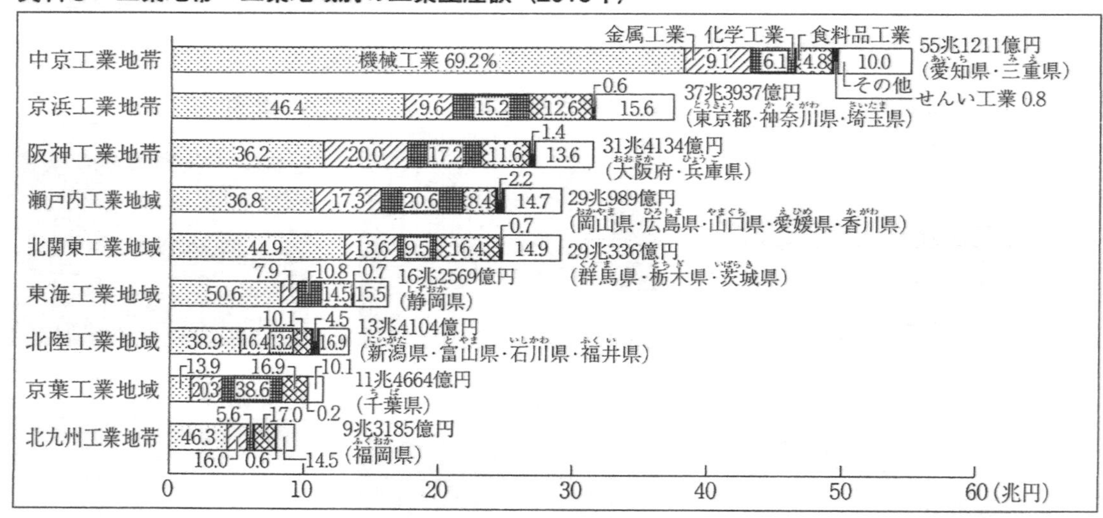

（教育出版「小学社会５」より作成）

ア　関東地方の南部から九州地方の北部にかけて、工業地帯や工業地域が海沿いに広がっている。

イ　高速道路があっても、内陸部には工業のさかんな地域はない。

ウ　すべての工業地帯・工業地域において、工業生産額の割合が最も大きいのは、機械工業である。

エ　工業生産額における化学工業のしめる割合が最も大きくなっているのは、瀬戸内工業地域である。

問題３　下線部ｃ「飛行機を利用した航空輸送」について、**資料４**を参考に**資料５**の**Ａ～Ｃ**にあてはまる都府県の組み合わせとして最も適切なものを、下の**ア～カ**から１つ選んで、その記号を書きなさい。

また、北海道（ほっかいどう）の年間旅客（りょかく）数に着目し、**資料４、資料５**から読み取ったことを、解答用紙の①「新千歳（しんちとせ）空港の年間旅客数は、」に続けて、**10字以上、15字以内**で書きなさい。さらに、①のようになる理由を、**資料６**をもとに、解答用紙の②「北海道の年間旅客数には、」に続けて、**15字以上、20字以内**で説明しなさい。ただし、「、」や「。」も１字に数え、文字に誤（あやま）りのないようにしなさい。

資料４　日本の航空輸送における主な空港の年間旅客数（国内線と国際線の合計　2018年度）

空港名〔都道府県〕	年間旅客数（万人）
東京国際空港（とうきょうこくさいくうこう）〔東京都（とうきょうと）〕	8605.1
成田（なりた）国際空港〔千葉県（ちばけん）〕	4123.8
関西（かんさい）国際空港〔大阪府（おおさかふ）〕	2930.8
福岡（ふくおか）空港〔福岡県（ふくおかけん）〕	2484.5
新千歳空港〔北海道〕	2363.4
那覇（なは）空港〔沖縄県（おきなわけん）〕	2154.7
大阪（おおさか）国際空港〔大阪府〕	1629.9
中部（ちゅうぶ）国際空港〔愛知県（あいちけん）〕	1234.5

資料５　資料４の空港がある都道府県の航空輸送における年間旅客数（2018年度）

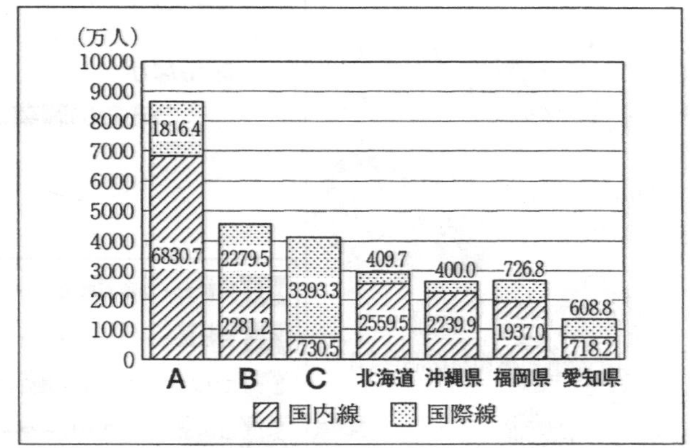

＊大阪国際空港の所在地は大阪府と兵庫（ひょうご）県にまたがるが、ターミナルがある大阪府としている。

（**資料４、資料５**は、国土交通省「平成30年度　空港管理状況（じょうきょう）調書」より作成）

資料６　日本の空港

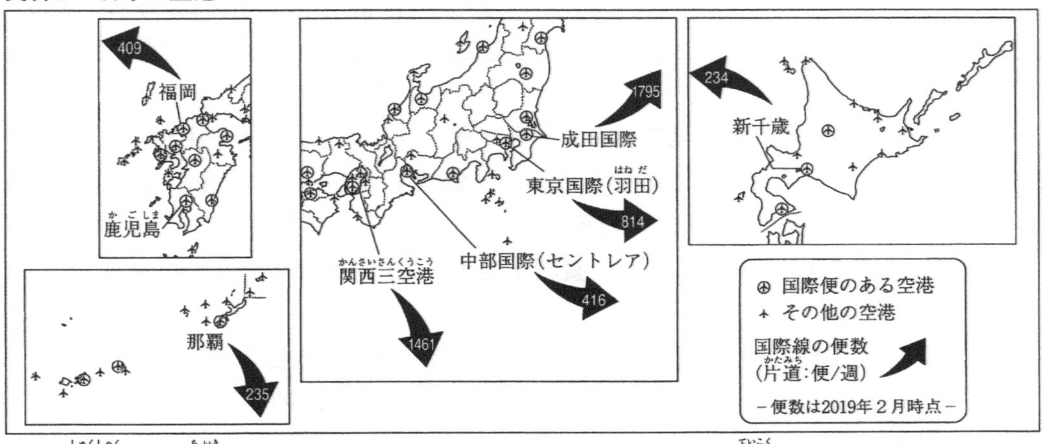

＊地図の縮尺（しゅくしゃく）は、どの地域（ちいき）も同じである。

（帝国（ていこく）書院「小学生の地図帳」より作成）

＊関西三空港とは、大阪国際空港、関西国際空港、神戸（こうべ）空港を合わせたものである。

ア　**Ａ** 東京都　**Ｂ** 大阪府　**Ｃ** 千葉県
イ　**Ａ** 東京都　**Ｂ** 千葉県　**Ｃ** 大阪府
ウ　**Ａ** 大阪府　**Ｂ** 千葉県　**Ｃ** 東京都
エ　**Ａ** 大阪府　**Ｂ** 東京都　**Ｃ** 千葉県
オ　**Ａ** 千葉県　**Ｂ** 東京都　**Ｃ** 大阪府
カ　**Ａ** 千葉県　**Ｂ** 大阪府　**Ｃ** 東京都

3

ひろしさんの学年では、総合的な学習の時間に「未来のわたし」をテーマに学習をしています。**資料1**のスライドを用いて学級で中間発表会を行い、みんなから質問や意見をもらいました。今日は、最終発表会に向けてグループで話し合いをしています。

資料1　ひろしさんたちが中間発表会で提示したスライド

1－1　将来つきたい職業ランキング2022

（学研教育総合研究所「小学生白書 2022」より作成）

1－2　職業の分類表

職業の分類表
① 未来をつくるＩＴの職業
② メディア業界の職業
③ 食にかかわる職業
④ 自然にかかわる職業
⑤ 交通・宇宙にかかわる職業
⑥ スポーツにかかわる職業
⑦ ファッション・美容の職業
⑧ エンターテイメントの職業
⑨ クリエイティブ系の職業
⑩ モノをつくる、運ぶ職業
⑪ 医療・心理・福祉の職業
⑫ 社会と暮らしを守る職業
⑬ 教育にかかわる職業

（藤田晃之「未来が広がる！世の中が見える！仕事の図鑑」より作成）

ひろし：今日は、先週の中間発表会をふり返ろう。ぼくたちは、小学生がどんな職業につきたいと思っているのかを調べて、**資料1（1－1）**を提示したんだよね。さらに、世の中にはどんな職業があるのかをもっと知りたくて、いろいろさがして見つけた本の中に、**資料1（1－2）**の分類表を見つけたので、それを提示したんだよね。

けいこ：**資料1（1－1）**の「将来つきたい職業ランキング2022」で、ユーチューバーが第2位だったことに、みんなは驚いていたね。最初の資料として、とても効果的だったと思うよ。

なおき：**資料1（1－2）**については、特に「③『食にかかわる職業』や⑥『スポーツにかかわる職業』について、具体的にどんな職業があるのか」という質問が出たよね。

解答するときの注意

解答を直すときには、**消しゴムを使っててていねいに消してから直しなさい。**次のように、付け加えたり、けずったりしてはいけません。

✕ 指示を~~出して~~（聞いて）、（素早く）行動する。

3

	ア	イ	ウ	エ
問題１				

問題２	記号	
	理由	（15字）からだよ。
問題３		
問題４	%	

問題１．完答５点
問題２．記号…３点　理由…５点
問題３．完答５点
問題４．７点

4

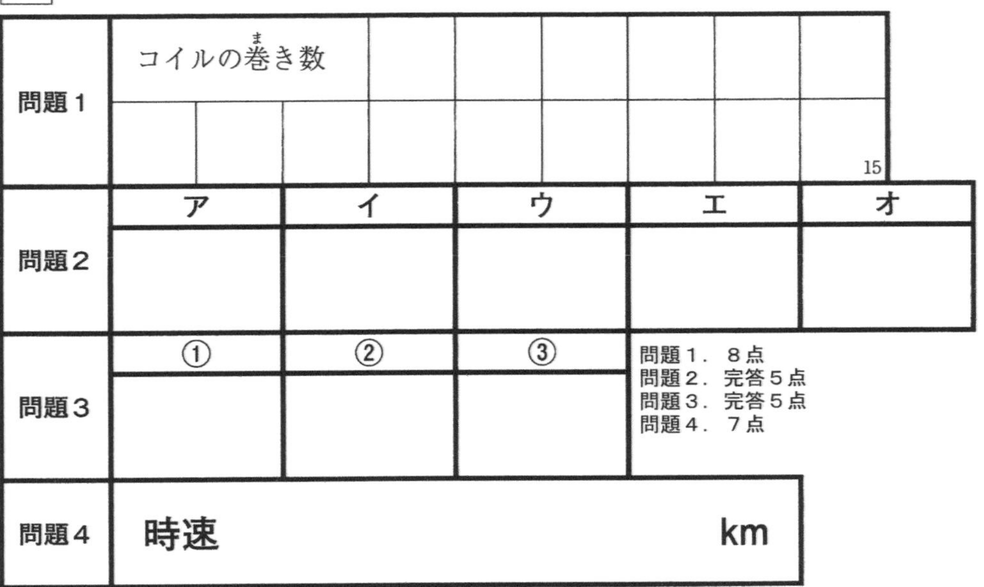

問題１	コイルの巻き数（15字）				
問題２	ア	イ	ウ	エ	オ
問題３	①	②	③		
問題４	時速　　km				

問題１．８点
問題２．完答５点
問題３．完答５点
問題４．７点

3

問題１	(1)	①	②	③	④	⑤	
	(2)	A	B				
問題２	(1)	C	D	E			
	(2)						

問題１．(1)完答６点
(2)A．２点
B．４点
問題２．(1)C．２点
D・E．完答４点
(2)完答６点

4

問題１		
問題２		
問題３	（10字）	
問題４	Cの案を選んだ理由は、（40字）からだ。	

問題１．完答６点
問題２．４点
問題３．６点
問題４．10点

受検番号	

令和６年度　適性検査Ⅱ　解答用紙

※100点満点

解答するときの注意

解答を直すときには、**消しゴムを使ってていねいに消してから直しなさい。**次のように、付け加えたり、けずったりしてはいけません。

✕ 指示を~~出して~~、行動する。（聞いて　素早く）

1

問題１				
問題２	野菜		記号	
問題３				
問題４	(1)		(2)	

問題１．５点
問題２．完答５点
問題３．５点
問題４．５点×２

2

問題１	(東京駅) →	→	→	→ (博多駅)

問題２	ア		イ		ウ		エ	

問題３		
	記号	
	①	新千歳空港の年間旅客数は、
	②	北海道の年間旅客数には、

問題１．完答５点
問題２．完答５点
問題３．５点×３

受検番号	

令和６年度　適性検査Ⅰ　解答用紙

※100点満点

1

問題１	式	
	値段（ねだん）	円
問題２		L
問題３	記号	
	説明	

問題１．式…４点　値段…４点
問題２．６点
問題３．記号…４点　説明…７点

2

問題１	①		②		③	
問題２	④	倍	⑤	倍		

問題１．４点×３
問題２．④６点　⑤７点

ひろし：２つの資料とも準備してよかったね。ただ**資料１（１－１）**では、パティシエや警察官などに比べて、「会社員って、具体的に何をしているのかな。」という質問がたくさん出たね。だから、ぼくは、会社員をしている近所のおねえさんに、授業で学んだ**資料２**を生かして、インタビューをしてみたんだ。

資料２　インタビューで気をつけること

① インタビューの目的や意図を明確にし、はじめに相手に伝えること。
② 相手の話の中心を考えながら聞くこと。
③ 相手の話を聞き、興味や疑問をもったことについて、さらに、くわしくたずねること。
④ メモを取りながら、相手の話を聞くこと。
⑤ ていねいな言葉を使うこと。

資料３　ひろしさんが行ったインタビュー

ひろし：こんにちは。ゆうこおねえさんは、どんな仕事をしているのですか。

おねえさん：わたしはゲームを作る会社で企画を任されています。新しいゲームのアイデアを練るために会議や打ち合わせをしたり、決定したことを報告するための書類を作ったりしています。

ひろし：そうなんですね。会社員って、みんなおねえさんと同じような仕事をしているのですか。

おねえさん：ひろしさんは、会社員について知りたいのかな。会社員はみんなが同じ仕事をしているわけではないのです。たとえば、わたしの会社には、企画の他にも、ゲームのキャラクターがアイデアどおりに動くように※プログラミングをする人、みんなに新しいゲームを知らせるための宣伝を考える人、店に商品を売りこむ人など、いろいろな役割の人がいて、チームで仕事を進めています。

ひろし：そうなんだ。ということは、会社がひとつのチームで、会社員はチームのメンバーであるといえますね。

おねえさん：そのとおりです。わたしの会社は、チーム全体でゲームをつくり、提供し、遊ぶ人たちを楽しませているのです。

ひろし：すごいね。会社のみんなが力を合わせることで、多くの人たちを楽しませて、幸せにしているんだね。

おねえさん：そうですね。みんなが楽しんでくれるゲームを提供することで、社会の役に立てているのかなと思います。わたしたちの仕事はそれぞれですが、社会の役に立つために、メンバーひとりひとりが欠かすことのできない役割を果たしているのです。

ひろし：きっと、他の会社も同じように、チーム全体で社会の役に立とうとしているのですね。よくわかりました。今回のインタビューのメモをもとに、職業について、もう一度考えてみたいと思います。ありがとうございました。

※ プログラミング　コンピューターのプログラムを作成すること。

けいこ：わたしは、最終発表会に向けて、ひろしさんのインタビューの内容をスライドにまとめようと思うんだ。**資料4**は、作りかけなんだけど、どうかな。

※お詫び：著作権上の都合により，イラストは掲載しておりません。ご不便をおかけし，誠に申し訳ございません。 教英出版

資料4　けいこさんがまとめようとしているスライド

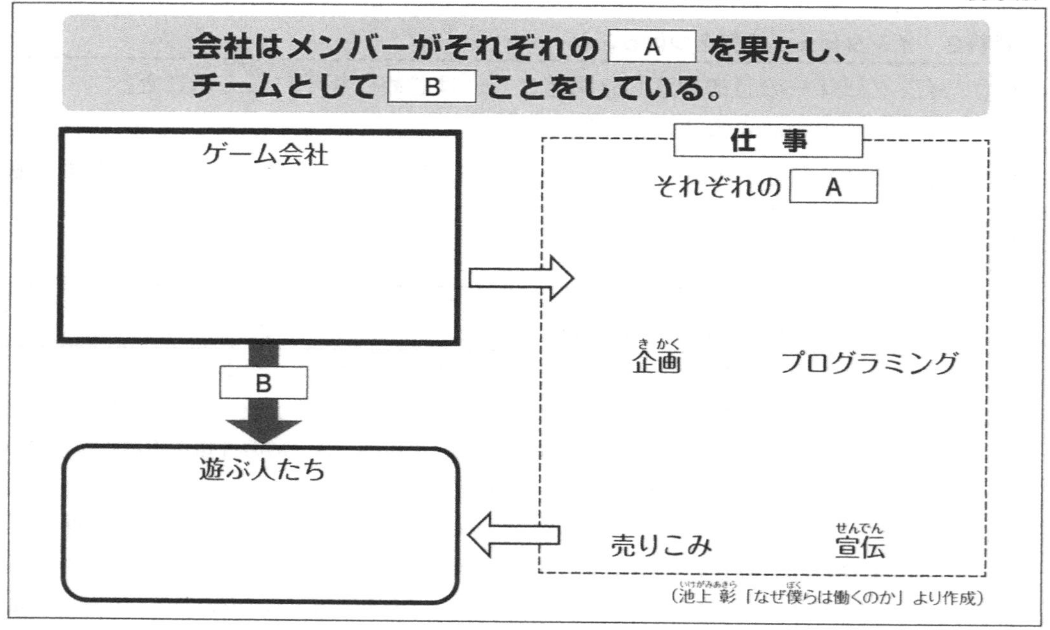

（池上 彰「なぜ僕らは働くのか」より作成）

問題1　ひろしさんたちの会話と、**資料2**～**資料4**をもとに、次の（1）、（2）の問題に答えなさい。

（1）　**資料2**のうち、ひろしさんが、**資料3**のインタビューで取り入れることができたものはどれですか。①～⑤のうち、あてはまるものには○を、あてはまらないものには×を書きなさい。

（2）　**資料4**の A 、 B にあてはまる最も適切な言葉を、それぞれ**資料3**からぬき出して書きなさい。ただし、 A は**2字**で、 B は**7字**で、文字に誤りがないようにしなさい。

ひろし：新しい資料が増えて、最終発表会に参加するみんなも、会社員という職業について理解が深まると思うよ。ところで、**資料1**（**1－2**）についてだけど、調べてみると世の中には約３万種類もの職業があるそうだよ。なおきさんとさやかさんが、中間発表会でみんなの関心が高かった③「食にかかわる職業」と⑥「スポーツにかかわる職業」についてくわしく調べてくれたんだよね。**資料5**を見てくれるかな。

資料５　なおきさんとさやかさんが、職業についてまとめた資料

③食にかかわる職業		⑥スポーツにかかわる職業		
《料理や飲み物を提供する》 ・ソムリエ／ソムリエール ・バリスタ ・給仕 ・カフェスタッフ　など	《メニューや商品を考える》 ・食品·飲料メーカー企画開発 ・フードコーディネーター ・栄養士 ・給食調理員　など	《選手として活躍》 ・プロアスリート ・パラアスリート ・ｅスポーツ選手 など	《試合にかかわる》 ・審判員 ・グラウンドキーパー ・スポーツ観戦記者 など	《人に教える》 ・インストラクター ・トレーナー など
《料理・お菓子をつくる》 ・料理人（シェフ） ・パティシエ ・板前 ・パン職人　など	《食材をつくる、育てる》 ・農業経営者／農家 ・酪農家 ・畜産農家 ・漁師　など	《選手をサポート》 ・監督／コーチ ・スポーツドクター ・チームフロント など	《道具や場所でサポート》 ・施設運営スタッフ ・スポーツ用品開発者 ・スポーツ用品販売員 など	

（藤田晃之「未来が広がる！世の中が見える！仕事の図鑑」より作成）

さやか：わたしはお菓子づくりが好きだから、「食にかかわる職業」を調べてみたよ。料理人やパティシエだけではなく、レストランなどで、料理や飲み物を出す人、メニューや商品を考える人、食材をつくったり、育てたりする人もいることがわかったよ。

なおき：ぼくはサッカーが好きだから、「スポーツにかかわる職業」をまとめてみたよ。スポーツにかかわる職業には、プロの選手だけではなく、他にもたくさんの職業があるということがわかったよ。

ひろし：**資料５**から、審判員やグラウンドキーパー、スポーツ観戦記者など、プロの選手以外にも、スポーツにかかわる職業がたくさんあるってことが、みんなにもわかるよね。それぞれの職業につくには、何が必要なんだろう。

なおき：たとえば、スポーツでは、競技についてくわしい知識をもつことが基本なんだよ。その他に、それぞれ必要な能力があるんだ。審判員には冷静で公平な判断力や、試合中にフィールドを走る持久力が必要なんだ。グラウンドキーパーには、芝生の長さや状態を一定に保てるように、わずかな変化も敏感に感じ取る観察力が必要なんだって。スポーツ観戦記者には、情報収集能力やコミュニケーション能力、取材力が必要なんだ。

けいこ：みんなの話を聞いていると、［　C　］という気持ちを生かせる職業は、たくさんあることがわかるね。特に、スポーツにかかわる職業の例からも、職業には［　D　］と［　E　］が必要なことがわかったよ。

ひろし：どんな職業も同じだろうね。ところで、そう考えたら、将来つきたい職業を考えて、関係する教科や自分の好きな教科だけを勉強すればいいと思うんだけど、学校ではいろいろな教科の勉強をするよね。なぜだろう。

先　生：とてもいい話し合いになっていますね。最終発表会に向けて新しい資料も見つけたようですね。今、ひろしさんが学校の勉強について疑問を投げかけていましたが、みなさんにしょうかいしたい本があるので、その中の一部を読んでみてください。

資料6　先生がしょうかいしてくれた本の一部

　５教科も勉強しなくてもいいと思う人もいるかもしれません。将来、英語を使う仕事につきたいわけでもないし、石油から発電する仕組みを知らなくても、スイッチを入れればちゃんと電気は使えます。読み書きと足し算引き算ができれば生きていけるから、それで十分だと思う人もいるかもしれません。それでもかまわないと思います。

　ただ、前にも書いたように、学ぶということは自分の選択肢を広げることです。

　いま、みなさんがスキー場にいるとします。雪質もコンディションも最高のゲレンデです。そしてみなさんはスキー１級の免許を持っています。楽しみ方は２つあります。思いきりスキーを楽しんでもいいし、そのへんに寝転がって、スキーをする人たちをぼーっと見ていてもいい。みなさんは、どちらが楽しいと思うでしょうか。

　学生にこう聞くと、ほとんどの人が「思いきりスキーを楽しみたい」と言います。中には、ぼーっと眺めていたいという人ももちろんいます。

　どちらでもかまわないのです。ただスキーの技術を身につけていれば、スキー場に行ったとき、どちらの楽しみ方がいいか、自分で選ぶことができます。今日は元気だからガンガンすべろうとか、昨日すべりすぎて疲れちゃったから、今日はのんびり眺めていようかなというふうにです。別にスキーを学んだからといって、やらなくてもいいのです。でも、もしスキーができなかったら、そもそも選ぶことさえできず、すべる人をボーっと見ていることしかできません。

　これはスキーに限ったことではありません。

　何かを勉強するということは、自分の人生の選択肢を増やすということです。何かひとつでも学べば選択肢が増えます。選択肢の多い人生の方が楽しいと僕は思うのです。

（出口治明「なぜ学ぶのか」による）

問題２　さやかさんたちの会話と、**資料６**をもとに、次の（1）、(2）の問題に答えなさい。

（1）　けいこさんの発言の［　C　］、［　D　］、［　E　］にあてはまる最も適切な言葉を、会話文からぬき出して、それぞれ**２字以内**で書きなさい。ただし、文字に誤りがないようにしなさい。

（2）　**資料６**の下線部「いま、みなさんがスキー場にいるとします。」で始まる事例を示した筆者の意図を説明しているものはどれですか。次の**ア**～**オ**から**２つ**選んで、その記号を書きなさい。

ア　選択肢の多い人生は楽しいという主張を、読み手に納得させるため。
イ　人生を楽しむには、スキー１級の免許が必要であることを主張するため。
ウ　何事にも全力で取り組むべきだという主張を、読み手に理解させるため。
エ　スキーをすることの楽しさを、だれにでも伝わるように主張するため。
オ　学ぶことで人生の選択肢が増えるという主張に、説得力をもたせるため。

4

なおきさんのクラスでは、国語の授業で「季節の思い出」を題材に作文を書き、読んだ感想を伝え合っています。なおきさんは、友達からの感想や意見をもとに、自分の作文をよりよいものにしようと考えました。なお、作文中の［　　］には、なおきさんが作った短歌を書く予定です。

【なおきさんの作文】

a ぼくは、母と桜を見に行った。いっしょに桜をながめている時に母に言われた言葉が、しばらく会っていない祖父のことを強く思い出させた。

祖父は桜の季節になると、ぼくを近くの川に連れて行ってくれた。場所は決まっていた。

「桜の名所はたくさんあるが、ここの桜並木がおれには一番だ。」

そう言って、祖父はいつもやさしくほほえんだ。祖父からは桜の話をいろいろと教えてもらった。川沿いに桜を植える理由。※1ソメイヨシノの起源。お花見の歴史など…。

b そのため、桜をテーマにした短歌についても教えてくれた。

筆ペンと紙を持って、二人で短歌作りに挑戦したこともある。

いざなおき　山べにゆかむ　桜見に　明日ともいはば　散りもこそせめ

「※2良寛さんのまねだ、まね。」

祖父はにっこり笑っていた。

今年は、母と二人で桜を見に行った。桜はいつものように、きれいにさいていた。

c つまり、何かがちがう。祖父がいない花見は、少しだけ、もの足りなかった。

［※　なおきさんが作った短歌］

気づいたら、ぼくは短歌をよんでいた。祖父から受けついだのは、どうやら桜好きだけではなかったようだ。

※1　ソメイヨシノ　桜の一種。現代の代表的な品種。

※2　良寛　江戸時代後期の僧侶、歌人、漢詩人、書家。
「いざ子ども　山べにゆかむ　桜見に　明日ともいはば　散りもこそせめ」
（さあ子供たちよ、山のあたりに行こう、桜の花を見に。明日見に行くと言ったならば、花が散ってしまうであろうに。）

けいこ：おじいさんとの思い出の場所について書いたんだね。なおきさんとおじいさんとの仲のよさが伝わってきたよ。ただ、書き出しの部分については、［ A ］、という点で書き直してみると、さらによくなると思うよ。

なおき：なるほどね。自分でも少し気になっていたんだ。ありがとう。こんなふうに書き直したらどうかな。

「おじいちゃんの桜好きは、あなたが受けついだのね。」

けいこ：うん。とてもよくなったと思うよ。
なおき：ぼくの作文について、他に気づいたことはあるかな。
ひろし：少し気になったことを質問してもいいかな。――線部**b**「そのため」、――線部**c**「つまり」のつなぎ言葉（つなぐ言葉）は、意味が伝わりにくいけれど、どうかな。
なおき：そうだね…ありがとう。おかげで、文と文のつながりが自然になったよ。
さやか：ここに、「川沿(ぞ)いに桜を植える理由」と書かれているよね。どうしてもその理由が気になったから教えてほしいな。
なおき：いいよ。おじいちゃんから聞いて、ノートにまとめたんだ。これを見て。
けいこ：たしかに、花見の季節には美しい桜を見ようと、多くの人が集まるよね。
なおき：そうなんだよ。集まった人たちは、足もとの土手を何度もふむよね。そうするとどうなると思う。おじいちゃんの話では、そこがねらいらしいよ。
さやか：たくさんの人が土手をふむと、固くなるよね。つまり、わたしたちも自分で気づかないうちに、洪水被害(こうずいひがい)を防ぐことに協力しているということだね。
けいこ：さすが、もの知りのおじいさんだね。

資料1　なおきさんのノートの一部

川沿いに桜を植える理由のひとつは江戸(えど)時代にあるらしい。江戸時代は大雨が降(ふ)ると、川の増水によって土手の※決壊(けっかい)が起こり、洪水被害になやまされていた。多くのお金をかけずに洪水を防ぐ方法はないかと考えていたところ、桜の木を植えることを思いついた。集まった花見客が、［ **B** ］ことで、決壊を防ぐというアイデアが生まれたらしい。

※ 決壊　切れてくずれること。

問題1　なおきさんは、けいこさんからのどのような意見を生かして――線部**a**「ぼくは、母と桜を見に行った。いっしょに桜をながめている時に母に言われた言葉が、しばらく会っていない祖父のことを強く思い出させた。」を書きかえたのでしょうか。けいこさんの意見［ **A** ］にあてはまる内容を、次の**ア**～**カ**から**2つ**選んで、その記号を書きなさい。

ア　時と場所に関する情報がはっきりわかるように書く
イ　書き出しに祖父が好きだった短歌を入れるようにする
ウ　母の発言を具体的に書いて興味を引くようにする
エ　文末の言い切りの言葉をもっとていねいな表現にする
オ　作文の始めと終わりの内容がつながるようにする
カ　自分の考えていることをはっきりと伝えるようにする

問題２　なおきさんは、ひろしさんの意見をもとに**b**「そのため」、**c**「つまり」のつなぎ言葉（つなぐ言葉）を直しました。次の**ア**～**カ**から最も適切な組み合わせを１つ選んで、その記号を書きなさい。

ア	**b**	だから	**c**	なお	**イ**	**b**	なぜなら	**c**	あるいは
ウ	**b**	たとえば	**c**	したがって	**エ**	**b**	そして	**c**	でも
オ	**b**	なぜなら	**c**	しかし	**カ**	**b**	さらに	**c**	だから

問題３　**資料１**の［　**B**　］にあてはまる内容を、会話文をよく読んで、**５字以上、10字以内**で書きなさい。ただし、花見客の行動とその効果にふれて、文字に誤り（あやま）がないようにしなさい。

問題４　なおきさんは、作文に書く短歌について、**資料２**をもとに、**資料３**の**C**・**D**の案を考えました。そして、**資料４**を参考に表現を見直し、**C**の案を選ぶことにしました。なおきさんが**C**の案を選んだ理由を、**《条件》**に従（したが）って書きなさい。

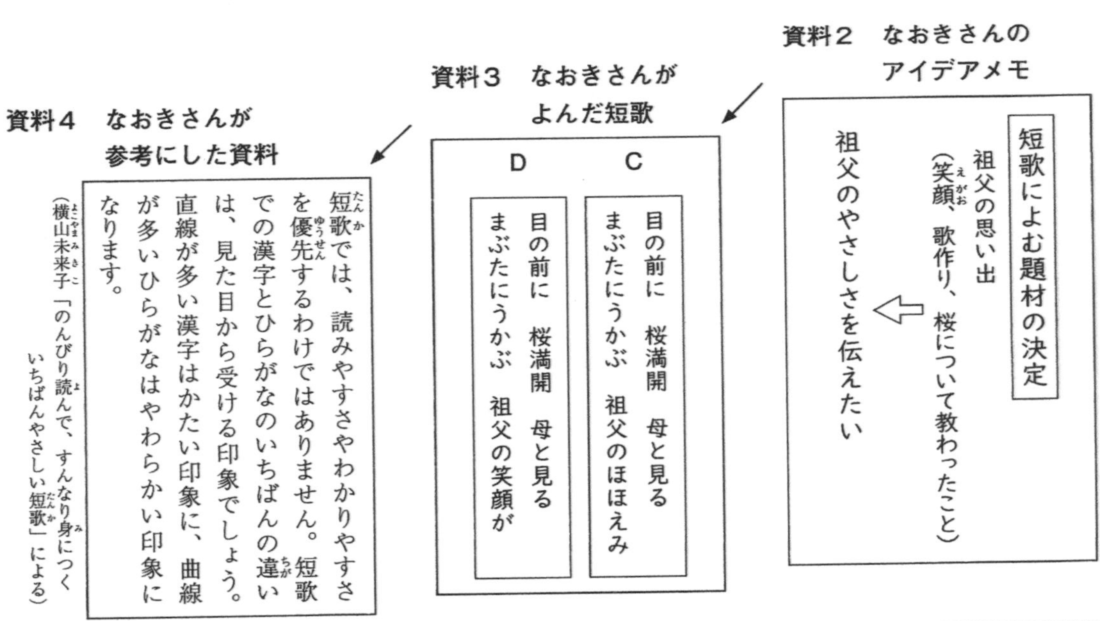

資料２　なおきさんのアイデアメモ
短歌によむ題材の決定
祖父の思い出
（笑顔、歌作り、桜について教わったこと）
祖父のやさしさを伝えたい
資料３　なおきさんがよんだ短歌
C
目の前に　桜満開　母と見る
まぶたにうかぶ　祖父のほほえみ
D
目の前に　桜満開　母と見る
まぶたにうかぶ　祖父の笑顔が
資料４　なおきさんが参考にした資料
短歌（たんか）では、読みやすさやわかりやすさを優先（ゆうせん）するわけではありません。短歌での漢字とひらがなのいちばんの違い（ちが）は、見た目から受ける印象でしょう。直線が多い漢字はかたい印象に、曲線が多いひらがなはやわらかい印象になります。
（横山未来子（よこやまみきこ）「のんびり読（よ）んで、すんなり身（み）につく　いちばんやさしい短歌（たんか）」による）

《条件》

① **C**の案の中の言葉を取り上げ、その言葉を使うことによる効果となおきさんの伝えたいことを関連させながら書くこと。言葉を取り上げる際には、「　」（かぎ）を付けること。

② 「**C**の案を選んだ理由は、」に続けて、「からだ。」につながるようにすること。

③ **30字以上、40字以内**で書くこと。ただし、「、」や「。」および「　」（かぎ）も１字として数えること。

④ 文字に誤りがないようにすること。

問題１　**図３**のグラフから読み取れる内容として、次の**ア**～**エ**のうち正しいものには**○**を、誤っているものには**×**を書きなさい。

ア　どの時刻でも、**緑のカーテン**と**何もなし**の温度差は、**すだれ**と**何もなし**の温度差と比べて大きい。

イ　15時のときの**何もなし**の室内の温度は、**緑のカーテン**の室内の温度の２倍以上である。

ウ　**何もなし**、**すだれ**、**緑のカーテン**のどの室内の温度でも最高温度を記録した時刻は15時である。

エ　７時から14時の間で、室内の温度変化が最も大きいものは**何もなし**である。

問題２　下線部ａ「葉の気孔から水が水蒸気として出ていく」のことを何というか、最も適切なものを、次の**ア**～**オ**から１つ選んで、その記号を書きなさい。また、**緑のカーテン**のほうが、**すだれ**よりも室内の温度が上がらない理由を、会話文中の［　　　　］に入るように、**15字以内**で書きなさい。ただし、「、」も１字として数え、文字に誤りがないようにしなさい。

ア　蒸散　　**イ**　放出　　**ウ**　光合成　　**エ**　吸収　　**オ**　呼吸

問題３　下線部ｂ「葉からどのくらいの水が出ているのか調べてみよう」について、けんたさんとゆうかさんは、**緑のカーテン**全体から出るおおよその水の量を調べるために方法を考えた。次の**ア**～**オ**のうちどれを組み合わせるとよいか、**３つ**選んで、その記号を書きなさい。ただし、すべての葉は同じものとし、**緑のカーテン**の葉にはすき間や重なりがないものとする。

ア　１枚の葉の面積を調べる。

イ　１枚の葉の気孔の数を調べる。

ウ　１枚の葉から出る水の量を調べる。

エ　**緑のカーテン**全体の面積を調べる。

オ　**緑のカーテン**の温度を調べる。

その後、ツルレイシが育ち、**緑のカーテン**が完成しました。けんたさんとゆうかさんが話をしています。

ゆうか：授業で学習したとおり、**緑のカーテン**があるとすずしく感じるね。
けんた：そうだね。これで電気を節約できると思うけど、どのくらいの効果があるのかな。
ゆうか：インターネットで調べてみると、月別の電気使用量は、消費電力量で表されるんだって。だから、消費電力量を比べれば、どのくらい節約できたかわかるんじゃないかな。
けんた：なるほど。消費電力量の単位はkWh（キロワット時）が使われているね。
ゆうか：確か理科室に消費電力量を調べることができる測定器があったよ。
けんた：それなら、この部屋（**緑のカーテン**がある）と、となりの部屋（**緑のカーテン**がない）を比べて、どのくらい電気を節約できるか確かめてみようよ。
ゆうか：となりの部屋なら、大きさや日当たりも同じだし、エアコンも同じものが使われているから比べられるね。さっそくエアコンの設定温度を28℃にして、８時から11時の間の消費電力量を調べてみよう。

けんたさんとゆうかさんは、６日間の消費電力量を測定しました。次の**表**は、その記録をまとめたものです。

表　設定温度28℃のときの６日間の消費電力量（kWh）

緑のカーテン	１日目	２日目	３日目	４日目	５日目	６日目
あり	1.08	0.97	0.39	0.60	0.74	0.90
なし	1.55	1.40	0.67	0.90	0.94	1.25

ゆうか：**緑のカーテン**がある部屋のほうが**緑のカーテン**がない部屋より、電気を節約できていることがわかるね。
けんた：これなら、エアコンの設定温度をもう少し上げても過ごせるかもしれないね。設定温度を上げて、**緑のカーテン**と組み合わせれば、もっと電気を節約できるんじゃないかな。
ゆうか：それはいいアイデアだね。**緑のカーテン**があって、エアコンの設定温度を上げたときにどのくらい電気を節約できるか考えてみよう。

問題４　**緑のカーテン**がある部屋でエアコンの設定温度を１℃上げた場合、設定温度28℃で**緑のカーテン**がない部屋と比べて、６日間の消費電力量の合計は何％減少することになるか、小数第１位を四捨五入（ししゃごにゅう）して**整数で書きなさい**。ただし、エアコンの消費電力量は設定温度を１℃上げると、温度を上げる前に対して13％節約できるものとする。

4

けんたさんとゆうかさんは、授業で作った電磁石(でんじしゃく)に興味をもち、その性質をくわしく調べようとしています。

けんた：鉄くぎにビニル導線を200回巻(ま)いて、コイルを作り、電磁石を作ったよ。

ゆうか：実験台に電磁石の性質を調べる回路（**図1**）を用意したよ。電磁石に電流を流して、鉄のクリップがいくつ引きつけられるか調べてみよう。

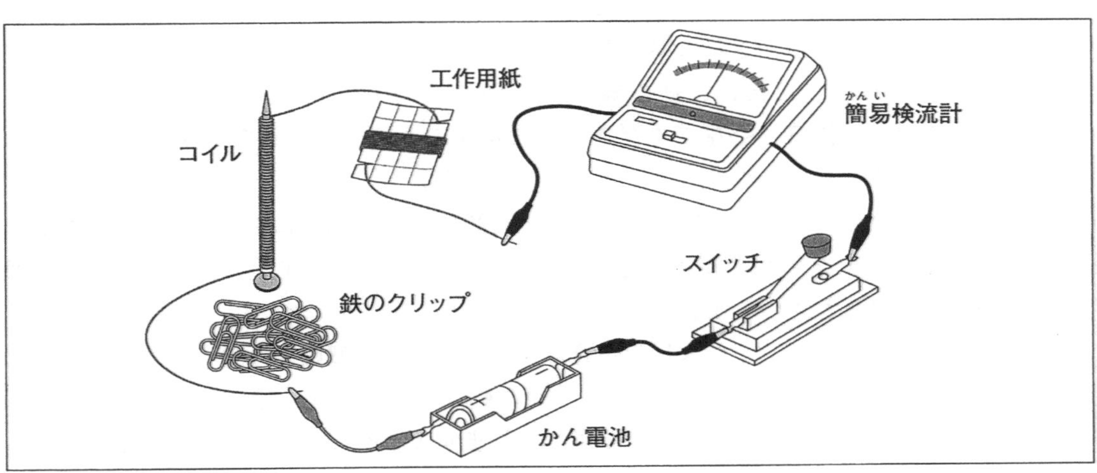

図1　実験用の回路　　（大日本図書「たのしい理科5年」より作成）

けんた：クリップがたくさん引きつけられたね。200回も巻いたから、たくさん引きつけられたのかな。巻き数を半分にしたら、引きつけられるクリップの数はどう変わるのだろう。

ゆうか：巻き数が半分なら、クリップの数も半分になると思う。コイルのビニル導線を巻き直して、100回巻きのコイルでもう一度実験してみようよ。

けんた：100回巻きのコイルを作ってみたけど、200回巻きのときに比べて、ビニル導線がかなり余ったよ。

ゆうか：ペンチを使って、ビニル導線を切って短くしよう。

けんた：あっ、今はコイルの巻き数と電磁石の強さの関係を調べたいから、ビニル導線は切らないほうがいいと思うよ。

ゆうか：確かにそうだね。切らずに工作用紙に巻きつけておくよ。

問題1　けんたさんが下線部「コイルの巻き数と電磁石の強さの関係を調べたいから、ビニル導線は切らないほうがいい」のように考えたのはなぜか、その理由を解答らんの「コイルの巻き数」の後に続けて、**15字以内**で書きなさい。ただし、「、」や「。」も1字に数え、文字に誤(あやま)りがないようにしなさい。

電磁石に興味をもったけんたさんとゆうかさんは、小学校に設置されている火災報知器に電磁石の性質が利用されていると知り、火災報知器の模型を作ることにしました。

けんた：先生、火災報知器の模型（**図2**）を作ってみました。
先　生：スイッチを入れると、コイルに電流が流れるようになっているのですね。
ゆうか：電流が流れると、鉄の棒が動いてかねをたたき、音が鳴ります。
先　生：よくできていますが、この模型はくり返し音が鳴らないと思います。くり返し音が鳴ったら、さらに実際の火災報知器に近づきますね。
ゆうか：音を鳴らした後に、鉄の棒がもとの位置にもどればいいですよね。先生、この絵（**図3**）を見てください。こんなふうに、よくしなるうすい鉄の板に、鉄の棒をしばりつけるのはどうでしょうか。
先　生：それなら鉄の棒は音を鳴らした後、自然にもとの位置にもどりそうですね。
ゆうか：スイッチを入れたままにしておけば、鉄の棒はまたすぐに動いて、もう一度音が鳴ると思います。
けんた：その方法なら、くり返し音が鳴る火災報知器の模型になりそうですね。
先　生：実際に模型を作る前に、１つ１つの動きを書き出して図にまとめてみると、全体のしくみがより理解しやすくなりますよ。やってみてください。

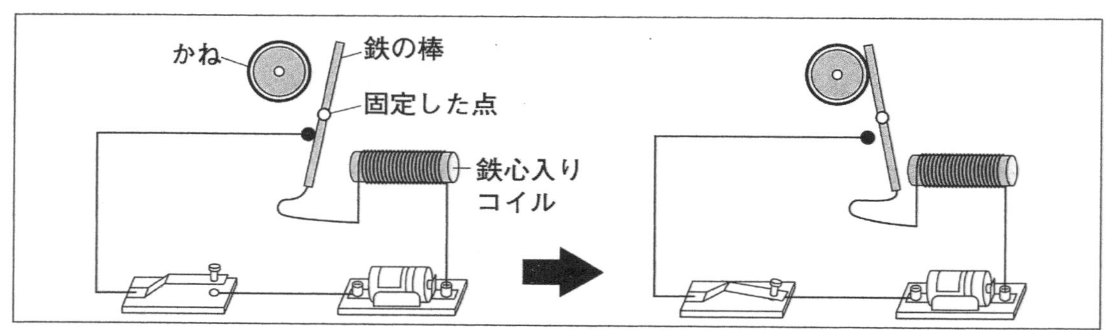

図2　はじめに作った火災報知器の模型

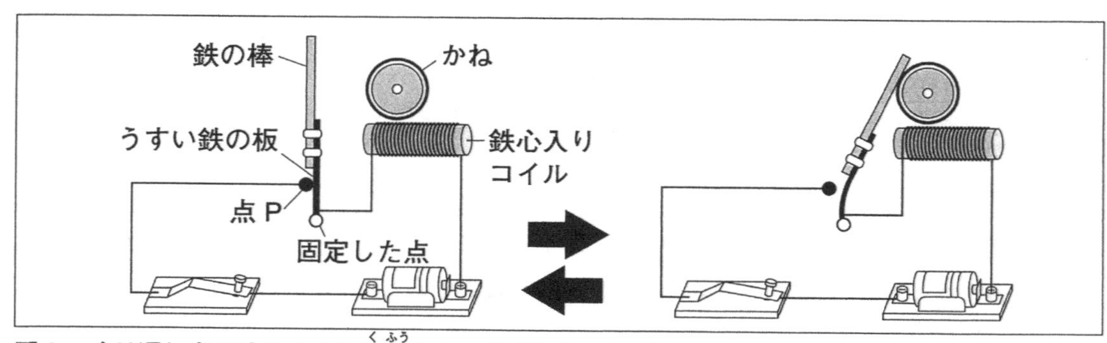

図3　くり返し音が鳴るように工夫した火災報知器の模型図

問題２　次の**ア**〜**オ**に示された電磁石（でんじしゃく）の性質のうち、**図３**の火災報知器の模型（もけい）に利用されているものには○を、利用されていないものには×を書きなさい。

ア　コイルの巻（ま）き数が変わると、鉄を引きつける力の大きさが変わる。
イ　かん電池の数を増やすと、鉄を引きつける力の大きさが変わる。
ウ　電流が流れるときだけ、鉄心入りコイルが磁石のようなはたらきをする。
エ　電流が流れる向きを反対にすると、Ｎ極とＳ極が反対になる。
オ　はなれていても鉄を引きつけることができる。

問題３　けんたさんとゆうかさんは、**図３**の火災報知器の模型について、**図４**のように短い文をつなげてくり返し音が鳴るしくみをまとめることにしました。**図４**の①〜③にあてはまる文として最も適切なものを、次の**ア**〜**オ**からそれぞれ１つずつ選んで、その記号を書きなさい。

ア　「うすい鉄の板」と「点Ｐ」がつながる。
イ　電磁石のＮ極とＳ極の向きが反対になる。
ウ　「鉄の棒（ぼう）」が「かね」からはなれる。
エ　電磁石が「鉄の棒」を引きつける。
オ　「鉄の棒」が電磁石にしりぞけられる。

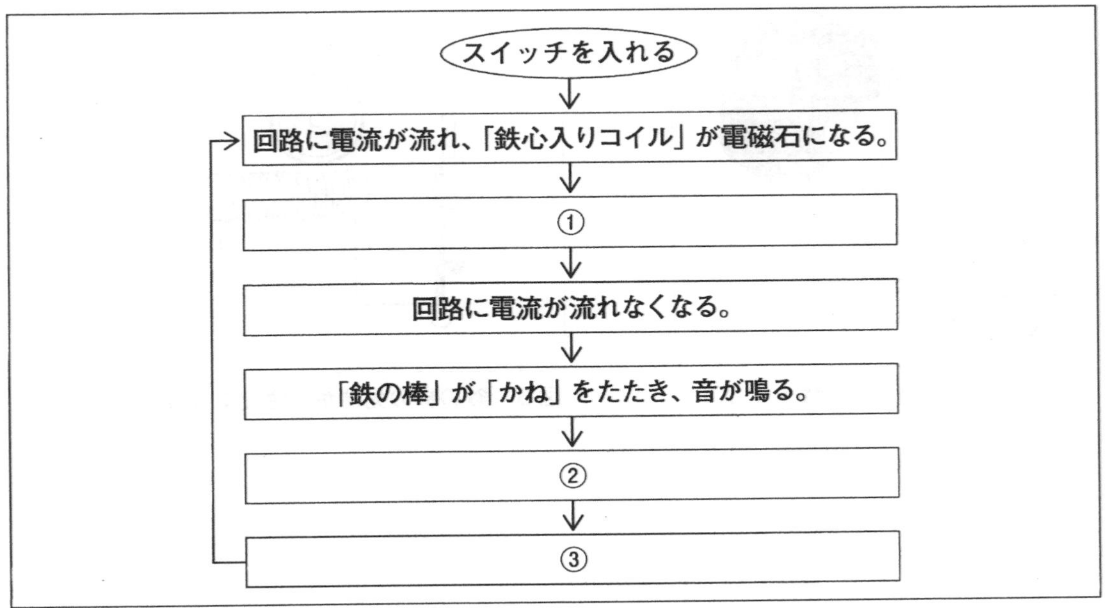

図４　くり返し音が鳴るしくみ

問題４　くり返し音が鳴る火災報知器の模型（もけい）を作ったけんたさんとゆうかさんは、かねをたたく鉄の棒（ぼう）がどのくらいの速さで動いているのか気になり、調べてみることにしました。次の２人の会話文中の［　　］にあてはまる数を書きなさい。

けんた：鉄の棒はとても速く動いているように見えたよ。鉄の棒の動きを動画にとって速さを調べてみよう。

ゆうか：タブレット端末（たんまつ）を使って動画をとってみるね（**図５**）。よし、上手にとれたと思う。

けんた：ありがとう。スロー再生して、鉄の棒の動きを観察してみよう。

ゆうか：鉄の棒が何度も往復してかねをたたいていることがよくわかるね。かねをたたいた瞬間（しゅんかん）を０回目とすると、そこから５回かねをたたくのに1.25秒かかっているみたい。あとは鉄の棒の先端（せんたん）が動いた道のりを調べれば、速さがわかるね。

けんた：鉄の棒の先端が１往復する道のり（**図６**）を測ってみたら、８mmだったよ。計算して速さを求めてみよう。速さの表し方には、時速、分速、秒速の３つがあるけれど、時速なら自動車や新幹線などの速さと比べることもできそうだね。

ゆうか：時速ではよくキロメートルを使うから、長さの単位はキロメートルにしてみよう。計算すると、鉄の棒の速さは時速［　　］kmだね。

けんた：もっと速く動いているように見えたけれど、計算してみると思っていたよりもおそいことがわかったよ。身近なことに疑問（ぎもん）をもったら、そのままにせず実験や観察をして確かめてみることが大切だね。

図５　タブレット端末を使うようす

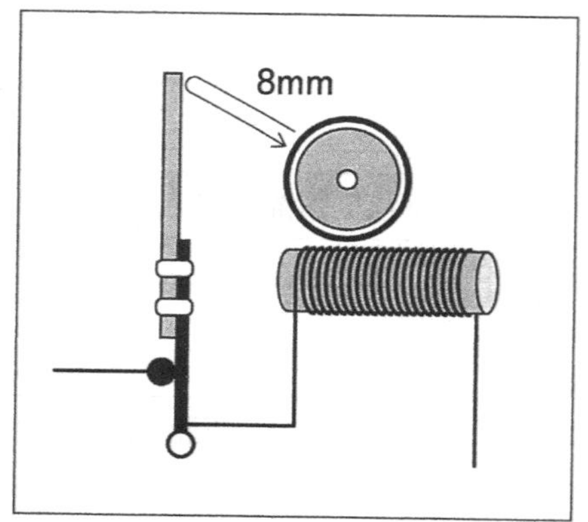

図６　鉄の棒の先端が１往復する道のり

令和５年度

適性検査Ⅰ

注　　意

1　「はじめ」の合図があるまで、この冊子を開いてはいけません。

2　検査時間は45分間で、終わりは10時15分です。

3　問題は、４問で13ページまであります。ページの足りないところや、印刷のはっきりしないところがあったら手をあげなさい。

4　**解答用紙は、この用紙です。**解答用紙をとりはずして、**受検番号を決められたところに書きなさい。**

5　声を出して読んではいけません。

6　解答は、すべて**解答用紙の決められたところにはっきりと書きなさい。解答らんの外に書いたものは採点しません。**

＃教英出版　編集部　注
編集の都合上、解答用紙は適性検査Ⅱの問題の後にあります。

日立第一高等学校附属中学校
太田第一高等学校附属中学校
水戸第一高等学校附属中学校
鉾田第一高等学校附属中学校
鹿島高等学校附属中学校
土浦第一高等学校附属中学校
竜ヶ崎第一高等学校附属中学校
下館第一高等学校附属中学校
下妻第一高等学校附属中学校
水海道第一高等学校附属中学校
勝田中等教育学校
並木中等教育学校
古河中等教育学校

1

けんたさんの学校では、先日、在校生が６年生のために「６年生を送る会」を開いてくれました。そのお礼として、在校生に向けて「感謝のつどい」を行うことになり、けんたさんたちはその看板(かんばん)を作っています。

けんた：感謝のつどいでかざる看板のデザインを考えてきたから、見てもらえるかな。
ゆうか：いいよ。どんなデザインにするの。
けんた：こんなデザイン（**図１**）にしたいんだ。
ゆうか：長方形の台紙に、文字の書いてある円の形をした紙をはり付けるんだね。
けんた：そうなんだ。長方形の台紙に10個の円がぴったり収(おさ)まるようにしたいんだ。
ゆうか：縦(たて)80cm、横200cmの長方形の中に円が５個ずつ、２段(だん)に並(なら)んでいるね。
けんた：うん。10個の円はすべて同じ大きさにするつもりなんだ。ぴったり収めるにはどのくらいの大きさの円にすればいいかな。

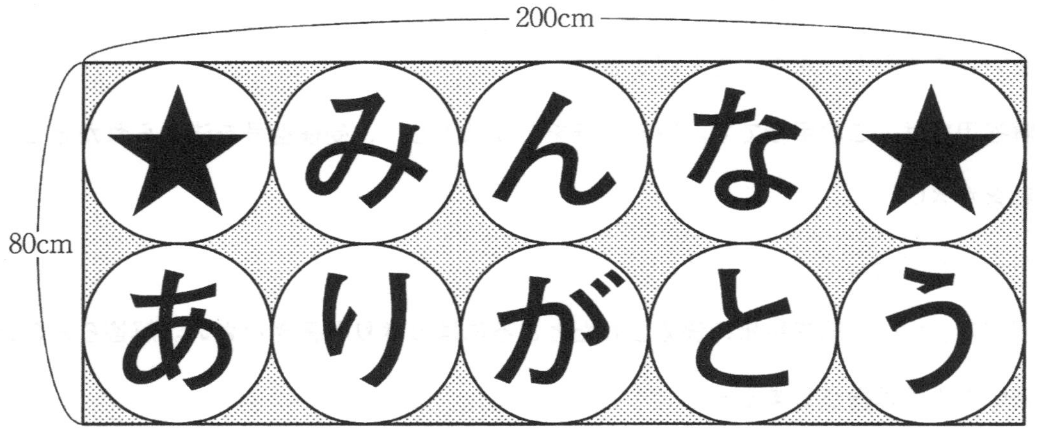

図１　けんたさんが考えた看板のデザイン

問題１　台紙にはり付ける円の半径を求めるための式を書きなさい。また、半径は何cmかを求めなさい。

ゆうか：文字だけだとなんだかさびしいね。まわりに花かざりを付けたらどうかな。

けんた：それはいいね。赤と白の２色にして、交互(こうご)にはり付けるのはどうかな。

ゆうか：それなら、直径が12cmの円の形をした白い花かざりと、直径が８cmの円の形をした赤い花かざりがあるよ。

けんた：それを使おう。文字がかくれないようにしないとね。

ゆうか：こんなはり方(**図２**)にしたらどうかな。四すみは白い花かざりで、$\frac{1}{4}$が台紙にかかるようにはって、それ以外は半分が台紙にかかるようにはるの。

けんた：それはいいね。それぞれ何個ずつあればいいかな。

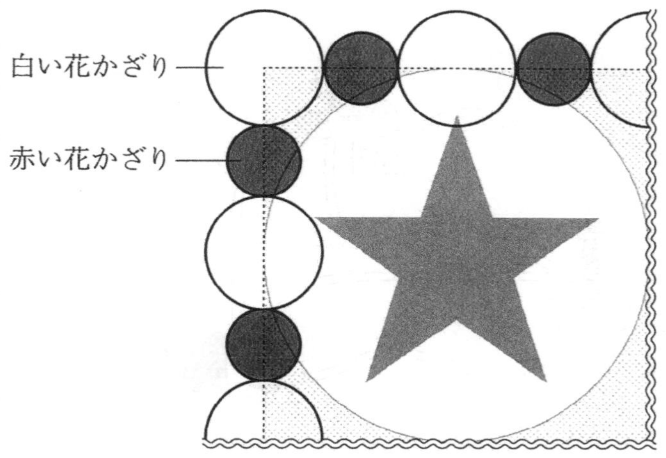

図２　けんたさんとゆうかさんが考えた花かざりのはり方

問題２　白い花かざりと赤い花かざりはそれぞれ何個必要かを求めなさい。

2

けんたさんの学校では、来月、県外に電車で修学旅行に行く予定になっています。そこで、けんたさんたちはグループ別活動の計画を立てています。グループ別活動の日は、午前中は中央駅東側の見学、午後は中央駅西側の見学をすることになりました。

けんたさんとゆうかさんは、修学旅行のしおりの中の**中央駅東側の見学場所の地図と午前の活動の約束**（**資料１**）を見ながら見学ルートを考えています。

資料１　中央駅東側の見学場所の地図と午前の活動の約束

【中央駅東側の見学場所の地図】

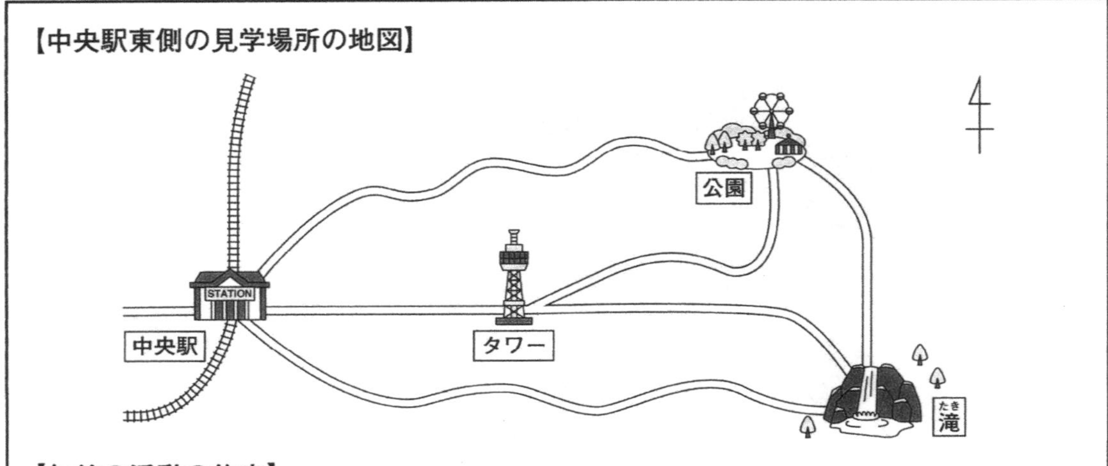

【午前の活動の約束】

・中央駅を出発し、徒歩で移動する。
・３つの見学場所（公園、タワー、滝）のうち１つには必ず行く。
・同じ見学場所には１度しか行かない。
・中央駅にもどったら、次の見学場所には行かない。

けんた：しおりに**【午前の活動の約束】**が書いてあるね。約束を守って見学ルートを考えてみよう。

ゆうか：見学する順番を考えると、全部で［ア］通りの見学ルートがあるね。

けんた：そうだね。タワーはこの街のシンボルだから、ぜひ行ってみたいな。

ゆうか：そうしよう。タワーに必ず行くような見学ルートは何通りあるかな。

けんた：タワーを入れた見学ルートは全部で［イ］通りだね。

問題１　けんたさんとゆうかさんの会話が正しくなるように、［ア］、［イ］にあてはまる数を求めなさい。

たくやさんとさやかさんは、修学旅行のしおりの中の**中央駅西側の見学場所の地図と午後の活動の約束（資料２）**を見ながら見学ルートを考えています。

資料２　中央駅西側の見学場所の地図と午後の活動の約束

【中央駅西側の見学場所の地図】

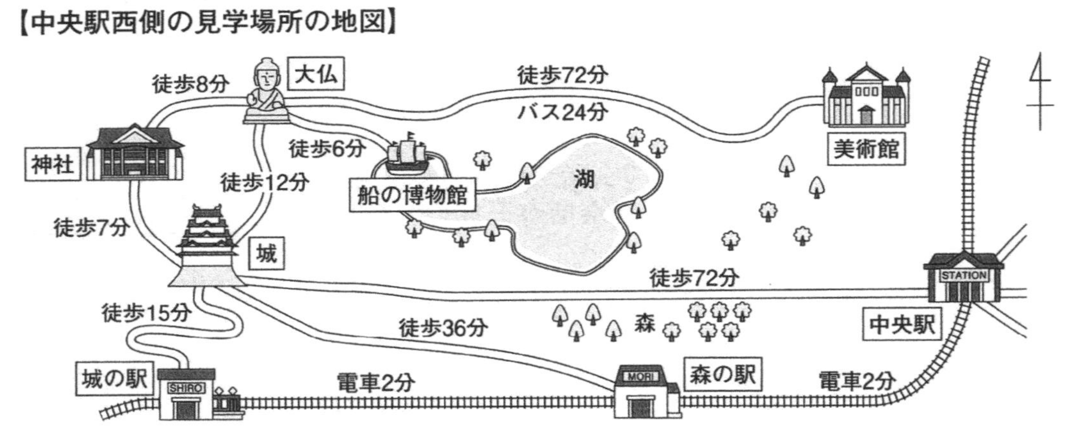

【午後の活動の約束】

・グループ別の活動時間は、13時から15時30分（集合時刻）までとする。
・中央駅を出発し、徒歩、バス、電車のどれかで移動する。
・集合時刻までに美術館に到着する。
・下のバスと電車の行き先と出発時刻・運賃、見学場所の料金と見学時間を見て計画する。
・**〈見学場所の料金と見学時間〉**にある見学時間を守る。

〈電車の時刻表〉

中央駅発	12：55	13：25	13：55	14：25	14：55
森の駅発	12：57	13：27	13：57	14：27	14：57
城の駅発	12：59	13：29	13：59	14：29	14：59

〈電車の運賃（小学生）〉

中央駅→森の駅：100円
中央駅→城の駅：180円

〈バスの時刻表（大仏発）〉

	美術館行き
時	出発時刻（分）
13	15　35　55
14	15　35　55
15	15　35　55

〈バスの運賃（小学生）〉

大仏→美術館：150円

〈見学場所の料金と見学時間〉

見学場所	料　　金	見学時間
大仏	無料	15分以上
神社	無料	15分以上
城	入場料　小学生200円	20分以上
船の博物館	入場料　小学生300円	60分以上

※　13時、13：00は午後１時のことを表す。

さやか：わたしたちのグループでは城、大仏を必ず見学するという意見でまとまったね。

たくや：湖や森をながめながら散歩もしたいね。中央駅から城、大仏の順に徒歩で行って見学しても、大仏から美術館までバスに乗れば集合時刻（じこく）に間に合うんじゃないかな。

さやか：時刻表できちんと調べてみる必要があるね。

たくや：そうだね。しおりにバスと電車の時刻表がのっているから、きちんと調べたら、こんなふうになったよ（**表1**）。

表1　たくやさんが作成した予定表

見学ルート【移動方法】	中央駅 → 【徒歩】	城 → 【徒歩】	大仏 → 【バス】	美術館
発着時刻	13：00発	14：12着 見学後 すぐに出発	14：44着 15：15発	15：39着

たくや：これだと美術館の到着（とうちゃく）時刻が15時39分になってしまい、集合時刻に間に合わないね。散歩はあきらめるしかないか。

さやか：残念だけどね。じゃあ、電車を使って行く方法を考えてみようか。

たくや：それなら間に合いそうだね。みんな大仏を見たいと言っていたから、できるだけ長く大仏を見学できるように計画しよう。

さやか：おみやげも買いたいから、バスや電車の運賃（うんちん）と入場料を合わせて500円以内になるようにしよう。

問題２　電車を使ったときに、バスや電車の運賃と入場料を合わせて500円以内にして、集合時刻に間に合うように美術館に行くためには、どのような行き方をすればよいか。

たくやさんが作成した予定表（**表１**）と**同じように**、次の**予定表**（**表２**）の（　①　）、（　②　）にはあてはまる適切な言葉を、（　③　）～（　⑧　）にはあてはまる適切な時刻を書き、**予定表**を完成させなさい。ただし、できるだけ長く大仏を見学できる予定とすること。

また、そのときの**バスや電車の運賃と入場料の合計**は何円かを求めなさい。

表２　予定表

見学ルート【移動方法】	中央駅 → 【電車】	（　①　） → 【徒歩】	城 → 【徒歩】	大仏 → 【（　②　）】	美術館
発着時刻	（　③　）発	（　④　）着 到着後 すぐに出発	（　⑤　）着 見学後 すぐに出発	（　⑥　）着 （　⑦　）発	（　⑧　）着

3

ゆうかさんは理科の授業で、ミョウバンは、ナスのつけものの色が変わるのを防ぐために使われていることを知りました。そこで、ナスのつけものの作り方を、インターネットで検索(けんさく)してみました。すると、ナスをつける「つけじる」にミョウバンが使われていることがわかりました。

さっそく、ナスをつけるためのつけじるを自宅(じたく)で作ったところ、作り方をまちがえてしまいました。ところが、ミョウバンは残りがなくて、新しく作り直すことができません。そこで、ゆうかさんはお兄さんに相談しています。

図　つけじるを作る様子

ゆうか：どうしよう。まちがえちゃった。

兄　：どうしたの。

ゆうか：食塩とまちがえて小麦粉を入れちゃったの。それと、ミョウバンも水250ｇに小さじ３ばい（約３～４g）でいいのに、大さじで３ばい（約９～12ｇ）入れちゃったの。

兄　：それは大変だね。でも、ろ過すれば液体から小麦粉を分けることができると思うよ。

ゆうか：そうなんだね。でも、理科室みたいにろ過するための道具がないよ。何か代わりのものはあるかな。

兄　：**ろ紙**の代わりの道具として（　①　）を、**ろうと**の代わりの道具として（　②　）を使えばいいんじゃないかな。

ゆうか：ありがとう。本当だ。とうめいな液体が出てきたよ。あとは、入れすぎたミョウバンはどうすればいいだろう。

兄　：水を加えてミョウバンのこさを調整すればいいんじゃないかな。

ゆうか：でも、ミョウバンが何ｇ入ったか正確にはわからないから、こさの調整はできないよ。

兄　：理科の授業で、一定量の水にとける食塩やミョウバンの量が決まっていることや、水溶液(すいようえき)のこさはどこも同じだということを学習したよね。ほら、この**表**を見てごらん。

令和５年度

適性検査Ⅱ

注　　意

1　「はじめ」の合図があるまで、この冊子を開いてはいけません。

2　検査時間は45分間で、終わりは11時30分です。

3　問題は、４問で13ページまであります。ページの足りないところや、印刷のはっきりしないところがあったら手をあげなさい。

4　**解答用紙は、この用紙です。**解答用紙をとりはずして、**受検番号を決められたところに書きなさい。**

5　声を出して読んではいけません。

6　解答は、すべて**解答用紙の決められたところにはっきりと書きなさい。解答らんの外に書いたものは採点しません。**

1

なおきさんは、お父さんといっしょに自由研究のテーマを探すため、ヒントがたくさんありそうな東京に来ました。歴史好きなお父さんは、現在の東京の地図（**資料1**）と江戸時代の終わりごろの江戸の地図（**資料2**）を準備してくれました。２人は、**資料1**に太い線で示したルートを歩いています。

なおき：さっき電車を降りた有楽町駅のまわりはお店がたくさんあったけど、このあたり（**資料1のあ**地点）は、景色が開けてきたね。

父　：そうだね。まず、**a**最高裁判所（**資料1のい**地点）まで歩いてみよう。この先右に見えてくる皇居は、江戸時代には将軍が住む江戸城があった場所だということは知っているよね。

なおき：授業で調べたことがあるよ。

父　：左側にある公園が日比谷公園だよ。さらにその先には霞が関といって、国の政治を行う省・庁や大きな会社の本社などが集まっている場所があるんだ。このあたりには江戸時代、政治に関わった**b**大名のやしきがあったんだよ。

なおき：そうなんだ。

父　：江戸時代の終わりのころの地図（**資料2**）なんだけど、今の日比谷公園には外様大名だった長州藩（現在の山口県）の毛利家のやしき（**資料2のえ**）があったんだよ。近くには、親藩や譜代の大名のやしきも並んでいたよ。

なおき：左側に刑事ドラマでよく映る建物があるよ。

父　：あれは警視庁だよ。その少し先には、**c**鎖国の状態が終わったころに江戸幕府の重要な地位についていた井伊家の広いやしきがあったんだ。

資料1　現在の東京の地図

（「国土地理院地図」より作成）

資料2　江戸時代の終わりごろの江戸の地図

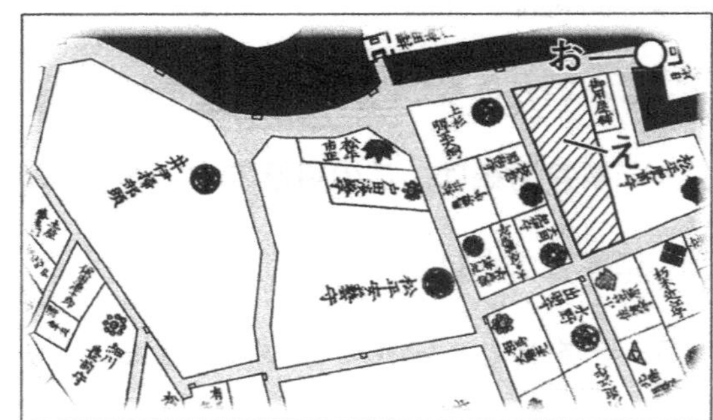

（国立国会図書館デジタルコレクション「外桜田永田町絵図」より作成）

＊**資料1**の点線で囲んだ部分と**資料2**の地図は、おおよそ同じ範囲を表している。

＊**資料1のあ**地点と**資料2のお**地点は、ほぼ同じ場所である。

＊**資料2のえ**は、**資料1**の日比谷公園の範囲にふくまれる。

問題１　下線部ａ（最高裁判所）は**資料１**の**い**地点です。そこから見て、**う**地点の東京駅はどの方位にありますか。また、**い**地点と**う**地点の２点間の直線きょりはどのくらいですか。**資料１**から読み取れるおおよその方位とおおよそのきょりの組み合わせとして最も適切なものを、次の**ア**～**カ**から１つ選んで、その記号を書きなさい。

ア　方位－西　　きょり－約２km　　**イ**　方位－西　　きょり－約４km
ウ　方位－西　　きょり－約６km　　**エ**　方位－東　　きょり－約２km
オ　方位－東　　きょり－約４km　　**カ**　方位－東　　きょり－約６km

問題２　下線部ｂ（大名）について、江戸幕府が大名や直接の支配地をどのように配置したかを、右の**資料３**をもとに下の①～③のようにまとめたとき、③の［　　］にあてはまる内容を「**外様大名**」という言葉を使い、②にならって**20字以上、30字以内**で書きなさい。ただし、「、」や「。」も１字に数え、文字に誤りがないようにしなさい。

①	江戸や京都、大阪など幕府にとって重要な地域は、幕府が直接支配している。
②	江戸に近いところには、親藩や譜代の大名を多く配置している。
③	

資料３　大名の配置（1664年）

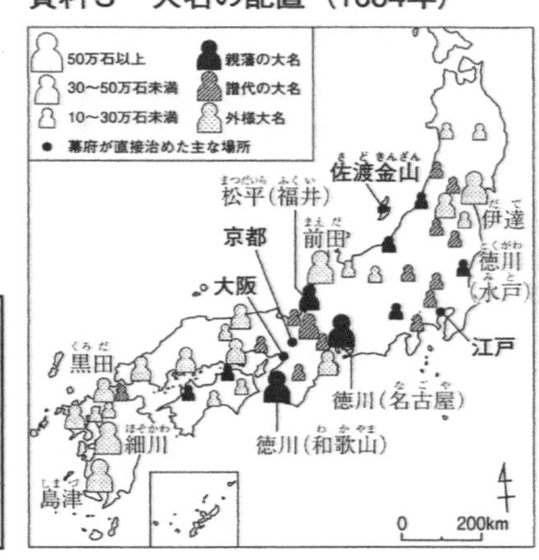

（教育出版「小学社会６」より作成）

問題３　右の**資料Ａ**は、下線部ｃ（鎖国の状態が終わったころ）のできごとです。**資料Ａ**の後に起こったできごとに関する**資料Ｂ**～**資料Ｄ**について古い順に並べたものを、下の**ア**～**カ**から１つ選んで、その記号を書きなさい。

資料Ａ
ペリーが開国を求めて浦賀に上陸した

（東京書籍「新しい社会6歴史編」より作成）

資料Ｂ
明治政府が新しい政治の方針を発表した

五か条（五箇条）の御誓文
一、政治は、会議を開いて
　みんなの意見を聞いて決めよう。
一、国民が心を合わせて、国の勢いを
　さかんにしよう。
一、国民一人一人の意見がかなう
　世の中にしよう。
一、これまでのよくないしきたりを
　改めよう。
一、知識を世界から学んで、
　天皇中心の国家をさかんにしよう。

（教育出版「小学社会６」より作成）

資料Ｃ
官営富岡製糸場に外国の進んだ技術を取り入れた

（東京書籍「新しい社会６歴史編」より作成）

資料Ｄ
長州藩が外国と戦って砲台を占領された

（教育出版「小学社会６」より作成）

ア　［Ｂ→Ｃ→Ｄ］　**イ**　［Ｂ→Ｄ→Ｃ］　**ウ**　［Ｃ→Ｂ→Ｄ］
エ　［Ｃ→Ｄ→Ｂ］　**オ**　［Ｄ→Ｂ→Ｃ］　**カ**　［Ｄ→Ｃ→Ｂ］

なおき：お父さん、国会議事堂が見えてきたよ。建物の前の方にいろいろな種類の木が並んでいるね（**資料１**の ◯ で示した部分）。

父　：各都道府県から送られた木だよ。茨城県の木であるウメもあるよ。ウメはもう１本あって、大分県のブンゴウメというウメなんだよ。

なおき：大分県か。４年前に家族で旅行に行ったね。温泉の数が多いんだよね。あのときは、ホテルに海外から来た人もたくさんいたよね。

父　：自由研究で、e <u>大分県の観光</u>について調べてみるのもいいんじゃないかな。

問題４　下線部e（<u>大分県の観光</u>）について、興味をもったなおきさんは、大分県に2019年に宿泊した客の人数に関する**資料４～資料６**を集め、これらの資料にもとづいて、わかったことをまとめました。下の**まとめ①～まとめ③**のうち、**資料４～資料６**から読み取れる内容として、正しいものには○を、誤っているものには×を書きなさい。

資料４　１年間に国内から大分県に宿泊した客の出発地別の人数（2019年）

	出発地	宿泊客数（人）
1	大分県内	581997
2	福岡県	1054368
3	1、2以外の九州・沖縄	681659
4	四国	121022
5	中国	320877
6	近畿	336664
7	中部	166856
8	関東	554784
9	東北・北海道	61803
	国内合計	3880030

資料５　１年間に海外から大分県に宿泊した客の国・地域別の人数（2019年）

	出発地	宿泊客数（人）
1	韓国	344269
2	中国（大陸）	83929
3	香港	89376
4	台湾	140405
5	タイ	18296
6	１～５以外のアジア	30934
7	１～６以外の海外	63808
	海外合計	771017

資料６　国内と海外から大分県に宿泊した客の月別の人数（2019年）

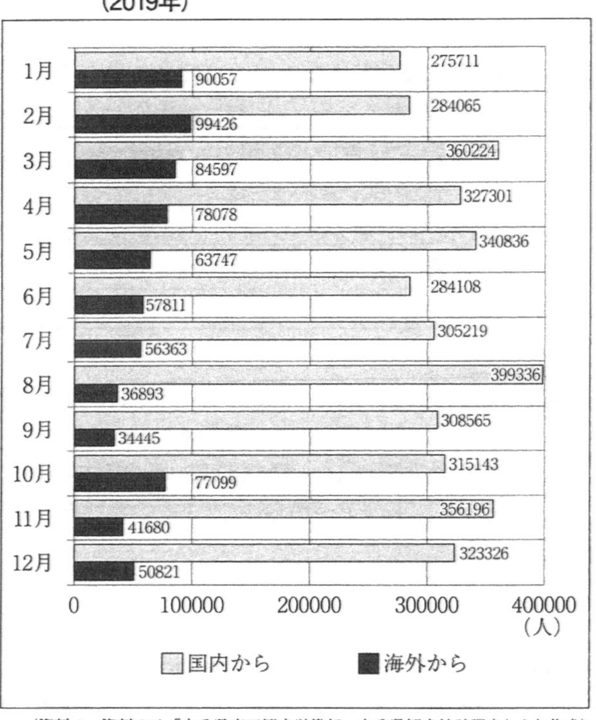

（**資料４～資料６**は「大分県商工観光労働部　大分県観光統計調査」より作成）

まとめ①

海外から大分県に宿泊した客の月別の人数は、最も少なかった月でも、１年間に東北・北海道から宿泊した客の人数より多い。

まとめ②

１月と２月は、他の月と比べると、国内から大分県に宿泊した客は少なく、海外から大分県に宿泊した客は多い。

まとめ③

１年間に、九州に近い韓国と台湾から大分県に宿泊した客の人数の合計は、１年間に大分県内から宿泊した客の人数より多い。

2

ひろしさんとけいこさんは、なおきさんの自由研究の話を聞いて、それぞれの自由研究のテーマを何にしようか話し合っています。

ひろし：なおきさんから東京へ行ったときの話を聞いたんだけど、国会議事堂の前には各都道府県の木が植えられているんだって。都道府県の木といえば、東京オリンピック・パラリンピック会場として建てられた国立競技場には、47都道府県の木材を使用しているそうだよ。

けいこ：なるほど。茨城県産の木材はどこに使われているのかな。

ひろし：北側の外周の部分に使われているって聞いたよ。そういえば、「いばらき木づかいチャレンジ」という取り組みがあって、家を建てるとき茨城県産の木材を利用すると、建築費用を助けてもらえるらしいよ。

けいこ：そういう制度もあるんだね。木材を使った建物は長持ちするのかな。

ひろし：日本には、古い木造建築が多く残っているね。中には世界遺産になっているものもあるみたいだよ。

問題１　右の**資料１**の法隆寺は、現存する世界最古の木造建築です。法隆寺がある都道府県の形を、次の**ア**～**エ**から１つ選んで、その記号を書きなさい。

資料１　法隆寺

（教育出版「小学社会６」より）

＊**ア**～**エ**は、ほぼ同じ縮尺でかかれている。
＊太線は、海岸線を示している。
＊◎は、都道府県庁所在地を示している。

ひろし：建物以外にもわたしたちのまわりには、木材を使った製品がたくさんあるよ。

けいこ：そうだね。日本の森林面積は国土のおよそ３分の２をしめているからね。

ひろし：木材の原料となる木を育てたり、伐採して売ったりする仕事など、木に関わる仕事はたくさんあるね。

けいこ：そのような仕事を、林業と呼ぶんだよね。わたしは、日本の森林や林業についてくわしく調べてみることにするよ。

ひろし：学校の授業では、林業で働いている人の数は減っていると学んだよ。

けいこ：そうだね。でも、わたしの調べた資料（**資料２**）では、国産木材の生産量は増えていることがわかったから、他にも資料を集めてみたよ。（**資料３～資料６**）

ひろし：これらの資料から、どんなことが読み取れるのかな。

けいこ：2000年から2019年にかけて［　　あ　　］から、国産木材の生産量が増えたんじゃないかな。

資料２

国産木材の生産量　（千m³）

2000年	18022
2019年	23805

資料３

日本の林業で使われる機械の台数の変化　（台）

機械の種類	2000年	2019年
チェーンソー	300300	110158
プロセッサ	854	2155
ハーベスタ	379	1918

資料４　チェーンソー

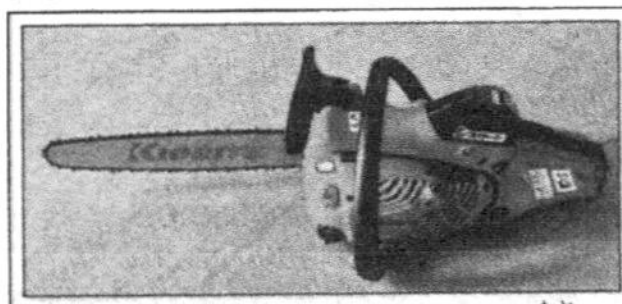

人が持って使用し、木を切り倒す・目的に合わせて切る・枝を切るなどのことができる自動のこぎり。多くの木を切るためには、多くの人数が必要になる。

資料５　プロセッサ

人が乗って使用し、枝をつけたまま切り倒されてきた木の枝を切る・長さを測る・使う目的に合わせて切ることを連続して行う機械。少ない人数で多くの作業ができる。

資料６　ハーベスタ

人が乗って使用する。プロセッサのできることに加え、木を切り倒すこともできる機械。少ない人数で多くの作業ができる。

（**資料２～資料６**は林野庁Webページより作成）

問題２　**資料３～資料６**から読み取れる内容として、会話文の［　あ　］にあてはまる最も適切なものを、次の**ア～エ**から１つ選んで、その記号を書きなさい。

ア　木を切り倒して目的に合わせて切ったり、木の枝を切ったりできるチェーンソーの台数が増えた

イ　多くの木を切るために多くの人数を必要とするチェーンソーの台数は減り、少ない人数で多くの作業ができる機械の台数が増えた

ウ　少ない人数で多くの木を切り倒すことができるプロセッサの増えた分の台数は、ハーベスタの増えた分の台数より多い

エ　人が持って木を切り倒したり目的に合わせて切ったりするチェーンソーの台数が増え、人が乗って作業する機械の台数が減った

ひろし：林業がさかんになると、森林を守ることにもつながるよ。

けいこ：森林を守ることで土砂くずれを防ぐことができるね。

ひろし：たしか、森林を守ることは、水の循環とも関係していたよ。茨城県では、森林や湖沼、河川などの自然環境のために「森林湖沼環境税」を導入しているみたいだよ。

けいこ：税金を活用して自然環境保全のための取り組みを行っているんだね。きれいな水がわたしたちのところに届くまでの流れをまとめてみよう。

問題３　けいこさんは、水の循環の例を**資料７**のようにまとめました。［A］～［D］のそれぞれにあてはまる最も適切なものを、次の**ア**～**カ**から１つずつ選んで、その記号を書きなさい。ただし、それぞれの記号は１回ずつしか使えません。

資料７　けいこさんがまとめた水の循環の例

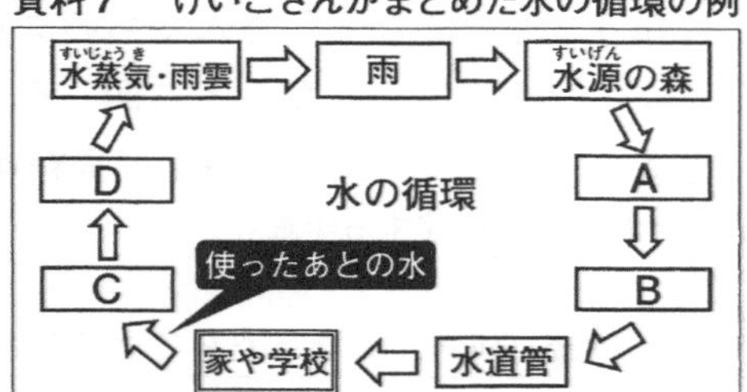

ア　消防署　　　　**イ**　浄水場
ウ　川や海　　　　**エ**　清掃工場
オ　下水処理場（下水処理施設）　　**カ**　ダム

ひろし：常にきれいな水が届くおかげで、わたしたちは飲み水やおふろの水、トイレの水を安心して使うことができるね。

けいこ：そうだね。ところで、トイレといえば前にこんなトイレ（**資料８**）を見たよ。どうしてこのようなトイレを作ることになったんだろう。

ひろし：それは、多機能トイレ（多目的トイレ）だね。すべての人にとって使いやすい形や機能を考えたユニバーサルデザインで作られているんだよ。

けいこ：そういえば、操作が簡単なレバーハンドル（**資料９**）やセンサー付き自動ドア（**資料10**）を見たことがあるけど、これらもユニバーサルデザインだね。

ひろし：ぼくは、ユニバーサルデザインについて調べてみようかな。

けいこ：それは、いいテーマだね。ユニバーサルデザインの考え方は、日本国憲法の基本的人権の尊重と関係していると思うな。

資料８　多機能トイレ（多目的トイレ）

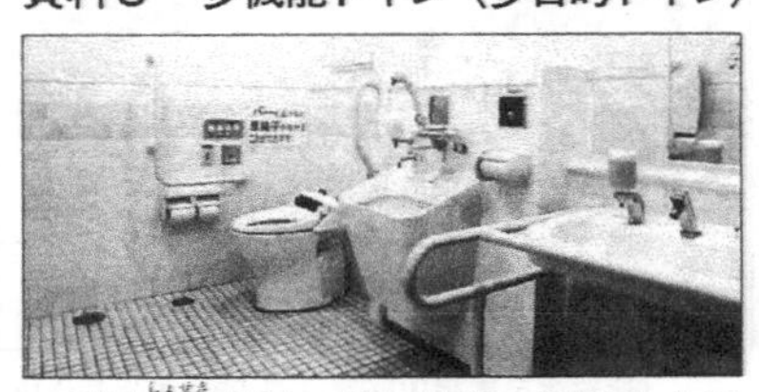

（東京書籍「新しい社会６政治・国際編」より）

資料９　操作が簡単なレバーハンドル

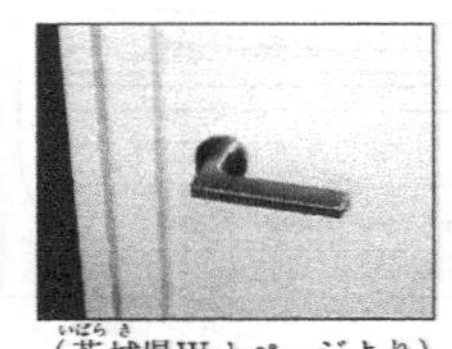

（茨城県Webページより）

資料10　センサー付き自動ドア

（茨城県Webページより）

問題４　ひろしさんたちは、**資料８**～**資料10**にみられるユニバーサルデザインが日本国憲法の３つの原則の１つである基本的人権の尊重と関係が深いと考えました。基本的人権の尊重の説明として最も適切なものを、次の**ア**～**エ**から１つ選んで、その記号を書きなさい。

ア　日本人だけでなく、戦争や紛争に苦しんでいる人々が平和に安心してくらしていけるように、日本は積極的に活動しています。

イ　国民が国の政治のあり方を最終的に決定する力をもっていることです。適切な判断をして、自分の意見を政治に反映させていくことが重要です。

ウ　人が生まれながらにもっているおかすことのできないものとして、すべての国民に保障されています。

エ　天皇は、日本国のまとまりの象徴（しるし）であり、政治については権限をもたないとされています。

3

　ひろしさんの学年では、総合的な学習の時間に「10年後のわたし」をテーマに学習することになりました。ひろしさんたちのグループは、2022年４月１日から※成人年齢が20歳から18歳に引き下げられたことに関心をもち、「18歳は大人」という課題を設定し、話し合いを進めています。次の**資料１**～**資料４**は、発表会に向けて集めたものです。

※ 成人年齢　成人に達する年齢。

資料１　「18歳（成人）になったらできることと20歳にならないとできないこと」の一部

18歳（成人）になったらできること	20歳にならないとできないこと
◆親の同意がなくても契約できる ・携帯電話を契約する ・１人暮らしの部屋を借りる　など ◆公認会計士や司法書士、行政書士などの国家資格を取る	◆飲酒をする ◆喫煙をする ◆中型自動車運転免許を取得する

（「政府広報オンライン　2022年１月７日」より作成）

資料２　なぜ成人年齢が引き下げられたのか

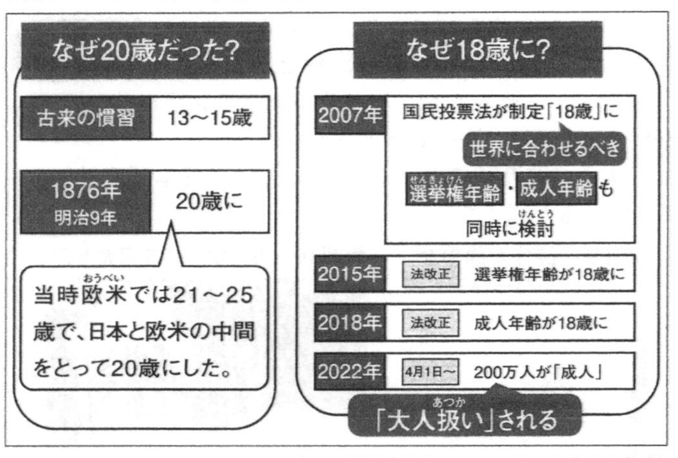

（NHK解説委員室Webページ 2022年より作成）

資料３　世界の成人年齢（2016年）

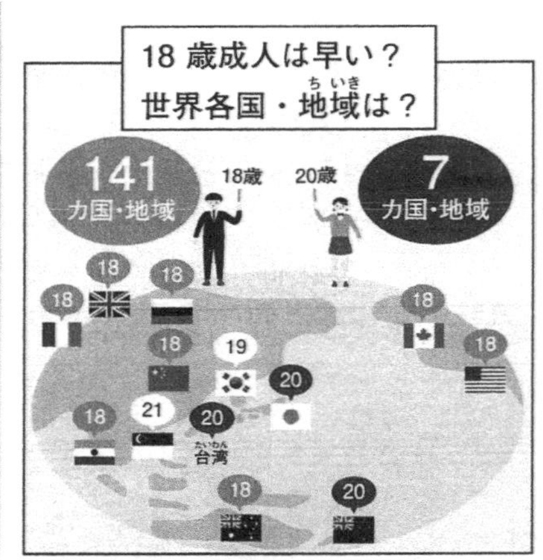

（法務省民事局Webページ 2016年より作成）

資料４　社会現象が変えられるかもしれない

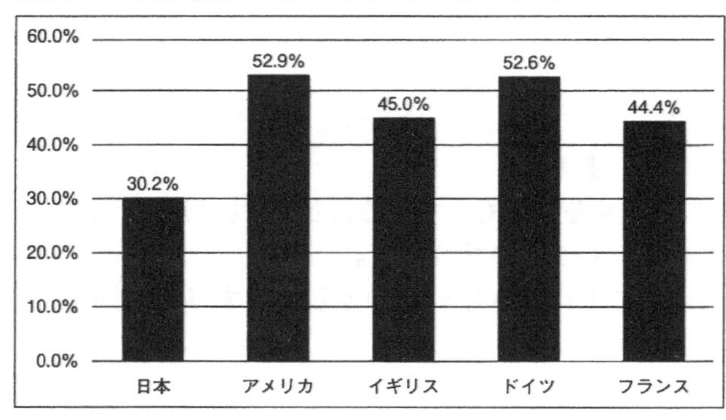

＊調査対象は各国の満13～29歳の若者。

＊「私の参加により、変えてほしい社会現象が少し変えられるかもしれない」という意見について、「そう思う」「どちらかといえばそう思う」と回答した人の割合。

（内閣府「子ども・若者白書2014年」より作成）

解答するときの注意

解答を直すときには、**消しゴムを使っててていねいに消してから直しなさい。** 次のように、付け加えたり、けずったりしてはいけません。

× 指示を~~出して~~（聞いて）、（素早く）行動する。

3

問題１．６点
問題２．記号…５点　水の量…８点
問題３．６点

問題1		
問題2	記号	
	水の量	g
問題3		（30字）からだよ。

4

問題１．７点
問題２．10点
問題３．２点×４

問題1				
問題2	mm			
問題3	ア	イ	ウ	エ

3

問題１．⑴３点×２
　　　　⑵６点
問題２．⑴６点
　　　　⑵12点

問題１	⑴	A	C
	⑵	（25 / 30）ことにびっくりしたよ。	
問題２	⑴		
	⑵	（30 / 35）ことが大切だと考えます。	

4

問題１．　３点×２
問題２．⑴完答６点
　　　　⑵２点×４

問題１							
問題２	⑴	ア	イ	ウ	エ	オ	カ
	⑵	B	C	D	E		

受検番号	

令和５年度　適性検査Ⅱ　解答用紙

※100点満点

解答するときの注意

解答を直すときには、**消しゴムを使ってていねいに消してから直しなさい。**次のように、付け加えたり、けずったりしてはいけません。

×　指示を~~出して~~（聞いて）、（素早く）行動する。

1

問題１										
問題２										
										20
										30
問題３										
問題４	まとめ①	まとめ②	まとめ③							

問題１．６点
問題２．10点
問題３．６点
問題４．完答４点

2

問題１				
問題２				
問題３	A	B	C	D
問題４				

問題１．６点
問題２．６点
問題３．完答６点
問題４．６点

受検番号	

令和５年度　適性検査Ⅰ　解答用紙

※100点満点

1

問題１．３点×２
問題２．７点×２

問題１	式	
	半径	cm
問題２	白い花かざり	個
	赤い花かざり	個

2

問題１．６点×２
問題２．６点×３（①と②は完答）（③～⑧は完答）

問題１	ア	通り		
	イ	通り		
問題２	①		②	
	③		④	
	⑤		⑥	
	⑦		⑧	
	バスや電車の運賃（うんちん）と入場料の合計	円		

ひろし：今日は、発表会に向けて調べたことを出し合おう。

けいこ：わたしは、「どうして成人年齢(ねんれい)が20歳(さい)から18歳に引き下げられたのか」を調べてみたよ。[A] から、多くの国々の成人年齢が18歳ということがわかったの。別の資料だと、日本は長い間、成人年齢が20歳だったけど、「世界に合わせるべき」という考えの影響(えいきょう)もあって、18歳に引き下げられたみたいだよ。

なおき：ぼくが一番おどろいたのは、若者の意識のちがいだね。**資料４**を見ると、日本と欧米(おうべい)では、社会に参加しようとする意識がちがうよね。

ひろし：日本に比べて欧米では、自分の参加で [B] ことにびっくりしたよ。ぼくたちも、もっと世の中の出来事に関心をもたないとね。

さやか：わたしは、[C] から、18歳になったらできることと、20歳にならないとできないことがよくわかったよ。

なおき：親の同意がなくてもできることが増えるね。

ひろし：ぼくは、学校の図書館でこんな本（**資料５**）を見つけたよ。今回のテーマに結びつくと思うんだけど、みんなも読んでみて。

問題１　ひろしさんたちの会話文と、**資料１～資料４**を参考に次の (1)、(2) の問題に答えなさい。

(1)　会話文の [A]、[C] にあてはまる適切なものを、次の**ア～エ**からそれぞれ１つ選んで、その記号を書きなさい。

ア　資料１　　**イ**　資料２　　**ウ**　資料３　　**エ**　資料４

(2)　**資料４**をもとにして、[B] にあてはまる内容を、**25字以上、30字以内**で書きなさい。ただし、「、」も１字として数え、文字に誤(あやま)りがないようにしなさい。

資料５　学校の図書館で見つけた本の一部

「知能」は優(すぐ)れた能力だが、それを使いこなすには、それなりの手間を掛(か)けなければならない。

一年に満たないうちに生涯(しょうがい)を終えてしまうような昆虫(こんちゅう)は、知能を使いこなすことができない。そのため、昆虫は生まれてすぐに決められた行動をすることができる「本能」を高度に発達させるほうを選択(せんたく)したのである。

知能を利用するためには、「経験」が必要である。

そして、経験とは「成功」と「失敗」を繰(く)り返すことである。

囲碁(いご)や将棋(しょうぎ)のＡＩは、「こうしたから勝った」「こうしたから負けた」という、経験を蓄積(ちくせき)していく。

知能を発達させた※哺乳(ほにゅう)動物もまったく同じだ。

成功と失敗を繰り返すことで、どうすれば成功するのか、どうしたら失敗するのかを学んでいく。そして、判断に必要な経験を積み重ねていくのである。

しかし、問題がある。

たとえば、シマウマにとって、「ライオンに襲(おそ)われたら死んでしまうから、ライオンに追われたら逃(に)げなければならない」ということは、生存(せいぞん)に必要な極めて重要な情報である。しかし、だからといって、その情報を得るために「ライオンに襲われる」という経験をすれば、そのシマウマは死んでしまう。

成功と失敗を繰り返して、経験を積み重ねるためには、「失敗しても命に別状はない」という安全が保障されなければならないのである。

それでは、哺乳類はどうしているのだろう。

哺乳類は、「親が子どもを育てる」という特徴がある。

そのため、生存に必要な情報は親が教えてくれるのである。

たとえば、何も教わっていないシマウマの赤ちゃんは、どの生き物が危険で、どの生き物が安全かの区別ができない。何も知らない赤ちゃんは、ライオンを恐れるどころか、ライオンに近づいていってしまうこともある。

一方、ライオンの赤ちゃんも、どの生き物が獲物なのかを知らない。そこで、ライオンの親は、子どもに狩りの仕方を教える。ところがライオンの子どもは、親ライオンが練習用に取ってきた小動物と、仲良く遊んでしまうことさえある。教わらなければ何もわからないのだ。

シマウマの赤ちゃんも何も知らない。そのため、ライオンが来れば、シマウマの親は「逃げろ」と促して、走り出す。シマウマの子は訳もわからずに、親の後をついて走るだけだ。しかし、この経験を繰り返すことによって、シマウマの子どもはライオンが危険なものであり、ライオンに追いかけられたら逃げなければならないということを認識するのである。

親の保護があるから、哺乳類の子どもたちはたくさんの経験を積むことができる。

たとえば、哺乳類の子どもたちは、よく遊ぶ。

キツネやライオンなど肉食動物の子どもたちは、小動物を追いかけ回して遊ぶ。あるいは、兄弟姉妹でじゃれあったり、けんかしたりする。

こうした遊びは、「狩り」や「戦い」、「交尾」などの練習になっていると言われている。

そして、遊びを通して模擬的な成功と失敗を繰り返し、獲物を捕る方法や、仲間との接し方など、生きるために必要な知恵を学んでいくのである。

（稲垣栄洋「生き物が老いるということ」による）

※ 哺乳動物　子を母乳で育てる、最も高等な動物。哺乳類に同じ。

ひろし：この文章を読んで、みんなの感想を聞かせてほしいな。

さやか：シマウマやライオンの赤ちゃんは、成功や失敗の［　D　］を積み重ねることで生きるために必要なちえを学んでいくのね。

けいこ：わたしたち人間も、日常生活で、成功や失敗をたくさん繰り返しながら、ちえを身に付けているよね。

なおき：そうだよね。そういうたくさんの［　D　］をすることで、正しい判断ができるようになるね。「18歳は大人」という課題とつながっているよ。

さやか：わたしは、この文章中の「親の保護があるから」という言葉が印象に残ったな。さっき、なおきさんは「親の同意がなくてもできる」と話していたけど、見方を変えれば、成人になる前は、それだけ親の保護を受けているということでもあるよね。

けいこ：そうすると、大人になるということは、自分の行動に責任をもたないといけないということだよね。自由にできるようになることが増えるのはうれしいけど、18歳になったら自分で責任をもって判断しなければならないと思うと心配ね。

なおき：そうだね。だからこそ、ぼくたちは将来に向けて、判断に必要な［　D　］を積んで、きちんと自分で考えて行動できる心構えが大切だね。

ひろし：では、発表会に向けて、これまでの話題をもとに提案していこう。

問題2　ひろしさんたちの会話文と、**資料5**をもとに、次の(1)、(2)の問題に答えなさい。

(1)　会話文の［　D　］にあてはまる最も適切な言葉を、**資料5**からぬき出して書きなさい。

(2)　ひろしさんたちは、これまでに集めた資料や話し合ったことから**資料6**の構成メモを作成しました。

この構成メモ（**資料6**）③をもとに、発表原稿（げんこう）（**資料7**）の［　E　］に入る内容を、**30字以上、35字以内**で書いて、原稿を完成させなさい。

ただし、「**成功**」「**失敗**」「**ちえ**」という言葉を必ず使い、「、」も１字として数え、文字に誤（あやま）りがないようにしなさい。

資料6　ひろしさんのグループの構成メモ

番号	スライド	発表原稿のためのメモ
①	成人年齢（ねんれい） 20歳（さい）→18歳に！	・成人年齢が引き下げられた理由 ・18歳になったらできること ・20歳にならないとできないこと
②	海外と日本の比較（ひかく）	・世界の成人年齢の実態 ・欧米（おうべい）と日本の若者の意識調査の比較（ひかく） ・社会の出来事に関心をもつこと
③	わたしたちの提案 大人になる準備	**・自由には責任がともなう** **・日常生活での成功と失敗から学ぶこと** **・生きるために必要なちえを身に付けていくこと**

資料7　スライド③の発表原稿

スライド③	今回、「10年後のわたし」というテーマで学習を進めてきましたが、わたしたちが、６年後に大人になるということを知ることができたのは大きな収穫（しゅうかく）でした。大人になると自由にできることが増えますが、１つ１つの行動に責任がともないます。 ですから、わたしたちが自分の行動に責任をもてる大人になるためには、［　E　］ことが大切だと考えます。 これからは、大人になる準備ができるように心がけて、生活していきましょう。

4

けいこさんの学年では、外国の友好都市Ａ市の小学生とオンラインで交流会を行うことになりました。けいこさんたちは、「日本のよいところ」を紹介するために、集めた資料をもとに話し合っています。

資料１　外国人が日本を訪れる前に期待していたこと
（複数回答）

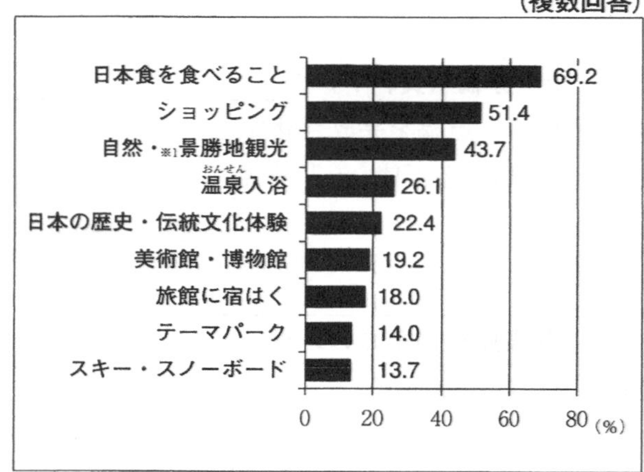

（観光庁「訪日外国人の消費動向報告書2020年1-3月期」より作成）

※１ 景勝地　景色が優れている土地。

資料２　外国人にすすめたい日本の文化・芸能
（複数回答）

順位	内容	割合(%)
1位	マンガ・アニメ	44.8
2位	日本食	40.9
3位	温泉	20.1
4位	ゲーム	16.4
5位	お祭り	14.3
6位	伝統玩具(おりがみ・けん玉など)	13.8
7位	和服	11.5
8位	スポーツ(柔道・剣道など)	11.4
9位	書道	10.9
10位	ゆるキャラ	9.6

（バンダイ「子どもたちが考える日本に関する意識調査2015年」より作成）

先　生：**資料１**と**資料２**を使って、「日本のよいところ」について、どのようなことを紹介するか考えてみましょう。

さやか：**資料２**では、外国人にすすめたいものの第１位がマンガやアニメです。わたしは、マンガを読むことが好きなので、マンガやアニメの魅力を伝えたいと思っています。

ひろし：ぼくは、**資料１**にも**資料２**にも関連のある［　Ａ　］について紹介したいです。

けいこ：なるほど。それなら外国人が期待していることでもあるし、日本の子どもたちが外国人にすすめたいものでもありますね。わたしも、２つの資料に共通している食に注目したいと思います。

ひろし：**資料１**を見ると、約70％の外国人が日本での食事を楽しみにしているのですね。

先　生：そうですね。日本独自の食文化である和食は、※2ユネスコの世界無形文化遺産に登録されています。**資料３**を見てください。これは和食の特徴について書かれたものです。

けいこ：和食には４つの特徴があるのですね。わたしは、「『和食』は、日本特有の気候・風土の中ではぐくまれてきた『自然の尊重』を土台とした日本人の伝統的な『食文化』である。」というところが印象的でした。和食の特徴がＡ市の小学生にしっかりと伝わるようにしたいと思います。

※２ ユネスコ　教育、科学、文化を通じて、平和な社会をつくることを目指している国際連合の機関。

資料３　「和食」の特徴

日本は、周囲を海に囲まれ、国土の75％を山地がしめ、春夏秋冬の変化に富んだ気候風土にめぐまれている。豊かな自然は、海から、里から、山から、川からさまざまなめぐみをわたしたちにもたらしている。

こうした特徴のある環境の中で、日本人は自然を敬い、そのめぐみに感謝する心をはぐくみ、その心が日本独自の食文化である「和食」のもとになっている。自然を敬う心は、節目の行事にともなう食事の作法やしきたりを生み、めぐみに感謝する心が食材をむだなく大切に使う加工技術や調理法を生み出している。また、海外からの作物や食事の用具も上手に取り入れ、日本独自の食文化を発展させてきた。「和食」とは、自然を敬う日本人の心がはぐくんだ食の知恵、工夫 、慣習のすべてを含んだものだといえる。

「和食」は、日本特有の気候・風土の中ではぐくまれてきた「自然の尊重」を土台とした日本人の伝統的な「食文化」である。

〈和食の４つの特徴〉

１　［　B　］

日本の国土は南北に長く、海、山、里と表情豊かな自然が広がっているため、各地で地域に根差した多様な食材が用いられている。また、素材の味わいを生かす調理技術・調理道具が発達している。

２　［　C　］

一汁三菜を基本とする日本の食事スタイルは、栄養バランスが取りやすいといわれている。また、だしの「うま味」や発酵食品を上手に使うことによって動物性油脂の少ない食生活を実現しており、日本人の長寿、生活習慣病予防に役立っている。

３　［　D　］

食事の場で、自然の美しさや四季の移ろいを表現することも特徴の１つである。季節の花や葉などで料理をかざりつけたり、季節に合った道具や器を利用したりして、季節感を楽しんでいる。

４　［　E　］

日本人の食文化は、年中行事と密接にかかわってはぐくまれてきた。自然のめぐみである食を分け合い、食の時間を共にすることで、家族や地域のきずなを深めてきた。

（農林水産省「『和食』のユネスコ無形文化遺産登録2019年」より作成）

問題１　会話文の［　A　］にあてはまる適切な内容を、次の**ア**～**オ**から２つ選んで、その記号を書きなさい。

ア　日本の子どもが行きたい国
イ　日本の有名なお城や庭園
ウ　日本の子どもに人気のある球技
エ　日本に昔から伝わる玩具や遊び
オ　日本の有名な温泉や観光地

問題２　資料３を読んで、次の(1)、(2)の問題に答えなさい。

(1)　次の**ア**～**カ**のうち、**資料３**から読み取れる内容として、正しいものには○を、誤(あやま)っているものには×を書きなさい。

ア　季節に合った道具を利用することで、季節感を楽しんでいる。
イ　動物性油脂(ゆし)の多い食生活を実現し、日本人の生活習慣病予防に役立っている。
ウ　地域(ちいき)に根差した食材を用い、素材の味わいを生かす調理技術などが発達している。
エ　海外の食事の用具を取り入れ、欧米(おうべい)の食文化を発展(はってん)させている。
オ　一汁三菜(いちじゅうさんさい)を基本とする日本の食事スタイルは、栄養バランスが取りやすい。
カ　年中行事などで食の時間を共にすることにより、家族や地域のきずなを深めている。

(2)　けいこさんたちは、**資料３**の**〈和食の４つの特徴(とくちょう)〉**に、それぞれ見出しを付けることにしました。［　**B**　］～［　**E**　］にあてはまる最も適切なものを、次の**ア**～**オ**から１つずつ選んで、その記号を書きない。

ア　季節感を楽しむ心
イ　食が結ぶ人々のつながり
ウ　海外と日本の食文化の比較(ひかく)
エ　豊かな自然が生む多様な食材
オ　健康を支える食事の工夫

ゆうか：じゃあ、水溶液（すいようえき）の温度がわかれば、その温度の時に一定の量の水にとけるミョウバンの量を求められそうだね。さっそく水溶液の温度を測ってみるね。

兄　：温度は、25℃だったよ。［ A ］℃にすると余分なミョウバンが出てくるから、それをろ過すればいいね。

ゆうか：そうか。そうすれば、ろ過した水溶液にとけているミョウバンの量が決まるから a <u>加える水の量がわかるよね</u>。

兄　：そうだね。b <u>食塩だとこれはできない</u>けど、入れすぎたのがミョウバンでよかったね。

ゆうか：なぜ食塩だとできないのかな。

兄　：［ B ］からだよ。

ゆうか：なるほど。ありがとう。さっそくつけじるをつくるね。

表　100gの水にとける食塩やミョウバンの量

温度	食塩	ミョウバン
0℃	35.6 g	3.0 g
20℃	35.8 g	5.9 g
40℃	36.3 g	11.70 g
60℃	37.1 g	24.75 g

＊食塩やミョウバンがとけている水溶液は0℃でもこおらない。

（理科年表 2022年版より作成）

問題１　ろ過のときに**ろ紙**と**ろうと**の代わりになる（ ① ）、（ ② ）にあてはまる道具の組み合わせとして最も適切なものを、次の**ア**～**シ**から１つ選んで、その記号を書きなさい。

	ろ紙の代わり（ ① ）	**ろうと**の代わり（ ② ）
ア	食品用ラップ	ボウル
イ	食品用ラップ	まな板
ウ	食品用ラップ	包丁
エ	ビニルぶくろ	ざる
オ	ビニルぶくろ	ボウル
カ	ビニルぶくろ	包丁
キ	アルミホイル	ざる
ク	アルミホイル	まな板
ケ	アルミホイル	ボウル
コ	キッチンペーパー	ざる
サ	キッチンペーパー	包丁
シ	キッチンペーパー	まな板

問題２　会話文の［　A　］にあてはまる最も適切なものを、次の**ア**～**エ**から１つ選んで、その記号を書きなさい。

ア　0　　**イ**　20　　**ウ**　40　　**エ**　60

また、下線部**a**（加える水の量がわかるよね）について、ゆうかさんがろ過した水溶液を、水250ｇに対して３ｇのミョウバンをとかす作り方と同じつけじるのこさにするためには、**水を何g加えればよいか整数で書きなさい**。ただし、ろ過した後の水の量は250ｇのまま減らないものとします。

問題３　下線部**b**（食塩だとこれはできない）について、その理由を**表**を根拠として、会話文の［　B　］にあてはまるように、**20字以上、30字以内**で書きなさい。ただし、「、」も１字として数え、文字に誤りがないようにしなさい。

4

台風による被害のニュースをテレビで見て、ゆうかさんとけんたさんは台風について調べることにしました。２人は、ある年の秋に東日本を通過した台風**X**について、下の**図１**と次ページの**図２**、**表**を見ながら話しています。

ゆうか：台風の被害はとても大きいから、備えが必要だよね。

けんた：そうだよね。台風は少し進路がずれただけで雨の降り方や風の強さが変わってしまうからね。だから、台風の進み方や天気の変化の特徴を知っておくといいよ。たとえば、地上付近では台風の風は、**図１**のように中心に向かって左まき（時計の針が回る向きと反対）にふきこむんだよ。

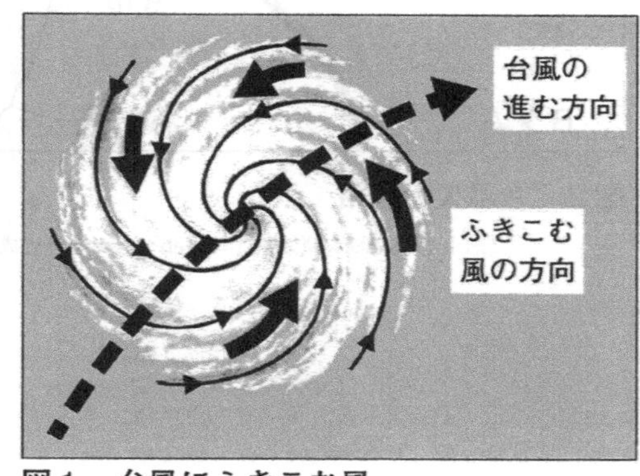

図１　台風にふきこむ風

（大日本図書「たのしい理科５年」より作成）

ゆうか：台風が近づいてきたとき、風の向きから台風の中心の位置がわかりそうだね。

けんた：そうだね。**表**の気象観測の結果から、台風**X**が**A市**に最も近づいた時刻もわかるかな。

ゆうか：［　**Y**　］ごろじゃないかな。

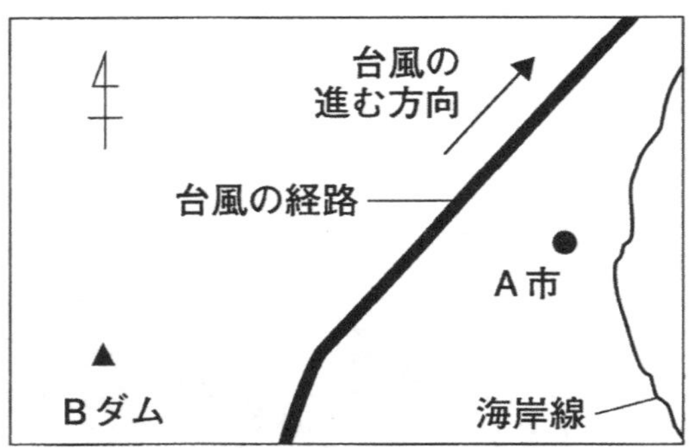

図２　台風Xの経路

（国土地理院および気象庁のWebページより作成）

表　台風Xが通過した日のA市の気象観測結果

時刻	降水量〔mm〕	気温〔℃〕	風速〔m(秒速)〕	風向	天気
3	0.0	21.5	4.6	北東	くもり
4	0.0	21.4	4.9	北東	くもり
5	--	21.7	5.8	北東	くもり
6	0.0	22.3	6.1	北東	雨
7	6.5	21.8	6.8	北東	雨
8	5.0	22.0	6.2	北東	雨
9	2.5	22.2	7.3	北東	雨
10	4.0	22.5	6.6	北東	雨
11	1.5	23.1	6.6	北東	雨
12	2.0	23.6	7.1	北東	雨
13	1.0	24.2	7.0	北東	雨
14	2.0	24.2	7.6	北東	雨
15	16.0	24.0	10.4	北東	雨
16	16.5	24.3	9.3	東	雨
17	9.0	24.4	9.1	東	雨
18	7.0	24.4	8.7	東	雨
19	7.0	24.5	8.3	南東	雨
20	16.5	24.1	9.2	南東	雨
21	9.0	23.8	7.8	南東	雨
22	13.0	23.5	8.7	南東	雨
23	7.0	22.5	10.0	南	雨
24	0.5	21.9	9.4	西	雨

＊--の記号は、「現象なし（降水・雪）」を表している。

（気象庁のWebページより作成）

問題１　台風Xの中心がA市に最も近づいた時刻［　Y　］は何時ごろですか。その時刻とゆうかさんがそのように考えた理由の組み合わせとして、最も適切なものを、次の**ア**～**エ**から１つ選び、その記号を書きなさい。

記号	時刻	理　由
ア	7～8時	雨が降り始めたすぐ後だから。
イ	12～13時	気温の変化が小さいから。
ウ	15～16時	風向が北東から東に変わったから。
エ	22～23時	風向が南東から南に変わったから。

けんた：台風は、本当にたくさんの雨を降らせるよね。

ゆうか：台風の雨は多くの被害を出すけど、農業や工業の水資源にもなるよね。

けんた：雨を水資源として利用する方法の１つにダムがあるよね。

ゆうか：ダムについても、くわしく調べてみようよ。

問題２　ゆうかさんとけんたさんは**図２**の**Ｂダム**のことを調べ、降った雨の量（降水量）について次のように考えました。

台風**Ｘ**が東日本を通過したとき、**Ｂダム**では109km^{2}の※集水域の面積に59000000ｔの雨が降ったとすると、１ｔの雨の体積は１m^{3}だから、**Ｂダム**の集水域には、平均して［　Ｚ　］mmの大雨が降ったことになる。

上の文章の［　Ｚ　］にあてはまる数字を、小数第１位を四捨五入して整数で書きなさい。ただし、１m^{2}の面積に100kgの雨が降ったとき、降水量は100mmになります。また、１ｔを1000kgとします。

※集水域［斜線］　降った雨がダムに流れこむ範囲。

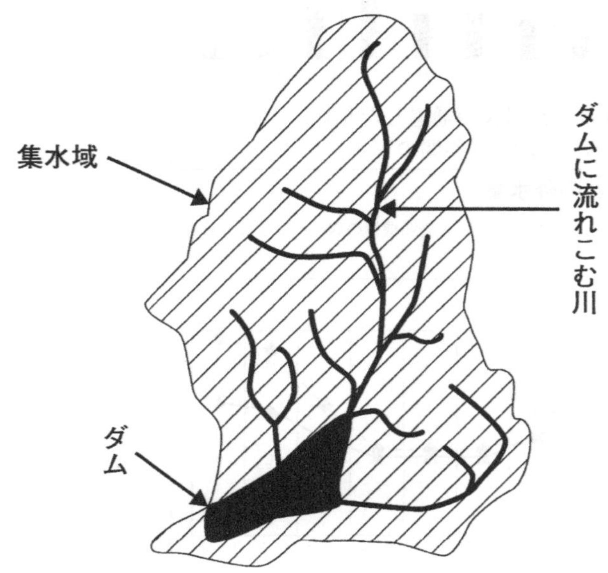

問題３　**図３**と**図４**は、台風**Ｘ**が東日本を通過した年と過去の平均を比べたもので、**図３**は**Ｂダム**の集水域(しゅうすいいき)における月ごとの降水量(こうすいりょう)について、**図４**は**Ｂダム**の月ごとの貯水量について表しています。次の**ア**～**エ** のうち、これらのグラフから読み取れる内容として、正しいものには**〇**を、誤(あやま)っているものには**×**を書きなさい。

ア　台風**Ｘ**が東日本を通過した年も過去の平均も、10月から11月にかけて降水量は減少しているが、貯水量は増加している。

イ　台風**Ｘ**が東日本を通過した年も過去の平均も、６月から７月は梅雨(つゆ)のため降水量が増加し、貯水量も増加している。

ウ　台風**Ｘ**が東日本を通過した年は、ダムの貯水量が3000万 m^3以下になった月はない。

エ　台風**Ｘ**が東日本を通過した年において、過去の平均の２倍以上の降水量だった月は、ダムの貯水量がその年で最も多くなった。

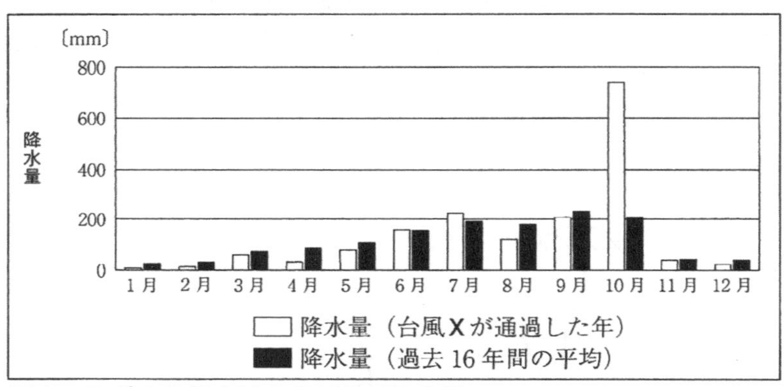

図３　Ｂダムの集水域の月ごとの降水量

（独立行政法人 水資源(しげん)機構のWebページより作成）

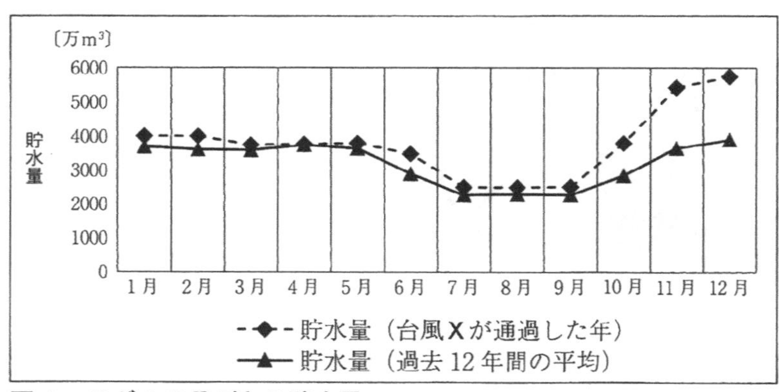

図４　Ｂダムの月ごとの貯水量

（独立行政法人 水資源機構のWebページより作成）

令和４年度
適性検査Ⅰ

注　　意

1　「はじめ」の合図があるまで、この冊子を開いてはいけません。

2　検査時間は45分間で、終わりは10時15分です。

3　問題は、４問で11ページまであります。ページの足りないところや、印刷のはっきりしないところがあったら手をあげなさい。

4　**解答用紙は、この用紙です。**解答用紙をとりはずして、**受検番号を決められたところに書きなさい。**

5　声を出して読んではいけません。

6　解答は、すべて**解答用紙の決められたところにはっきりと書きなさい。解答らんの外に書いたものは採点しません。**

＃教英出版　編集部　注
編集の都合上、解答用紙は適性検査Ⅱの問題の後にあります。

日立第一高等学校附属中学校
太田第一高等学校附属中学校
水戸第一高等学校附属中学校
鉾田第一高等学校附属中学校
鹿島高等学校附属中学校
土浦第一高等学校附属中学校
竜ヶ崎第一高等学校附属中学校
下館第一高等学校附属中学校
下妻第一高等学校附属中学校
水海道第一高等学校附属中学校
勝田中等教育学校
並木中等教育学校
古河中等教育学校

1

けんたさんとゆうかさんは、算数の授業で、１辺が18cmの正方形の折り紙を使った問題づくりをしています。

けんた：折り紙を折って、できあがった形の面積を求める問題はどうかな。
ゆうか：そうだね。いい考えだと思うよ。
けんた：こんなふうに折ると、できあがった形㋐（**図１**）の面積は何cm^2かな。
ゆうか：折り紙は正方形で、１辺の長さがわかっているから、面積を求めることができるね。

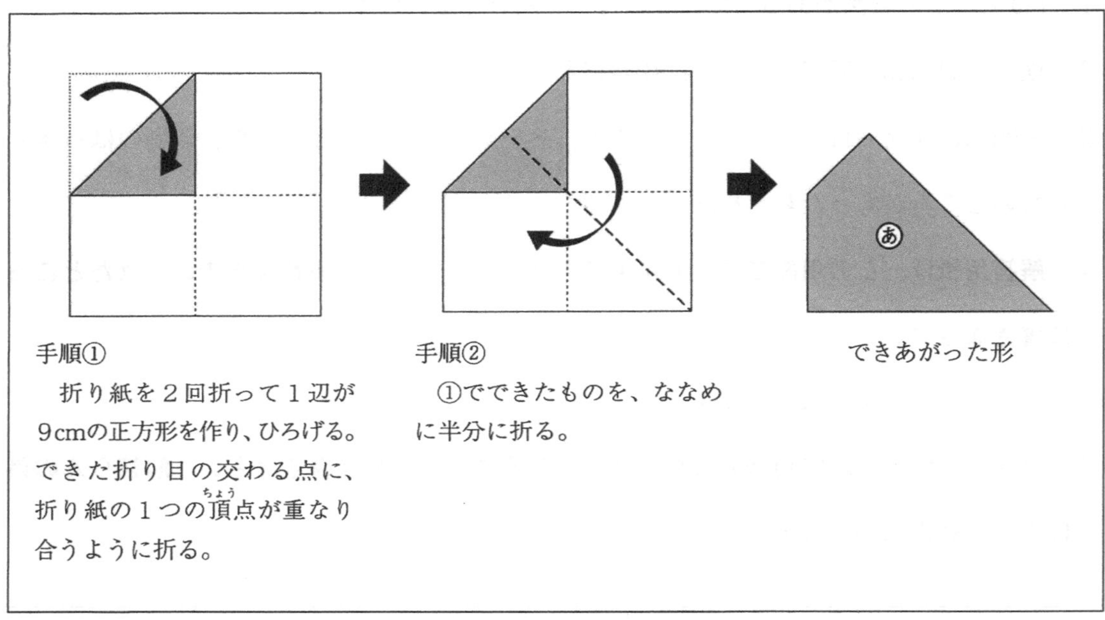

㋐
手順①
折り紙を２回折って１辺が９cmの正方形を作り、ひろげる。できた折り目の交わる点に、折り紙の１つの頂点が重なり合うように折る。
手順②
①でできたものを、ななめに半分に折る。
できあがった形

図１　けんたさんの折り方

問題１　できあがった形㋐の面積は何cm^2かを求めなさい。

ゆうか：折り紙を折ったときにできる角の大きさを求める問題をつくりたいな。
けんた：いいね。折り紙は正方形だから、その性質を使えないかな。
ゆうか：こんなふうに折ったとき、できあがった形の中にできる㋑の角（**図２**）の大きさなら求められるよね。
けんた：どんなふうに折ったか説明してくれるかな。
ゆうか：折り紙を半分に折ったときにできる折り目の上で、頂点Bと頂点Cが重なり合うように折って台形を作ったの。
けんた：なるほど。それなら求められるね。

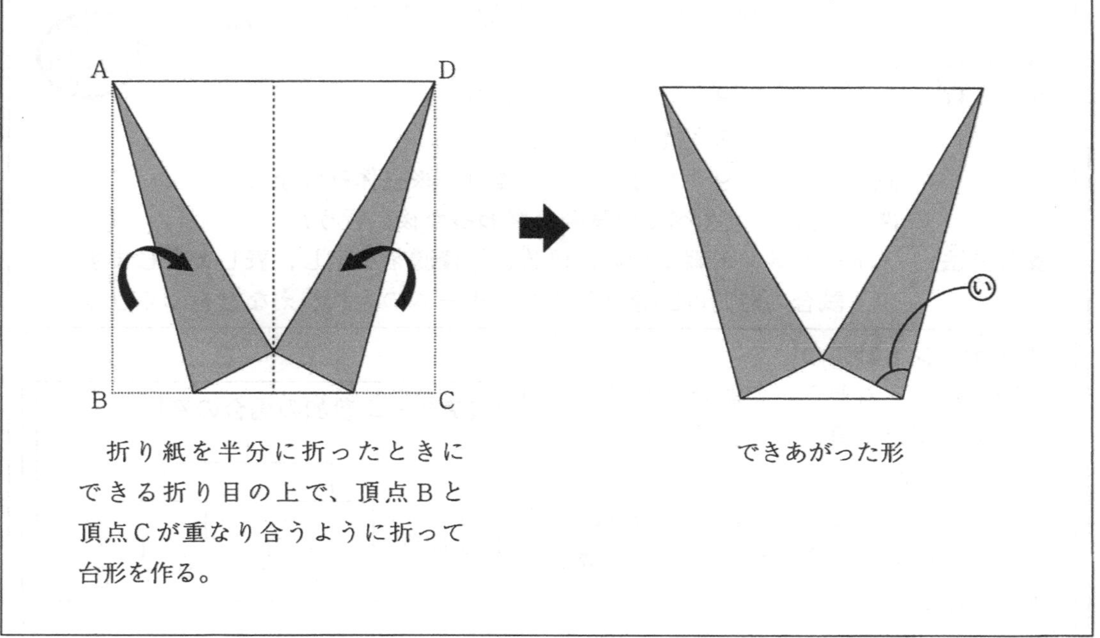
A
D
B
C
㋑
折り紙を半分に折ったときにできる折り目の上で、頂点Bと頂点Cが重なり合うように折って台形を作る。
できあがった形

図２　ゆうかさんの折り方

問題２　できあがった形の中にできる㋑の角の大きさは何度かを求めなさい。

2

けんたさんとゆうかさんは、市民だよりにのっている**バドミントン大会のお知らせ（資料）**を見ながら話をしています。

資料　バドミントン大会のお知らせ

バドミントン大会のお知らせ

〈期　　日〉 10月10日（日曜日）
〈会　　場〉 市民体育館（バドミントンコートは４面）
〈参加資格〉 小学生以上の方
※ ２人１組を１チームとして参加してください。
〈参 加 費〉 無料
〈日　　程〉 受　　付　８：００～ ８：３０
開 会 式　８：４０～
試　　合　９：００～１６：４０　※昼休みはなし
閉 会 式　（すべての試合が終わった後に行う）
〈実し方法〉 ・トーナメント戦で行い、優勝、準優勝を決定し、表しょうします。
・１試合の時間は20分とします（チームの入れかえなどをふくむ）。

トーナメント戦について

勝ったチームどうしで試合をしていくので、１度試合に負けると、それ以降の試合はありません。

参加チーム数によっては、右の例にあるAのように１回戦を戦わないで２回戦から戦うことがあります。

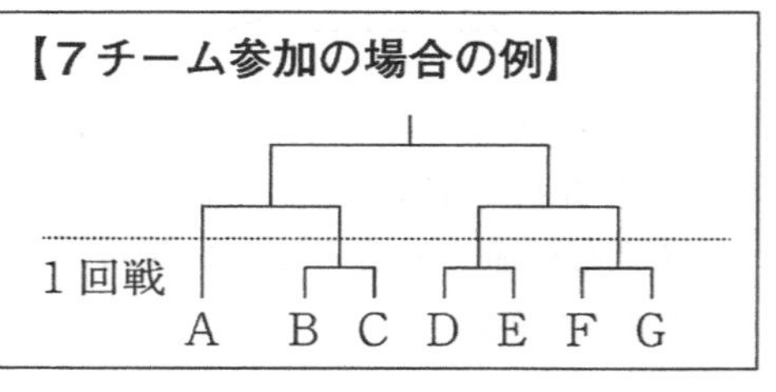

〈注 意 点〉 ・バドミントンシューズまたは体育館ばきを用意してください。
・バドミントンラケットは当日に貸し出しができます。
・コートは試合以外では使用しないでください。
・昼食は各自でとってください。

〈申しこみ方法〉
大会前日までに、電話で必要事こう（参加者氏名、年れい）をお知らせください。
電話：＊＊＊－＊＊＊－＊＊＊＊（担当：スポーツ係）

※ 時間内に大会を終りょうすることができる最大のチーム数になりしだい、ぼ集をしめ切ります。参加をご希望の方は早めにお申しこみください。

けんた：このバドミントン大会に２人で参加しようよ。

ゆうか：いいよ。お知らせの**〈申しこみ方法〉**のところを見てみると、「時間内に大会を終りょうすることができる最大のチーム数になりしだい、ぼ集をしめ切ります。」って書いてあるから、すぐに申しこみをしないとね。

けんた：そうだね。ところで、この「最大のチーム数」って何チームかな。

ゆうか：お知らせをよく見てみようよ。

けんた：うん。この大会は、トーナメント戦で、チームの入れかえなどをふくめて、１試合20分だね。

ゆうか：コートは４面あるから、同時に最大で４試合できるね。

けんた：どう考えればよいのかな。まずは、**【７チーム参加の場合の例】**で考えてみようよ。

ゆうか：トーナメント戦で、総試合数は６試合だから、優勝が決まるまでには何分かかるかな。

問題１　**【７チーム参加の場合の例】**のとき、優勝が決まるまで何分かかるかを求めなさい。

けんた：じゃあ、このバドミントン大会で考えると、どうなるのかな。

ゆうか：トーナメント戦だから、時間内に大会を終りょうすることができる最大の総試合数はわかるね。

けんた：それがわかれば、「最大のチーム数」がわかるね。

問題２　このバドミントン大会の**最大の総試合数**と、そのときの「**最大のチーム数**」を求めなさい。

3

いきもの係のけんたさんとゆうかさんは、メダカのたまごがついた水草を切りとって、水の入った小さな容器に入れ、たまごの中のようすをそう眼実体けんび鏡で調べました。６月のある日、けんたさんとゆうかさんはメダカの世話をしながら話をしています。

ゆうか：どうしよう。観察カードを落としてばらばらにしちゃった。カードに日付が書いてあったけど、よごれがついて日付がわからないよ。

けんた：だいじょうぶだよ、ゆうかさん。a時間がたつにつれて大人のメダカと似た形になるように、カードを並(なら)べかえればいいんだよ。

ゆうか：そうだね。ありがとう。

けんた：ところで、毎日えさをあたえるのは大変だよね。１か月分のえさをまとめてあたえれば、しばらくはメダカにえさをあたえなくてもいいんじゃない。

ゆうか：食べきれずに残ったえさが、水をよごすからだめだよ。でも、えさをあたえる回数を減らす飼育方法を聞いたことがあるよ。

けんた：たしかに、自然の池や川ではえさをあたえなくてもメダカは生活しているよね。メダカは何を食べているのかな。

ゆうか：池や川のメダカは、ミジンコなどの小さな生物を食べているんだよ。

けんた：じゃあ、ミジンコは何を食べているの。

ゆうか：インターネットで、ミジンコがミドリムシを食べている動画を見たよ。

けんた：そうすると、メダカがミジンコを食べて、ミジンコがミドリムシを食べるんだね。でもミドリムシは何を食べるのかな。

ゆうか：bミドリムシは日光が当たると養分ができるんだよ。そうは言っても、自然の環境(かんきょう)を水そうで再現するのはとても難(むずか)しいことだよね。cメダカが住んでいる池や川の食物連鎖(しょくもつれんさ)を調べてみようよ。

令和４年度

適性検査Ⅱ

注　　意

1　「はじめ」の合図があるまで、この冊子を開いてはいけません。

2　検査時間は45分間で、終わりは11時30分です。

3　問題は、４問で11ページまであります。ページの足りないところや、印刷のはっきりしないところがあったら手をあげなさい。

4　**解答用紙は、この用紙です。**解答用紙をとりはずして、**受検番号を決められたところに書きなさい。**

5　声を出して読んではいけません。

6　解答は、すべて**解答用紙の決められたところにはっきりと書きなさい。解答らんの外に書いたものは採点しません。**

1

ひろしさんの学校では、特色のある地域について調べています。今日は校長先生の出身地である新潟市の小学校と、「わたしたちの県のみ力をしょうかいしよう」というテーマで、オンラインによるテレビ会議をしています。

ひろし：新潟市の越後小学校のみなさんこんにちは。水戸市の好文小学校の司会をするひろしです。今日の水戸市の天気は晴れです。こちらは朝から学校の池に氷が張っていて、とても寒いです。新潟市の天気はどうですか。

けいこ：好文小学校のみなさんこんにちは。越後小学校の司会をするけいこです。水戸市は晴れているんですね。新潟市は朝から雪です。校庭に雪が積もっています。今の時期は、雪がたくさん降るんですよ。

ひろし：そうなんですね。新潟市と水戸市の気候はちがいがありそうですね。

けいこ：まず、今日のテーマに入る前に、a 新潟市の気候の特色について、**資料１**から**資料５**を使って説明しますね。［ A ］

ひろし：ありがとうございました。新潟市の気候は水戸市とこんなにちがうんですね。今日のテレビ会議では、他にもたくさん新潟県のことを知ることができそうです。

問題１　下線部 a（新潟市の気候の特色）について、けいこさんは、**資料１～資料５**を使って説明しました。［ A ］に入るけいこさんの説明の内容として、適切なものを次の**ア～オ**の中から**すべて**選びなさい。

ア　新潟市は、水戸市と比べると、つゆの期間の長さはほとんど変わらないが、６月と７月を合わせた降水量は多い。

イ　新潟市では、一年中太平洋側からかわいた風がふき、１月の気温は水戸市より低い。

ウ　新潟市は、水戸市と比べると、年平均の気温には差がないが、年間のかみなり発生日数は多い。

エ　新潟市で、かみなりが最も多く発生した時期は、つゆの時期である。

オ　新潟市では、冬に、日本海側からしめった風がふき、水戸市と比べて降水量が多い。

資料１　新潟市と水戸市の月ごとの平均気温の比かく（※平年値）

	最も高い月（気温） 最も低い月（気温）	年平均の気温
新潟市	８月（26.4℃）	13.6℃
	１月（ 2.4℃）	
水戸市	８月（25.2℃）	13.6℃
	１月（ 3.0℃）	

資料２　かみなりの月ごとの発生日数（※平年値）

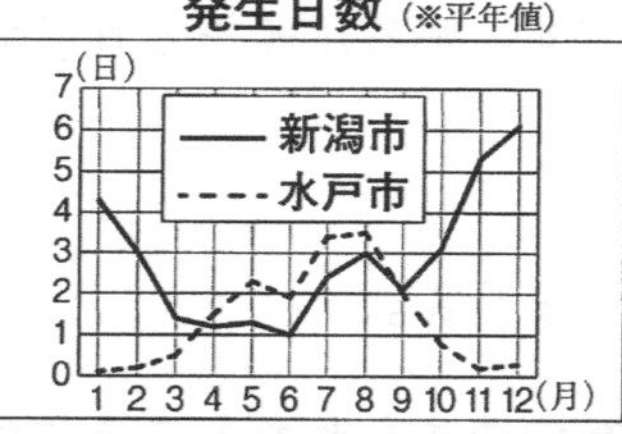

資料３　北陸地方と関東地方のつゆ（※平年値）

	つゆ入り	つゆ明け
北陸地方（新潟市）	６月12日	７月24日
関東地方（水戸市）	６月８日	７月21日

資料４　月ごとの降水量（※平年値）

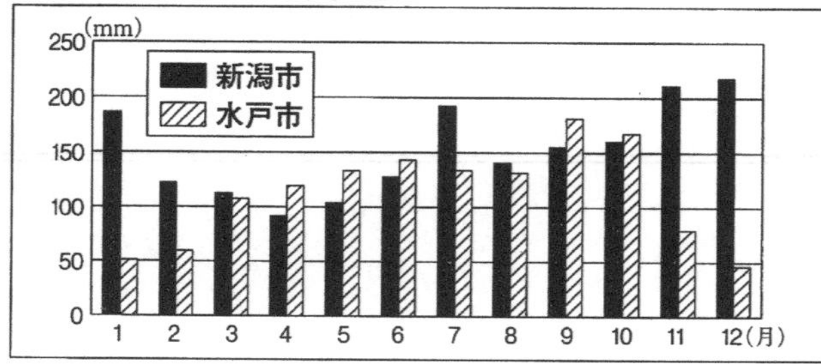

（資料１～資料４は「理科年表2021」より作成）

資料５　季節ごとに変わる風のようす

（東京書籍「新しい社会５上」より作成）

※ 資料１～資料４の平年値は30年間の観測値を平均した値。データはすべて、1981～2010年までの平均値。

ひろし：それでは、茨城県のみ力をしょうかいしますね。茨城県は新潟県と同じように、海、山、川など豊かな自然があります。私からは、豊かな自然を生かした茨城県のキャンプ場をしょうかいします。

問題２　ひろしさんたちは、新潟市のみなさんに、茨城県のキャンプ場について説明するために、４つの資料をもとに発表原こうをつくりました。その時に使った資料は、**資料６～資料８**の他にもう一つあります。その資料として、最も適切なものを次の**ア～エ**の中から一つ選びなさい。

ア　65才以上の人口の割合のグラフ　　**イ**　公共し設の場所を示した地図
ウ　月ごとの雨や雪が降った日数のグラフ　　**エ**　ハザードマップ

ひろしさんたちの発表原こう

今人気のキャンプ場について説明します。資料を見てください。2008年には、茨城県のキャンプ場の数は少なかったのですが、10年間でとても増えました。茨城県は、11月から２月の間は雨や雪の日が少なく、年間を通して野外でキャンプを楽しめます。また、茨城県のほとんどの地域は東京駅から150km以内にあります。他にも、キャンプ場の情報を見られるWebページを茨城県が作成して、キャンプのみ力などをしょうかいしています。ぜひWebページを見てください。

資料６　各道県のキャンプ場の数

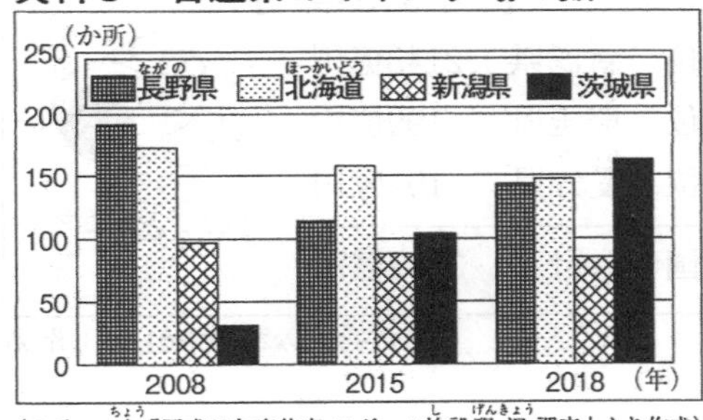

(スポーツ庁「平成30年度体育・スポーツ施設現況調査」より作成)

資料８　茨城県作成キャンプ場情報Webページ

(茨城県営業戦略部観光物産課「いばらきキャンプ」Webページより)

資料７　茨城県の主要な交通もうと東京駅からのきょり

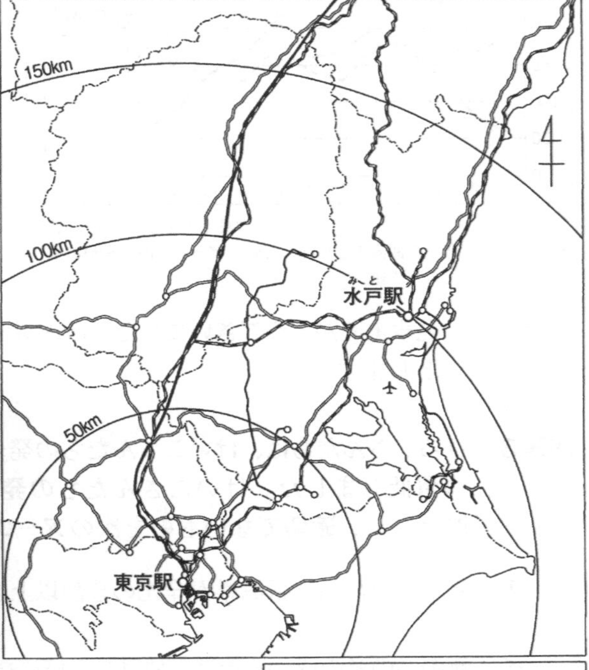

＊―は、高速道路を示す。
＊―は、鉄道(新幹線)を示す。
＊―は、鉄道(JR在来線)を示す。
＊―は、鉄道(私鉄)を示す。
＊✈は、空港を示す。

けいこ：ありがとうございました。茨城県のキャンプ場が増えている理由がよくわかりました。今度は、新潟県のみ力についてしょうかいします。

けいこさんたちの発表原こう

> 新潟県にもみ力はたくさんあります。新潟県は、日本一の米どころとして有名です。これだけたくさん米がとれるのは、米の成長に必要な時期に日照時間が長いことや、米づくりに大量の水を使えることなどが理由だと言われています。この水を運んでくれる川の中でも、特に有名なのが、長野県と新潟県の２つの県を流れる全長367kmの信濃川です。長さでは日本一です。他にも、新潟県には、米を原料にしたおかしを作る大きな米か工場があり、米かの出荷額も日本一です。

資料９　日本の主な川の長さ

順位	川の名前	川の長さ(km)
1	信濃川	367
2	利根川	322
3	石狩川	268
4	天塩川	256
5	北上川	249

（「日本国勢図絵2020/21」より作成）

資料10　都道府県別米の収かく量（2019年）

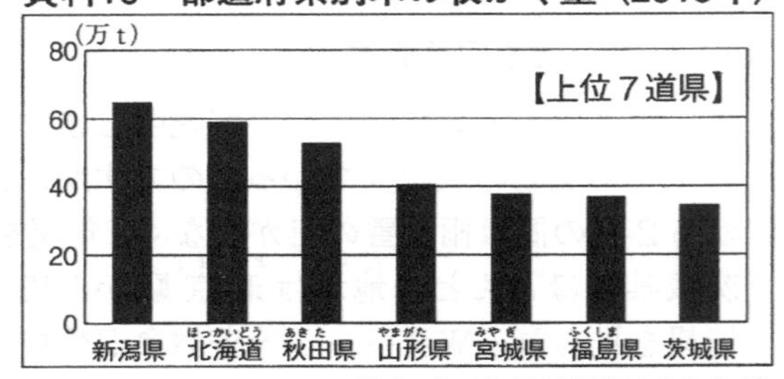

（「データでみる県勢2021」より作成）

資料11　新潟市と水戸市の日照時間（※平年値）

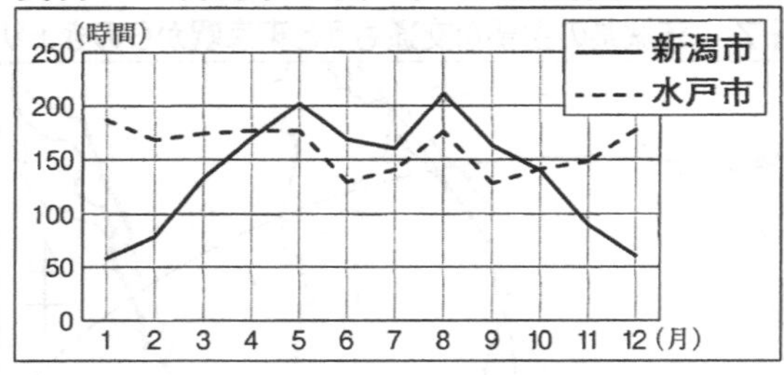

（「理科年表2021」より作成）

※ 平年値　30年間の観測値を平均した値。データは1981～2010年までの平均値。

資料12　都道府県別米かの出荷額（2018年）

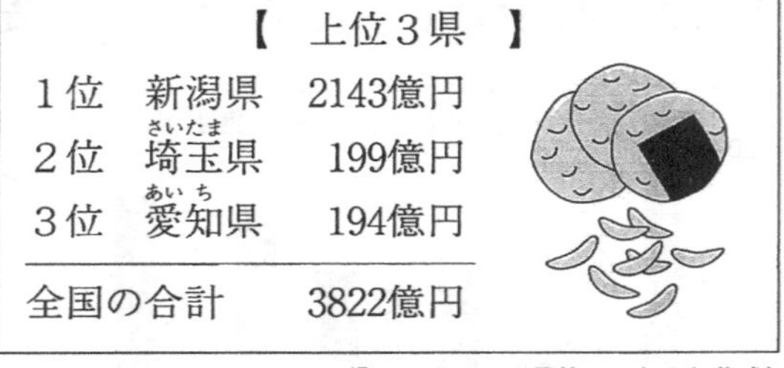

【　上位３県　】

順位	県	出荷額
1位	新潟県	2143億円
2位	埼玉県	199億円
3位	愛知県	194億円
全国の合計		3822億円

（「データでみる県勢2021」より作成）

ひろし：発表ありがとうございました。新潟県もみ力いっぱいですね。この後、質問タイムとします。

問題３　ひろしさんたちは、けいこさんたちの発表を聞いて、さらにくわしく知りたいことを三つ質問しました。**けいこさんたちの発表原こう**と**資料９～資料12**をもとにした質問として、**適切でない**ものを次の**ア**～**エ**の中から一つ選びなさい。

ア　米かの出荷額は新潟県が全国の５割以上をしめていますが、どんな種類の米かが多いですか。

イ　新潟県の米の収かく量は茨城県の３倍になっていますが、どんな工夫をしていますか。

ウ　５月の田植えの時期から９月の収かくの期間に、新潟市の日照時間が長いことは、米以外の農作物の収かく量にも関係がありますか。

エ　利根川より長い信濃川の水源は、どこにありますか。

2

なおきさんはお父さんとサイクリングに出かけ、と中で休けいをとっています。

なおき：このあたりは車で通ったことはあるけれど、自転車で来るのは初めてだね。
お父さん：そうだね。今休んでいるところは、まわりに田んぼが多いけど、ここから西に600mぐらい進むと果樹(じゅ)園があって、その先には有名な古いお寺もあるんだよ。
なおき：お父さんくわしいね。
お父さん：昔このあたりに住んでいて、西町中学校に通っていたんだよ。
なおき：お父さんの通っていた中学校も見てみたいな。
お父さん：ひさしぶりに西町中学校まで行ってみるか。

問題1　なおきさんとお父さんの上の会話文から、二人はどのあたりで休けいしていると考えられますか。最も適切な場所を下の**資料1**の**ア**～**エ**の中から一つ選びなさい。

資料1　お父さんが住んでいたまちの地図

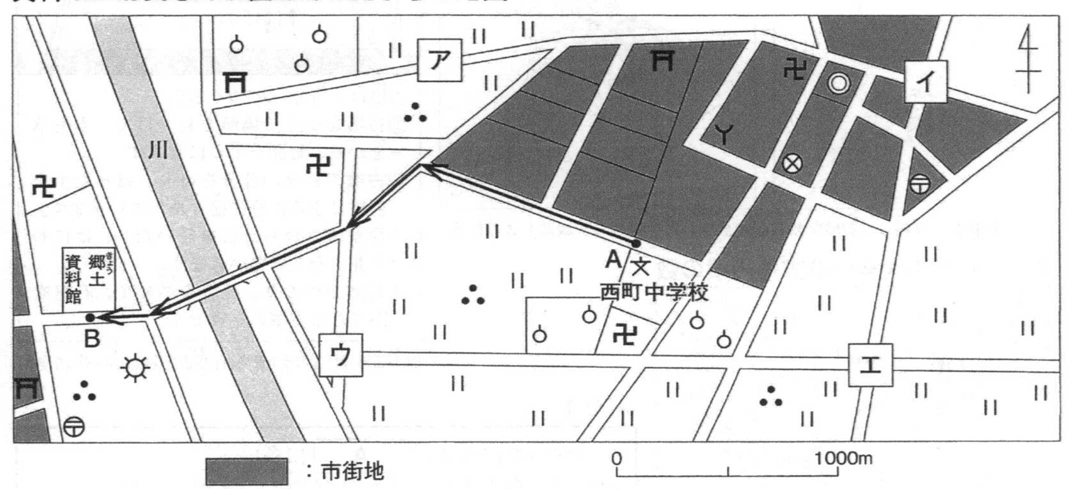

なおき：これがお父さんが通っていた学校なんだね。この案内板にかいてあるけれど、このあたりは古墳(こふん)がたくさんあるんだね。
お父さん：近くに郷土資料館があるから、これから行って古墳について調べてみようか。

問題2　なおきさんとお父さんは、古墳について調べるため郷土資料館に行くことにしました。西町中学校（**A**地点）から「⟵」で示された道路を通り郷土資料館（**B**地点）へ行くための道のりとして、最も適切なものを次の**ア**～**エ**の中から一つ選びなさい。

ア　約1.5km　　**イ**　約2.5km　　**ウ**　約3.5km　　**エ**　約4.5km

問題3　なおきさんとお父さんは、郷土資料館で**資料2～資料5**を見つけ、わかったことを**メモ1**にまとめました。**メモ1**の［A］～［C］にあてはまる内容の組み合わせとして、最も適切なものを次の**ア～カ**の中から一つ選びなさい。

ア	A	高い土地より低い土地	B	木造建築技術	C	近畿
イ	A	高い土地より低い土地	B	土木技術	C	関東
ウ	A	高い土地より低い土地	B	土木技術	C	近畿
エ	A	低い土地より高い土地	B	木造建築技術	C	関東
オ	A	低い土地より高い土地	B	木造建築技術	C	近畿
カ	A	低い土地より高い土地	B	土木技術	C	関東

資料2　茨城県内の主な前方後円墳の分布

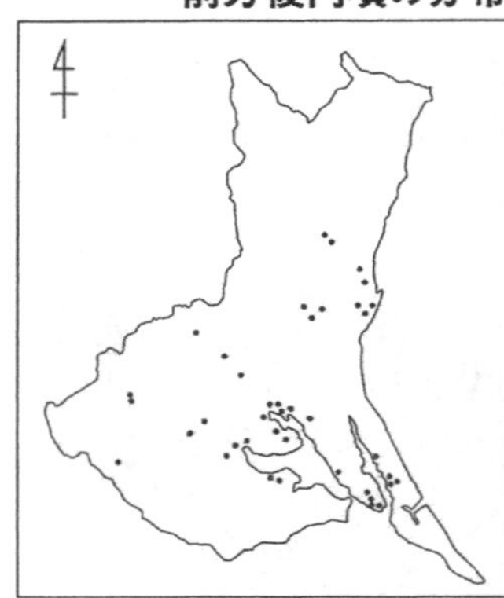

資料3　茨城県の土地の高さ

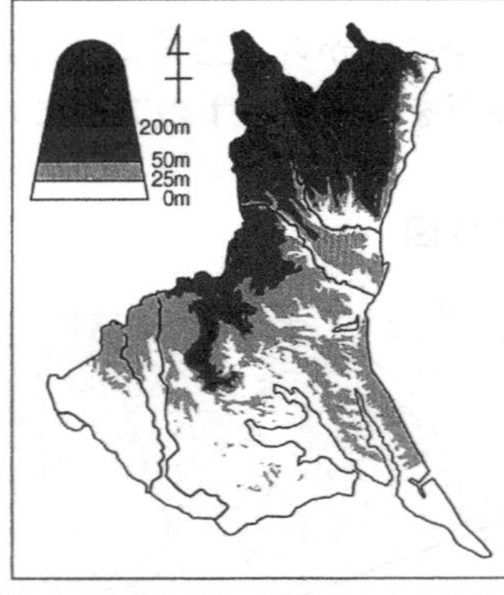

（資料2・資料3は茨城県教育研究会「わたしたちの茨城県」より作成）

資料4　前方後円墳の構造

後円部
前方部
ふき石
石室
堀
はにわ

古墳はどうやってつくるの？
①古墳をつくる場所を見つけて、木や草をかり、地面を平らにします。
②古墳の外側の部分をほり、ほった土を古墳になる部分に盛りあげていきます。
③形ができたら、石をしいたり、はにわを並べたりしていきます。
④石室をつくり、死者を納めて、石室を閉じたら古墳の完成です。

（東京書籍「新しい社会6歴史編」、堺市文化観光局資料より作成）

資料5　規模の大きい前方後円墳の数

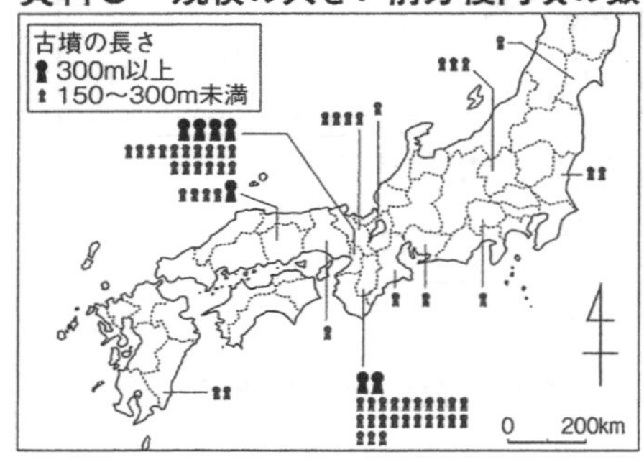

（教育出版「小学社会6」より作成）

メモ1

・茨城県の古墳は、［A］に多い。
・古墳の構造から、この時代の人びとが、古墳をつくる優れた［B］をもっていたことがわかる。
・全国的には［C］地方に大きな古墳が多く見られる。

なおき：古墳から、当時の社会のようすを知ることができるんだね。
お父さん：そうだね、ここは昔から人が住んでいてとても歴史があるまちなんだよ。
なおき：そういえば、中学校の近くには、商店街があったね。
お父さん：子どものころは、あのあたりの商店街でよく買い物をしていたんだよ。
なおき：でも、シャッターが閉まったままになっているお店もいくつかあったよね。
お父さん：そうなんだよ。残念だけど最近は商売をやめてしまう店も増えてきているんだ。
なおき：どうして、a <u>商店街のお店が少なくなってしまう</u>のかな。
お父さん：バスが通らなくなったからかもしれないな。昔は、商店街をバスが通っていたけれど、はい止されてからは、b <u>買い物をするのに不便だと感じる</u>人たちも増えたみたいだよ。

3

								採点 ○△×	得点	点検 ✔	照合 ✔	確認 ✔	検証 ✔
問題1	□ → □ → □ → □ → □ → F								／6				
問題2	ア	イ	ウ	エ	オ	カ	なし		／6				
問題3	ア	イ	ウ	エ	オ								
	カ	キ	ク	ケ	なし				／6				
問題4	ア	イ	ウ	エ	オ	カ			／6				

4

問題1	グラフ	ア	イ	ウ	エ				／6				
	Y	オ	カ	キ	ク	ケ			／6				
問題2		ア	イ	ウ	エ	オ	カ		／6				
問題3		秒							／8				

解答するときの注意

3 の**問題**について

・字数が指定されている問題は、次の【記入例】のように、横書きで、最初のマスから書き始めなさい。

・段落を変えたり、マスを空けたりしてはいけません。

・文字や数字は１マスに１字ずつ書き、文の終わりには句点〔。〕を書きなさい。

・句読点〔。、〕やかっこ〔「 」〕なども１字に数えなさい。

【記入例】

考	え	方	を	整	理	す	べ	き	だ
。	「	正	解	か	ど	う	か	」	を
、	１	０	人	で	相	談	す	る	。

・書き直す場合は、消しゴムで消して、書き直しなさい。

・次のように、付け加えたり、けずったりして解答してはいけません。

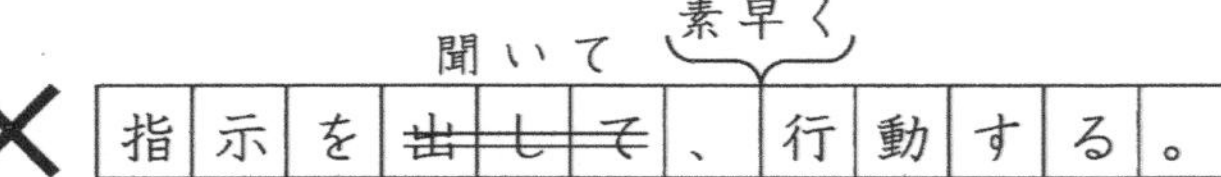

3

問題１	ア	イ	ウ	エ	オ	カ				
問題２										
										20
										30

採点 ○△×	得点	点検 ✔	照合 ✔	確認 ✔	検証 ✔
	／8				
	／14				

4

問題１	ア	イ	ウ	エ	オ
問題２	津波（つなみ）が				
問題３	ア	イ	ウ	エ	オ

採点	得点	点検	照合	確認	検証
	／8				
	／12				
	／8				

受検番号	

	確認	検証
総得点		

※100点満点

解答用紙（適性検査Ⅱ）

解答するときの注意

・□のらんに記入してはいけません。

・**記号を選ぶ問題**は、あてはまるものを○で囲みなさい。

【例】

ア	イ	ウ	(エ)	オ	なし

採点 ○△×	得点	点検	照合	確認	検証
	／8				
	／6				
	／6				

1

問題１	ア	イ	ウ	エ	オ
問題２	ア	イ	ウ	エ	
問題３	ア	イ	ウ	エ	

2

採点 ○△×	得点	点検	照合	確認	検証
	／6				
	／6				
	／6				
	／2				
	／2				
	／2				
	／6				

問題１		ア	イ	ウ	エ				
問題２		ア	イ	ウ	エ				
問題３		ア	イ	ウ	エ	オ	カ		
問題４	D	ア	イ	ウ	エ	オ	カ	キ	ク
	E	ア	イ	ウ	エ	オ	カ	キ	ク
	F	ア	イ	ウ	エ	オ	カ	キ	ク
問題５	①	ア	イ	ウ	エ				
	②	ア	イ	ウ	エ				
	③	ア	イ	ウ	エ				

受検番号	

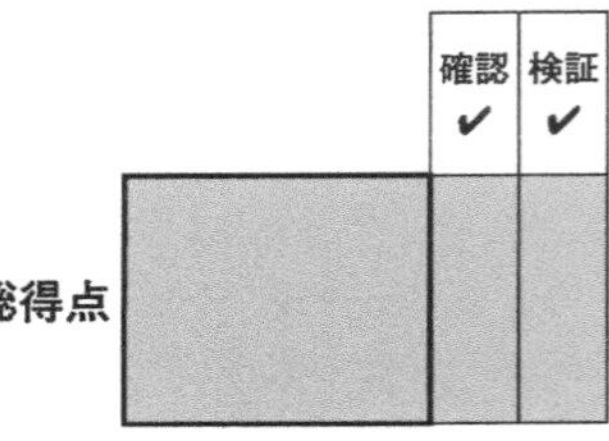

解答用紙（適性検査Ⅰ）

※100点満点

解答するときの注意

・□のらんに記入してはいけません。

・**記号を選ぶ問題**は、あてはまるものを○で囲みなさい。

【例】

ア	イ	ウ	(エ)	オ	なし

・**1** **2** の**問題**について、答えが分数になるときは、それ以上約分できない形で表しなさい。

【例】 $\frac{6}{8} \rightarrow \frac{3}{4}$

採点○△×	得点	点検✔	照合✔	確認✔	検証✔
	／10				
	／12				

1

問題１	cm^2
問題２	°

2

採点	得点	点検	照合	確認	検証
	／8				
	／10				
	／10				

問題１		分
問題２	最大の総試合数	試合
	最大のチーム数	チーム

問題4　下線部**a**（商店街のお店が少なくなってしまう）について、なおきさんは家に帰ったあと、茨城県の商店街のようすについて調べてみました。商店会長などに対して行ったアンケート結果（**資料6〜資料8**）をインターネットで見つけ、わかったことを**メモ2**にまとめました。**メモ2**の［　D　］〜［　F　］にあてはまる語句として、最も適切なものを次の**ア〜ク**の中から一つずつ選びなさい。

ア　祭り・イベントを開さい　　**イ**　増加したこと　　**ウ**　変わらないこと
エ　み力ある店ぽ　　**オ**　空き店ぽ　　**カ**　減少したこと
キ　サービス券・スタンプ・ポイントカードを発行　　**ク**　チラシ・マップなどで宣伝

資料6　商店街へ来る人数の変化

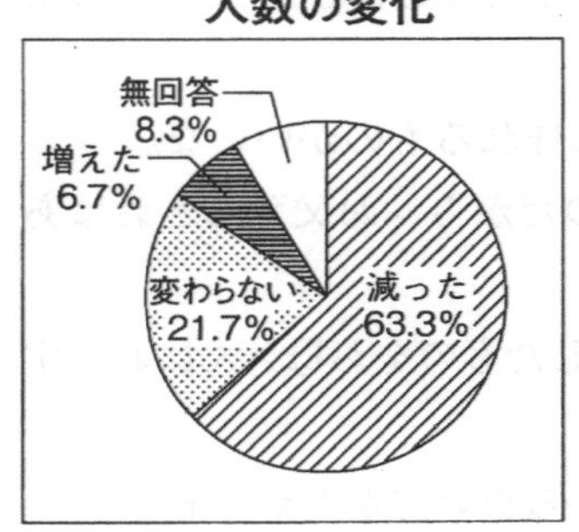

資料7　商店街へ来る人が減った主な理由（複数回答）

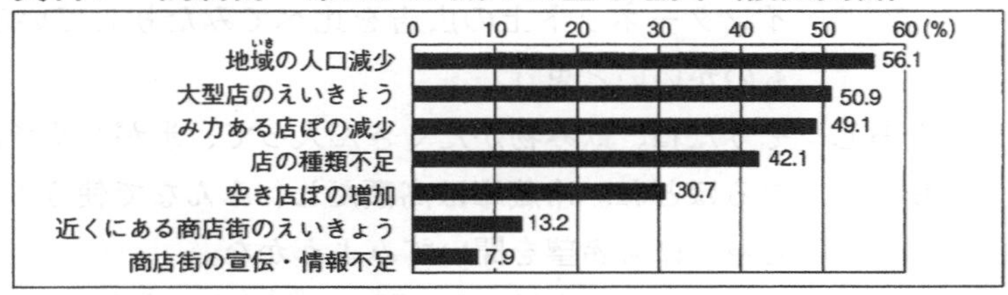

資料8　商店街へ来る人を増やす取り組み

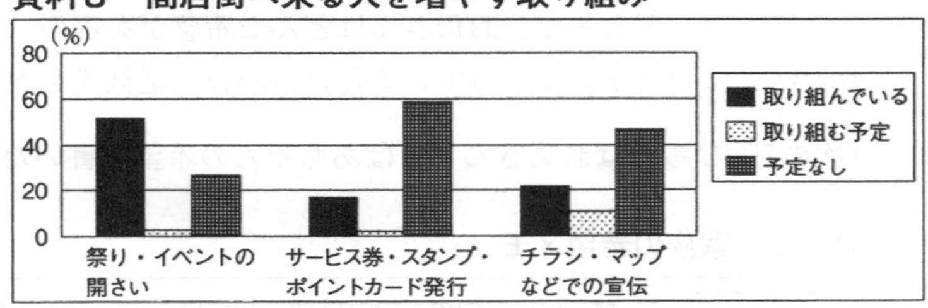

（**資料6〜資料8**は茨城県商工労働観光部中小企業課「平成29年度商店街実態調査報告書」より作成）

メモ2

調査した商店会長などの半数以上が、商店街へ来る人が減ったと感じている。
〈理由〉　まわりの変化による理由……地域の人口が［　D　］、大型店のえいきょう
　　　　商店街内の理由………………［　E　］の減少、商店街の宣伝・情報の不足
〈対策〉　来る人を増やすために一番取り組んでいること……［　F　］する。

問題5　下線部**b**（買い物をするのに不便だと感じる）について、なおきさんは、不便だと感じる人たち向けの新しいサービスについて調べ、**メモ3**にまとめました。**メモ3**の①〜③の具体的な事例にあてはまるものとして、最も適切なものを下の**ア〜エ**の中から一つずつ選びなさい。

メモ3

①　注文を受けて商品を自宅まで届けるサービス
②　商店街まで、送りむかえをするサービス
③　移動型の店で地域を回ってはん売するサービス

（農林水産省「平成27年度食料品アクセス環境改善対策事業実施報告書」より作成）

ア　公民館の前のちゅう車場で、移動はん売車が週に3日はん売を行うようになった。
イ　地域のスーパーが閉店したために、商店街までの「お買い物ツアー」が始まった。
ウ　「道の駅」では地元の野菜を中心にはん売していたが、生活に必要なさまざまな品物も売るようになった。
エ　電話で注文すると、商店街のお店が商品を届けてくれる「商品お届け便」が始まった。

3

ひろしさんは家庭科の「買い物名人になろう」の授業で、自分たちの身の回りには、広告、パンフレット、インターネットなどたくさんの情報源があり、「買い物をするときには、その情報をもとに、比べて考えることが大切だ」と学びました。学校から帰って、お母さんと次のような会話をしています。

お母さん：冷蔵庫を新しくしようと思って、お店をのぞいたり、電器屋さんのチラシとインターネット上の広告を比べてみたりしているんだけど、ひろしはどんなものがいいと思う。

ひろし：そうだね、飲み物がたくさん入って、氷がたくさん作れるものがいいな。

お母さん：なるほどね。冷蔵庫は高額だし、みんなで使うものだから、お父さんとおばあちゃんにも希望を聞いてみようかな。

ひろし：わかった。ぼくが二人に聞いておくよ。あとでメモしたものをお母さんにわたすね。ところで、お母さんはどんな希望があるの。

お母さん：よい品が安くなっているといいわね。電気代もかからない方が助かるわ。

（次の日、ひろしはお父さんとおばあちゃんの希望を書いたメモをお母さんにわたした。）

資料１　家族の希望メモ

お父さん	開けたときに、中のものを確認しやすいとよい。家族４人に合う大きさのものが欲しい。
おばあちゃん	近所から野菜をもらうことが多い。だいこんやはくさいなど重いものをもらうこともあるから、野菜を入れる場所は出し入れしやすいところにあるとよい。

お母さん：ひろし、これ見てくれるかな。インターネットで見つけたの（**資料２**）。絶対お買い得だと思うのよ。※省エネだし。どうかな。このサイズなら、うちのキッチンにも収まるわ。

※ 省エネ　省エネルギーの略（エネルギーを効率よく使うこと）

資料２　インターネット上の広告

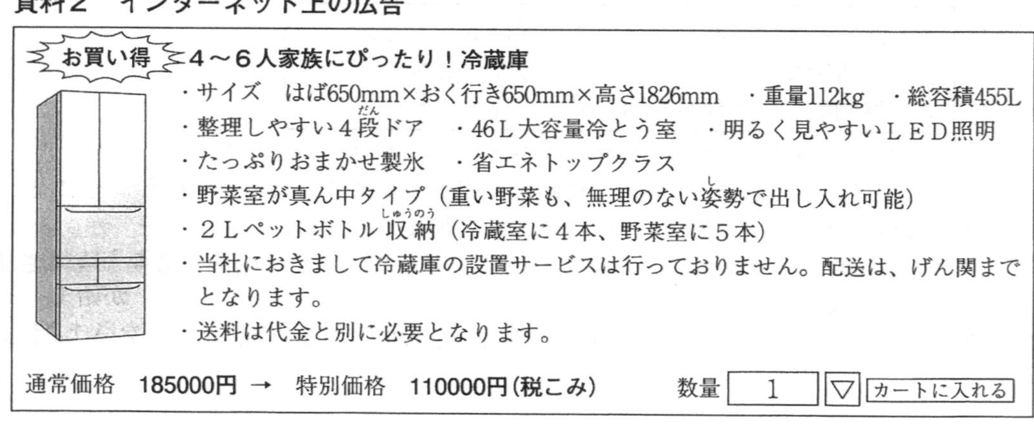
お買い得
４～６人家族にぴったり！冷蔵庫
・サイズ　はば650mm×おく行き650mm×高さ1826mm　・重量112kg　・総容積455L
・整理しやすい４段ドア　・46Ｌ大容量冷とう室　・明るく見やすいＬＥＤ照明
・たっぷりおまかせ製氷　・省エネトップクラス
・野菜室が真ん中タイプ（重い野菜も、無理のない姿勢で出し入れ可能）
・２Ｌペットボトル収納（冷蔵室に４本、野菜室に５本）
・当社におきまして冷蔵庫の設置サービスは行っておりません。配送は、げん関までとなります。
・送料は代金と別に必要となります。
通常価格　185000円 → 特別価格　110000円（税こみ）
数量　1
カートに入れる

ひろし：確かに、これなら［A］の希望を満たすことができるね。でも、ぼくが見つけたこの電器(でんき)屋さんのチラシ（**資料３**）と比べてみると、心配な点が二つあるよ。お母さんがインターネットで見つけた冷蔵庫はね、［B］

お母さん：なるほどね。ありがとう。もう一度考えてみるわ。

資料３　まちの電器屋さんのチラシ

お買い得　４～６人家族にぴったり！冷蔵庫

通常価格　**185000円** → 特別価格　**125000円(税こみ)**

・明るく見やすいＬＥＤ照明
・はば650mm×おく行き650mm×高さ1826mm
・重量112kg　・総容積455L

・２Ｌペットボトル収納(しゅうのう)（冷蔵室に４本、野菜室に５本）

・整理しやすい４段(だん)ドア
・46Ｌ大容量冷とう室

・たっぷりおまかせ製氷
・省エネトップクラス
・野菜室が真ん中タイプ（重い野菜も、無理のない姿(し)勢で出し入れ可能）

・送料無料！
・設置サービス付き！建物内のご希望の場所に設置いたします。

問題１　会話と**資料１**の内容をふまえて、会話文の［A］にあてはまる最も適切なものを次の**ア**～**カ**の中から一つ選びなさい。

ア　ぼくとお母さん
イ　ぼくとおばあちゃん
ウ　ぼくとお父さんとおばあちゃん
エ　ぼくとお母さんとおばあちゃん
オ　お父さんとおばあちゃん
カ　家族全員

問題２　ひろしさんが**資料２**と**資料３**を比べて、お母さんに伝えた内容を**20字以上30字以内**で、会話文の［B］にあてはまるように書きなさい。ただし、「、」や「。」も１字に数え、文字に誤(あやま)りがないようにしなさい。

4

６年１組では、国語の授業で「相手に伝わるように表現しよう」という学習をしています。先生は、各家庭に配布されている**災害時マニュアルの一部（資料１）**を提示し、説明をしています。

資料１　災害時マニュアルの一部

地震が起こったら（家の中にいるとき）

○　自分の体を守ってください。

すぐに丈夫な机やテーブルの下に入ってください。落ちてくるもの、倒れてくるものに気をつけてください。

○　出口を作ってください。

建物が壊れると、ドアやまどが開かなくなります。外へ逃げるために、ドアやまどを開けてください。

○　すぐに外に出ないでください。

地震のとき外に出ると、まどガラスや看板が上から落ちてきます。地震が終わるまで、まわりをよく確かめてください。落ち着いて行動してください。地震は１回だけではありません。大きい地震のあと、また地震が来るかもしれません。気をつけてください。

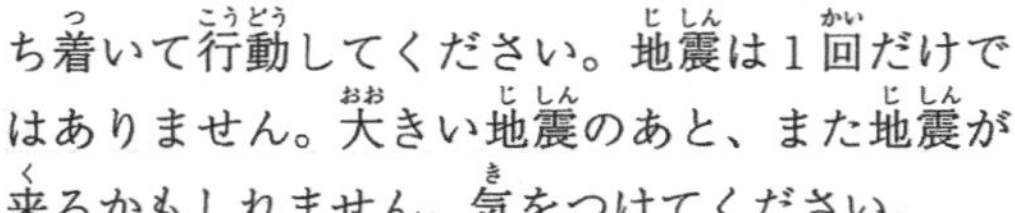

○　火を消してください。

使っている火を消してください。ストーブ、ガス、台所の火を全部消してください。大きく揺れて危ないときは、揺れるのが止まってから消します。燃えているものがあったら、消火器で消します。自分で火を消せないときは、すぐに119番に電話してください。

（茨城県国際交流協会「災害時マニュアル」より作成）

先　生：私たちの学校は、災害が起こったとき、地域の人たちも利用することができる避難所になっています。この**災害時マニュアル**の表現の仕方で、気がついたことはありますか。

ひろし：すべての漢字にふりがながついています。

けいこ：「消火してください」ではなく「火を消してください」のように、小さな子どもにもわかる表現で書かれています。

先　生：よいところに気がつきましたね。これは、※1「やさしい日本語」というもので書かれています。日本語を学んでいる外国の人たちにもわかりやすくなっています。文章表現は、伝える相手に応じて書き分けることが必要です。

けいこ：［　A　］や［　B　］などが工夫されている点ですね。

ひろし：最近、ぼくの住んでいる町でも、外国の人たちを見かける機会が増えています。だから、「やさしい日本語」が必要なんですね。

けいこ：この書き方ならば、外国の人たちだけでなく、小さな子どもにもわかりやすいので、多くの人たちに情報を伝えることができますね。

先　生：では、みなさんも考えてみましょう。「津波（つなみ）が<u>発生するおそれがあるときは、直ちに高台へ避難（ひなん）してください。</u>」という文を、この**災害時マニュアル**に追加するとしたらどうでしょうか。たとえば、「発生する」「高台」「避難（ひなん）して」という言葉は難（むずか）しいから書きかえる必要があります。さらに、その他にも難しい言葉があります。どのように書きかえると、「やさしい日本語」になりますか。

けいこ：はい、「津波（つなみ）が［　C　］」ではどうでしょうか。

先　生：それならいいですね。災害の時こそ、相手に正しく伝わる表現が必要ですね。「やさしい日本語」が必要な理由は他にもあります。これ（**資料２**と**資料３**）を見てください。二つの資料からどんなことがわかりますか。

ひろし：二つの資料からは、［　D　］ことと、［　E　］ことがわかります。だから、「やさしい日本語」を相手を意識して広く使うことで、多くの外国の人たちに伝えたいことが伝わりやすくなるのですね。

※１「やさしい日本語」　難しい言葉を言いかえるなどして相手に配りょしたわかりやすい日本語

（出入国在留管理庁（ちょう）・文化庁「在留支援（えん）のためのやさしい日本語ガイドライン2020年」より）

資料２　日本に住んでいる外国人の国せき・地域（いき）、公用語、人数

	国せき・地域	※2公用語	人数（人）	※3構成比（%）
1	中国	中国語	813675	27.7
2	韓国（かんこく）	韓国語	446364	15.2
3	ベトナム	ベトナム語	411968	14.0
4	フィリピン	フィリピノ語・英語	282798	9.6
5	ブラジル	ポルトガル語	211677	7.2
6	ネパール	ネパール語	96824	3.3
7	インドネシア	インドネシア語	66860	2.3
8	台湾（たいわん）	中国語	64773	2.2
9	アメリカ合衆国（がっしゅうこく）	英語	59172	2.0
10	タイ	タイ語	54809	1.9

※２ 公用語　その国の公の場で定められている言語

※３ 構成比　日本に住んでいる外国人全体の中の割（わり）合

資料３　日本に住んでいる外国人が、日常生活で困（こま）らないくらい使える言語

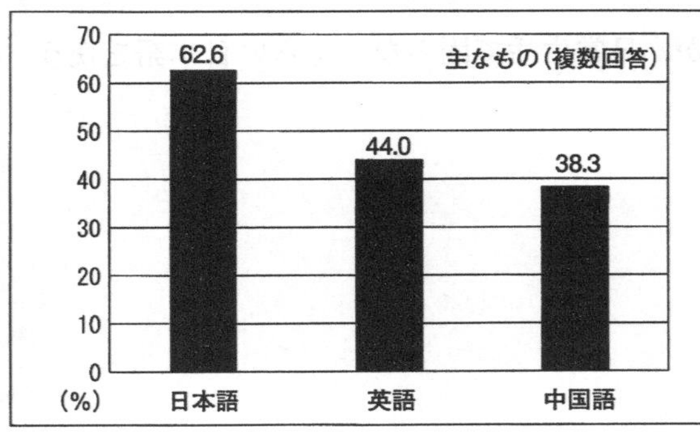

（**資料２**・**資料３**は出入国在留管理庁・文化庁「在留支援のためのやさしい日本語ガイドライン2020年」より作成）

＊全国20地域に在留する20歳（さい）以上の外国人1662人が対象

問題１　**資料１の災害時マニュアルの一部**で工夫されている点について、会話文の［　A　］、［　B　］にあてはまる適切なものを、次の**ア～オ**の中から**二つ**選びなさい。

ア　情報が確実に伝わるように、短い文の見出しをつけていること
イ　場面のようすが想像しやすいように、二人の会話形式で説明していること
ウ　相手を思いやる気持ちを伝えるために、けんじょう語を多く使っていること
エ　指示であることがはっきりとわかるような文末の表現にしていること
オ　説明が長くならないように、文と文をつなぐ言葉を使っていること

問題２　けいこさんは先生の言葉を受けて、「津波（つなみ）が発生するおそれがあるときは、直ちに高台へ避難（ひなん）してください。」を、どのように書きかえましたか。会話文の［　C　］にあてはまる文を書きなさい。ただし、文末については「～ください。」の形にすること。また、漢字にふりがなをふる必要はありません。

問題３　「やさしい日本語」が必要な理由として、**資料２**と**資料３**の二つの資料から読み取れることについて、会話文の［　D　］、［　E　］にあてはまる適切なものを、次の**ア～オ**の中から**二つ**選びなさい。

ア　日本に住んでいる外国人の公用語はさまざまであり、すべての人に通じる言語というものはない
イ　日本に住んでいる外国人のうち、中国語を公用語とする人が半数近くをしめていて、漢字を理解することができる人が多い
ウ　日常生活で困（こま）らないくらい使える言語を英語と回答している人は、日本に住んでいる期間が長い
エ　日本に住んでいる外国人には、言語よりも図や写真を用いてのコミュニケーションの方が伝わりやすい
オ　日本に住んでいる外国人の半数以上が、日常生活で困らないくらい日本語を使うことができる

問題１　下線部ａ（時間がたつにつれて大人のメダカと似た形になるように、カードを並べかえればいいんだよ）について、Ａ～Ｆのカードをたまごから姿を変えてゆく順番に並べかえ、記号を書きなさい。ただし、最後のカードはＦである。

Ａ

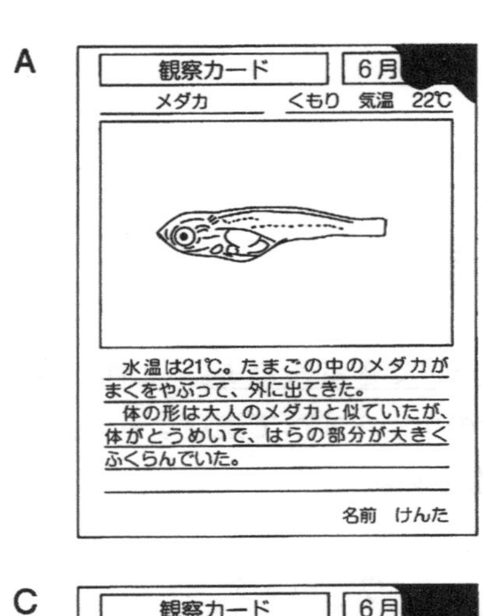

観察カード
6月
メダカ
くもり　気温　22℃
水温は21℃。たまごの中のメダカがまくをやぶって、外に出てきた。
体の形は大人のメダカと似ていたが、体がとうめいで、はらの部分が大きくふくらんでいた。
名前　けんた

Ｂ

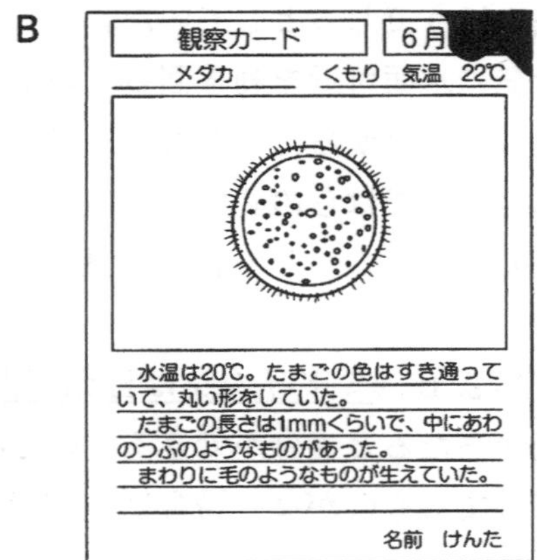

観察カード
6月
メダカ
くもり　気温　22℃
水温は20℃。たまごの色はすき通っていて、丸い形をしていた。
たまごの長さは1mmくらいで、中にあわのつぶのようなものがあった。
まわりに毛のようなものが生えていた。
名前　けんた

Ｃ

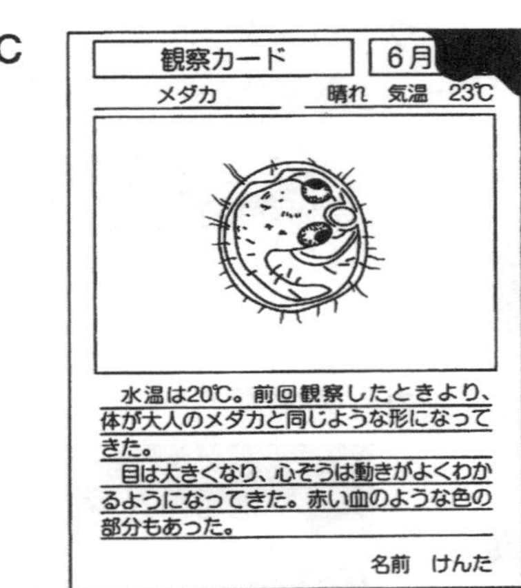

観察カード
6月
メダカ
晴れ　気温　23℃
水温は20℃。前回観察したときより、体が大人のメダカと同じような形になってきた。
目は大きくなり、心ぞうは動きがよくわかるようになってきた。赤い血のような色の部分もあった。
名前　けんた

Ｄ

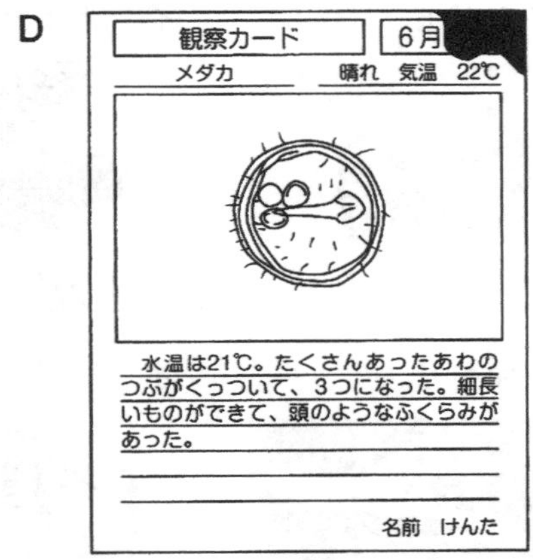

観察カード
6月
メダカ
晴れ　気温　22℃
水温は21℃。たくさんあったあわのつぶがくっついて、３つになった。細長いものができて、頭のようなふくらみがあった。
名前　けんた

Ｅ

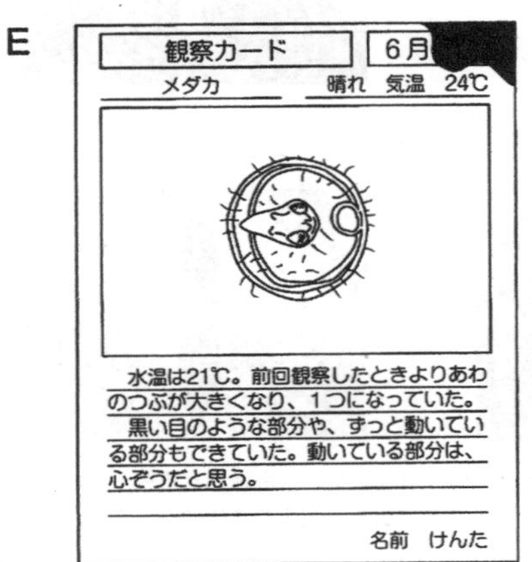

観察カード
6月
メダカ
晴れ　気温　24℃
水温は21℃。前回観察したときよりあわのつぶが大きくなり、１つになっていた。
黒い目のような部分や、ずっと動いている部分もできていた。動いている部分は、心ぞうだと思う。
名前　けんた

Ｆ

観察カード
6月
メダカ
くもり　気温　21℃
水温は20℃。とう明だったメダカの体に色がついた。また、大きくふくらんでいたはらの部分もなくなったことで、大人のメダカとそっくりになった。
名前　けんた

問題２　カード**A**の時期のふ化したばかりのメダカはどのように生活していましたか。次の**ア**～**カ**の中からあてはまるものを**すべて**選びなさい。ただし、あてはまるものがない場合は、「なし」を選びなさい。

ア　水からデンプンを作って生活していた。

イ　底のほうでじっとしていた。

ウ　活発に水面付近を動き回っていた。

エ　親のメダカからえさをもらって生活していた。

オ　ふくらんだはらの養分を使って生活していた。

カ　親のメダカのへそのおから養分をもらって生活していた。

問題３　下線部**b**（<u>ミドリムシは日光が当たると養分ができるんだよ。</u>）と同じように、日光が当たると養分ができるものを次の**ア**～**ケ**の中から**すべて**選びなさい。ただし、あてはまるものがない場合は、「なし」を選びなさい。

ア　イカダモ

イ　オオカナダモ

ウ　バッタ

エ　カマキリ

オ　ハゴロモモ

カ　アマガエル

キ　オキアミ

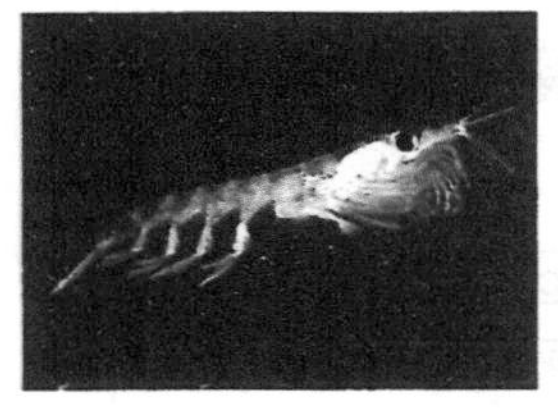

ク　キャベツ

ケ　ツルレイシ

（岐阜大学教育学部理科教育講座・仙台市科学館・名古屋港水族館・
JAグループ茨城・大阪府立環境農林水産総合研究所の各Webページより）

問題4　下線部c（メダカが住んでいる池や川の食物連鎖（しょくもつれんさ））について、ある池では生物は**図**に示すような「食べる・食べられる」という関係で一本の線のようにつながっています。また、下の文章は、この池の**生物どうしの関わり**を表したものです。

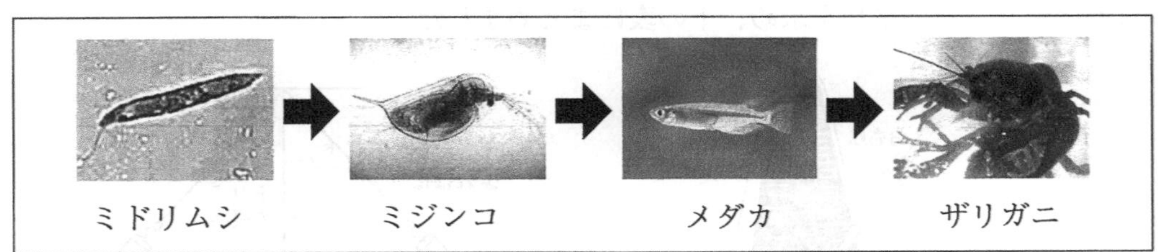

図　「食べる・食べられる」の関係　（仙台市科学館・環境省の各Webページより）

生物どうしの関わり

> この池のミドリムシ、ミジンコ、メダカ、ザリガニの数は、通常はつり合いが保たれているが、メダカの数が一時的に減ると、まず、ミジンコの数は［X］。しかし、一時的な増減があっても、それは再びもとにもどり、つり合いが保たれる。

文中の［X］に入る言葉と、そのようになる理由として最も適しているものの組み合わせを次の**ア**～**カ**の中から一つ選びなさい。

	X	理由
ア	増える	ミジンコが食べるミドリムシの数が減ったから。
イ	増える	メダカを食べるザリガニの数が減ったから。
ウ	増える	ミジンコを食べるメダカの数が減ったから。
エ	減る	ミジンコが食べるミドリムシの数が減ったから。
オ	減る	メダカを食べるザリガニの数が減ったから。
カ	減る	ミジンコを食べるメダカの数が減ったから。

4

音楽の授業で**図１**の機械式メトロノームを使って練習をしました。メトロノームはふりこのしくみを利用しているので、理科の授業でそのしくみを調べることにしました。**図２**のようにひもにおもりをつけたふりこを作りました。**実験**①～⑨のように、おもりの重さ・ふりこのふれはば・ふりこの長さの条件を変えて、ふりこが20回往復する時間を３回はかり、その平均を求め、下の**表**にまとめました。

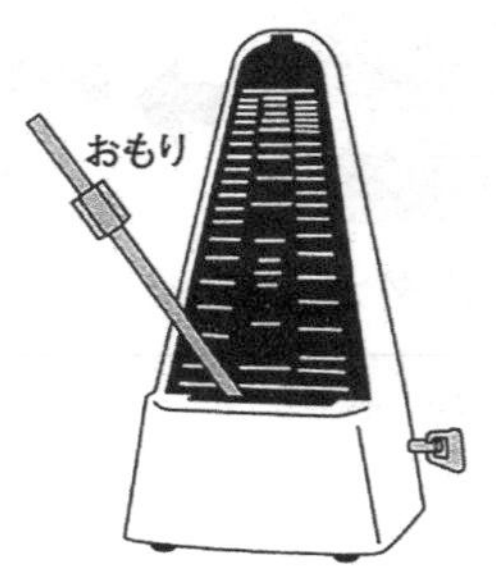

図１　機械式メトロノーム

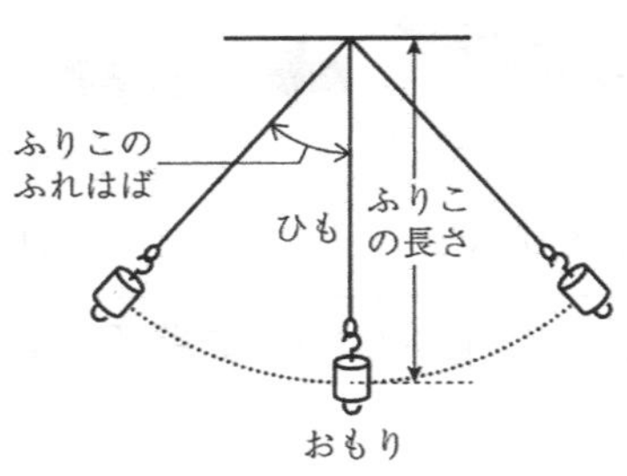

図２　実験に用いたふりこ

表　ふりこの実験結果

実験	おもりの重さ	ふりこのふれはば	ふりこの長さ	ふりこが20回往復する時間
①	4 g	30°	10cm	12.7秒
②	4 g	10°	25cm	20.1秒
③	4 g	20°	25cm	20.0秒
④	8 g	10°	75cm	34.7秒
⑤	8 g	20°	50cm	28.3秒
⑥	8 g	30°	100cm	40.3秒
⑦	12g	10°	75cm	34.8秒
⑧	12g	10°	200cm	56.9秒
⑨	12g	20°	150cm	Y

問題１　**実験**①～⑧の結果から、ふりこが１回往復する時間（秒）とふりこの長さ（cm）の関係をグラフで表すと、どれに近くなりますか。次の**ア**～**エ**の中から一つ選びなさい。必要なら、次ページのグラフ用紙を使用してもかまいません。

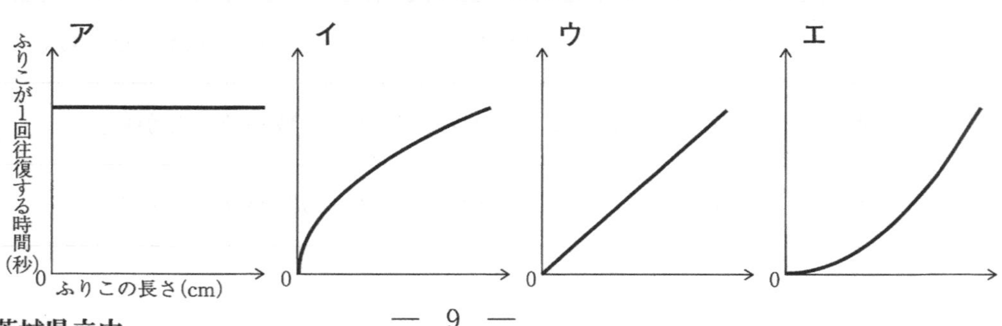

2022(R4) 茨城県立中
教英出版

また、**実験⑨**でふりこが20回往復する時間 **Y** は、何秒と考えられますか。次の**オ**～**ケ**の中から最も適しているものを一つ選びなさい。

オ　約40秒　　**カ**　約45秒　　**キ**　約50秒　　**ク**　約55秒　　**ケ**　約60秒

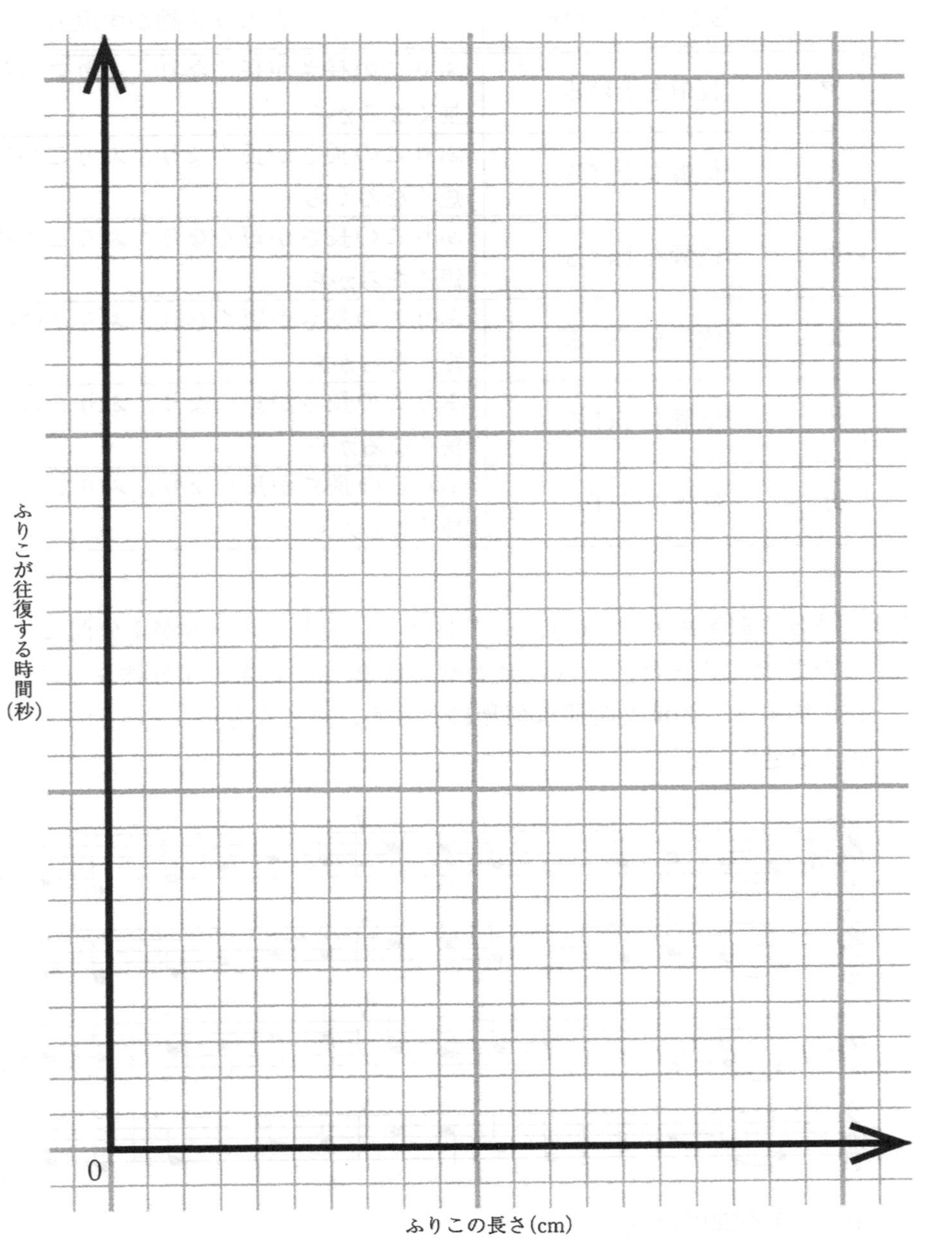

問題２　おもりが１回往復する間に「カチ、カチ」と２回鳴る機械式メトロノームで、Adagio（アダージョ：１分間に56回鳴る）をAndante（アンダンテ：１分間に72回鳴る）に変えるのに必要なおもりのそう作とそのようにおもりを動かす理由の組み合わせを次の**ア**～**カ**の中から一つ選びなさい。

	おもりのそう作	おもりを動かす理由
ア	位置を上げる	ふりこの長さが長くなり、ふりこの往復時間が長くなるから
イ	位置を上げる	ふりこの長さが長くなり、ふりこの往復時間が短くなるから
ウ	位置を上げる	ふりこの長さが短くなり、ふりこの往復時間が短くなるから
エ	位置を下げる	ふりこの長さが短くなり、ふりこの往復時間が短くなるから
オ	位置を下げる	ふりこの長さが短くなり、ふりこの往復時間が長くなるから
カ	位置を下げる	ふりこの長さが長くなり、ふりこの往復時間が長くなるから

問題３　**図３**の曲をAllegretto（アレグレット：メトロノームが１分間に100回鳴る）のはやさで、メトロノームに合わせて演奏したとき、４分休ふをふくめたこの曲16小節すべての演奏時間は何秒になるか、求めなさい。答えは、小数第一位まで答えなさい。

図３　ある曲の楽ふ

令和３年度

適性検査Ｉ

注　　意

1 「はじめ」の合図があるまで，問題用紙を開いてはいけません。

2 検査時間は45分間で，終わりは10時15分です。

3 問題は，５問で７ページあります。

4 **解答用紙**は，問題用紙の３ページと４ページの間に**２枚**（まい）あります。

5 **受検番号**を，**解答用紙２枚のそれぞれの決められたところ**に記入しなさい。

6 声を出して読んではいけません。

7 解答は，すべて**解答用紙の決められたところ**に記入しなさい。

ただし，字数が指定されている場合は，下の例のように，付け加えたり，けずったりして解答してかまいません。字数については，書き直した文字で数えます。

（例）

				あまい					たくさん				
~~き~~	~~ょ~~	~~う~~	~~，~~	~~赤~~	~~い~~	い	ち	ご	を	も	ら	っ	て

＃教英出版　編集部　注
編集の都合上、解答用紙は適性検査IIの問題の後にあります。
また，解答用紙は裏表１枚にまとめてあります。

日立第一高等学校附属中学校
太田第一高等学校附属中学校
水戸第一高等学校附属中学校
鉾田第一高等学校附属中学校
鹿島高等学校附属中学校
土浦第一高等学校附属中学校
竜ヶ崎第一高等学校附属中学校
下館第一高等学校附属中学校
勝田中等教育学校
並木中等教育学校
古河中等教育学校

1

けんたさんとゆうかさんは，ある晴れた日の太陽の高さの変化（**図１**）と校庭の気温の変化（**図２**）について話しています。

けんた：太陽は正午ごろに南の空で最も高くなるよね。
ゆうか：そうね。でも気温が一日の中で一番高くなるのは［　あ　］時ごろよね。
けんた：そうだね。理由は，［　い　］からだね。反対に，気温が一日の中で一番低くなるのは日の出ごろだね。
ゆうか：日の出ごろに一番気温が低くなる理由は，［　う　］からよね。

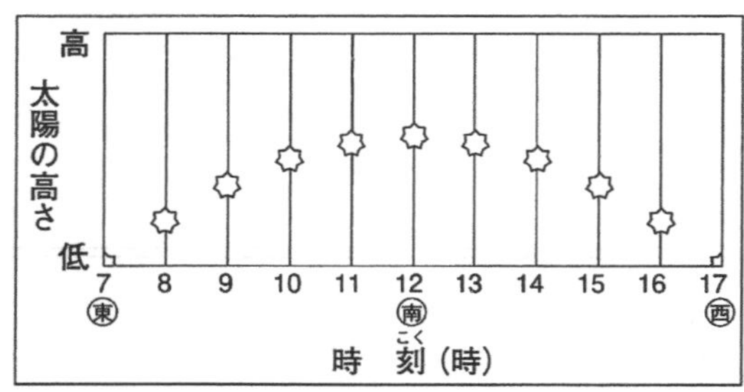

図１　太陽の高さの変化

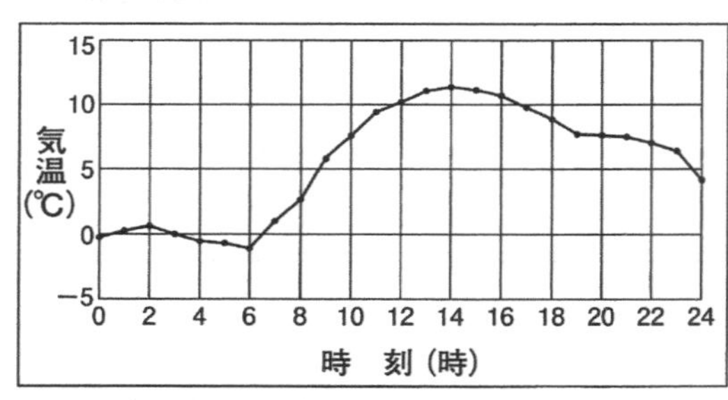

図２　校庭の気温の変化

問題１　けんたさんとゆうかさんの会話文の［　あ　］～［　う　］にあてはまる数字や内容を書きなさい。

問題２　正午ごろ，**図３・図４**のように地面にパネルを立てると，太陽の光で，９（**図５**）と書かれたパネルのかげが地面にできた。このとき，かげはけんたさん側から見るとどのように見えるか。次の**ア**～**ク**の中から最も適切なものを一つ選び，記号を書きなさい。ただし，パネルはとう明で光を通し，９の部分は光を通さずかげをつくることとする。

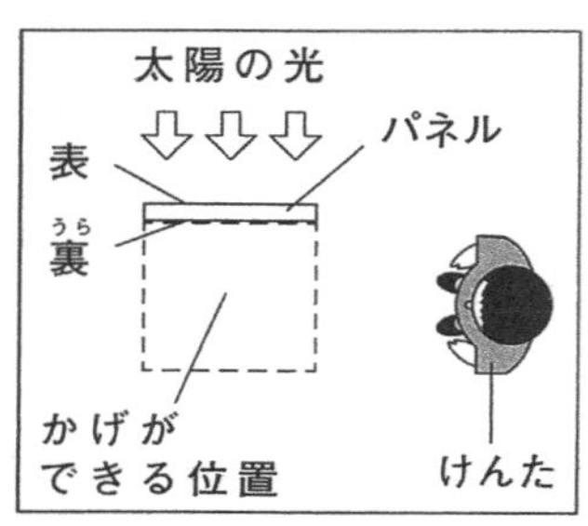

図３　上から見たようす

図４　けんたさん側から見たようす

図５　地面に立てたパネルを表側から見たようす

問題３　**図３・図４**でけんたさん側から見たかげは，正午ごろに見たものである。３時間後に同じ位置で見ると，かげはどちらの方位に動き，その方位に向かったかげの長さはどのように変わるか，太陽の動きに関連づけて説明しなさい。

2

けんたさんとゆうかさんは，先生といっしょに，色のついていない７種類の液体（**図１**）を区別しようとしています。

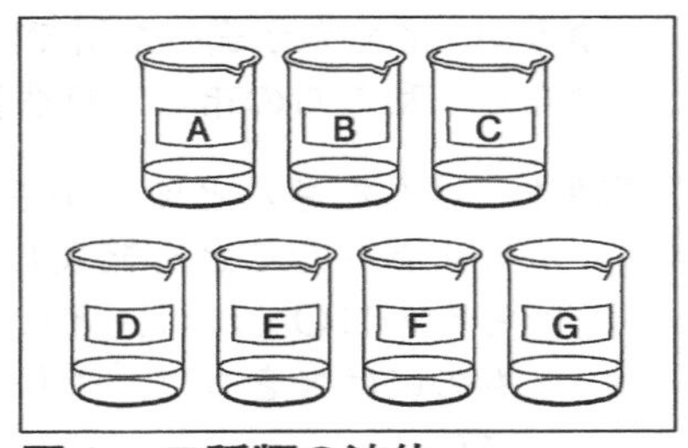

図１　７種類の液体

先　生：７種類の液体は，うすい塩酸，炭酸水，石灰(かい)水，食塩水，アンモニア水，水酸化ナトリウムの水よう液，水のどれかです。どのように調べればよいですか。

ゆうか：まず，実験器具を使わずに<u>**AとC**だけは，はっきり区別できますね。</u>

けんた：そうだね。次はどうしようか。

ゆうか：リトマス紙で調べてみようよ。

けんた：リトマス紙で調べるときに，調べる液体を変えるには，［　①　］ことが必要だね。

ゆうか：リトマス紙で酸性，中性，アルカリ性がわかるね。

けんた：**A**と**E**と**F**，**B**と**C**，**D**と**G**の３つのグループに区別できたね。

ゆうか：**D**と**G**は［　②　］実験で区別してみようよ。

けんた：**D**には，白い固体が出たので，はっきり区別できたね。

ゆうか：では，**A**と**E**と**F**は，どうやって区別しようか。

けんた：**A**がわかっているから，**E**と**F**の区別だね。

ゆうか：**E**と**F**を区別するために，［　③　］実験をしてみよう。

けんた：**E**だけ白くにごったから，**E**と**F**の区別ができたね。

ゆうか：これで**A**～**G**がわかりました。

先　生：それでは片(かた)付けをしましょう。実験で使った酸性とアルカリ性の液体は，ＢＴＢ液の入った大きなビーカーに集めます。

けんた：どうしてＢＴＢ液が入っているのですか。

先　生：ＢＴＢ液が入った液体の色を緑色にすることで，中性になったことがわかるからですよ。そうすることで液体を処(しょ)理することができます。

問題１　下線部の（<u>**AとC**だけは，はっきり区別できますね。</u>）について，**A**を区別する正しい方法を書きなさい。また，区別できた理由を書きなさい。

問題２　会話文中の①～③にあてはまる適切な言葉の組み合わせを，下の**ア**～**カ**の中から一つ選び，記号を書きなさい。また，７種類の液体は**A**～**G**のどれか。記号を書きなさい。

	①	②	③
ア	かくはん棒(ぼう)をふく	お湯で温める	アルミニウムを入れる
イ	かくはん棒をふく	熱して蒸(じょう)発させる	鉄を入れる
ウ	かくはん棒をふく	お湯で温める	二酸化炭素を通す
エ	かくはん棒を水で洗(あら)う	熱して蒸発させる	二酸化炭素を通す
オ	かくはん棒を水で洗う	お湯で温める	アルミニウムを入れる
カ	かくはん棒を水で洗う	熱して蒸発させる	鉄を入れる

問題３　けんたさんは片付けのとき，酸性の液体を入れたり，アルカリ性の液体を入れたりすると，ビーカー中のＢＴＢ液が入った液体の色が変化することに気づいた。色が変化する理由を「酸性とアルカリ性の液体が混ざり合うと，」に続く形で書きなさい。また，先生が液体を緑色にして処理する理由を書きなさい。

3

けんたさんとゆうかさんのクラスでは，総合的な学習の時間に，「かん境を守るために私たちができること」をテーマにして発表会を行いました。

ゆうか：私たちが調べた川では，かん境を守るためのさまざまな取り組みがみられたね。
けんた：私たちの市は，自然豊かな川をめざした川づくりをすすめていたね。

問題１　けんたさんとゆうかさんは，学校付近で下の**資料１～資料３**のような川を見つけ，調べたことを発表しました。自然豊かな川をめざした川づくりが行われているものに○をつけ，どのような効果があるか書きなさい。また，行われていないものには×をつけ，より自然豊かな川にする方法を書きなさい。

資料1　穴のあいたブロックがある川

※写真省略

資料2　両岸がコンクリートで川底が土の浅い川

※写真省略

資料３　階段状の坂がある川

※写真省略

（大日本図書「新版たのしい理科５年」より）

ゆうか：調べた結果，川のかん境には，森林が大きく関係していることもわかったね。
けんた：そうだね。林業について発表した班もあったね。

資料４　林業で働く人の数・※1高れい者率・※2若年者率の変化

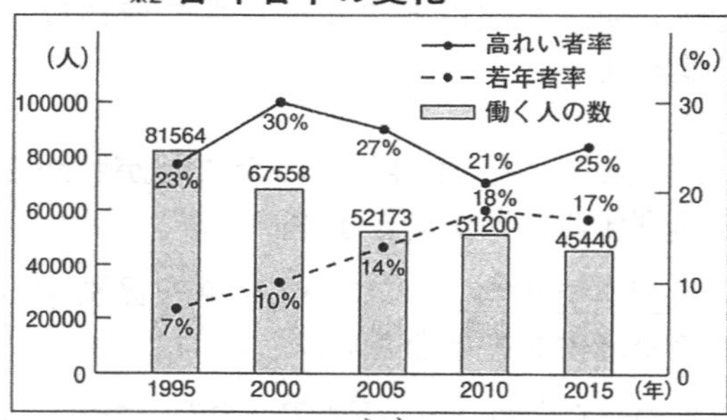

（林野庁ホームページより作成）

※1 高れい者率　65さい以上の人の割合
※2 若年者率　35さい未満の人の割合

資料５　日本の木材※3供給量と木材※4自給率の変化

(万m³)　(%)
木材自給率
木材供給量

年	1995	2000	2005	2010	2015	2016	2017	2018
木材供給量(万m³)	11192	9926	8586	7025	7088	7194	7374	7319
木材自給率(%)	20.5%	18.2%	20.0%	26.0%	30.8%	31.1%	31.6%	32.4%

（森林・林業学習館ホームページより作成）

※3 供給　はん売すること
※4 自給率　全体のうち国内で生産する割合

資料６　日本の森林面積の変化

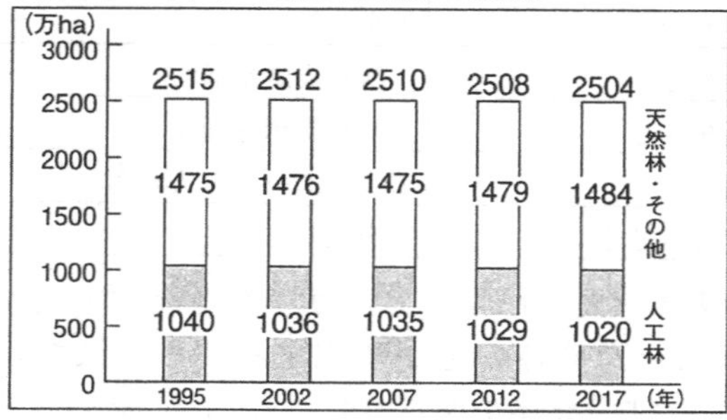

（森林・林業学習館ホームページより作成）

資料７　林業で働く人の話

人工林には，木材を育てるほか，災害から人々の命や家を守るはたらきがあります。
林業で働く人が減ると，日本の山々は手入れが行き届かず，あれ始めてしまいます。もう一度，森林とのつながりを見直し，木の大切さと林業の未来について考えることが必要です。

（東京書籍「新編新しい社会５年下」より作成）

令和３年度

適性検査Ⅱ

注　　意

1　「はじめ」の合図があるまで，問題用紙を開いてはいけません。

2　検査時間は45分間で，終わりは11時30分です。

3　問題は，３問で７ページあります。

4　**解答用紙**は，問題用紙の３ページと４ページの間に**２枚**(まい)あります。

5　**受検番号**を，**解答用紙２枚のそれぞれの決められたところ**に記入しなさい。

6　声を出して読んではいけません。

7　解答は，すべて**解答用紙の決められたところ**に記入しなさい。

ただし，字数が指定されている場合は，下の例のように，付け加えたり，けずったりして解答してかまいません。字数については，書き直した文字で数えます。

（例）

~~き~~	~~ょ~~	~~う~~	~~，~~	~~赤~~	~~い~~	い	ち	ご	を	も	ら	っ	て

（「赤い」の上に「あまい」，「ご」と「を」の間に「たくさん」を書き加える）

1

ひろしさんとけいこさんは総合的な学習の時間の授業で，地域(いき)の方にインタビューを行うことになりました。そこで，事前に，上手に話をきくために大切なことについて話し合っています。

先　生：みなさんは，話をきくときに，気をつけていることはありますか。
ひろし：ぼくは，相手の目を見て話をきくように心がけています。授業のときに「目と耳と心できくこと」が大切だと言われたので，実行しています。
けいこ：こちらを向いてきいてもらえると，安心します。
先　生：そうですね。ところで，「きく」という言葉には，たずねるという意味もありますね。これは，※1インタビュアーの経験をもつ阿川佐和子(あがわさわこ)さんが話した内容です。

※1 インタビュアー　インタビューする人。

著作権に関係する弊社の都合により省略致します

教英出版編集部

※2 尺度　物ごとのねうちや，よしあしをはかる基準。
※3 上の空　ほかのことが気になって，少しも落ち着かないようす。

（朝日新聞「相手に向き合えば　宝物もらえる」による）

先　生：この文章を読んで，けいこさんは「きくこと」についてどのように思いましたか。
けいこ：ひろしさんが言ったように，相手の目を見て話をきくことはもちろん大切ですが，阿川さんが言ったように，［ア］ことも必要だと思いました。

問題1　けいこさんは，1ページの[　　]内の文章を読んで，どのようなことに気づいたと考えられますか。会話が成り立つように，[ア]に入る内容を本文中の言葉を使って，50字以上70字以内で書きなさい。ただし，「,」や「。」も1字に数え，文字に誤り（あやま）がないようにしなさい。

ひろし：インタビューでは，自分の知りたいことをたずねますが，どのように質問すればよいのでしょうか。

先　生：確かに，知りたいことがわかるように質問することが大切ですね。それでは，質問の仕方について，**ワークシート（資料1）**を使って考えてみましょう。

資料1　ワークシート

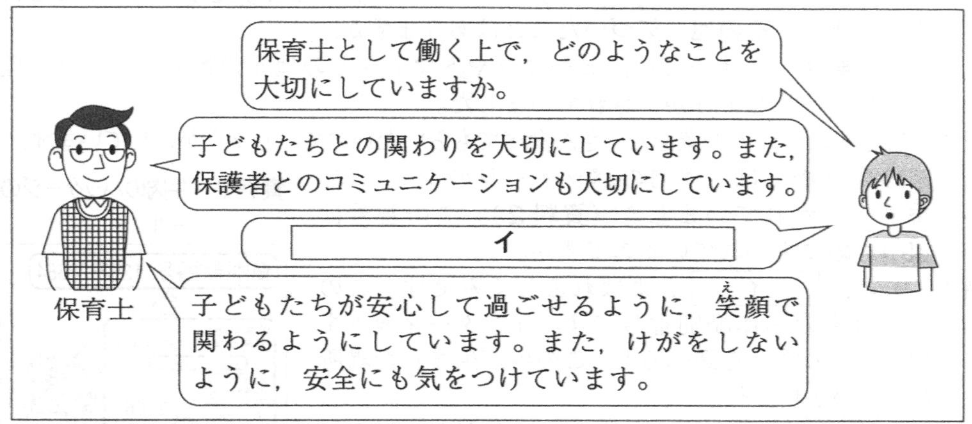

保育士として働く上で，どのようなことを大切にしていますか。
子どもたちとの関わりを大切にしています。また，保護者とのコミュニケーションも大切にしています。
イ
子どもたちが安心して過ごせるように，笑（え）顔で関わるようにしています。また，けがをしないように，安全にも気をつけています。
保育士

問題2　インタビューが成り立つように，**資料1**の[イ]に入る保育士への質問を考えて，この場面にふさわしい言葉づかいで書きなさい。

資料2　インタビュー練習後の感想・反省点

【聞き手（質問する人）】 ・質問したい内容を，相手にうまく伝えることができなかった。 ・たくさん質問をすることができたが，くわしくきくことができなかった。 ・相手の話を受け止めながら，次の質問につなげるようにしたかったが，うまくいかなかった。
【話し手（質問に答える人）】 ・相手が何を知りたいのかがわからず，答えるのに困（こま）ってしまい，しばらくだまってしまった。 ・質問にはできるだけ簡（かん）潔に答えるようにしたが，もっと自分の気持ちも伝えたかった。 ・一つの質問から話題が広がったが，いつものおしゃべりのようになってしまった。

問題3　ひろしさんとけいこさんのクラスでは，インタビューの練習を行いました。**資料2**をもとに，インタビューをよりよいものにするために，聞き手としてあなたはどのようなことに気をつけたいと考えますか。**資料2**の内容にふれながら，あなたの考えを，理由もふくめて100字以上120字以内で書きなさい。ただし，「,」や「。」も1字に数え，文字に誤りがないようにしなさい。

2

ひろしさんとけいこさんは，総合的な学習の時間に，「私たちと食」をテーマにして学習することになりました。情報を集めるために，近くのスーパーマーケットの売り場を見学して，気づいたことを店員さんに聞いています。

資料1　ばら売りのようす

ひろし：野菜の売り場では，にんじんやじゃがいもが，ふくろに複数入ったふくろ売りと，ばら売り（**資料1**）ではん売されていました。

店　員：ばら売りは，お客さんに，どのような良い点があるか，わかりますか。

ひろし：お客さんにとって［　ア　］ことが良い点だと思います。

店　員：そうですね。［　ア　］と使い切れずにすてられてしまう食品を減らすことにもなります。その他に気づいたことはありますか。

けいこ：地元の野菜コーナーでは，ピーマンやトマトなどの地元の野菜を使った料理のメニューもしょうかいされていました。

店　員：お客さんに地元の野菜をたくさん食べてもらいたいので，しょうかいしています。

ひろし：肉の売り場では，牛肉のパッケージのシールに，番号が書かれていました（**資料2**）。この番号は何のために書かれているのですか。

資料2　牛肉のパッケージのシール

個体識別番号　1262628384
茨城県産
国産牛ももステーキ用
1166円

店　員：これは，［　イ　］とよばれるしくみです。この番号は牛の個体識別番号です。インターネットを使ってこの番号を調べると，この牛が生まれた場所などがわかります。

ひろし：［　イ　］によって，お客さんは，安心して買うことができますね。

問題1　会話が成り立つように，［　ア　］に入る内容を書きなさい。

問題2　会話文中の［　イ　］に入る言葉を書きなさい。

問題3　ひろしさんはスーパーマーケットで米がはん売されていたのを見て，日本の米づくりについて調べることにしました。次の（1），（2）の問題に答えなさい。

（1）　米づくりの作業には，種まき，田おこし，代かき，田植え，農薬散布，稲かりなどがあり，いろいろな機械が使われていることがわかりました。**資料3**の**ア**～**エ**の中から，代かきと田植えの作業を選び，それぞれ記号を書きなさい。

（2）　米づくりでは，大型コンバインを複数の農家が共同でこう入して，**資料4**のように順番に共同で使用している地域があることがわかりました。このように大型コンバインを共同でこう入し，共同で使用することは，個人でこう入し，個人で使用する場合に比べて，それぞれの農家にはどのような良い点がありますか，二つ書きなさい。

資料3　米づくりの作業のようす

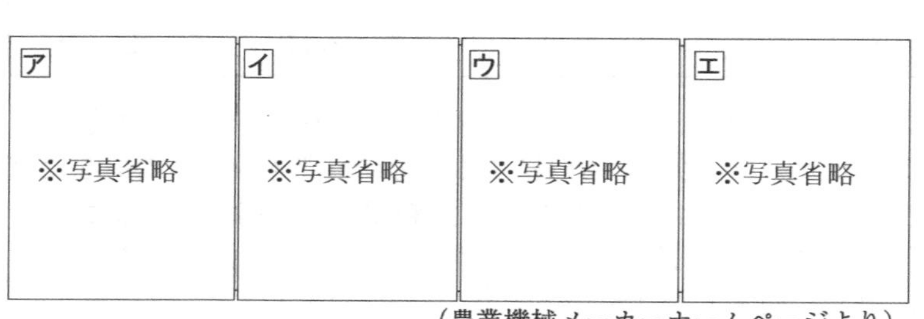

（農業機械メーカーホームページより）

資料4　共同で使用するイメージ

A農家　B農家　C農家　D農家
大型コンバイン

（JA全農ホームページより作成）

3

問題１　９点

	○か×	○の場合は効果，×の場合は方法
資料１		
資料２		
資料３		

問題２　５点

問題３　４点

本

問題４　12点

140

180

得　点

解答用紙

適性検査 I

受検番号

4

問題1　５点

あ	回転

問題2　15点

い	タイヤＡの４本セットを（　　　　）回, タイヤＢの４本セットを（　　　　）回

説明

2

問題１　４点

ア	

問題２　３点

イ	

問題３　６点((1)２点　(2)４点)

(1)	代かき	田植え
(2)		

問題４　７点((1)３点　(2)４点)

(1)	
(2)	

問題５　10点

(　　) たっぷり野菜カレー	(　　) 具だくさんオムレツ

80

100

得　　点

解 答 用 紙

適性検査Ⅱ

3

問題１　　２点

問題２　　３点

国名	位置

問題３　　４点

受検番号

問題４　　３点

金属工業	化学工業	せんい工業

問題５　　４点

問題６　　４点

問題７　　15点（(1)９点　(2)６点）

(1)	
(2)	

※100点満点

得　点

1

解答用紙

適性検査Ⅱ

問題１　10点

50

70

問題２　５点

受検番号

問題３　20点

100

120

<1～2の問題の解答を書き直すときの注意>

○ 解答を書き直すときは，例のように，付け加えたり，けずったりしてかまいません。ただし，字数については書き直した文字で数えます。

（例）

あまい	たくさん

~~きょう，~~	~~赤い~~	い	ち	ご	を	も	ら	っ	て

5

問題1　５点

あ	秒後

問題2　10点

い	
説明	

問題2のメモ（自由に使ってください。採点の対象ではありません。）

スタート（０秒）	○				○	○	○	○	○	○				○	○	○	○	○
１秒後		○			○	○	○	○	○		○			○	○	○	○	○
２秒後	○		○		○	○	○	○		○		○		○	○	○	○	

得　点

※100点満点

解答用紙

適性検査Ⅰ

1

問題１　８点

あ	時ごろ
い	理由は， からだね
う	理由は， からよね

問題２　４点

問題３　４点

説明：

受検番号

2

問題１　４点

方法：
理由：

問題２　９点

記号：

うすい塩酸：	炭酸水：	石灰水：	食塩水：
アンモニア水：	水酸化ナトリウムの水よう液：		水：

問題3　６点

色が変化する理由：酸性とアルカリ性の液体が混ざり合うと，
液体を緑色にして処理する理由：

問題４　ひろしさんは，日本の米づくりについて調べている中で，**資料５**と**資料６**を見つけました。次の（1），（2）の問題に答えなさい。

（1）　**資料５**のような棚田が，かん境保全のために果たしている役わりを一つ書きなさい。

（2）　ひろしさんは，**資料６**を見て日本の農業がかかえる問題について考えました。**資料６**から考えられる日本の農業がかかえる問題を二つ書きなさい。

資料５　棚田

（茨城県ホームページより）

資料６　農業で働く人数などの変化

内容	2015年	2017年	2019年
農業で働く人数（万人）	209.7	181.6	168.1
農業で働く人数のうち65さい以上の割合（％）	63.5	66.5	70.2

＊日本の農業就業人口を農業で働く人数とした。

（農林水産省ホームページより作成）

問題５　けいこさんは，スーパーマーケットの「地元の野菜コーナー」でしょうかいされていた料理のメニューを見たときに，来月の給食だよりにのせる「お楽しみ給食のメニュー」のしょうかい文をたのまれていたことを思い出しました。

来月の「お楽しみ給食のメニュー」は，「たっぷり野菜カレー」と「具だくさんオムレツ」（**資料８**）です。

あなたは，しょうかい文を書く方のメニューを選び，解答用紙の（　　）内に○をつけなさい。また，**資料７**のしょうかい文を書くポイントに従い，選んだメニューと**資料８**～**資料10**の内容を関連づけて，80字以上100字以内でしょうかい文を書きなさい。ただし，「，」や「。」も１字に数え，文字の誤りがないようにしなさい。

資料７　しょうかい文を書くポイント

【しょうかい文を書いてくれるみなさんへ】

○全校の子どもたちに「お楽しみ給食のメニュー」をしょうかいしてください。

○あなたが書いたしょうかい文を，給食だよりにけいさいします。

【しょうかい文を書くポイント】

◇複数の種類の材料をしょうかいしよう。

◇茨城県の農産物をアピールしよう。

資料８　お楽しみ給食のメニュー

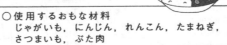

たっぷり野菜カレー

○使用するおもな材料
じゃがいも，にんじん，れんこん，たまねぎ，さつまいも，ぶた肉

具だくさんオムレツ

○使用するおもな材料
卵，にんじん，ピーマン，たまねぎ，じゃがいも，ベーコン，パセリ

資料９　茨城県で生産量が多いおもな農産物（全国順位）

１位	卵，ピーマン，れんこん，みずな，さつまいも，こまつな，くり，など
２位	レタス，はくさい，なし，パセリ，など
３位	ネギ，にら，しゅんぎく，もやし，など

（茨城をたべよう いばらき食と農のポータルサイトより作成）

資料10　使用する材料と三つの食品のグループ

食品のグループ	おもにエネルギーのもとになる食品	おもに体をつくるもとになる食品	おもに体の調子を整えるもとになる食品
材料	じゃがいも，さつまいも	ぶた肉，ベーコン，卵	れんこん，たまねぎ，ピーマン，にんじん，パセリ
多くふくまれる栄養素	炭水化物	たんぱく質	ビタミン

3

けいこさんとひろしさんは，日本の貿易の変化（**資料１**）から日本と茨城県の工業生産について話しています。

けいこ：日本の貿易の変化（**資料１**）の輸出品の割合を見ると［　あ　］は，1960年は30％と最も割合が大きかったけれど，2018年には１％になっているわ。
ひろし：2018年の輸出品は，機械類，自動車の割合が大きいね。
けいこ：石油になる原油は，［　い　］やアラブ首長国連邦から多く輸入しているよ。鉄の原料となる鉄鉱石は，オーストラリアやブラジルから多く輸入しているわ。
ひろし：日本では，1960年ごろから，貿易の拡大，輸出の増加に力を入れていたんだね。そして，各地に港が整備され，石油コンビナートや製鉄所などがつくられたよ。貿易は，船による輸送が中心だったんだね。
けいこ：<u>1960年ごろから，加工貿易が日本の経済を大きく成長させてきた</u>んだね。

資料１　日本の貿易の変化

1960年 輸入　総額 1.6兆円
せんい原料 18%，機械類，石油 13%，7%，5%，5%，鉄くず，鉄鉱石，小麦 4%，木材 4%，石炭 3%，生ゴム 3%，砂糖 2%，大豆 2%，鉄鋼 2%，その他 32%

2018年 輸入　総額 82.7兆円
機械類 25%，石油 13%，7%，液化ガス，衣類 4%，医薬品 4%，石炭 3%，精密機械 3%，有機化合物 2%，魚かい類 2%，肉類 2%，自動車 2%，その他 33%

1960年 輸出　総額 1.5兆円
あ 30%，機械類 12%，鉄鋼 10%，7%，船ばく，魚かい類 4%，金属製品 4%，精密機械 2%，がん具 2%，自動車 2%，はきもの 2%，その他 25%

2018年 輸出　総額 81.5兆円
あ 1%，機械類 38%，自動車 15%，自動車部品 5%，鉄鋼 4%，プラスチック 3%，精密機械 3%，有機化合物 3%，船ばく 2%，金属製品 2%，石油製品 2%，銅・同合金 1%，その他 21%

（「日本国勢図会2019/2020」，「財務省貿易統計」より作成）

資料２　日本の原油輸入先（2018年）

国　名	千kL	%
い	67935	38.6
アラブ首長国連邦	44604	25.4
カタール	13809	7.9
その他	49549	28.1
合　計	175897	100.0

（「日本国勢図会2019/2020」より作成）

資料３　地図

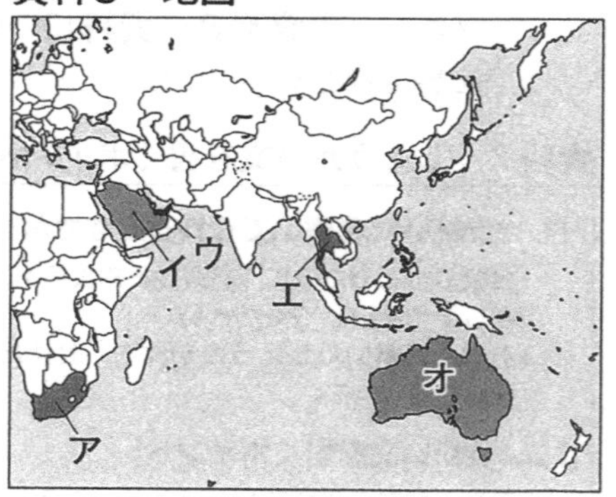

問題１　会話文中や**資料１**の［　あ　］にあてはまる輸出品を**ア**～**エ**の中から一つ選び，記号を書きなさい。

ア　せんい品　　**イ**　木材　　**ウ**　石炭　　**エ**　医薬品

問題２　会話文中や**資料２**の［　い　］の国名を書きなさい。また，その国の位置を**資料３**の**ア**～**オ**の中から一つ選び，記号を書きなさい。

問題３　下線部（<u>1960年ごろから，加工貿易が日本の経済を大きく成長させてきた</u>）の「加工貿易」とは，どのような貿易か説明しなさい。

ひろし：次に，日本の工業生産について調べてみよう。

けいこ：工業は，機械工業，金属工業，化学工業，食料品工業，せんい工業などに分類できるわ。

ひろし：金属工業について，製鉄会社のホームページでは「鉄は，どのように使われるかにより，求められる品質はさまざまです。例えば，自動車の車体に使う鉄は，じょうぶで加工しやすいことが重要です。そして，よりうすい鉄であることも大切です。」という説明が書いてあったよ。

けいこ：工業製品は日本各地でつくられているわ。日本の工業のさかんな地域について調べてみましょう。

ひろし：日本の主な工業地域や工業地帯は，海ぞいに広がっているね（**資料４**）。

けいこ：茨城県はどうなのかな。

ひろし：2018年の製造品出荷額等が5,000億円以上の市町村を調べたら，海に面している日立市，ひたちなか市，鹿嶋市，神栖市の他に，海に面していない内陸の筑西市，土浦市，古河市もあったよ（**資料５**）。

けいこ：そうね。内陸部にも工業のさかんな地域ができているわ。

資料４　日本の工業のさかんな地域　　**資料５　茨城県の工業のさかんな市町村**

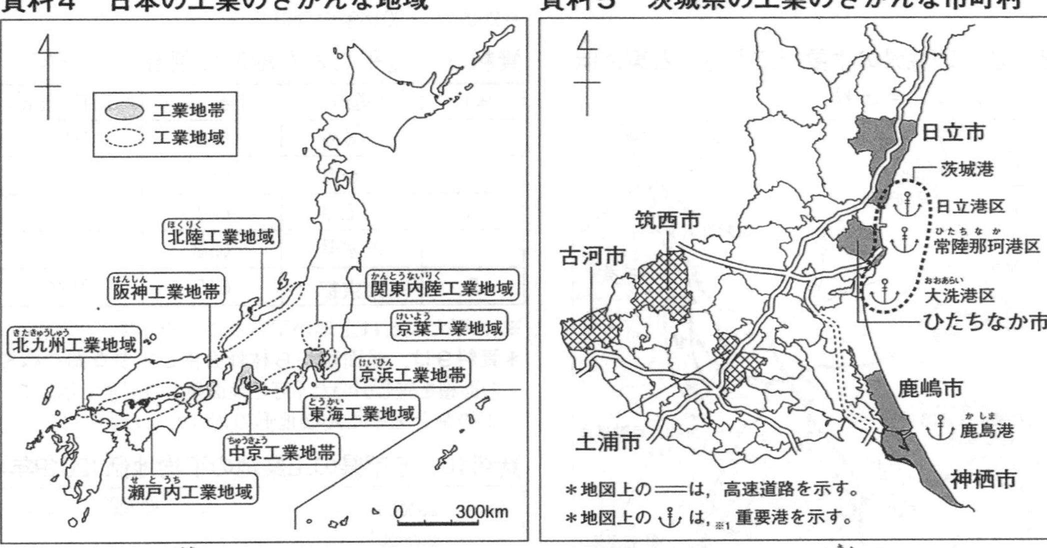

（東京書籍「新編新しい社会５下」より作成）　※1 重要港…海上輸送もうの拠点となる港わん
（茨城県ホームページより作成）

問題４　金属工業，化学工業，せんい工業のそれぞれにあてはまる工業製品を，次の**ア**～**オ**の中から一つずつ選び，記号を書きなさい。

ア　パソコン　　**イ**　レール　　**ウ**　焼き物　　**エ**　薬　　**オ**　シャツ

問題５　会話文の下線部の（自動車の車体に使う鉄は，じょうぶで加工しやすいことが重要です。そして，よりうすい鉄であることも大切です。）について，自動車にとって，よりうすい鉄を車体に使う方が，かん境に良い理由を「燃料」，「二酸化炭素など」の二つの言葉を使って書きなさい。

問題６　**資料５**をもとに，下線部の（内陸部にも工業のさかんな地域ができている）理由について書きなさい。

けいこ：次に，茨城県の工業についてくわしく調べてみましょうよ。

ひろし：茨城県のホームページに資料があったよ。茨城県は，製造品出荷額等が全国8位で，農業だけでなく，工業もさかんだね（**資料6**）。

けいこ：茨城県は，県外からの会社の立地件数が全国1位だわ（**資料7**）。

ひろし：茨城県は東京から近いしね。それに，県外の会社が進出しやすいように補助金を出したり，税金の負担を少なくしたりしているそうだよ。

けいこ：私も関係する資料を見つけたわ（**資料8～資料10**）。

ひろし：そういえば，筑波研究学園都市には，多くの研究し設があり，会社に協力して，最先たんの研究に取り組んでいるそうだよ。

資料6　茨城県の※2製造品出荷額等と農業産出額（2018年）

こう目	金額	全国順位
製造品出荷額等	13兆360億円	第8位
農業産出額	4508億円	第3位

※2 製造品出荷額等には，修理料収入など生産以外の経済活動の金額もふくまれている。

資料7　県外からの会社の※3立地件数

全国順位	都道府県	件数（件）
1	茨城県	438
2	栃木県	255
3	兵庫県	207
4	群馬県	202
5	埼玉県	185

※3 立地とは，産業を営むのに適した土地を決め，工場や会社を建てること。

＊2009年～2018年の合計

資料8　茨城県の主要な交通もうと東京駅からのきょり

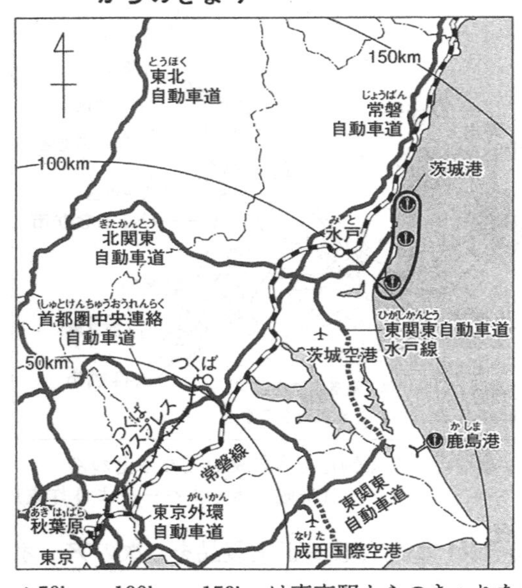

＊50km，100km，150kmは東京駅からのきょりを表している。

資料9　※4平たんな地形の割合（2018年）

全国順位	都道府県	割合（%）	総面積（km²）
1	大阪府	69.8	1905
2	千葉県	68.9	5158
3	埼玉県	68.1	3798
4	茨城県	65.2	6097
5	東京都	64.7	2194

※4 平たんとは土地が平らなことを示す。

＊**資料9**は，総面積から林野面積と主要な湖やぬまの面積を差し引いた「可住地面積」の割合で示して，この割合を平たんな地形の割合とした。

資料10　5都県の工業地の平均地価（2019年）

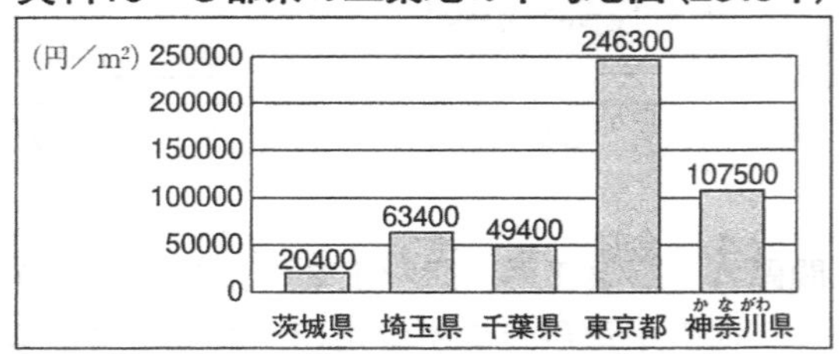

（**資料6～資料10**は，茨城県ホームページ他より作成）

問題7　県外の食料品工業の会社が，新工場の建設を計画しています。あなたはこの会社の人に茨城県への進出をすすめることになりました。次の(1)，(2)の問題に答えなさい。

(1)　茨城県に進出することの「よさ」をどのように説明しますか。**資料8～資料10**からそれぞれ読み取れることをもとに考え，説明する内容を書きなさい。

(2)　(1)で書いた以外の茨城県の「よさ」や「み力」を生かしてこの会社が取り組むと良いと思うことを提案します。あなたなら，どのようなことを提案するか考えて書きなさい。

問題２　次の文章は，林業に関する**資料４～資料７**について説明したものです。**ア～エ**の中から説明として正しいものを一つ選び，記号を書きなさい。

ア　日本の木材自給率は1995年から増え続けている一方で，林業で働く人の数は減り続けていて，日本の山があれることが心配されている。

イ　日本の森林面積は1995年から2017年までほぼ変化は見られないが，木材供給量は1995年から減った後，2010年から増え続けている。

ウ　災害から人々の命や家を守るはたらきがある人工林の面積は，1995年から大きな変化が見られないが，木材自給率は，2000年から減り続けている。

エ　林業で働く人について2000年からの変化を見ると，35さい未満の人の割合が2010年まで増えた後に減り，65さい以上の人の割合は2010年まで減った後に増えている。

ゆうか：森林を守ることがかん境を守ることにつながっていることがわかったわ。
けんた：二酸化炭素をさく減するための取り組みについて発表した班もあったね。
ゆうか：近年，地球の気温が少しずつ上がっていることが報告されているよ。原因の一つに，二酸化炭素の増加が考えられるんだね。私たちの市でも，二酸化炭素をさく減するための取り組みをしているんだね（**資料８**）。

資料８　私たちがすむ市の二酸化炭素を出す量をさく減するための取り組みに関するホームページ

年度	年間で二酸化炭素を出した量
2015	5005000 kg

当市では2016年度に「二酸化炭素さく減計画」を立て，二酸化炭素を出す量のさく減に向けて取り組んでいます。
計画の目標は，2015年度に対し，2020年度の終わりまでに二酸化炭素を出す量を５％さく減することです。

（ある市のホームページより作成）

ゆうか：私たちの市では年間でこんなに二酸化炭素を出しているのね。
けんた：スギの木１本あたりで二酸化炭素を年間14kg吸収すると言われているから，2015年度に出した二酸化炭素の５％はスギの木［　　］本分にあたるね。

問題３　会話文中の［　　］にあてはまる数字を書きなさい。

ゆうか：たった５％のさく減でも，たくさんの木が必要なのね。
けんた：そうだね。植林のお手伝いとかできるんじゃないかな。
ゆうか：他の班の発表を聞くと参考になることがたくさんあったから，かん境を守るために私たちの生活の中で何ができるか考えてみようよ。

問題４　あなたは，かん境を守るために何ができると考えますか。発表会の内容をもとにして，「もとにした資料や会話文」，「あなたができる具体的な取り組み」，「予想される効果」の三つがわかるように140字以上180字以内で書きなさい。ただし，あなたができる具体的な取り組みは，資料や会話文以外のものとします。また，「，」や「。」も１字に数え，文字に誤りがないようにしなさい。

4

けんたさんは，休日にお父さんと自動車はん売店に行ったときのことについて，先生と話しています。

けんた：この前，お父さんと，自動車はん売店へ家の自動車の点検に行きました。そこで，今使っているタイヤのゴムがすり減って，みぞ（**図１**）が浅くなっていたので，新しいタイヤに交かんしてきました。

先　生：それなら安心ですね。

けんた：はい。交かんする新しいタイヤの大きさは直径（**図２**）670mmだとお店の人が教えてくれました。

先　生：なるほど。

けんた：この新しいタイヤで，お店から家まで13.4kmの道のりを走ると何回転するのか興味をもったので，調べてみました。

先　生：何回転でしたか。

けんた：タイヤを円と考え，円周率を3.14として，タイヤの回転数を計算したら，約［**あ**］回転でした。

先　生：そんなに回転しているのですね。

けんた：そうなんです。ところで，お父さんは今回のタイヤ交かんから，さらに100000km走るまでこの車を乗りたいと言っていました。

先　生：100000kmを走るとなると，今回のタイヤ交かんの後にも，タイヤを交かんすることになりますね。

けんた：はい。何回か交かんが必要になるとお店の人も言っていました。

先　生：そうですよね。

けんた：今回のタイヤ交かんで，タイヤＡとタイヤＢの２種類がお父さんの車に合うことがわかりました。でも，これにはちがい（**表１**）があって，お父さんは一番安くなるように選びたいと言っていました。

先　生：それでどうしましたか。

図１　タイヤのみぞ

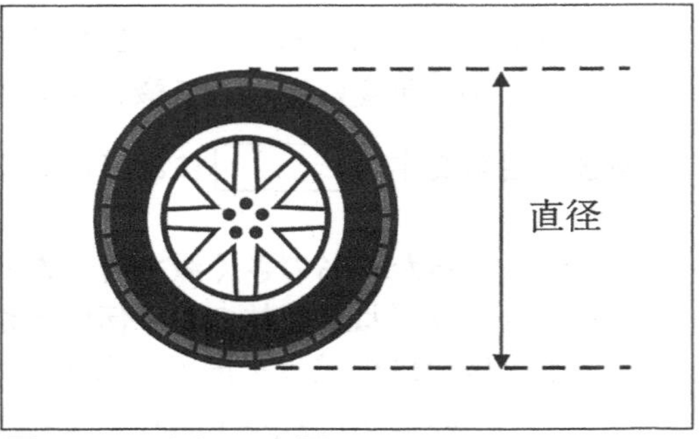

図２　タイヤの直径

表1　タイヤAとタイヤBのちがい

	タイヤ４本セットの価格（税こみ価格）	新品時のみぞの深さ	2000km走行するごとに減るみぞの深さ
タイヤA	54000円	7.6mm	0.3mm
タイヤB	39000円	8.0mm	0.4mm

※この表に示されていること以外は，同じ条件とする。

タイヤ交かんについて

① 走行にともなって，タイヤは一定の割(わり)合ですり減り，みぞが浅くなる。
② タイヤ交かんは，みぞの深さが残り1.6mmになったら行う。それまでは走行に問題はなく，交かんの必要はないものとする。
③ 交かんするときは，４本すべて新品にする。
④ 交かん費用は，４本セットで税こみ価格8000円とする。

けんた：ぼくは，100000kmを走った時点で一番安くなるような，タイヤAの４本セットとタイヤBの４本セットを選ぶ組み合わせ方を考えてみました。
先　生：その中で，一番安くなる組み合わせが見つかりましたか。
けんた：はい。タイヤAの４本セットとタイヤBの４本セットを買うときの組み合わせを考えて，100000km走った時点での費用を計算しました。
先　生：それで，結果はどうなりましたか。
けんた：はい。［い］という組み合わせにすれば，今回の交かん費用もふくめた費用の合計が一番安くなることがわかったので，その組み合わせをお父さんに伝えました。
先　生：その組み合わせであれば，一番安いですね。買う順番は関係ないですね。

問題１　会話文中の［あ］にあてはまる数を，四捨(しゃ)五入し，上から２けたのがい数にして書きなさい。

問題２　会話文中の［い］にあてはまる適切なタイヤの組み合わせとなるように，解答用紙の（　　）に数を書きなさい。また，そのように考えた理由を，言葉や数，式，図，表などを使って説明しなさい。ただし，タイヤの価格や交かん費用は，今後も変わらないものとする。

5

ゆうかさんとお母さんは，市立図書館入口のイルミネーションを見ています。

ゆ う か：光が右に移っていくように見えて，きれいなイルミネーションね（**図１**）。

お母さん：電球が横１列に18個並(なら)んでいるね。規則に従(したが)ってついたり消えたりしているから，光が移っていくように見えるのね。

スタート（０秒）		①			②		③	④						⑤		⑥	⑦	⑧
１秒後	⑧		①			②	③		④						⑤	⑥	⑦	

①〜⑧はそれぞれ電球が点灯していることを表す。

図１　イルミネーションのイメージ

イルミネーションの見え方の規則

○電球の光は，１秒ごとに，右どなりに順に１つずつ移るものとする。

（**図１**では，①，②，④，⑤の光）

ただし，右はしの電球の光は，左はしに移るものとする。　（**図１**では，⑧の光）

○移ろうとした先の電球も点灯している場合は，光はその場にもう１秒とどまる。

（**図１**では，③，⑥，⑦の光）

ゆ う か：この右から３番目の電球の光（**図１**⑥の光）が，左はしに移るのは，はじめ（「スタート（０秒）」）の状態から考えて，［ あ ］秒後になるね。

問題１　会話文中の［ あ ］にあてはまる数を書きなさい。

ゆ う か：私(わたし)，さっきのイルミネーションの見え方の規則に従って，点灯している電球の数を増やして考えてみたの。

お母さん：あら，それはすごいわね。何か気がついたことはあったの。

スタート（０秒）	○				○	○	○	○	○	○				○	○	○	○	○
１秒後		○			○	○	○	○	○		○			○	○	○	○	○
２秒後	○		○		○	○	○	○		○		○		○	○	○	○	

○はそれぞれ電球が点灯していることを表す。

図２　ゆうかさんの考え

ゆ う か：うん。例えばこれよ（**図２**）。このつき方（「スタート（０秒）」）からはじめたら，60秒後にどういうふうについているかもわかるのよ。

お母さん：それじゃあ，はじめから60秒後に右から５番目の電球は点灯しているのかしら。

ゆ う か：ちょっと待って。60秒後に右から５番目の電球は，［ い ］ね。

問題２　**図２**について，会話文中の［ い ］にあてはまるように，「点灯している」か，「点灯していない」かを書きなさい。また，どのように考えたのかを言葉や数，式，図，表などを使って説明しなさい。

令和２年度

適性検査Ⅰ

注　　意

1　「はじめ」の合図があるまで，問題用紙を開いてはいけません。

2　検査時間は45分間で，終わりは10時15分です。

3　問題は，５問で７ページあります。

4　**解答用紙**は，問題用紙の３ページと４ページの間に**２枚**（まい）あります。

5　**受検番号**を，**解答用紙２枚のそれぞれの決められたところ**に記入しなさい。

6　声を出して読んではいけません。

7　解答は，すべて**解答用紙の決められたところ**に記入しなさい。

＃教英出版　編集部　注
編集の都合上、解答用紙は適性検査Ⅱの問題の後にあります。
また，解答用紙は裏表１枚にまとめてあります。

日立第一高等学校附属中学校
太田第一高等学校附属中学校
鉾田第一高等学校附属中学校
鹿島高等学校附属中学校
竜ヶ崎第一高等学校附属中学校
下館第一高等学校附属中学校
並木中等教育学校
古河中等教育学校

1

ゆうかさんは，お父さんといっしょに，あるサッカーチームのイベントに参加しました。

ゆうか：サッカーボールには，いろいろな模様(もよう)のものがあるのね。学校にあるサッカーボールは，黒と白の図形が組み合わされた模様よ。

父　：このイベントでは，サッカーを身近に感じることができるように，自由にボールを手に取ることができるよ。学校にあるサッカーボールと同じ模様のものがあるか，探(さが)してごらん。

ゆうか：あったわ。このボールよ。（**図１**）五角形と六角形が組み合わされているのに，すき間なく組み合わされているなんて，すごいわね。

父　：おもしろいことに気づいたね。ちょっと，このボールの面について考えてみよう。このボールの五角形と六角形の部分を，それぞれ正五角形と正六角形の平面と考えると，１個の正五角形ととなり合っているのはどんな形で，その数は何個あるかな。

ゆうか：正六角形が５個あるわ。（**図２**）

父　：そうだね。正六角形に注目すると，１個の正六角形ととなり合っている形はどんな形だろうね。

ゆうか：正六角形も，正五角形もあるわね。

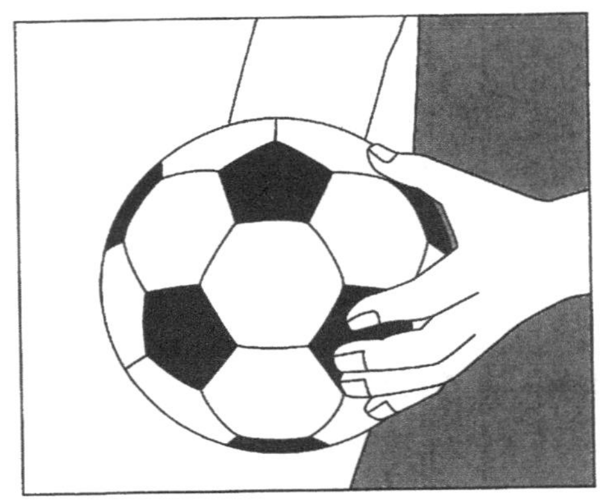

図１　ゆうかさんが手に取ったサッカーボール

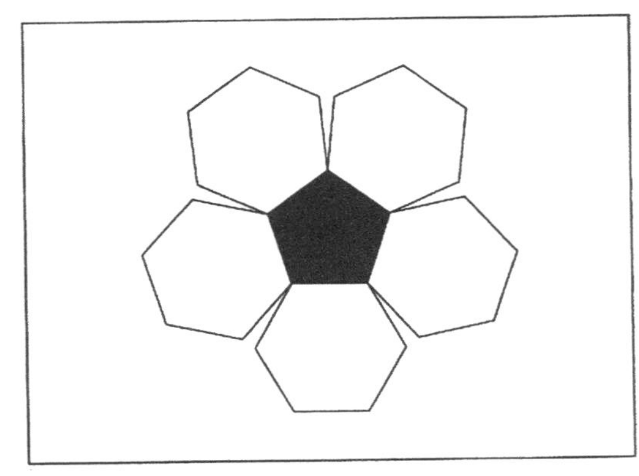

図２　正五角形に注目して切り開いたときのサッカーボールの展開(てん)図の一部

問題１　**図１**のサッカーボールを，正五角形と正六角形の平面でできた立体としてみると，正五角形は全部で12個あります。正六角形は全部で何個あるか，数を書きなさい。

ゆうかさんとお父さんは，イベント会場の食事コーナーで昼食をとることにしました。そこで，ランチメニュー（**図３**）を見ながら話しています。

父　：ランチの値段（ねだん）は700円に決まっていて，スパゲッティ，サラダ，デザートから，それぞれ１種類ずつ選ぶようだね。

ゆうか：このランチメニューには，１日に必要な野菜の量を１とみたとき，それぞれの料理でとることができる野菜の量が示されているそうよ。

父　：サッカー選手は，食べる物にも気をつけて生活をしているから，イベントに参加した人にも，栄養のバランスを考えて食事をとるということについて意識してほしいのかもしれないね。

ゆうか：食事の中で，栄養のバランスを考えて野菜をとることが大切なのね。

父　：１日に３回食事をとると考えて，ここで食べる昼食で，１日に必要な野菜の量の３分の１以上がとれるような組み合わせを，メニューを見ながら考えてみようか。

ゆうか：わかったわ。そうすると，１日に必要な野菜の量の３分の１以上がとれる組み合わせは［　　　］通りね。

ランチメニュー

スパゲッティ，サラダ，デザートから，それぞれ１種類ずつ選んでください。どの組み合わせを選んでも，代金はすべて700円です。

スパゲッティ	サラダ	デザート
たらこ	とうふサラダ $\left(\frac{1}{6}\right)$	ゼリー
ナポリタン $\left(\frac{1}{8}\right)$	コーンサラダ $\left(\frac{1}{4}\right)$	プリン
	グリーンサラダ $\left(\frac{1}{3}\right)$	かぼちゃアイスクリーム $\left(\frac{1}{12}\right)$

※（　）の中は，１日に必要な野菜の量を１とみたときに，その料理でとることができる野菜の量を表しています。例えば $\frac{1}{8}$ は，１日に必要な野菜の量のうち，$\frac{1}{8}$ がとれることを表しています。

※（　）がないものについては，野菜がふくまれていないものと考えます

図３　ランチメニュー

問題２　会話文中の［　　　］にあてはまる数を書きなさい。

2

けんたさんとゆうかさんは，クラスで工場へ社会科見学に行きました。学校にもどったあとみんなで話し合い，工場で見学したことをレポートにまとめているところです。

けんた：工場では，同じ部品を作るのに，**機械A**と**機械B**の２種類の機械を使っていたね。

ゆうか：工場長さんの話では，「**機械A**は，**機械B**より作る速さはおそいけれど，連続して動かすことができる。**機械B**は，**機械A**と同じ時間動かしたときに1.2倍の個数を作ることができるけれど，２時間動かすと，整備のために30分止まるように設定されている。」ということだったわね。

けんた：ということは，両方の機械を同時に動かし始めた場合，それぞれの機械を10時間動かしたときに作られる部品の個数を簡単な比で表すと，どうなるかな。

ゆうか：計算してみると，**機械A**：**機械B**＝［ア］：［イ］になるわ。

問題１　会話文中の［ア］，［イ］にあてはまる数を書きなさい。

ゆうか：工場長さんは，「工場では，製品を作る過程で不良品ができてしまいます。**機械A**，**機械B**で作られた部品をふくむさまざまな部品が**機械C**で組み立てられ，その後に検査１を行い不良品を取り除きます。次に，検査１で合格したものを**機械D**で仕上げます。仕上げの後に検査２を行い，さらに不良品を取り除きます。検査２で合格した製品を，こわれないように１箱に12個ずつ入れて出荷しています。」と言っていたわね。

けんた：ぼくたちが工場にいた２時間の間，工場の機械はずっと動いていたけれど，どのくらいの製品ができたのかな。

ゆうか：**機械C**は，１時間で130個を組み立てているけれど，20個に１個の割合で不良品ができるから，検査１で取り除くそうよ。また，**機械D**では検査１で合格したものを仕上げるときに，不良品が４％できてしまうので，検査２で取り除くと言っていたわ。

けんた：それなら，この**機械C**を２時間動かして組み立てたものは，どのくらいの数が，検査２で合格して製品になるのかな。

ゆうか：１箱に12個入った出荷できる箱が，何箱できるかで考えてみたらどうかしら。

けんた：（しばらくたって）［ウ］箱できるよ。

問題２　会話文中の［ウ］にあてはまる数を書きなさい。また，どのように求めたのか，言葉や数，式，図，表などを使って説明しなさい。

令和２年度

適性検査Ⅱ

注　　意

1 「はじめ」の合図があるまで，問題用紙を開いてはいけません。

2 検査時間は45分間で，終わりは11時30分です。

3 問題は，３問で７ページあります。

4 **解答用紙**は，問題用紙の３ページと４ページの間に**２枚**あります。

5 **受検番号**を，**解答用紙２枚のそれぞれの決められたところ**に記入しなさい。

6 声を出して読んではいけません。

7 解答は，すべて**解答用紙の決められたところ**に記入しなさい。

ただし，字数が指定されている場合は，下の例のように，付け加えたり，けずったりして解答してかまいません。字数については，書き直した文字で数えます。

（例）

				あまい					たくさん				
~~き~~	~~ょ~~	~~う~~	~~，~~	~~赤~~	~~い~~	い	ち	ご	を	も	ら	っ	て

1

けいこさんとひろしさんは，2025年に大阪府で万国博覧会が開さいされることを知り，総合的な学習の時間の授業で，万国博覧会について調べました。

ひろし：2025年に大阪府で万国博覧会が開さいされることが決まったというニュースをテレビで見たよ。博覧会というのは，さまざまなものを集めて展示などをするもよおしだよね。万博ってずいぶん昔からあったんだね。
けいこ：そういえば，1867年のパリ万国博覧会には，2024年に発行予定の新紙へいの図がらになる渋沢栄一が江戸幕府の使節の一員として，視察に行ったそうよ。
ひろし：渋沢栄一は，帰国後は官営富岡製糸場の設立にも関わっていたそうだね。
けいこ：官営富岡製糸場は2014年に世界文化遺産になったよね。
ひろし：そうだよね。渋沢栄一は，その後，銀行，<u>ぼう績</u>，鉄道などの数多くの会社などの設立にも関わったと本で読んだよ。
けいこ：渋沢栄一は，日本の産業の発展に力をつくした人物なんだね。

問題１　会話文中の官営富岡製糸場がつくられた都道府県名を書きなさい。

問題２　会話文中の下線部（ぼう績）について，1880年代に**資料１**のような綿糸を生産する機械を設置したぼう績工場が各地につくられました。
　その結果，貿易品目としての綿糸は，1890年と1910年を比かくして，どのように変化しましたか。**資料２**～**資料４**からそれぞれ読み取れることにふれて，「綿糸生産高」「原材料」という言葉を使って説明しなさい。

資料１　1883年生産開始の大阪市のぼう績工場

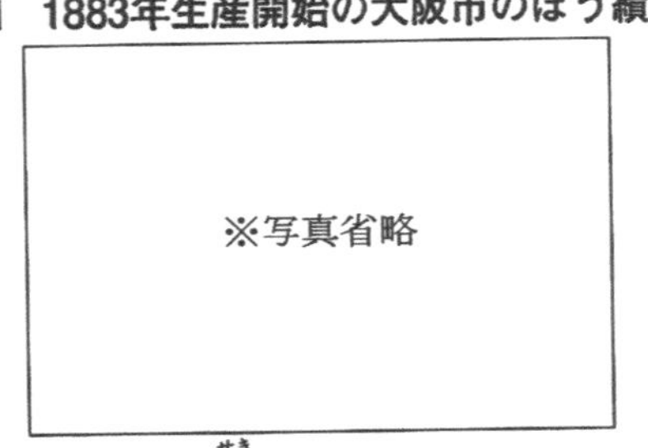

（東京書籍「新編新しい社会６上」より）

資料３　主要な貿易品目の推移

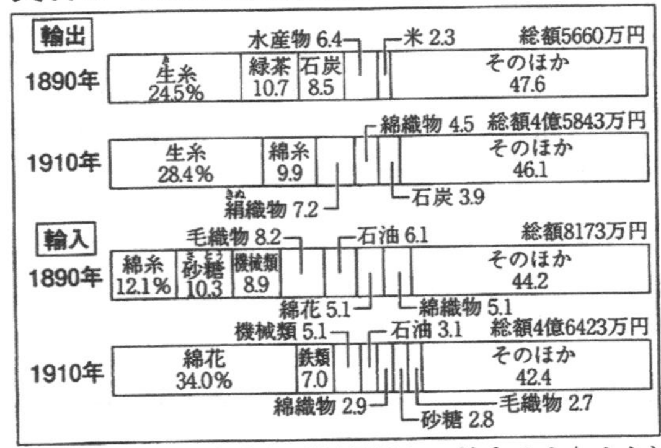

（東京書籍「新編新しい社会６上」より）

資料２　綿糸生産高とぼう績会社数

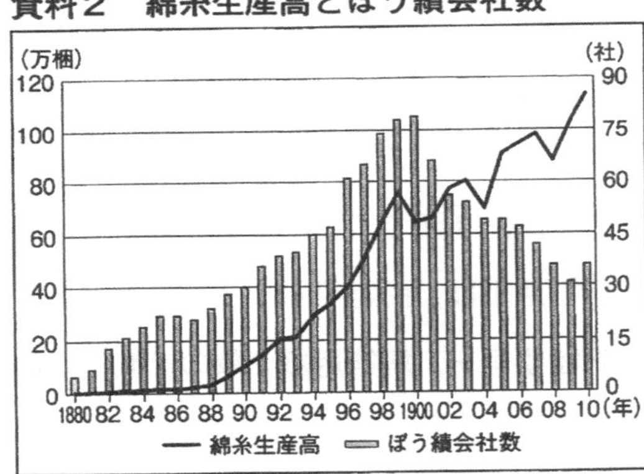

※梱とは，綿糸の数量を表す単位の名しょう。綿糸１梱は181.44キログラム
※1901年以降，２つ以上の会社が１つになったことなどにより，会社数が減少している年がある
（内外綿業年鑑より作成）

資料４　原材料と製品の関係

原材料 →	製品
まゆ	生糸
綿花	綿糸

ひろし：万国博覧会は，数年おきに世界のいろいろな都市で開かれてきたんだ。日本でも，大阪府，沖縄県，茨城県，愛知県で開さいされたよ。

けいこ：茨城県では1985年に現在のつくば市で国際科学技術博覧会（つくば万国博覧会）が開かれたわ。今では，つくば市で数多くの研究者が研究開発を進めているそうよ。

ひろし：茨城県をふくめた４つの府県の特ちょうについて調べてみよう。

問題３　けいこさんとひろしさんは，４つの府県について比かくするため，**資料５**を作りました。**資料５のＡ～Ｄ**は，大阪府，沖縄県，茨城県，愛知県のいずれかを示しています。解答用紙にある４つの府県にあてはまる記号を書きなさい。また，**資料６**を見て４つの府県の位置を**ア～エ**の中からそれぞれ選んで，記号を書きなさい。

資料５　４つの府県の特ちょう

こう目＼府県	A	B	C	D
①面積〔km^2〕	2281	6097	1905	5173
②農業産出額〔億円〕	1025	4903	353	3154
③製造品出荷額〔億円〕	4620	112674	161784	451718
④府県庁所在地の年平均気温〔℃〕	23.1	13.6	16.9	15.8

※①は2017年の値，②と③は2016年の値，④は1981年～2010年の平均値
※製造品出荷額…１年間における工場から出荷した製品の価格
（「データでみる県勢 2019」，総務省統計局「日本の統計 2019」より作成）

資料６　４つの府県の位置

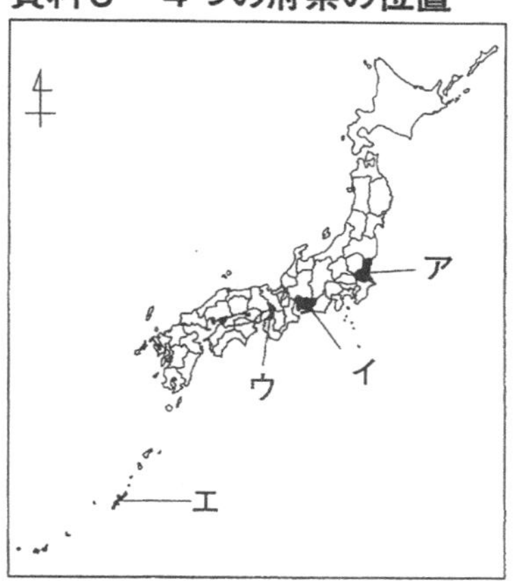

けいこ：2025年の万国博覧会のテーマは「いのち輝く未来社会のデザイン」で，サブテーマが「多様で心身ともに健康な生き方」「持続可能な社会・経済システム」と，先月，日本国際博覧会協会のホームページで見たわ。

ひろし：持続可能な社会は，未来に生きる人々の幸福のために，かん境を大切にし，資源を使い切ってしまわない社会の実現を目指していると学習したよね。

けいこ：持続可能な社会の実現のために，どのような取り組みが行われているか調べてみましょう。

問題４　けいこさんとひろしさんは，持続可能な社会の実現に向けて，日本をはじめ世界の多くの国で，レジぶくろやペットボトルの代わりにエコバッグやマイボトルを使用する取り組みが行われていることを知り，次ページの**資料７～資料９**を集めました。これらの**資料**からエコバッグやマイボトルを使用する取り組みはどのようなことを目的に行われていると考えられますか。**資料７～資料９**からそれぞれ読み取れることにふれて，その目的を書きなさい。

※エコバッグ…スーパーマーケットやコンビニエンスストアなどでレジぶくろをもらわなくて済むように持参する買い物ぶくろのこと
※マイボトル…自分用の飲み物を入れて，持ち運ぶ水とうのこと

資料7　海のごみについて

- 海のごみは，レジぶくろ，ペットボトル，食品トレー，空きかんなどが多い。これらのごみの一部は，道などに捨(す)てられたごみが，水路や川へ流れ，海まで流れ出たものと考えられる。
- プラスチックごみなどの海のごみは，きれいな海岸の景色を台無しにしている。
- 海に流れ出たプラスチックごみは，し外線や波の力などでこわれて小さくなり，5mm以下になったプラスチックは，マイクロプラスチックとよばれる。
- マイクロプラスチックを，魚などが食べてしまうこともある。

（中日新聞ホームページ他より作成）

資料8　世界のプラスチックごみの発生量

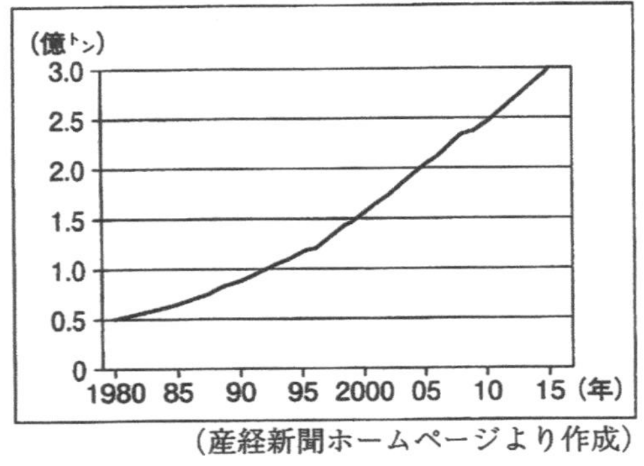

（産経新聞ホームページより作成）

資料9　マイクロプラスチックの密(みつ)度分布

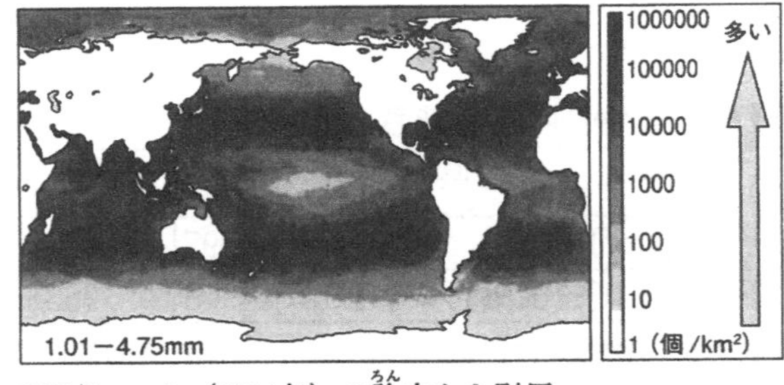

※Eriksonら（2014年）の論(ろん)文から引用
※1 km²あたりに，1.01 ～ 4.75mmのマイクロプラスチックが何個あるかを示している
※黒色に近いほど多く存(そん)在している

（環(かん)境省ホームページより作成）

けいこ：2025年に大阪(おおさか)府で開かれる万(ばん)国博覧(らん)会では，海外からの大勢の来場者を期待しているんだって。

ひろし：そういえば，新聞で，最近，日本を訪(おとず)れる外国人観光客が増えたという記事を見たよ。

けいこ：そうだね。バス停の表示や観光地の案内板の表示も工夫されているよ。日本語にあわせて，外国語や絵文字なども表示されているよ。

資料10　バス停の表示（茨城(いばらき)空港）

資料11　観光地の案内板の表示（水戸(みと)市のかい楽園）

問題5　**資料10**，**資料11**のように表示されたバス停や観光地の案内板は，茨城県を訪れた外国人観光客に対して，どのような目的で設置されていますか。**資料10**，**資料11**のそれぞれの目的を書きなさい。

2

問題１　５点

ア	イ

問題２　数値で５点　説明で10点

ウ　　　　　　　　　箱	

説明

得　点

解答用紙

適性検査Ⅰ

3

問題１　６点

問題２　５点

あ　　さん	い　　さん	う　　さん

問題３　６点

受検番号

4

問題１　記号で２点　説明で４点

記号

問題２　３点

問題３　４点

記号

【解答

2

問題１　10点

					50									
									70					

問題２　20点

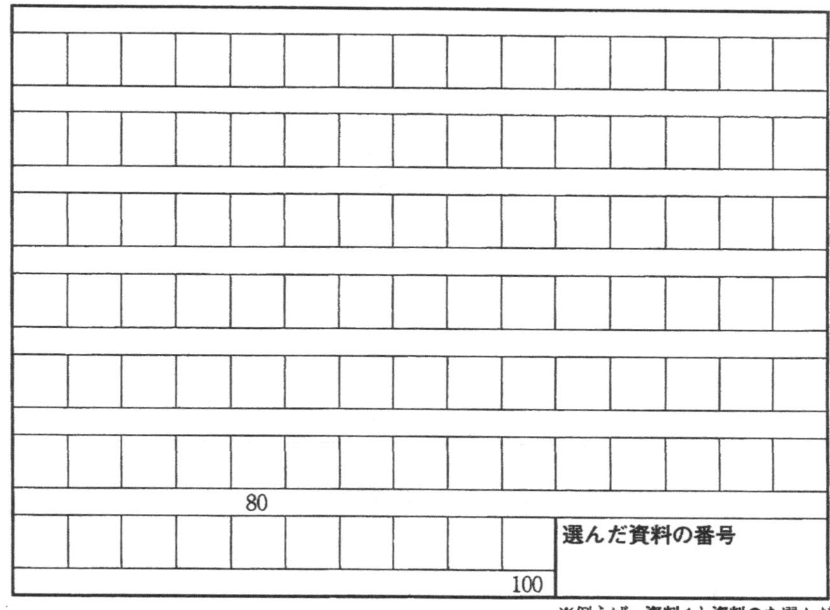

80

100

選んだ資料の番号

※例えば，**資料１**と**資料２**を選んだ場合は，
１，２と記入する。

＜**2**の**問題１**・**問題２**の解答を書き直すときの注意＞

○　解答を書き直すときは，例のように，付け加えたり，けずったりしてかまいません。ただし，字数については書き直した文字で数えます。

（例）

き	ょ	う	，	赤	い	い	ち	ご	を	も	ら	っ	て

（「きょう，」「赤い」を消して「あまい」を書き加え，「を」の上に「たくさん」を書き加え）

得　点

解答用紙

適性検査Ⅱ

3

問題１　３点

記号	

問題２　10点

問題３　８点

受検番号

問題４　記号…３点　説明…６点

記号	

問題５　10点

記号	

①

②

得　　点

※100点満点

解答用紙

適性検査Ⅱ

1

問題１　２点

問題２　８点

問題３　４点

	大阪府	沖縄県	茨城県	愛知県
資料５の記号				
資料６の記号				

問題４　８点

問題５　８点

資料10
資料11

受検番号

5

問題１　８点

問題２　６点

①		②		③	

問題３　ア．６点　イ．６点

ア　　　%	イ

問題４　６点

ウ　　　倍

問題５　８点

エ

得　点

※100点満点

解答用紙
適性検査Ⅰ

1

問題１　５点

個

問題２　５点

通り

受検番号

2

次の［　　］内の文章は，けいこさんたちが国語の授業で読んだ本，『奮闘するたすく』の一部です。この文章をもとに，けいこさんとひろしさんは，放課後，先生と話しています。

【文章の場面】

小学校５年生の佑は，担任の早田先生のすすめでデイサービス（通所かい護）についてレポートを書くことになり，夏休みに，祖父が利用している「ケアハウスこもれび」へ通うことにしました。［　　］内の文章は，佑が，「ケアハウスこもれび」を訪れた早田先生といっしょに，インドネシア人研修生のリニさんから話を聞いているところです。

> 「この協定で日本への受け入れが定められている職業は，看護師と介護福祉士のふたつですが，リニさんが，介護福祉士になろうと思ったのはどうしてですか？」
> 　早田先生が次の質問をしたので，佑も急いで書きなぐる。
> “どうして，かんごしではなく，介ごふくしし？”
> 　質問に，リニさんは少し考えるように首を傾げたが，やがて小さくうなずいた。考えをまとめたようだった。
> 「私は，お年寄りのお世話をしたい，思ったからです」
> 「お年寄りのお世話をしたい，と思ったんですか？」
> 　佑は，思わず完璧なオウム返しできき返してしまった。お年寄りのお世話は，とても大変だということは，ちょっと見ただけでもわかっていたからだ。こもれびに来ているお年寄りは，体が不自由な人が多い。その人たちのお風呂やトイレを手伝うのは，力がいるし，忙しそうだ。
> 　ほかにも，のどに絡んだたんを，ノズルのついた吸引器で取っているのも見たことがある。
> 「ズコズコズコッ」とすごい音がしていて，初めて見たときには，ぎょっとした。
> 　見たことはないけれど，もちろん，おむつを替えることもあると思う。それは，正直に言うと，見たくなかった。足をけがして動けなくなった祖父が，いっときおむつをつけたことがある。母が手伝っていたけれど，佑は手を出せなかった。自分の祖父でさえだ。嫌な顔ひとつせず，おむつを替える母は，えらいな，と思った。
> 　それなのに，家族以外のお年寄りのお世話をしたいなんて。いや，実際にしているなんて。しかも，遠い外国まで来て。
> 　けれどもリニさんは，ちっとも嫌そうではなかった。むしろ，誇らしそうだ。
> 「インドネシアでは，お年寄りはとても尊敬されているのです。だから，家族全員が代わりばんこに世話をします。みんながお世話をしたい。それがあたり前。お年寄りは，私たちよりたくさん生きている分だけ，かしこくて物知りです。日本のお年寄りも，たいへんかしこいです」

※この協定…日本とインドネシアとの経済連けい協定

（まはら三桃『奮闘するたすく』による）

けいこ：以前，総合的な学習の時間の授業で，高れい者し設に行ったとき，足の具合の悪いおじいちゃんの手を引いて，いっしょに食堂に行ったら喜んでくれました。

ひろし：し設で働く人の手を借りて，トイレに行っていた方もいました。

けいこ：わたしのおじいちゃんは去年転んで，しばらく歩けなかったとき，おばあちゃんがトイレやおふろを手伝っていました。

ひろし：この本では，インドネシア人のリニさんが，日本で，かい護福し士になろうと思い，「ケアハウスこもれび」で研修をしていました。

先　生：そうでしたね。主人公の佑は，リニさんから話を聞いて，リニさんに対してどのように思ったと考えますか。

けいこ：佑は，[　　　　　　　　]とわたしは考えます。

ひろし：かい護の仕事は人手不足だと母が言っていました。

けいこ：人手不足を解消するために，かい護を助けるロボットなどが開発されているというニュースをテレビで見たことがあります。

先　生：総合的な学習の時間の授業で学習したように，高れい化が進む日本では，高れい者かい護問題は，大きな問題の一つです。高れい者が安心して生活できるよう，どのような工夫をしていくことが大切だと思いますか。来週の総合的な学習の時間の授業で話し合えるように，資料を集めてきましょう。

問題１　会話が成り立つように，[　　　　]に入る内容を書きなさい。[　　　　]には，4ページの[　　　]内の文章をもとに，佑がリニさんから話を聞いて，リニさんに対してどのように思ったかについて考え，50字以上70字以内で書きなさい。ただし，「，」や「。」も１字に数え，文字に誤りがないようにしなさい。

問題２　**資料１**～**資料３**は，けいこさんが集めたものです。これらの**資料**をもとに，高れい者が安心して生活できるよう，どのような工夫をしていくことが大切だと思いますか。**資料１**～**資料３**の中から二つの**資料**を選び，それらを関係づけて，あなたが考える具体的な工夫を入れ，80字以上100字以内で書きなさい。ただし，「，」や「。」も１字に数え，文字に誤りがないようにしなさい。また，選んだ**資料**の番号も解答用紙に書きなさい。

資料１　高れい期の一人暮らしで不安に思うこと（複数回答）

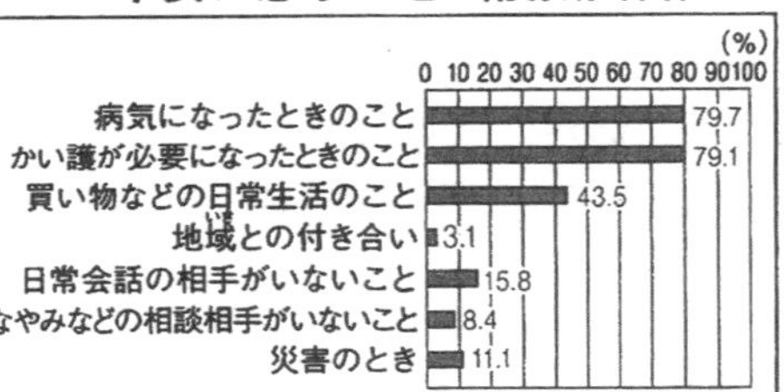

資料２　高れい期に必要と考える健康づくり，かい護予防の内容（複数回答）

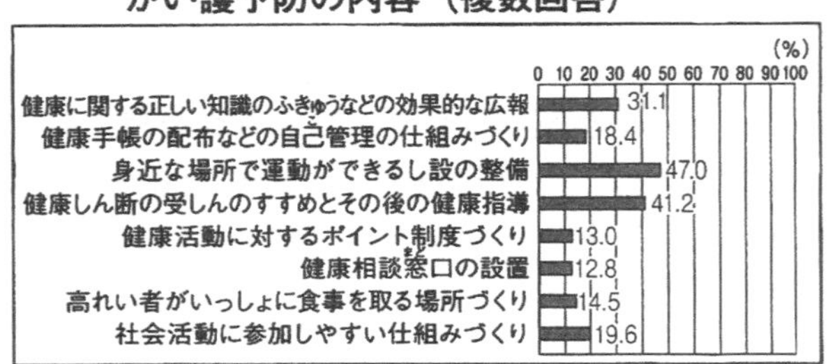

※厚生労働省による高れい社会に対する意識調査（40さい以上の男女3000人が対象）
※高れい期…高れいになったとき

（**資料１**，**資料２**は，「平成27年度少子高齢社会等調査検討事業報告書」より作成）

資料３　かい護を助けるロボットの長所と短所

長所	短所
・かい護する人の負担を減らせる	・値段が高い
・かい護を適切に，効率よく行える	・操作を覚えるのが難しい
・かい護される人の精神的な負担を減らせる	・人の手のぬくもりが感じられない

（かい護を助けるロボットを使用している，かい護し設の方の意見などをまとめたもの）

3

2020年夏，東京オリンピック・パラリンピック競技大会が開さいされます。ひろしさんとけいこさんは，次のように話しています。

ひろし：東京オリンピック・パラリンピック競技大会の準備が進んでいるみたいだね。
けいこ：日本で開さいされるなんて，とても楽しみだわ。でも，夏の東京など，日本はとても暑いから，選手だけでなくボランティアや観客も大変そうね。
ひろし：2016年にブラジルのリオデジャネイロで開かれたオリンピックは，それほど暑くなかったと聞いたよ。その前は，2012年にイギリスのロンドンで開かれたよ。

問題１　ひろしさんとけいこさんは，オリンピックの開さい都市の気温と降水量を調べました。ひろしさんとけいこさんが見つけた**資料１**の**ア**～**ウ**は，東京，リオデジャネイロ，ロンドンのいずれかの都市の気温と降水量を示したものです。東京の気温と降水量を示したものはどれですか。**ア**～**ウ**の中から一つ選び，記号を書きなさい。

問題２　**資料２**は，ブラジルを▇▇の色でぬりつぶし，東京，リオデジャネイロ，サンパウロ，ロンドンの位置を示した地図です。日本から遠く離れたブラジルの都市，サンパウロでは，**資料３**のように，七夕祭りが開さいされています。なぜ，サンパウロで七夕祭りが開さいされるようになったのか，**資料４**をもとに，1908年から1941年にかけて日本人がおこなったことにふれて，その理由を書きなさい。

資料１　東京，リオデジャネイロ，ロンドンの気温と降水量

ア

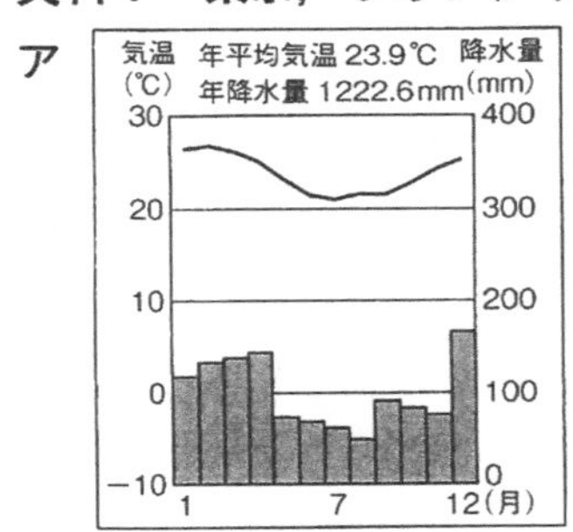

イ

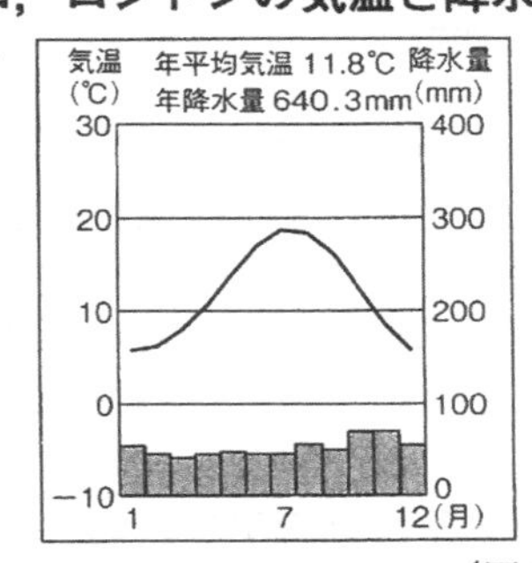

ウ

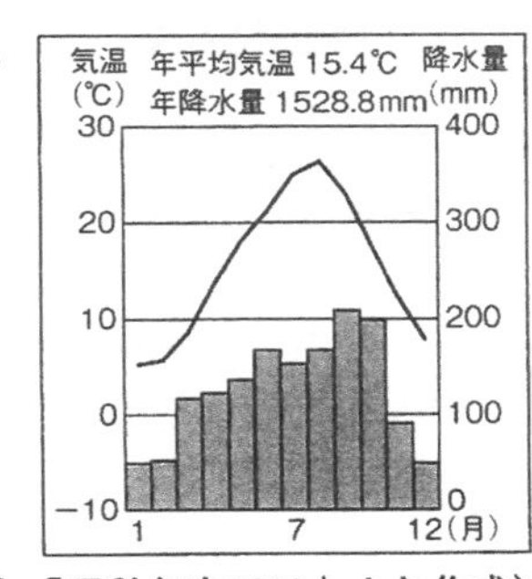

（国立天文台「理科年表2019」より作成）

資料２　東京，リオデジャネイロ，サンパウロ，ロンドンの位置

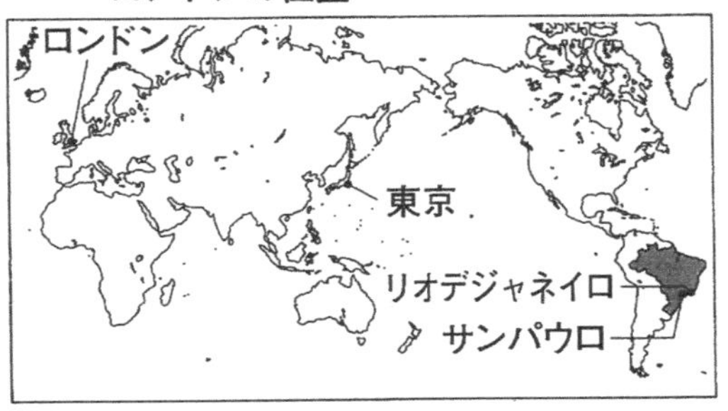

資料３　サンパウロの七夕祭り

（十勝毎日新聞社ホームページより）

資料４　笠戸丸

※写真省略

※ブラジルへ向かった笠戸丸
（東京書籍「新編新しい社会６上」より）

けいこ：東京オリンピック・パラリンピック競技大会に観戦に来る人たちは，暑さだけでなく，天気の急な変化にも注意が必要だよね。雲のようすが変わると，天気も変わるわね。雲はどのように発生するのかな。

ひろし：海や川などの水面や地面などから［　　　　　］と雲になるよ。

けいこ：ひろしさんは雲にくわしいのね。入道雲とよばれている雲はどんな雲なの。

ひろし：積乱雲のことだよ。夏の晴れた日の空に，もくもくと高く大きく広がる雲で，積乱雲ができたときには注意が必要だよ。積乱雲を見たら建物の中に移動した方がいいよ。

けいこ：建物の中に移動して部屋に入ったら，夏だから室内の温度にも気をつけないとね。

ひろし：そうだね。夏の室内の温度の変化についても調べてみようよ。

問題３　下線部（雲はどのように発生するのかな。）について，会話文中の［　　　　　］に入るように，雲が発生するしくみを書きなさい。

問題４　けいこさんとひろしさんの会話をもとにして，積乱雲の写真を**資料５**の**ア**～**エ**の中から一つ選び，記号を書きなさい。また，夏の晴れた日に，積乱雲が発生した場所で，その後の天気が変化するとしたら，どのような天候が予想されるかを二つ書きなさい。

資料５　いろいろな雲の写真

ア

イ

ウ

エ

問題５　**資料６**は，ひろしさんが，室内の温度の変化について見つけたグラフで，**A**～**C**の記号は，下の**ア**～**ウ**の部屋の室内の温度の変化を示しています。**C**はどの部屋の室内の温度の変化を示しているか，下の**ア**～**ウ**の中から一つ選び，記号を書きなさい。

　また，**資料６**をもとに，そのように考えた理由を２つ書きなさい。ただし，解答用紙の①には「温度」という言葉を，②には「熱」という言葉を使って書きなさい。

ア　窓の外に，すだれを設置した部屋（**資料７**）

イ　窓の外に，ツルレイシをさいばいした部屋（**資料８**）

ウ　窓の外に，何も設置していない部屋

資料６　室内の温度の変化（８月14日・晴れ）

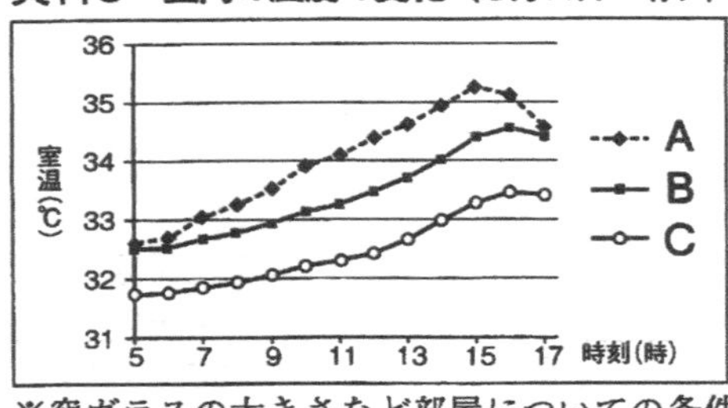

資料７　すだれを設置

※写真省略

資料８　ツルレイシをさいばい

※写真省略

※窓ガラスの大きさなど部屋についての条件は同じものにして，窓をしめ切り，すだれとツルレイシは，窓ガラスの全面をおおっていた状態で，室内の温度を測定しました。

（**資料６**，**資料７**，**資料８**は，「国立研究開発法人建築研究所の資料」より作成）

3

けんたさん，ゆうかさん，りくさんの３人は，ゴムのはたらきを利用して走る**図１**のようなプロペラカーを体育館のゆかでそれぞれ走らせました。

ただし，**表１**の条件以外は，すべて同じものとします。

けんた：プロペラカーの車体を持ってプロペラを回せば，つながっているゴムがねじれるね。

ゆうか：何回か回したあと，プロペラカーを体育館のゆかに置いてプロペラから手をはなせば，プロペラが回転してプロペラカーの車体が進むよ。

り　く：３人でプロペラを回す回数や回す方向を変えて進ませてみようよ。その結果を記録して，だれが一番短い時間でスタートからゴールまで進むか競争しよう。

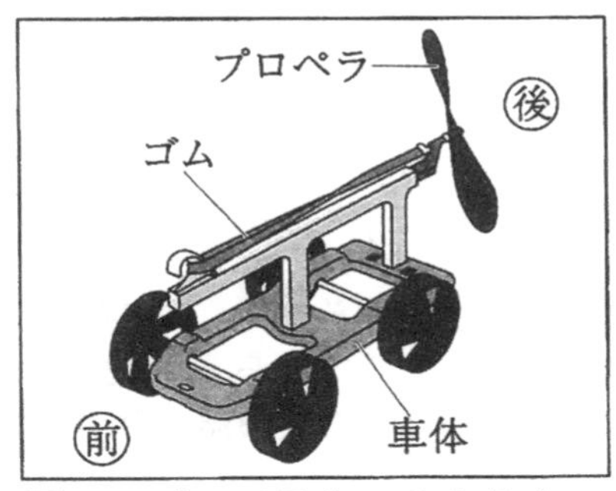

図１　プロペラカーのようす

表１　３人が走らせたプロペラカーの条件

条件＼プロペラカー	あ	い	う
プロペラを回す回数	80回	40回	80回
プロペラを回す方向	反時計回り	時計回り	時計回り

※**表１**中の「プロペラを回す方向」の図は，車体の後ろから見たようすを示している

３人がそれぞれ**表１**の条件で走らせたところ，けんたさんのプロペラカーが一番短い時間でゴールし，ゆうかさんのプロペラカーが二番目にゴールしました。りくさんのプロペラカーは，後ろに進んだので，ゴールできませんでした。

問題１　**図１**のプロペラカーのプロペラを回したあと，プロペラから手をはなすとプロペラが回転するのはなぜですか。理由を書きなさい。

問題２　**表１**の**あ**，**い**，**う**は，それぞれだれが走らせたプロペラカーですか。名前を書きなさい。

問題３　りくさんは，けんたさんのプロペラカーより短い時間でゴールまで進むための条件を考えました。**表１**の条件の「プロペラを回す方向」と「プロペラを回す回数」をどのように変えるとよかったか説明しなさい。

4

けんたさんの家族とゆうかさんの家族は，キャンプ場に行き昼食の準備を始めました。

ゆうかさんは，**図1**のように，キャンプ用のガスバーナーでみそしるをつくることにしました。ゆうかさんは，なべの水の中にけずりぶしを入れてから，なべ底の中央を熱しました。なお，なべやガスバーナーは，動かさないようにして，なべ底の中央を熱しました。

けんた：けずりぶしは，水がふっとうしてから入れるんだよ。
ゆうか：あら，まちがえたわ。火をつける前に，けずりぶしを入れてしまったわ。
けんた：でも，けずりぶしの動きから，水の温まり方がわかるね。

問題１　けずりぶしは，なべの水の中でどのような動きをしますか。最も近いものを下の**ア**～**エ**の中から１つ選び，記号を書きなさい。また，そのように考えた理由を，なべの中の水の温まり方にふれて説明しなさい。

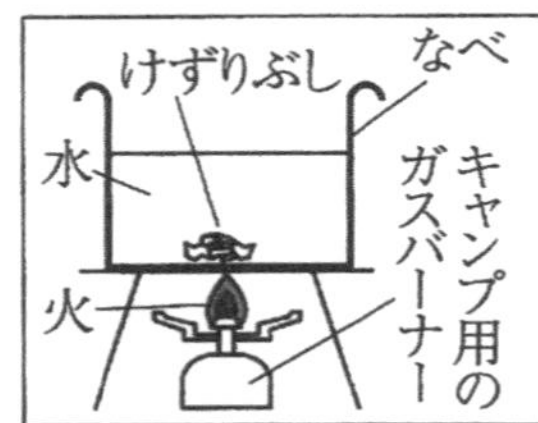

図１　けずりぶしを入れたなべのようす

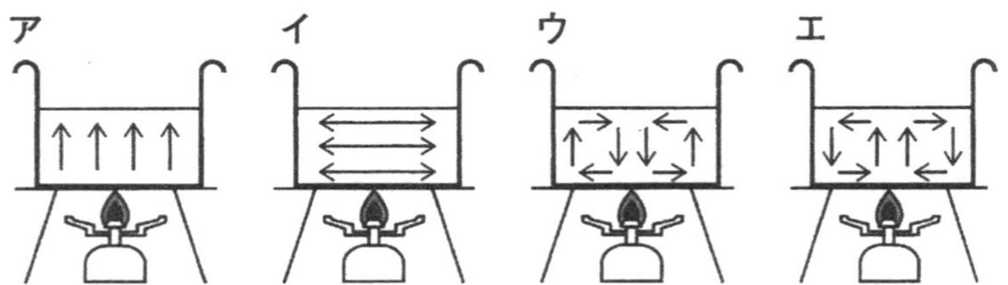

※矢印は，けずりぶしが動くようすを表している
※**図１**と**ア**～**エ**は，横から見たなべの中のようすを表している

次に，けんたさんは，キャンプ場のかまどで，ご飯をたくために，お父さんからまきをもらってきました。

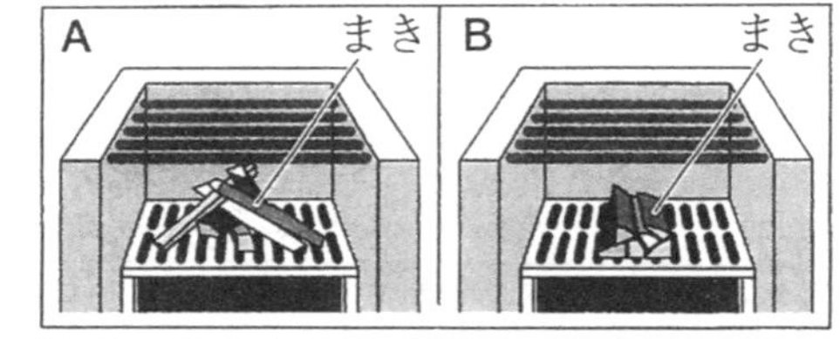

図２　ゆうかさんが考えたまきの置き方

ゆうか：理科の授業で，ものの燃え方について学習したよね。
けんた：ものが燃え続けるためには，空気が必要だと習ったよ。
ゆうか：そうだね。木や紙などが燃えるとき，空気中の酸素が使われて［ア］ができるわ。［ア］を集めたびんに，石灰水を入れてふたをしてふると，石灰水が白くにごることを理科の授業で実験したよね。
けんた：そうだね。じゃあ，まきは，どのように置くと燃えやすいのかな。
ゆうか：２つの置き方を考えてみたわ（**図２**）。わたしは，［イ］の方が燃えやすいと思うわ。
けんた：確かにそうだね。まきを［イ］のように置いて，ご飯をたこうよ。学校で習ったことが，キャンプで役に立ったね。

※かまど…食品を加熱するために石やれんがなどでつくった設備。上になべなどをかけて，下から火で加熱する

問題２　ゆうかさんの会話文中の［ア］に入る適切な言葉を書きなさい。

問題３　二人の会話文中の［イ］にあてはまるまきの置き方は，**図２**の**A**，**B**どちらですか。記号を書きなさい。また，そのように考えた理由を説明しなさい。

5

けんたさんは，４月上じゅんに茨城県のある市に住む，農家の親せきの家に行きました。親せきのおじさんは，メロンをつくっているビニールハウスの中で，農作業をしているところでした。

けんた　：おじさん，ビニールハウスの中に，ミツバチを放しているのはなぜですか。
おじさん：どうしてだと思う。メロンは，アサガオやイネとはちがって，おばなとめばながある植物だということは知っているよね。考えてごらん。
けんた　：なるほど。花がさいたあと，メロンの実ができるためには，<u>ミツバチのはたらき</u>が重要なのですね。
おじさん：その他にも品質のよいメロンを育てるための工夫をしているよ。足もとを見てごらん。
けんた　：どうして，土にシートがしいてあるのですか。
おじさん：これはマルチ（**図１**）といって，土の温度である地温を高める効果や，雑草の発生をおさえる効果などがあるよ。
おじさんの家では，黒色，銀色，無色とう明の３種類のマルチを使い分けて，いろいろな野菜をつくっているんだ。
けんた　：おじさんの家で使っている３種類のマルチには，どんな特ちょうがあるのですか。
おじさん：黒色マルチは，日光をさえぎり，熱を吸収するよ。銀色マルチは，日光を反射するので，マルチの内側には熱が伝わりにくく，無色とう明マルチは，日光をさえぎらないんだ。おじさんの家で使っているマルチの色と効果は，この図（**図２**）のとおりだよ。
けんた　：３種類のマルチの色と効果が，わかりやすく示されていますね。

図１　ビニールハウスでのメロンさいばいのようす

問題１　下線部の（<u>ミツバチのはたらき</u>）とは，どのようなはたらきですか。「おばな」「めばな」という言葉を使って説明しなさい。

問題２　けんたさんは，おじさんに聞きながら，**図２**をもとにして，**表１**を作りました。**表１**に示したマルチの色の①～③にあてはまるものを下の**ア**～**ウ**の中から１つずつ選び，記号を書きなさい。

ア　黒色　　**イ**　銀色　　**ウ**　無色とう明

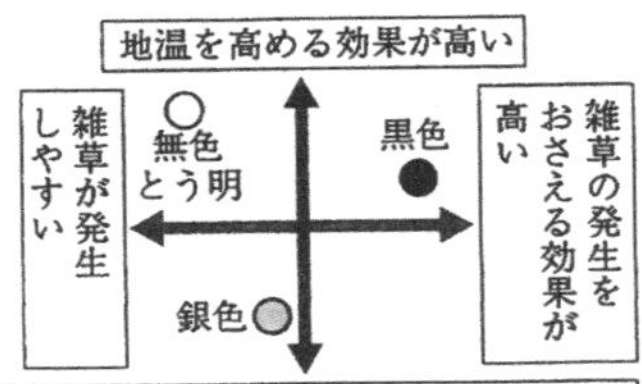

図２　マルチの色と効果
（やまむファームホームページより作成）

表１　おじさんの家で使用しているマルチの色と効果のちがいについて

マルチの色	効果
①	地温を高める効果が最も高く，雑草が最も発生しやすい。
②	地温の上しょうをおさえる効果が最も高い。
③	雑草の発生をおさえる効果が最も高い。

けんたは，家に帰ってから，おじさんに教えてもらったことをまとめました。

けんた　：おじさんが，茨城県は日本一のメロンの産地だと言っていたから，メロンの収かく量の多い上位５道県について調べて，表（**表２**）を作ってみたよ。全国のメロンの収かく量は155000tだから，［　ア　］%が茨城県産ということがわかったよ。

母　：茨城県は，作付面積もずいぶん広いのね。この表（**表２**）を見ると作付面積は，５つの道県でさまざまだから，表（**表２**）の**イ**も求めてみたのね。

けんた　：そうだよ。［　イ　］で比べても，表（**表２**）にある５つの道県で，茨城県は一番多いということがわかったよ。

母　：本当ね。メロンさいばいの特ちょうについて，別の見方ができたね。

けんた　：１haって，学校の運動場と比べると，どちらが広いのかな。

母　：けんたが使っている学校のサッカーコートと比べてみるとわかりやすいかな。１haはサッカーコートの面積の何倍になるかしら。

けんた　：学校のサッカーコートは70m×50mだから，これをもとに考えると，［　ウ　］倍になるよ。その他にも，おじさんは，メロンを出荷している直売所を中心に地域が一体となって地産地消の取り組みを進めていることを教えてくれたよ。（**図３**）

母　：地産地消とは，［　エ　］という意味よね。わたしも野菜などを買うときに，産地を確認しているわ。

表２　メロンの収かく量の多い上位５道県について

道県	作付面積(ha)	収かく量(t)	イ
北海道	1050	24900	23.7
青森県	519	10400	20.0
山形県	533	10300	19.3
茨城県	1330	40000	30.1
熊本県	925	20200	21.8

（農林水産省「2017年作況調査」より作成）

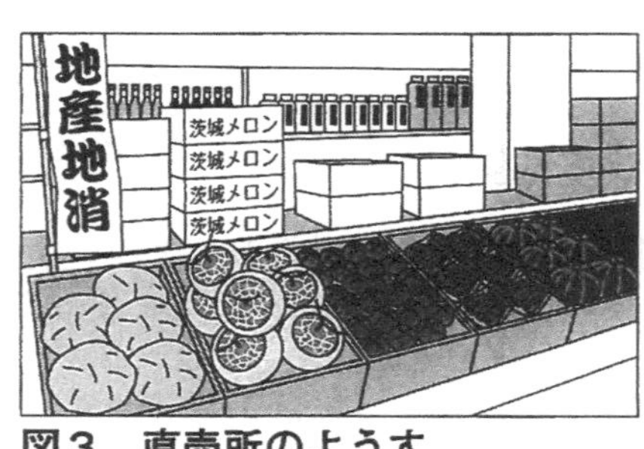

図３　直売所のようす（メロンなどのはん売）

問題３　会話文中の［　ア　］にあてはまる数を書きなさい。ただし，**ア**は，四捨五入して，$\frac{1}{10}$の位まで求めなさい。また，**表２**をもとにして，会話文中の［　イ　］にあてはまる言葉を書きなさい。

問題４　会話文中の［　ウ　］にあてはまる数を書きなさい。ただし，**ウ**は，四捨五入して，$\frac{1}{10}$の位まで求めなさい。

問題５　母とけんたさんの会話が成り立つように，［　エ　］に入る内容を書きなさい。

平成31年度

適性検査Ⅰ

注　　意

1　「はじめ」の合図があるまで，問題用紙を開いてはいけません。

2　検査時間は45分間で，終わりは10時15分です。

3　問題は，７問で７ページあります。

4　**解答用紙**は，問題用紙の３ページと４ページの間に**２枚**（まい）あります。

5　**受検番号**を，**解答用紙２枚のそれぞれの決められたところ**に記入しなさい。

6　声を出して読んではいけません。

7　解答は，すべて**解答用紙の決められたところ**に記入しなさい。

＃教英出版　編集部　注
編集の都合上、解答用紙は適性検査Ⅱの問題の後にあります。
また，解答用紙は裏表１枚にまとめてあります。

並木中等教育学校

日立第一高等学校附属中学校

古河中等教育学校

1

けんたさんとゆうかさんの通う学校では，全校児童が参加する学習発表会が毎年行われています。けんたさんとゆうかさんの学級では，この学習発表会に向けて，総合的な学習の時間に，「日本のお正月について調べよう」という学習課題にもとづいて調べ学習を進めています。けんたさんとゆうかさんは，二人で「かど松」について調べているところです。

ゆうか：お正月でかざられるものの一つにかど松があるわね。

けんた：ぼくも今，この資料のかど松（**図1**）を見ていて，竹の部分がおもしろい形をしているなと思っていたところだよ。

ゆうか：算数の授業でいろいろな立体について学習したね。竹を円柱とみると，この資料のかど松の竹は，円柱を，ななめにまっすぐ切断した立体とみることができるわね。（**図2**）

けんた：この立体（**図2**）は，真横から見ると台形，真上から見ると円に見えるね。授業では円柱の体積を求めたけれど，この立体の体積も求めることができないかな。

ゆうか：この立体で底面にあたる部分から，切断してできる面に向かって垂直（すい）にはかったとき，一番低いところまでの長さが40cm，一番高いところまでの長さが60cmとして考えてみましょう。

けんた：底面の円の直径は 8 cmとして考えよう。円周率を3.14とすれば求めることができるかな。

わかった。この立体の体積は［　　　］cm^3だね。

図1　けんたさんが見ている　かど松の資料

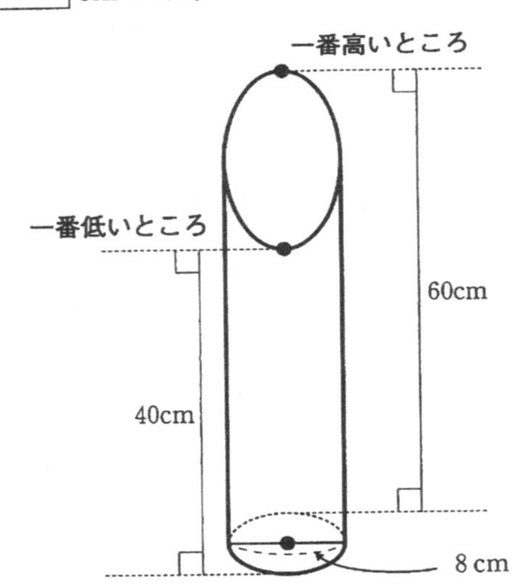

図2　二人が考えている立体

問題　会話文中の［　　　］にあてはまる数を書きなさい。

2

けんたさんとゆうかさんは，学習発表会の昼休みに行われているすごろくゲームに参加しています。会場には，次のような「すごろくゲームのルール」が書いてありました。

すごろくゲームのルール
赤白２つのさいころ（それぞれの面に１から６までの目がついている）を同時に投げて，それぞれの出た目の数を見て，次のようにおはじきを進めます。 ○ 赤白２つのさいころの目の積が偶数（ぐうすう）のときは，**出た目の和**だけ進む。 ○ 赤白２つのさいころの目の積が奇数（きすう）のときは，**出た目の差**だけ進む。 （ただし，大きい数から小さい数を引く。また，同じ奇数の目が出たときは進めない。）

図　すごろくゲームのルール

ゆうか：じゃあ，さっそくやってみましょうよ。

けんた：さて，何と何の目が出たかな。あっ，赤いさいころは出た目が６で，白いさいころは出た目が３だったよ。

ゆうか：それなら，さいころの目の積が偶数だから，おはじきは出た目の和の９マス進めるわね。次は，わたしね。

けんた：何と何の目が出たかな。

ゆうか：わたしは，赤いさいころは出た目が５で，白いさいころは出た目が３だったわ。

けんた：それなら，おはじきは２マス進むことができるね。

ゆうか：このゲームのルールでは，おはじきは出た目の２つの数の和の分だけ進むことが多いわ。

けんた：それは，赤白２つのさいころを同時に投げたときの目の出方は全部で36通りで，出た目の２つの数の積が偶数になるのは全部で［ア］通りあるからじゃないかな。

ゆうか：わたしは，２回目を投げ終わったところだけど，スタート地点からおはじきが６マス進んだわ。

けんた：つまり，２回目を投げたときにおはじきが４マス進んだんだね。

ゆうか：そうよ。他にもおはじきが４マス進む目の出方はありそうね。全部で何通りあるか考えてみましょう。

けんた：ちょっと考えさせて。あっそうか，おはじきが４マス進む目の出方は全部で［イ］通りあるね。

問題１　会話文中の［ア］にあてはまる数を書きなさい。

問題２　会話文中の［イ］にあてはまる数を書きなさい。また，けんたさんは全部で何通りあるのかをどのように求めたのか，言葉や数，式，図，表などを使って説明しなさい。

3

けんたさんとゆうかさんは，学習発表会で合唱発表の会場となる体育館に向かいました。二人は，体育館の窓ガラスに色セロハンをはって，かざり付けをする係でした。下の会話は，かざり付けをしていたときの会話です。

けんた：係の打ち合わせでは，まず「上と下の２段に分けて，それぞれの段に同じ大きさの長方形の色セロハンをはっていく。」ということに決まったね。

ゆうか：そうね。それから「上の段は左から１枚ずつ赤，黄，青，緑の順にはり，それをくり返していく。」ということも決めたわ。

けんた：そう。それと「下の段は左から１枚ずつ白，赤，青の順にはり，それをくり返していく。」ということにしたね。

ゆうか：待って。そうすると，例えば左から３番目は，上も下も青になってしまうわ。同じ列の上下には，ちがう色の色セロハンをはる方がいいと思うけど。

けんた：そうだね。じゃあ，「色が上下同じになるところだけ，下の段の色をむらさきに変える。」というルールにしてみるとどうかな。

ゆうか：それはいいわね。そうすれば，上下が同じ色にならなくて済むわ。

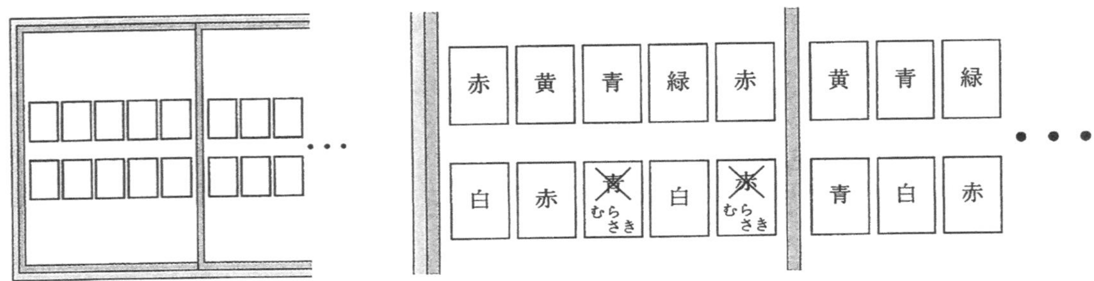

図１　窓ガラスに色セロハンをはったイメージ　　**図２**　図１を拡大したようす

問題１　左から17番目の上下の色セロハンは，それぞれ何色になるか答えなさい。

ゆうか：ためしに色セロハンをはってみたら，もう少し色に変化がほしいと思って「上の段，下の段それぞれで，左から３番目，６番目，９番目，…のところは，上下の色を入れかえる。」ということにしたのだけれど，どうかしら。

けんた：わかった。入れかえてみるね。
入れかえてみたら，今度は左右で同じ色になるところが出てきたよ。

ゆうか：そうね。じゃあ，「左右で同じ色になるところは，右の方をピンクに変える。」というルールにしてみるというのはどうかしら。

けんた：そうだね，そうしよう。

問題２　左から３番目，６番目，９番目，…のように３つごとに上下を入れかえた場合，左から100番目までにピンクの色セロハンを全部で何枚はることになりますか。
その枚数を書き，どのように求めたのかを言葉や数，式，図，表などを使って説明しなさい。

平成31年度

適性検査Ⅱ

注　　意

1 「はじめ」の合図があるまで，問題用紙を開いてはいけません。

2 検査時間は45分間で，終わりは11時30分です。

3 問題は，３問で７ページあります。

4 **解答用紙**は，問題用紙の３ページと４ページの間に**２枚**(まい)あります。

5 **受検番号を，解答用紙２枚のそれぞれの決められたところ**に記入しなさい。

6 声を出して読んではいけません。

7 解答は，すべて**解答用紙の決められたところ**に記入しなさい。

ただし，字数が指定されている場合は，下の例のように，付け加えたり，けずったりして解答してかまいません。字数については，書き直した文字で数えます。

（例）

~~き~~	~~ょ~~	~~う~~	~~，~~	~~赤~~（あまい）	~~い~~	い	ち	ご	を（たくさん）	も	ら	っ	て

＃教英出版　編集部　注
編集の都合上、解答用紙は適性検査Ⅱの問題の後にあります。
また，解答用紙は裏表１枚にまとめてあります。

1

今年９月に，「第74回国民体育大会」，「第19回全国障害者スポーツ大会」（「いきいき茨城ゆめ国体」，「いきいき茨城ゆめ大会」）が開さいされます。そこで，ひろしさんとけいこさんは，茨城県や自分たちの身の回りのことについて調べました。

ひろし：今年は全国の人たちが茨城県に来てくれるんだよね。
けいこ：ぜひ，全国の人たちに茨城県のよさを知ってもらいたいわね。
ひろし：茨城県にはおいしい食べ物がたくさんあるのも，よさの一つだよ。
けいこ：特に野菜やくだものづくりがさかんだよね。
ひろし：それでは茨城県の農業について調べてみよう。

問題１　茨城県には全国１～３位の産出額をほこる農産物がたくさんあり，農業がさかんです。一方で，茨城県の農業には課題もあります。**資料１**と**資料２**をもとに読み取れる課題を書きなさい。また，今後の茨城県の農業を支えていくためには，どのような取組が考えられますか。**資料３**①～③のどれか一つを使って読み取れることをもとに書きなさい。

資料１　茨城県の農業従事者数の移りかわり

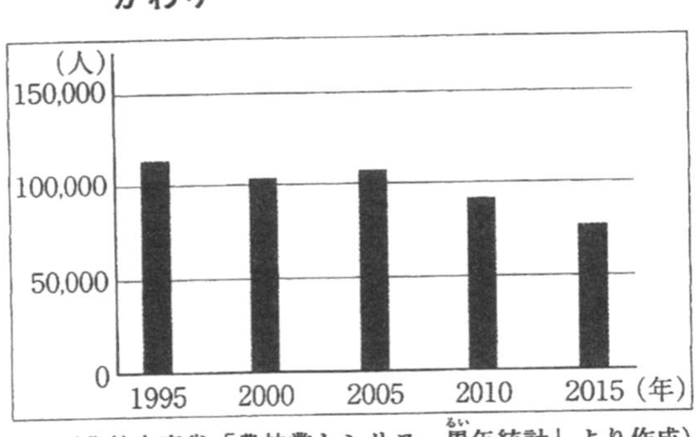

（農林水産省「農林業センサス　累年統計」より作成）

資料２　茨城県の農業従事者数にしめる65さい以上の割合

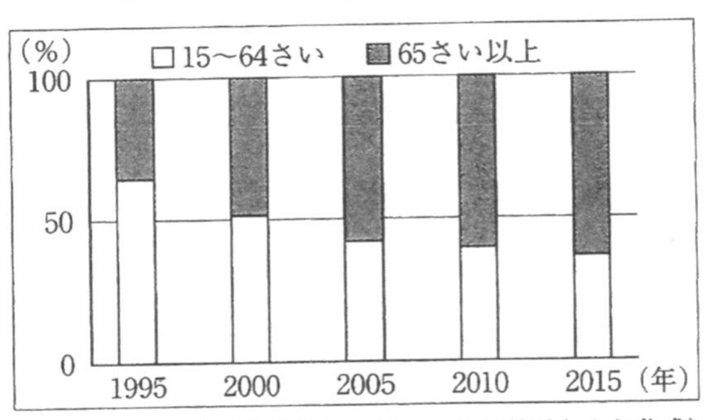

（農林水産省「農林業センサス　累年統計」より作成）

※従事者　仕事についている人のこと　※累年　何年にもわたること

資料３

①先進農家への派けん実習

（茨城県立農業大学校「平成31年度入学生募集学校案内」より）

②無人で動くトラクター

（農研機構より）

③県の農産物を用いた商品

ひろし：「いきいき茨城ゆめ国体」，「いきいき茨城ゆめ大会」の応えんなどに来る人たちに，安心して楽しんでもらいたいね。
けいこ：そのためには，わたしたちのまちが安心・安全なまちでないといけないわね。
ひろし：ぼくたちのまちでは，安心・安全な暮らしを守るために，消防署や警察署，市役所の人たちが，活動しているよね。
けいこ：活動しているのは，消防署や警察署，市役所の人たちだけなのかな。
ひろし：そういえば，おじいちゃんは防犯パトロールを行っているよ。それから，ぼくもこのあいだ地域の防災訓練に参加したよ。
けいこ：わたしは，学校で地域安全マップを作ったり，家族で防災会議を開いたりしたわよ。
ひろし：ぼくたちは，日ごろからどんなことを考えておくことが大切なのかな。

問題２　安心・安全な暮らしを守るために，自分たちはどのような意識をもつことが大切だと考えられますか。**資料４～資料７**から読み取れることをもとに書きなさい。

資料４　防犯パトロールのようす

（埼玉県都市整備部都市計画課「防犯に配慮したまちづくり実践事例集」より）
※配慮　心を配ること

資料５　地域で行っている防災訓練

（京都市消防局「自主防災会防災訓練活動事例集」より）

資料６　わたしたちが学校で作った危険な場所と安全な場所を示す地域安全マップ

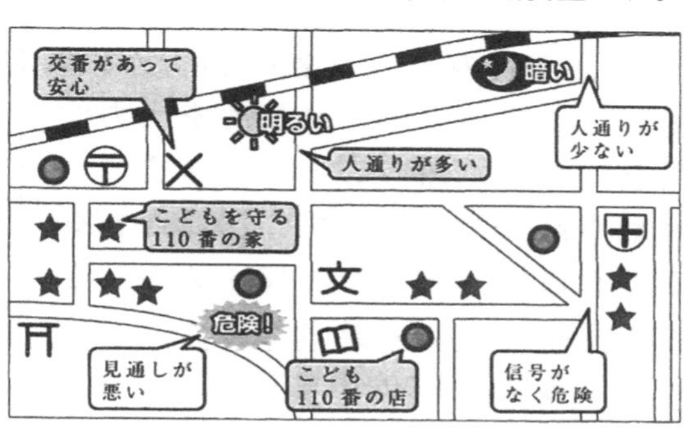

資料７　家族防災会議で話し合うこと

けいこ：今年の「いきいき茨城ゆめ国体」，「いきいき茨城ゆめ大会」について，どんな競技が，いつ，どこで行われるかくわしく調べることができたよ。

ひろし：ぼくも知りたいな。どうやって調べたの。

けいこ：インターネットを使うとすぐに調べられるわね。

ひろし：そうなんだ。インターネットってとても便利だね。

けいこ：でも，インターネットなどの情報を活用するときには，気をつけないといけないこともあるわよ。

ひろし：そうか。それじゃあ，ぼくたちは情報をあつかうとき，どのようなことに気をつければいいのかな。

問題３　情報化が進むことは，わたしたちの生活に大きなえいきょうをあたえています。情報化が進むことの良い点と活用するときに注意すべき点を，**資料８～資料10**から読み取れることをもとに書きなさい。

資料８　タブレット型のパソコンを使って情報を調べるようす

（東京書籍「新編新しい社会５下」より）

資料９　「茨城県防災情報メール」で配信されるおもな情報

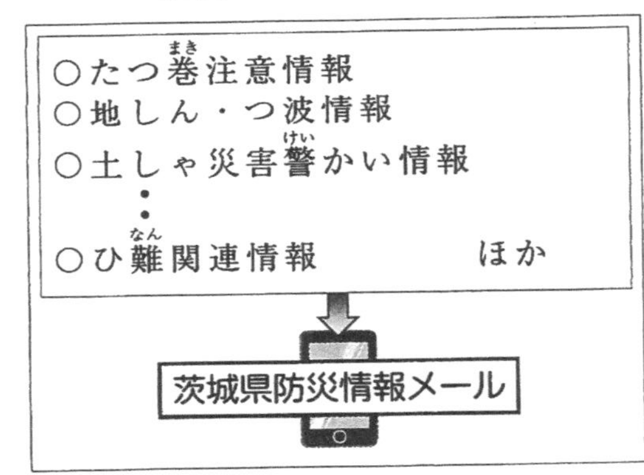

○たつ巻注意情報
○地しん・つ波情報
○土しゃ災害警かい情報
○ひ難関連情報　　ほか
茨城県防災情報メール

資料10　病院ではたらく医師の話

病院では，紙のカルテを電子カルテにかえ，病院内のどの場所でもかん者さんの個人情報を共有できるようにしました。電子カルテに情報を入力すると，医師だけでなく看護師なども情報をいち早く知ることができます。また，全てのかん者さんのデータをすばやく処理できるので，医師が検査や手術の計画を早く立てることができるようになりました。電子カルテを活用することで，かん者さんを待たせず，病状やけがの具合を分かりやすく説明し，適切な治りょうを行うことができるようになりました。

3

問題１　　５点

上の段	下の段

問題２　　数値で５点　説明で10点

枚

説明

得　点

解答用紙

適性検査Ⅰ

4

問題　12点

5

問題１　５点

①：（　　　　　）回巻きのコイルとかん電池（　　　）個

②：（　　　　　）回巻きのコイルとかん電池（　　　）個

③：（　　　　　）回巻きのコイルとかん電池（　　　）個

問題２　７点

（　　　　　）回巻きのコイルとかん電池（　　　）個

と

（　　　　　）回巻きのコイルとかん電池（　　　）個

理由

受検番号

問題３　15点

問題４　10点

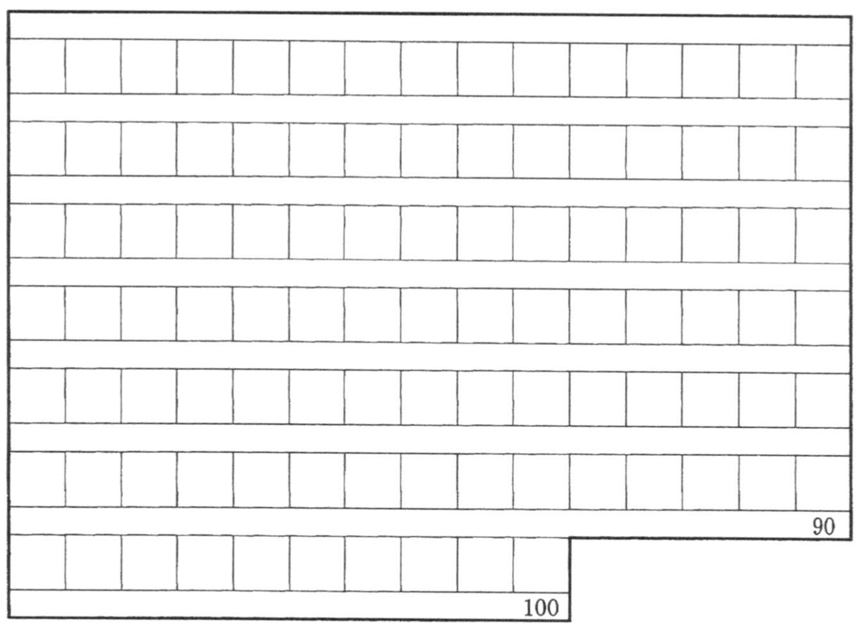

＜**1** の**問題４**の解答を書き直すときの注意＞

○　解答を書き直すときは，例のように，付け加えたり，けずったりしてかまいません。ただし，字数については書き直した文字で数えます。

(例)

~~きょう，~~ ~~赤い~~（あまい）いちごを（たくさん）もらって

得　点

解 答 用 紙

適性検査Ⅱ

2

問題１　10点

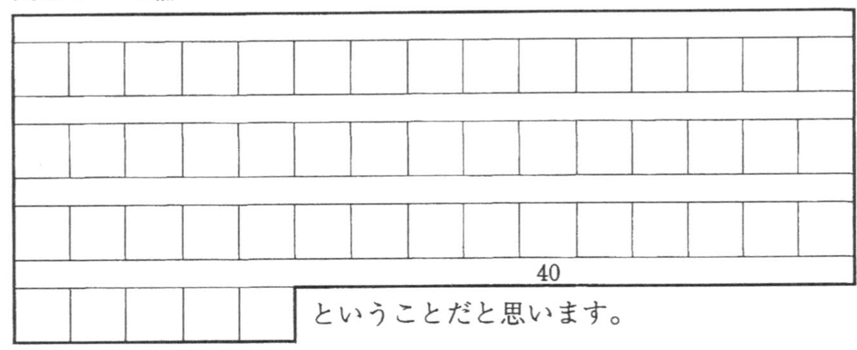

問題２
選んだ記号　20点

受検番号

3

問題　20点

<**2** の**問題**の解答を書き直すときの注意>

○　解答を書き直すときは，例のように，付け加えたり，けずったりしてかまいません。ただし，字数については書き直した文字で数えます。

（例）

あまい　たくさん

~~きょう，~~~~赤い~~いちごをもらって

得　点

※100点満点

解 答 用 紙

適性検査Ⅱ

1

問題１　　資料１と資料２をもとに読み取れる課題…５点　考えられる取組…10点

資料１と**資料２**をもとに読み取れる課題

考えられる取組

受検番号

問題２　　10点

6

問題1　　7点

問題2　　3点×2

7

問題1　　ア．4点　イ．5点

ア

ためよ。

イ

問題2　　4点

得　点

※100点満点

解答用紙
適性検査 I

1

問題　10点

cm³

2

問題１　５点

ア　通り

問題２　数値で５点　説明で10点

イ　通り

説明

受検番号

けいこ：今年の「いきいき茨城ゆめ国体」，「いきいき茨城ゆめ大会」にいらっしゃる姉妹都市の人たちに茨城の歴史をしょうかいすることになったの。わたしたちの班は鎌倉幕府が始まったころを担当するのよ。

ひろし：鎌倉幕府といえば，武士が活やくしたよね。当時の常陸国では，八田知家という武士が守護になっていたね。

けいこ：そうね。八田知家は源頼朝の家来になった武士だったわよね。

ひろし：八田知家のように，当時の武士たちはどうして頼朝の家来になったんだろうね。

※常陸国　現在の茨城県の大部分をしめる地域の昔の国名。（県の西南部は下総国）

※八田知家　源頼朝に味方し，頼朝に敵対する勢力と戦い，手がらが認められ常陸国の守護となった。

問題４　多くの武士たちが，源頼朝の家来として集まったのはどのような理由が考えられますか。**資料11～資料13**からそれぞれ読み取れることをもとに，頼朝が行ったことにふれて，90字以上100字以内で書きなさい。その際「領地」という言葉を使って，「，」や「。」も１字に数え，文字に誤りがないようにしなさい。

資料11　先生の話

鎌倉幕府が始まる前から，武士たちは常に戦いに備えて，武芸の訓練や武器の手入れにはげんでいました。やがて平氏一族は，朝ていの中で強い力をもち，政治を思うままに動かすようになりました。そして，たくさんの土地を支配し栄えました。そんな平氏に対し，貴族や武士たちの間では不満が高まりました。源頼朝が1180年に平氏をたおそうと兵をあげると，新しいかしらを求めて，武士たちが次々に集まりました。源氏は1185年に壇ノ浦で平氏をほろぼし，各地に守護・地頭を置きました。頼朝は，その後，東北地方を平定し，1192年に朝ていから征夷大将軍に任じられました。

資料12　幕府と武士の関係

資料13　当時の武士が大切にしていた考え「一所懸命」

領地は，武士にとって一族の生活がかかった大切なもので，武士は，命をかけて守りました。また，戦いの場で手がらを立てて恩賞を得るために，武士は命がけではたらきました。

2

ひろしさんたちの学級では，国語の時間に，グループの中でおすすめの本のしょうかいをしています。ひろしさんは，けいこさんとあきらさんに天体写真家の林(はやし)完次(かんじ)さんが書いた本のしょうかいをしています。

ひろし：筆者の林さんは，月や星などの天体の写真をさつえいする人です。この本には，長野(ながの)県と山梨(やまなし)県にまたがる「八ヶ岳(やつがたけ)」という山に，ハレーすい星の写真をとりにいった時の体験が書いてあります。

けいこ：ハレーすい星って，76年に一度太陽に近づくすい星ですよね。

ひろし：そうです。今から，印象に残った場面を読みます。筆者がハレーすい星の写真をとるために，望遠鏡を準備しようとした場面です。

望遠鏡をセットするわけですが，あとはボルトを一本しめれば完りょうというときに，かんじんのボルトがどこをさがしてもなかったのです。車の中をすみずみまでさがしても，見つかりませんでした。

「うわ，困(こま)ったな」と思ってるうちに，日も暮(く)れてきて，ふと見ると，ハレーすい星がすでに向こうの空に見えています。はりつめた気持ちがにわかにゆるみ，がっくりきました。せっかく八ヶ岳まで来て，このまま何もとらずに帰るのもしゃくだなあと思いました。

とにかくふ通のカメラとふ通の三きゃくはあったので，これだけでもとって帰ろう。

76年に一度の世紀の天文ショーをとりにきたのに，小さなカメラでスナップ写真をとるしかなかったのですから，すっかり打ちひしがれて帰りました。

ところが現像してみたら，この写真がとてもよかったのです。

天体写真としてどうかといえば，ふ通のカメラでとりましたからハレーすい星は小さいし，はく力もありません。

だけど，山々と星空がいっしょに写っているせいで，すごく※1臨(りん)場感がありました。

もし，ボルトを忘(わす)れることがなかったら，こういう写真はとらなかったでしょう。いつも通り，ハレーすい星をアップした，いわゆる天体写真をとっていたはずです。

それは天体写真というよりは，景色があって，星空がある風景写真でしたが，それを見て，ぼくは思いだしたのです。はるか昔，自分がそういう写真ばかりとっていたことを。

はじめてカメラを手にした小学生のころ，まずとったのは夕焼けの写真でした。暮れなずむ空にうかぶ三日月と※2宵(よい)の明星(みょうじょう)。この美しさをどうにかしてとりたいと思って夢中でシャッターを切ったこと。あれこそがぼくの原点でした。

銀河や※3星雲だけをアップでとるのなら，極たんな言いかたをすれば，だれがさつえいしても，同じようにしか写りません。いかにハッキリ写っているか，精度をきそうだけでしょう。でも，景色を入れたこの写真は，ぼくだけの世界です。ぼくはこのときはじめて自分がとりたい世界がわかった気がしました。

ハレーすい星がちっちゃく写った一枚(まい)の写真は，自分の目ざすべき道を教えてくれたのです。

※1　臨場感　現場にのぞんでいるような感じ。

※2　宵の明星　日が暮れてから間もない時の金星。　※3　星雲　雲のように見える天体。

（林完次「星の声に，耳をすませて」による。）

ひろし：この文章で，筆者が読者に伝えたいことは，「失敗しても，あきらめないでほしい。」ということだと思いました。

あきら：なるほど。でも，筆者の文章をよく読んでいくと，「あきらめないで」ということだけではなく，もっと深いことを言っているのではないかと思います。

けいこ：確かにそうですね。「それを見て，ぼくは思いだしたのです。」という言葉にもあるように，筆者は，あきらめずに写真をとったからこそ気が付いたことがあったのだと思います。

先　生：けいこさんは，筆者が読者に伝えたいことはどんなことだと思いますか。

けいこ：筆者が伝えたいことは，［　　　］ということだと思います。

ひろし：なるほど。そういう考え方もありますね。他の人が失敗についてどう考えるか，もっと別の文章も読んでみたいです。

先　生：**資料1**は，有名な人が失敗をどう考えるかについての言葉です。
資料1も参考にして，読みたい本を探(さが)してみましょう。

資料1　失敗をどう考えるかについての言葉

A「わたしは決して失望などしない。どんな失敗も新たな一歩となるから。」
（エジソン：発明家）

B「一度も失敗したことがない人は，何も新しいことにちょう戦したことがない人である。」
（アインシュタイン：物理学者）

C「失敗して負けてしまったら，その理由を考えて反省してください。必ず，将(しょう)来の役に立つと思います。」
（イチロー：野球選手）

問題1　会話が成り立つように，［　　　］に入る内容を書きなさい。
［　　　］には，この文章で筆者が伝えたかったことを，40字以上50字以内で書きなさい。ただし，「，」も1字に数え，文字に誤(あやま)りがないようにしなさい。

問題2　**資料1**のA～Cの中から，あなたが最もよいと思う言葉を選び，解答用紙に記号で答えなさい。また，選んだ理由を体験や具体例を入れて，100字以上120字以内で書きなさい。ただし，「，」や「。」も1字に数え，文字に誤りがないようにしなさい。

3

ひろしさんたちの通う西小学校では，学校のマスコットキャラクターを決めることになりました。ひろしさんたちの学級では，マスコットキャラクターにしたい動物について話し合っています。**資料1**は，マスコットキャラクターの条件です。**資料2**～**資料4**は，ひろしさんたちの小学校全学年で行ったアンケートの結果です。

資料1　マスコットキャラクターの条件

みんなが親しめるものであること。	学校のよいところが伝わること。

資料2　好きな動物調べ

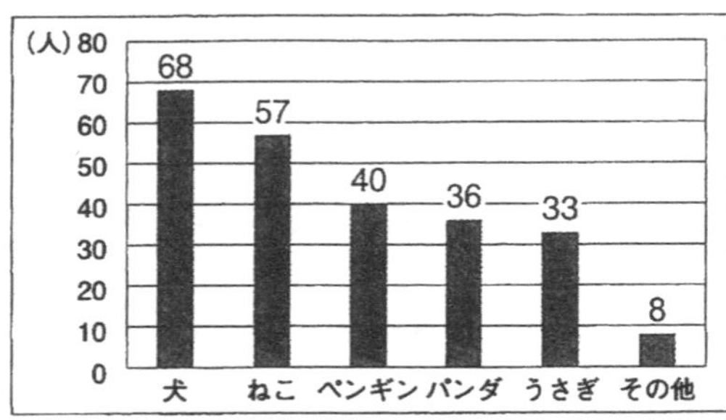

資料3　みんながもっている動物のイメージ

動物	イメージ
犬	にぎやか，活発，働き者
ねこ	きれい好き，素早い，気まぐれ
ペンギン	礼ぎ正しい，助け合って暮らしている，冷静
パンダ	人なつこい，かわいい，落ち着いている
うさぎ	かろやか，やさしい，仲良し

資料4　わたしたちの学校のよいところ

- なわとびがさかん。
- 行事のときに団結力がある。
- あいさつがよくできる。
- そうじをがんばっている。
- 地域の方との交流が多い。

【参考】

名前：ふれあちゃん

特ちょう：人とのふれあいを大切にします。

〈茨城県教育委員会のマスコットキャラクター〉

司　会：茨城県教育委員会のマスコットキャラクターはふれあちゃんです。このマスコットキャラクターは人とのふれあいを大切にするという特ちょうがあります。ふれあちゃんを参考にして西小学校のマスコットキャラクターを考えましょう。**資料1**～**資料4**を見て，みなさんの意見を発表してください。

しょう：ぼくは，にぎやかなイメージから，あいさつとおしゃべりの好きな犬のマスコットキャラクターを提案します。あいさつがよくできる学校のよいところも生かせます。

ゆうと：**資料2**からも，犬を好きな人がたくさんいるので，ぼくも犬に賛成です。

ま　き：わたしは，うさぎのマスコットキャラクターがおすすめです。かろやかにはねるうさぎにすると，なわとびがさかんなことを伝えられると思います。

司　会：マスコットキャラクターがいることで，学校生活がますます楽しくなりそうですね。何人かの意見が出ましたが，他の意見がある人は発言してください。

ひろし：ぼくは，［　　　　　　　　　　］。

問題　あなたがひろしさんだったらどのように発言しますか。［　　　］に入る内容を書きなさい。［　　　］には**資料1**～**資料4**をもとに，マスコットキャラクターにしたい動物と，そのように考えた理由を述べなさい。ただし，話をしているような表現で書くこと。

4

けんたさんとゆうかさんたちは，校外学習で川の上流にあるキャンプ場に行きました。近くのさぼうダムを見て，先生と話をしています。

先　生：ゆうかさん，理科の時間に土でゆるい坂をつくり，流れのみぞをつけて水を流し，小さな川の流れをつくって流れる水のはたらきを調べましたね。そのとき，一度に流れる水の量をふやして水を流したらどのようになりましたか。

ゆうか：岸や底が深くけずられ，たくさんの土がおし流されました。

先　生：そうでした。実際の川の上流（**図1**）で，そのような土や石が，下流に一度に流れるのをふせぐようにしたのが，さぼうダム（**図2**）です。

ゆうか：たしかに，さぼうダムがあると，さぼうダムの上流側に土や石がたまり，下流へは流れにくくなりそうです。

図1　実際の川の上流のようす（さぼうダムができる前）

図2　実際の川の上流のようす（さぼうダムができた後）

けんた：でも，さぼうダムが土や石でいっぱいになったら，下流に土や石が流れてしまうのではないですか。

先　生：それでも，さぼうダムがあることで，さぼうダムが土や石でいっぱいになっても，土や石は下流に流れにくくなりますよ。

問題　さぼうダムが土や石でいっぱいになっても，下流に土や石が流れにくくなるのはなぜですか。その理由を，さぼうダムの上流側で起こる流れる水の速さの変化と流れる水のはたらきの変化をもとに説明しなさい。

5

けんたさんは，鉄心に同じ長さのエナメル線を同じ向きに巻(ま)いて，50回巻きと100回巻きのコイルを作りました（**図1**）。そのとき，あまったエナメル線は工作用紙に巻いておきました。次に，水平な机(つくえ)の上で**図2**のような回路を作りました。**図2**の**ア**，**イ**の［　　］の部分には，**図3**で示した３通りの**コイルとかん電池の組み合わせ**のどれかが１つずつ入り，それぞれスイッチ，電流計とつながっています。また，鉄球の中心はそれぞれのコイルから１cmずつはなれています。

そして，２つの回路に同時に電流を流して，鉄球が引きつけられるようすをもとに，電磁(じ)石の強さを調べました。また，かん電池はすべて新しいものを使っています。

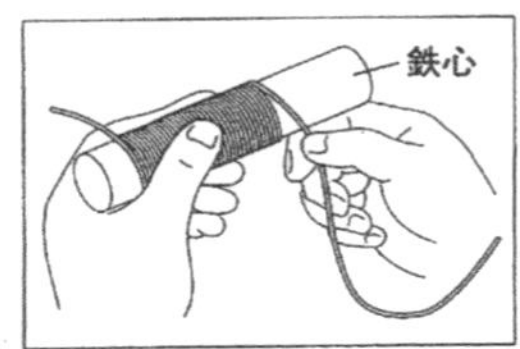

図１　コイルを作るようす

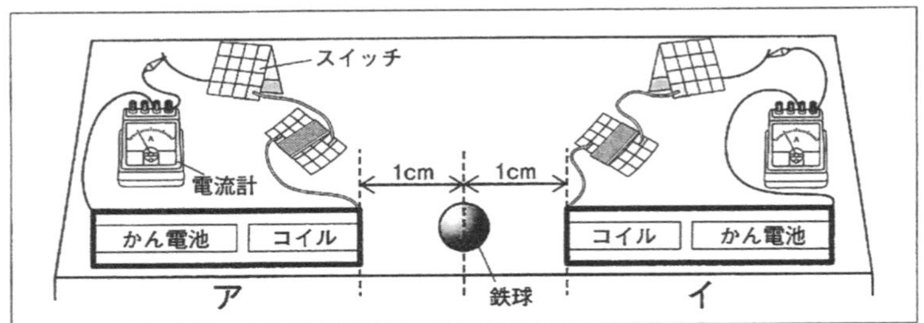

図２　電磁石の強さを調べるようす

- **50 回巻きのコイルとかん電池１個**
- **100回巻きのコイルとかん電池１個**
- **100回巻きのコイルとかん電池２個**

図３　コイルとかん電池の組み合わせ

ゆうか：けんたさん，理科室で先生と何をしていたの。
けんた：上の**図２**のような方法で電磁石の強さを調べていたんだ。
ゆうか：そうなんだ。それで，どんな結果になったの。
けんた：**図３**で示した３通りの**コイルとかん電池の組み合わせ**を①，②，③とするね。このとき，**図２**の**ア**が①，**イ**が②のとき鉄球は**ア**の方向に引きつけられ，**ア**が②，**イ**が③のとき鉄球は**イ**の方向に引きつけられたよ。また，**ア**が①，**イ**が③のとき鉄球は**イ**の方向に引きつけられたよ。

問題１　①～③の**コイルとかん電池の組み合わせ**を，解答用紙の（　　）にあてはまる数字を書いて答えなさい。

けんた：ゆうかさんに①，②，③の**コイルとかん電池の組み合わせ**を教えるから実験してみてよ。
ゆうか：わかったわ。
あれ，けんたさんと同じ結果にならなかったわ。

問題２　ゆうかさんが電磁石の強さを調べた時には，けんたさんとどこか１つ条件がちがったため，けんたさんの結果と同じにはならず，鉄球が動かなかったものができてしまいました。鉄球が動かなかったのは，どれとどれですか。解答用紙の（　　）にあてはまる数字を書き，そう考えた理由も説明しなさい。

6

けんたさんとゆうかさんは，先生と理科室で食塩，ホウ酸，ミョウバンについて話をしています。

先　生：決まった量の水にとけるものの量は，ちがいましたね。
ゆうか：そうですね。ものが水にとける量は，水の温度によってもちがいました。**図1**には，水の温度と50mLの水にとけるそれぞれのものの量が，示されています。
先　生：こちらに大きなミョウバンの※結しょうのつくり方の説明書（**図2**）があります。これと同じ方法で，大きな食塩やホウ酸の結しょうをつくることができるかどうか，ためしてみませんか。
けんた：ぼくは，食塩でためしてみるから，ゆうかさんは，ホウ酸でためしてみてよ。

※ 結しょう　規則正しい形をしたつぶ。

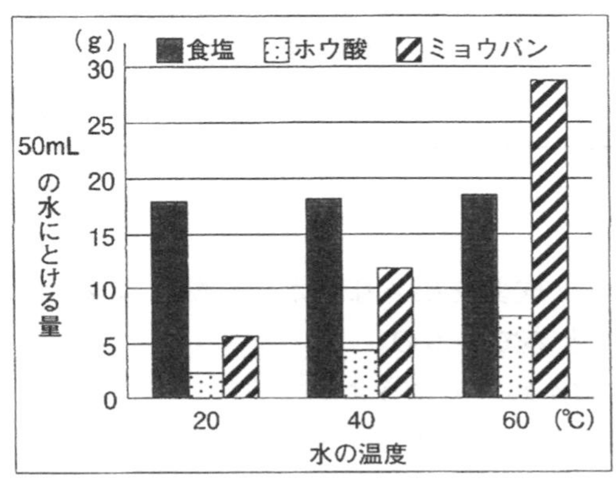

図1　水の温度と50mLの水にとけるそれぞれのものの量

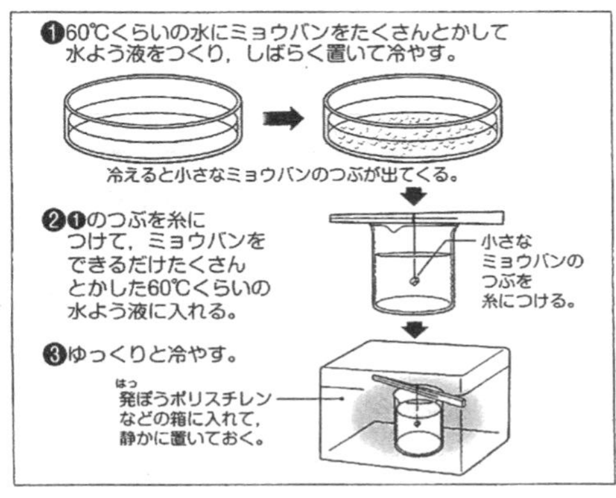

図2　大きなミョウバンの結しょうのつくり方の説明書

問題1　けんたさんは，食塩を使って，**図2**の説明書にあるように実験してみました。しかし，ミョウバンの結しょうほど食塩の結しょうは大きくなりませんでした。**図1**をもとに，その理由を説明しなさい。

ゆうかさんは，ホウ酸を使って，**図2**の説明書にあるように実験し，ビーカーの中のようすを観察しました。

ゆうか：糸につけたホウ酸の結しょうのほかに，ビーカーの底にホウ酸の結しょうが出てきたわ。
けんた：ろ過をして，とりのぞいてみようよ。折ったろ紙を，ろうとにはめて，水でぬらしておくね。

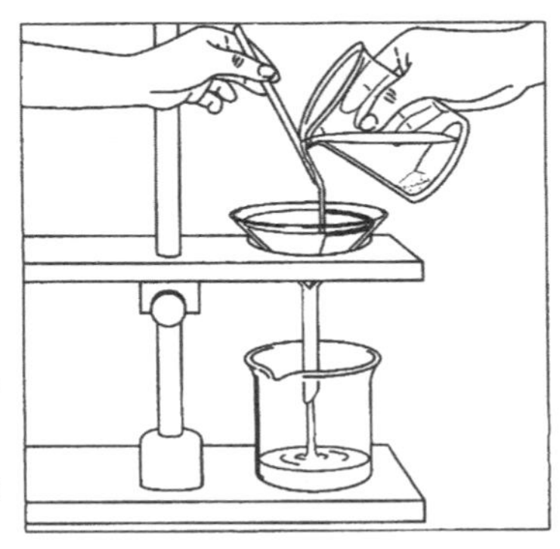

図3　ゆうかさんのろ過のしかた

問題2　**図3**はゆうかさんがろ過をしているようすです。ゆうかさんのろ過のしかたには正しくないところが２つあります。それぞれどのように直したらよいですか。容器や器具の名前を使って説明しなさい。

7

ゆうかさんは，夏休みの自由研究で，昔の植物学者が取り組んだ実験について調べました。その実験に興味をもったので，けんたさんといっしょに実験をしようと考えました。けんたさんとゆうかさんは，ゆうかさんがノートにかいた絵とメモ（図）を見ながら話をしています。

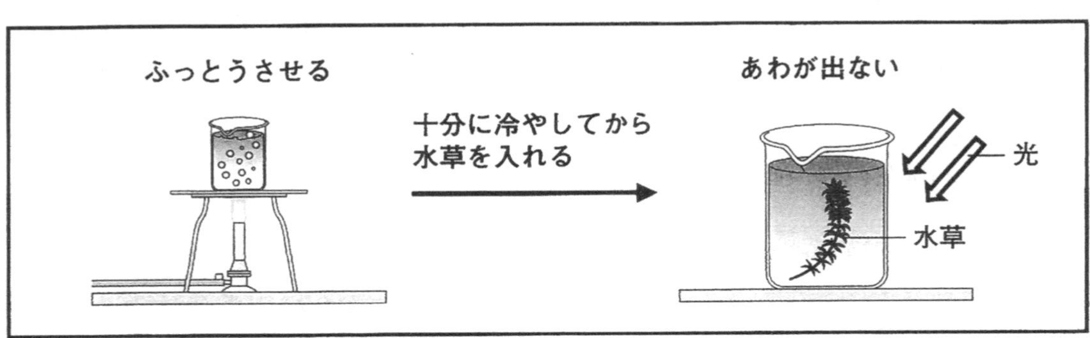

図　ゆうかさんがノートにかいた絵とメモ

ゆうか：植物学者は，「植物は，二酸化炭素がないと酸素を出さないが，二酸化炭素があると酸素を出すはたらきがある。」とまとめているの。

けんた：植物学者のまとめが正しいか，実験して確かめてみようよ。

ゆうか：そうね。植物学者は，ふっとうさせて冷やした水に水草を入れているわ。

けんた：どうして水をふっとうさせているのかな。

ゆうか：それは，［　ア　］ためよ。

けんた：「あわが出ない。」という結果になっているけれど，このあわは何という気体かな。

ゆうか：それは酸素よ。

けんた：ノートの実験だけでは，植物学者と同じまとめにならないと思うけど。

ゆうか：それなら「［　イ　］」という実験をして，あわが出るか確かめればいいわ。

けんた：そうすれば，植物学者のまとめが正しいとわかるね。じゃあ，ストローで息をふきこんだ水を用意するね。

ゆうか：けんたさん，人の息では，正しく実験できないわ。

問題１　会話文の［　ア　］に入る，水をふっとうさせる理由を書きなさい。また，ゆうかさんが考えた実験方法を，会話文の［　イ　］に入るように書きなさい。

問題２　ゆうかさんが人の息だと正しく実験できないと考えた理由を書きなさい。

平成30年度

適性検査Ⅰ

注　　意

1　「はじめ」の合図があるまで，問題用紙を開いてはいけません。

2　検査時間は45分間で，終わりは10時15分です。

3　問題は，７問で７ページあります。

#4　**解答用紙**は，問題用紙の３ページと４ページの間に**２枚**(まい)あります。

5　**受検番号**を，**解答用紙２枚のそれぞれの決められたところ**に記入しなさい。

6　声を出して読んではいけません。

7　解答は，すべて**解答用紙の決められたところ**に記入しなさい。

#教英出版　編集部　注
編集の都合上、解答用紙は適性検査Ⅱの問題の後にあります。
また，解答用紙は裏表１枚にまとめてあります。

並木中等教育学校

日立第一高等学校附属中学校

古河中等教育学校

☆

1

ゆうかさんは，お父さんとスーパーマーケットで買い物をしています。そこでビニールに包まれたトイレットペーパーの包みを持っているけんたさんと会いました。

ゆうか：こんにちは，けんたさん。大きな包みね。
けんた：お母さんにたのまれてトイレットペーパーを買いに来たんだ。１段に６個，それが３段重なって入っているから，大きくて持つのが大変だよ。
ゆうか：確かに大変そうね。その包みを上から見たときのまわりの長さ（**図**の太線）は何cmくらいになるのかしら。
けんた：トイレットペーパーの底面の円は，直径が12cmくらいだと聞いたことがあるよ。
ゆうか：１個のトイレットペーパーを円柱と考え，底面の直径を12cm，円周率を3.14として求めてみましょう。ビニールの厚さは考えなくていいわよね。
けんた：そうだね。ビニールによってトイレットペーパーの形が変わらないとすると…。わかった。この包みを上から見たときのまわりの長さは［　　　］cmだね。

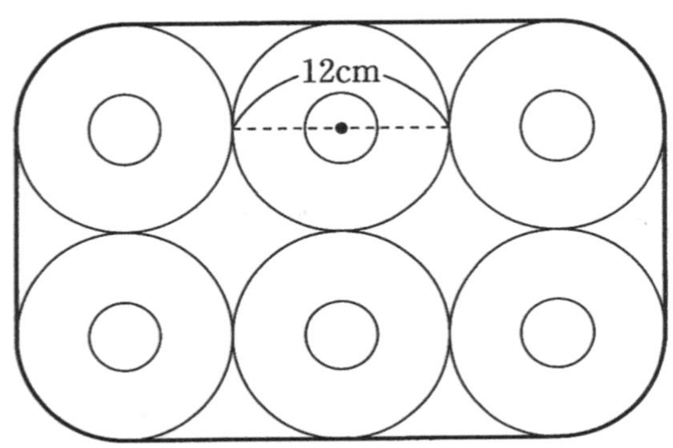

図　包みを上から見たときのようす

問題　会話文中の［　　　］にあてはまる数を書きなさい。

2

けんたさんとゆうかさんは，クリーニング店のポスターを見て話をしています。

けんた：ねえ，ゆうかさん。このクリーニング店では，会員になるとクリーニング代が**サービス①**のように通常価格から割(わり)引きされて，とてもお得なんだよ。

ゆうか：でも，年会費が500円もかかるのよ。本当にお得なのかしら。

けんた：**サービス②**を見て。「会員の方の誕(たん)生日がある月は，全品クリーニング代が通常価格の60%になります。」と書いてあるよ。会員になると絶対にお得だよ。うちではお母(かあ)さんが会員になっているよ。

ゆうか：けんたさんのおうちでは，このお店をどれくらい利用しているの。

けんた：去年は，お母さんが３月と９月にシャツを □ 枚(まい)ずつ出しただけだよ。お母さんは９月生まれだから，９月は**サービス②**を利用したんだ。

ゆうか：待って…。計算するとけんたさんのおうちの場合，去年１年間にかかった金額は会員でも会員でなくても同じよ。

けんた：えっ，そうなの。

クリーニング　会員サービス　　**年会費500円**

サービス①　通常価格から割引き！

品物	通常価格 （１品あたり）	割引き
シャツ	100円	10%引き
ズボン	250円	５%引き
コート	1000円	５%引き

サービス②
誕生日がある月は特別価格！

会員の方の誕生日がある月は，全品クリーニング代が通常価格の60%になります。

※サービス①とサービス②は同時に利用できません。

図　クリーニング店のポスター

問題　会話文中の □ にあてはまる数を書きなさい。また，その求め方を，言葉や数，式，図，表などを使って説明しなさい。

3

けんたさんとゆうかさんは，２色の同じ形のタイルで，すきまなくしきつめられたゆかを見て話をしています。

けんた：ねえ，ゆうかさん。このゆかには，正六角形のタイルが使われているね。白いタイルのところだけを見ると，１段めは正六角形が１枚，２段めは２枚，３段めは３枚と，１枚ずつ増えているね。

ゆうか：そうね。白いタイルの総数も，２段めまでのときは３枚，３段めまでのときは６枚と，どんどん増えていくわ。

けんた：まわりの辺の数もどんどん増えるよ。２段めまでのときは12本あるね。10段めまでのときは何本あるのかな。

ゆうか：ちょっと待って…。わかった。10段めまでのときは□本だわ。

けんた：本当だ。段の数とまわりの辺の数には関係があるんだね。タイルとタイルがくっついているところの辺の数はどうなのかな。２枚のタイルがくっついているところの辺は１本と数えることにしよう。

ゆうか：そうすると，タイルとタイルがくっついているところの辺の数は，２段めまでのときは３本，３段めまでのときは９本あるわね。この白いタイルは20段あるから…。

けんた：簡単に求める方法はないかな。

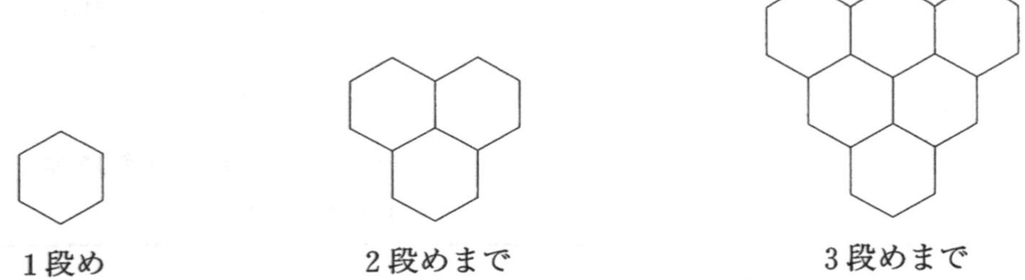

図　二人が見ているゆかの白いタイル

問題１　会話文中の□にあてはまる数を書きなさい。

問題２　20段めまでのときの，タイルとタイルがくっついているところの辺の数は何本ですか。その数を書き，どのように求めたのかを言葉や数，式，図，表などを使って説明しなさい。

平成30年度

適性検査Ⅱ

注　意

1　「はじめ」の合図があるまで，問題用紙を開いてはいけません。

2　検査時間は45分間で，終わりは11時30分です。

3　問題は，４問で７ページあります。

#4　**解答用紙**は，問題用紙の３ページと４ページの間に**２枚**あります。

5　**受検番号**を，**解答用紙２枚のそれぞれの決められたところ**に記入しなさい。

6　声を出して読んではいけません。

7　解答は，すべて**解答用紙の決められたところ**に記入しなさい。

ただし，字数が指定されている場合は，下の例のように，付け加えたり，けずったりして解答してかまいません。字数については，書き直した文字で数えます。

（例）

				あま	い				たくさん				
~~き~~	~~ょ~~	~~う~~	~~，~~	~~赤~~	~~い~~	い	ち	ご	を	も	ら	っ	て

#教英出版　編集部　注
編集の都合上、解答用紙は適性検査Ⅱの問題の後にあります。
また，解答用紙は裏表１枚にまとめてあります。

1

ひろしさんとけいこさんは，新幹線が停車する駅やその周辺のまちの様子について地図を見ながら調べています。

ひろし：日本は，いろいろな地域で新幹線が走っているね。
けいこ：平成28年には，北海道新幹線が開通したよ。北海道に行くまでに，どのような駅があるのかな。
ひろし：北海道に向けて東京駅を出発した新幹線は，東京都を出ると埼玉県の大宮駅に停車するね。
けいこ：大宮駅のあるさいたま市ってどんなまちなのかな。
ひろし：さいたま市では，ごみの処理についていろいろな取り組みをしていると聞いたことがあるよ。さいたま市のインターネットを使ったサービスを利用すれば，携帯電話やパソコンなどから，ごみの分別方法や収集日がすぐに確かめられるそうだよ（**資料1**）。
けいこ：さいたま市のごみについての取り組みをくわしく調べてみよう。

問題1　さいたま市では，どのような目的でごみの分別を進めていると考えられますか。**資料1**～**資料4**から読み取れることをもとに書きなさい。

資料1　インターネットを使ったサービスの画面

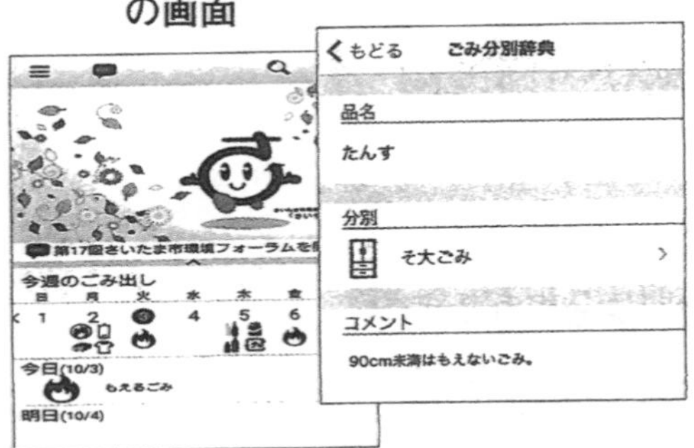

（さいたま市役所ホームページより作成）

資料2　さいたま市のごみの再生利用量

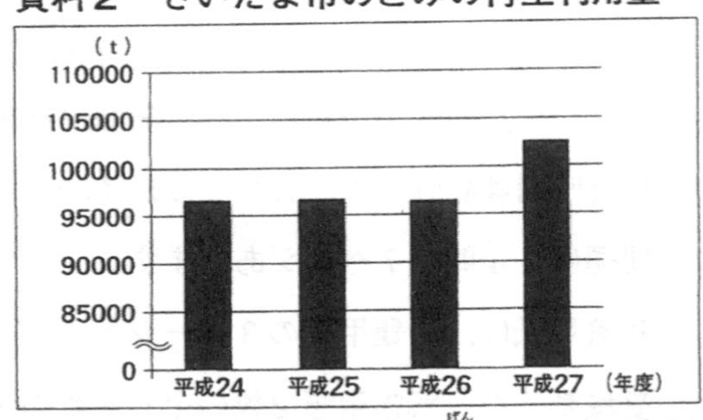

（さいたま市「処理量・資源化実績」より作成）

※再生利用量…出されたごみの中から再び利用した資源の量

資料3　そ大ごみに出された後，修理して使えるようになったたんす

（さいたま市桜環境センターホームページより）

資料4　清そう工場ではたらく人の話

清そう工場では，一日にたくさんのごみを燃やしています。最近は，燃えるごみだけが運ばれてくるようになってきているので，燃やす作業がしやすくなってきました。さらに，燃やした後にできる灰の一部は，道路工事の材料として利用されるようになりました。

ひろし：大宮駅は，長野県を通って石川県に行く北陸新幹線や，群馬県を通って新潟県に行く上越新幹線も停車するよ。

けいこ：長野県には旅行で行ったことがあるわ。八ヶ岳に登ったの。山のすそ野の南牧村と川上村に広がる，標高1200mほどの高原には，レタス畑が広がっていたわ。

ひろし：そういえば，ぼくのおじいさんは茨城県の坂東市に住んでいるんだけど，おじいさんの家の周りやとなりの古河市にもレタス畑がたくさんあるよ。ほら，資料を見てごらん。レタスの出荷量と東京都の市場での取り引き量の順位は，茨城県と長野県が上位をしめているよ（**資料５**）。

けいこ：茨城県と長野県は，はなれているのにどちらもレタスづくりがさかんなんだね。

問題２　茨城県と長野県の，東京都の市場で取り引きされるレタスの量が多い時期を比べると，どのようなことが言えますか。**資料６**から読み取れることをもとに書きなさい。また，長野県でその時期に取り引きされるレタスの量が多くなる理由として，どのようなことが考えられますか。**資料７**と**資料８**から読み取れることをもとに書きなさい。

資料５　茨城県と長野県のレタスづくり

	茨城県	長野県
出荷量（t）	83900	186900
出荷量全国順位	２位	１位
東京都の市場での取り引き量順位（都道府県別）	２位	１位
県内の主な生産地	坂東市 古河市	川上村 南牧村

（「平成27年産都道府県別の作付面積，10ａ当たり収量，収穫量及び出荷量（22）レタス」他より作成）

資料６　東京都の市場で取り引きされるレタスの量

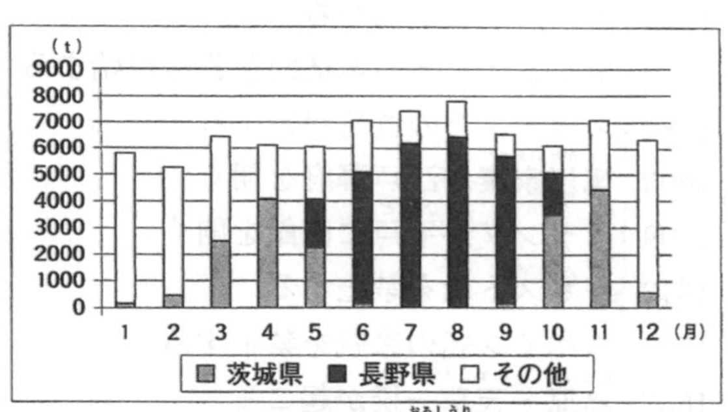

（「平成27年東京都中央卸売市場年報」より作成）

資料７　坂東市と南牧村の月別平均気温

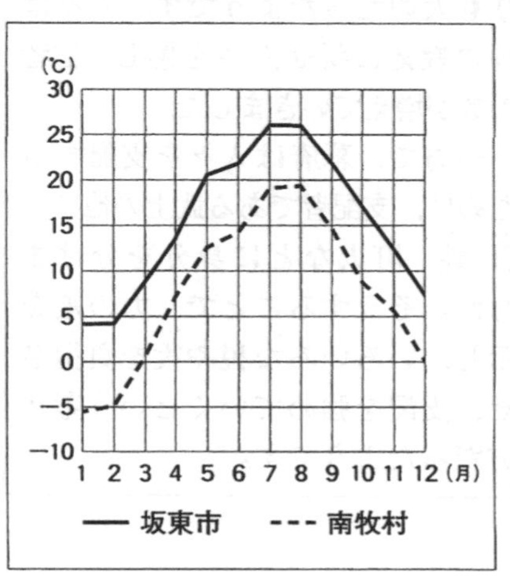

（「平成27年度気象庁資料」他より作成）

資料８　農業協同組合（ＪＡ）の人の話

レタスは，気温が15度から20度のときに最もよく育ちます。気温が高すぎると，葉がじゅう分に育つ前に花のつぼみができてしまいます。そうなると，レタスの葉の生長が止まってしまい，葉が丸くなりません。

（「ＪＡ長野八ヶ岳ホームページ」他より作成）

ひろし：北海道に向かう新幹線は，仙台駅にも停車するんだね。

けいこ：仙台は，江戸時代に仙台藩の城下町として栄えた歴史のあるまちだって聞いたことがあるよ。

ひろし：仙台藩を治めた大名は伊達氏で，江戸時代のはじめのころ，使節をスペインなどへ送ったことがあったそうだね。

けいこ：そうなんだ。でも，江戸幕府は鎖国をしていたと思うんだけど。

ひろし：そうだよね。じゃあ，江戸幕府とスペインなどのヨーロッパの国々との関係について調べてみようよ。

問題３　江戸幕府は，スペインやポルトガルとの関係をどのように変えていきましたか。また，幕府がそのように関係を変えていったのはどのような理由からでしょうか。**資料９～資料12**から読み取れることをもとに書きなさい。

資料９　鎖国までの主なできごと

年	主なできごと
1543	ポルトガルから鉄砲が伝わる
1549	キリスト教が伝わる
1550	ポルトガルとの本格的な貿易が始まる
1584	スペインとの貿易が始まる
1603	徳川家康が江戸幕府を開く
1609	オランダが平戸に商館を開く
1612	キリスト教を禁止する
1624	スペイン船の来航を禁止する
1637	島原・天草一揆が起こる
1639	ポルトガル船の来航を禁止する
1641	オランダ商館を長崎の出島に移す （鎖国の完成）

資料10　けいこさんが調べた資料

スペインやポルトガルから，フランシスコ・ザビエルなどの宣教師がやってきて，西日本を中心にキリスト教を伝えました。

フランシスコ・ザビエル

資料11　ひろしさんが調べた資料

1637年，九州の島原（長崎県）や天草（熊本県）で，キリスト教の信者を中心に３万数千人もの人々が重い年貢の取り立てに反対して一揆を起こしました。幕府は，約12万人の大軍を送り，４か月かけてこの一揆をおさえました。

資料12　先生の話

キリスト教は，神を敬うことを基本としている教えなので，神を信じることが幕府に従うことよりも大切だったようです。人々は神の教えに新せんさを感じ，信者の数が増えていきました。

一方で，幕府は人々を支配するために，支配者である武士の他に，百姓，町人などに身分を分けました。そうすることで，力の差を示し，いろいろな税や役を負担させ，支配を強めていくという考え方だったようです。

3

問題１　（５点）

本

問題２　(15 点)　※数値…５点　説明…10 点

本

説明

得　点

解 答 用 紙

適性検査 I

4

問題 1

（2 点）	記号
（4 点）	説明

問題 2　（7 点）

受検番号

5

問題

（3 点）	ア
（3 点）	イ
（3 点）	ウ
（3 点）	エ

問題3　(10点)

問題4　(15点)

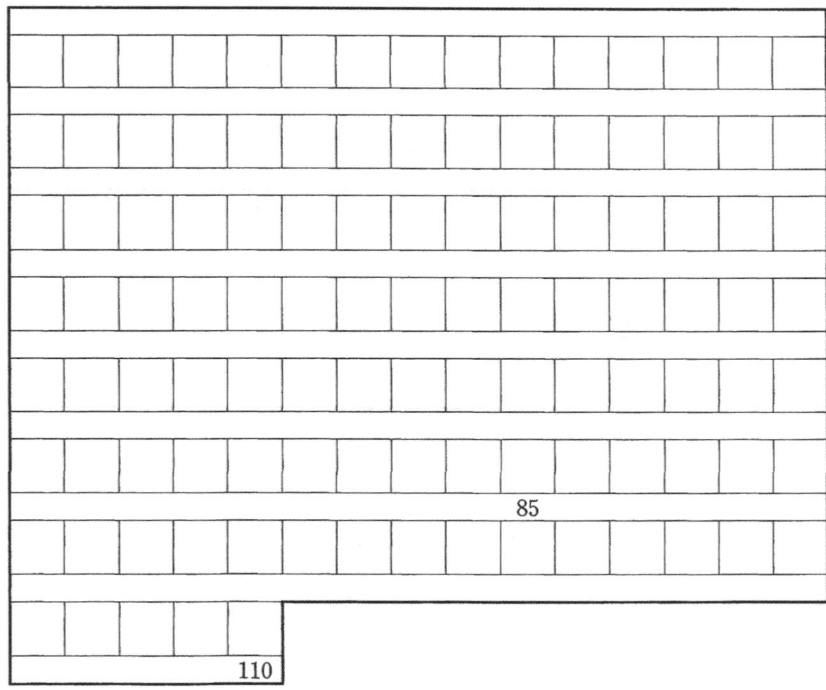

＜1の問題4の解答を書き直すときの注意＞

○　解答を書き直すときは，例のように，付け加えたり，けずったりしてかまいません。ただし，字数については書き直した文字で数えます。

(例)

得　点

解答用紙
適性検査Ⅱ

受検番号

2

問題

ア
（6点）

イ
（10点）

3

問題

ア　（4点）

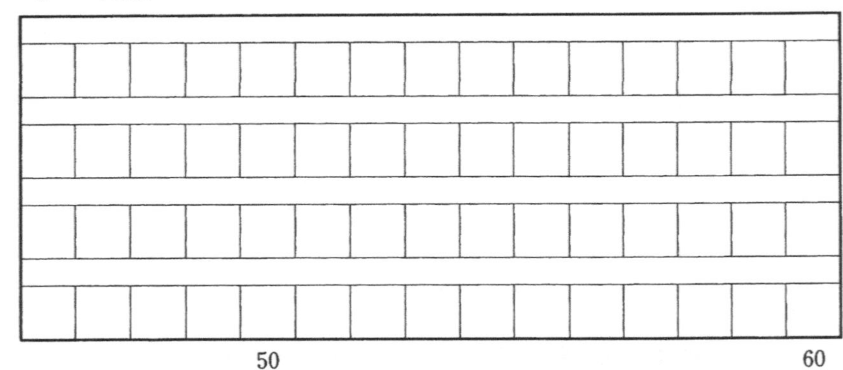

イ　（4点）

15

25

ウ　（10点）

30

40

4

問題　（16点）

私は 記号 **を選びます。**

なぜなら、

90

100

＜3 4の問題の解答を書き直すときの注意＞

○　解答を書き直すときは，例のように，付け加えたり，けずったりしてかまいません。ただし，字数については書き直した文字で数えます。

（例）

~~き~~	~~ょ~~	~~う~~	~~，~~	~~赤~~（あまい）	~~い~~	い	ち	ご	を（たくさん）	も	ら	っ	て

得　　点

解 答 用 紙

適性検査Ⅱ

※100 点満点

1

問題１　（10 点）

受検番号

問題２

資料６から

（５点）

資料７と資料８から

（10 点）

6

問題

液体 (5点)
説明 (8点)

7

問題

言葉 (3点)
実験方法 (9点)

得　　点

※100点満点

解答用紙
適性検査 I

1

問題　(10点)

cm

2

問題　(20点)　※数値…5点　説明…15点

枚

説明

受検番号

ひろし：北海道新幹線は，青函トンネルをぬけて北海道に入ると，いよいよ終点の新函館北斗駅にとう着するね。

けいこ：東京から最短で４時間20分ほどで行けるそうね。

ひろし：そうだね。それに，新函館北斗駅から別の電車に乗りかえると，15分ほどで函館市に行けるそうだよ。

けいこ：函館市ってどんなまちなのかな？

ひろし：函館の港は，開国した時に開かれた港の一つで，早くから外国の文化が入ってきたところだそうだよ。

けいこ：函館市のまちには，どんな特ちょうが見られるのか，調べてみようよ。

問題４　函館市のまちには，**資料13**のような古い建物が残っています。函館市では，まちのよさを守るためにどのような取り組みをしていますか。**資料14**と**資料15**から読み取れることをもとに書きなさい。また，あなたの住む地域のよさを守るために，あなたができることを書きなさい。解答は，85字以上110字以内で書きなさい。ただし，「，」や「。」も１字に数え，文字に誤りがないようにしなさい。

資料13　函館市に残る古い建物

旧函館区公会堂

太刀川家住宅店ぽ

（函館市公式観光情報サイト「はこぶら」より）

資料14　市役所の人の話

外国の文化をいち早く取り入れた函館には，古い洋風の建物が数多く残されています。旧函館区公会堂や太刀川家住宅店ぽはその代表的なものです。これらは，北海道に残る貴重な建物として，文化財に指定されています。

（函館市都市建設部まちづくり景観課「はこだての景観」より作成）

※景観…すばらしいながめ

資料15　函館市のまちづくりの条例（一部）

・歴史的，文化的建物等の保全や整備を進める。
・歴史的に貴重なものを，次の時代に伝え残すように努力する。
・まちの美しさを守るための活動を表しょうするなどして応えんする。

（「函館市都市景観条例」より作成）

※保全…安全であるように守ること

2

けいこさんたちの学級では，国語の授業で敬語について学習した際に，「敬語を使うのは難しい。」という感想がありました。そこで，「敬語を適切に使えるようにするには，どうしたらよいか。」について考えることになり，グループで話し合っています。

さやか：敬語を適切に使えるようにするには，どうしたらよいかについて，意見を言ってください。あきらさんからお願いします。

あきら：敬語は相手に敬意を表す言い方なので，正しい敬語を使うことは，人間関係をよくしていくために大切です。まちがって使うと，相手をいやな気持ちにさせてしまうと思います。尊敬語とけんじょう語には，使い方が難しい場面があります。だから，どのような場面でどのような敬語を使うかを，本やインターネットできちんと調べておくことが大切だと思います。そうすることで，自信をもって敬語を適切に使うことができると思います。

ひろし：ぼくは，ふだんから敬語を積極的に使うことを心がけています。敬語を使って相手に敬意を表すことで，人との関係もよくなると思うからです。だから，敬語を使う機会をどんどん増やしていくことが大切だと思います。学級で発表するときにはていねい語を使い，先生や身の回りの大人には，尊敬語やけんじょう語を使います。まちがうことを心配せずに積極的に使い，もしまちがった使い方をしていたら，その場で教えてもらうこともできるので，まちがいに気づき，敬語を適切に使えるようになると思います。

さやか：あきらさんとひろしさんの意見を比べると，敬語は相手に敬意を表すから，人間関係をよくしていくために大切という点では共通していますが，［　ア　］。けいこさんは二人の意見をふまえて，どう考えますか。自分の意見を言ってください。

けいこ：私は，［　イ　］。

問題　四人の会話が成り立つように［ア］と［イ］に入る内容を書きなさい。［ア］には，あきらさんとひろしさんの二人の意見のちがいを，「〜と〜がちがいます。」のように書きなさい。［イ］には，あなたがけいこさんだったら，あきらさんとひろしさんのどちらの意見に近いと考えるかを書きなさい。また，そのように考えた理由を，あなたの体験を入れて具体的に書きなさい。ただし，［ア］と［イ］ともに話をしているような表現で書くこと。

3

けいこさんたちの学級では，学級活動の時間に，「話し合い活動で大切なこと」について意見を発表し合うことになりました。けいこさんとひろしさんは，**資料１**と**資料２**を読みながら，発表の準備をしています。

資料１　あなたの学級では，学級会などの時間に友達同士で話し合って学級のきまりなどを決めていると思いますか。

当てはまる	40%
どちらかというと当てはまる	42%
どちらかというと当てはまらない	14%
当てはまらない	4％

資料２　学級会などの話し合い活動で，自分と異（こと）なる意見や少数意見のよさを生かしたり，折り合いをつけたりして話し合い，意見をまとめていますか。

当てはまる	11%
どちらかというと当てはまる	27%
どちらかというと当てはまらない	43%
当てはまらない	19%

けいこ：**資料１**と**資料２**は，私（わたし）たちの学級のアンケート結果よ。この二つの資料を見ると，話し合い活動は十分に行われているけれど，［　ア　］ということが読み取れるね。

ひろし：**資料２**を読むと，改善（ぜん）すべき点があるね。どうすればよいだろう。

先　生：話し合いについて書かれた，おもしろい新聞記事がありますよ。

資料３　「意見がちがうときがあるのはなぜ？」というテーマについて書かれた新聞記事

著作権に関係する弊社の都合により省略いたします。
教英出版編集部

（「毎日小学生新聞」平成29年６月２日より作成）

ひろし：**資料３**の中では，話し合いで意見がちがうのは，「［　イ　］」と書いてあるね。納（なっ）得するね。

けいこ：私は，［　ア　］という点を改善するために，**資料２**と**資料３**から，話し合い活動では，［　ウ　］ことが大切だと思う。

問題　けいこさんとひろしさんの会話が成り立つように［　ア　］，［　イ　］，［　ウ　］に入る内容を書きなさい。**ア**は，50字以上60字以内，**イ**は，15字以上25字以内，**ウ**は，30字以上40字以内で書きなさい。ただし「，」や「。」も１字に数え，文字に誤（あやま）りがないようにしなさい。また，［　ア　］にはどちらにも同じ言葉が入るものとする。

4

ひろしさんたちの学年では，読書集会を開くことになりました。集会の目的は，学年の児童に，読書のよさや楽しさをさらに広めることです。集会では，学級ごとに発表を行います。ひろしさんたちの学級では，読書のよさや楽しさをさらに伝えるための方法を話し合って，**A～Dの４つの候補**（ほ）を決めました。**４つの候補**の中からどれにするかについては，１週間後に話し合う予定です。**資料１**は，読書集会についての先生のお話で，**資料２**と**資料３**は，ひろしさんたちの学年で行った読書についてのアンケート結果です。

【４つの候補】

A　読み聞かせをする	B　おすすめの本をしょうかいする
C　作者についてしょうかいする	D　本の内容の劇（げき）をする

資料１　読書集会についての先生のお話

読書の習慣が身に付いてきたみなさんに，読書のよさや楽しさをさらに広めることが読書集会の目的です。

発表では，読書のよさや楽しさを感じさせるようなくふうをしてください。

資料２　読書が好きな主な理由

・わくわくして楽しい。
・物語の世界を味わえる。
・新しい知識が得られるので，勉強になる。
・作者や物語についてくわしく知ることができる。

資料３　どのような本を読みたいか（複数回答をしたもの）

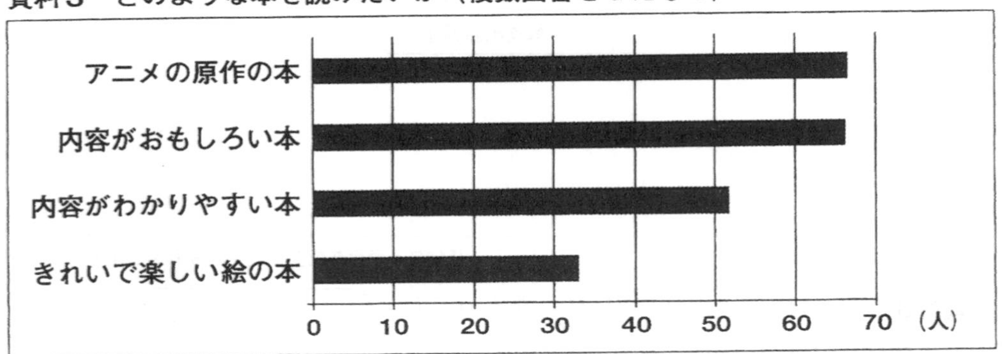

問題　ひろしさんたちは，学級で話し合う前に，自分の意見を文章にまとめることにしました。あなたがひろしさんだったら，どの候補を選んで自分の意見をまとめますか。**A～Dの４つの候補**の中から一つ選び，解答用紙に記号で答えなさい。その際，**資料１～資料３**のそれぞれから読み取ったことをもとに，選んだ理由と，読書集会での発表のときに自分がくふうすることを書きなさい。解答は，「なぜなら，」に続く形で90字以上100字以内としなさい。ただし，「なぜなら，」は字数に数えること。また，「，」や「。」も１字に数え，文字に誤（あやま）りがないようにしなさい。

4

けんたさんとゆうかさんは，**生き物のカード**を使って話し合っています。

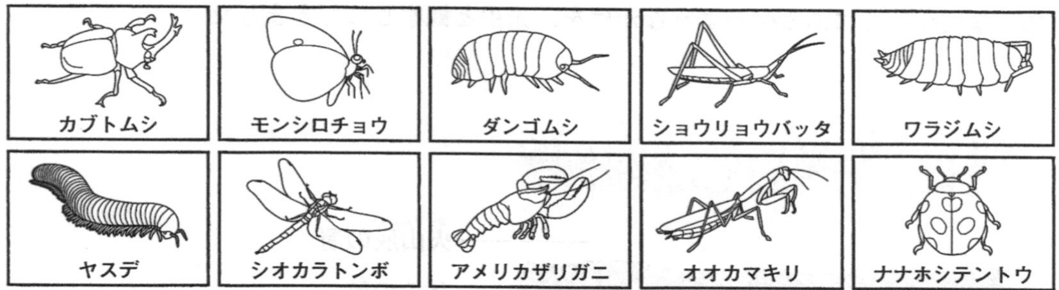

図1　生き物のカード

ゆうか：これらのカードにかいてある生き物をなかま分けできないかな。
けんた：そうだね。水の中にたまごを産むかどうかで分けられるよ。
　　　　食べ物のちがいでも分けられるよ。植物を食べるものと，動物を食べるものとに分けられるね。
ゆうか：わたしは，**表1**のように**A**のなかまと**B**のなかまに分けたよ。
けんた：ちょっと待って…。**クロオオアリ**と**クモ**のカードもあるけど，**A**と**B**のどちらのなかまになるのかな。
ゆうか：わたしのなかま分けでは，**クロオオアリ**は**A**だけど，**クモ**はどちらか分かるかな。

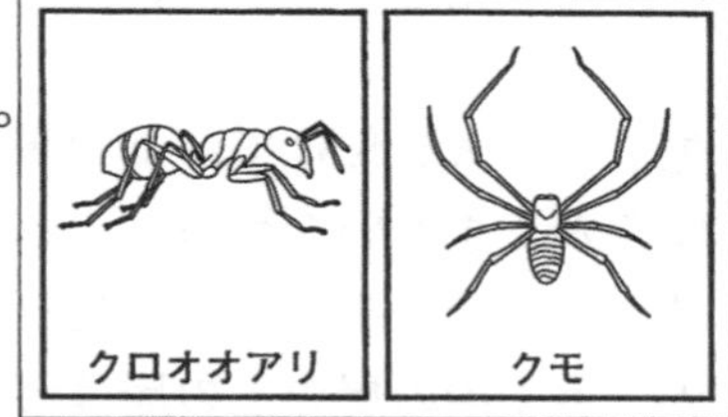

図2　クロオオアリとクモのカード

表1　ゆうかさんのなかま分け

A	カブトムシ，モンシロチョウ，ショウリョウバッタ，シオカラトンボ，オオカマキリ，ナナホシテントウ
B	ダンゴムシ，ワラジムシ，ヤスデ，アメリカザリガニ

問題1　**図2**の**クモ**は**A**，**B**のどちらのなかまになりますか。また，なぜそのように考えたのか言葉で説明しなさい。

けんた：ぼくは，最初にゆうかさんが分けた**表1**の**A**をさらに育ち方のちがいで，**C**のなかまと**D**のなかまに分けたよ。

表2　けんたさんのなかま分け

C	カブトムシ，モンシロチョウ，ナナホシテントウ
D	ショウリョウバッタ，シオカラトンボ，オオカマキリ

ゆうか：すごい。さらに細かくなかま分けできるんだね。

問題2　けんたさんは，**表2**のように育ち方のちがいでなかま分けをしました。どのような育ち方のちがいでなかま分けをしたのか言葉で説明しなさい。

5

けんたさんとゆうかさんは，自分たちの住んでいる地域(ちいき)の地層(ちそう)を調べるために，学校の近くにある**図**のようながけを，先生と観察しに行きました。

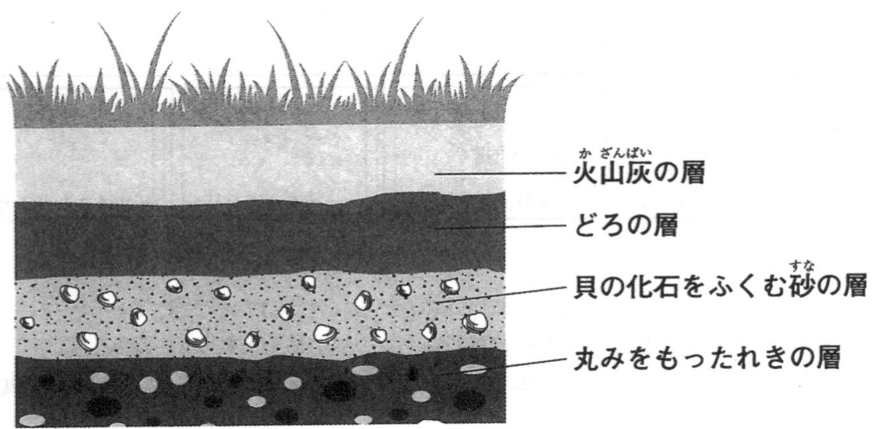

図　学校の近くにあるがけのようす

けんた：先生，がけにしまもようが見えますね。近くで観察してもいいですか。

先　生：気を付けて，下の層から観察してみましょう。

ゆうか：きれいな地層ね。どうして丸みをもったれきがあるのかな。

けんた：砂の層には貝の化石が入っているよ。昔はどんな所だったのかな。

先　生：砂の層の上の層はどうなっていますか。

けんた：どろの層があります。どろの層の上には火山灰の層があります。
このがけの地層はどのようにしてつくられたのかな。

先　生：それでは，この地層がどのようにしてつくられたのかを考えてみましょう。

問題　けんたさんとゆうかさんは，この地層がどのようにしてつくられたのかを，地層にふくまれているものを手がかりにして下のように考えました。［ア］～［エ］にあてはまる言葉や文を書きなさい。

けんたさんとゆうかさんの考え

> 丸みをもったれきは［　　ア　　］でき，たい積した。貝の化石をふくむ層から，この地域は，昔は［　イ　］だったと考えられる。その後，地層が［　　ウ　　］，陸地になったと考えられる。一番上に火山灰の層があることから，近くで［　　エ　　］と考えられる。

6

けんたさんとゆうかさんは，科学クラブの時間に，理科室で，ムラサキキャベツ液を利用した実験をしようとしています。

けんた：はじめに，カード全体に，はけでムラサキキャベツ液をぬって，かわかすんだ。その後に，文字を書くんだよ。

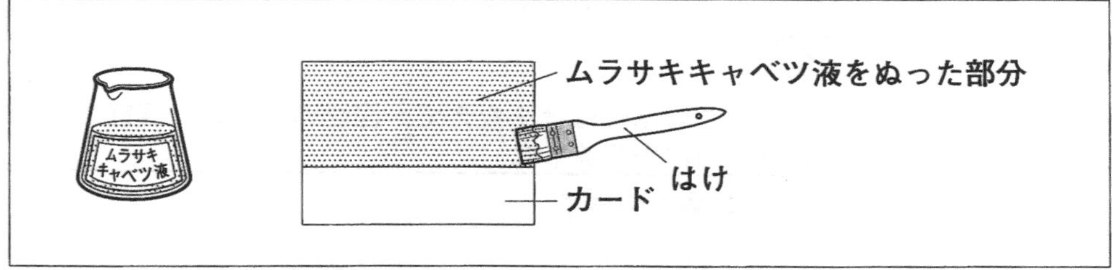

図1　カード全体に，はけでムラサキキャベツ液をぬっているようす

ゆうか：ムラサキキャベツ液がかわいて，カード全体がむらさき色になったわ。ここに，理科室にある4つの液体（炭酸水，石灰水（せっかいすい），レモンのしる，アンモニア水）を使って，それぞれ，筆で文字を書くのね。そうすると，文字を書いた部分の色が変わるのね。

液体が混ざらないようにするために，1枚（まい）のカードには，1つの液体だけで書くことにするわ。

けんた：すごい。文字を書いたところの色が変わったよ。

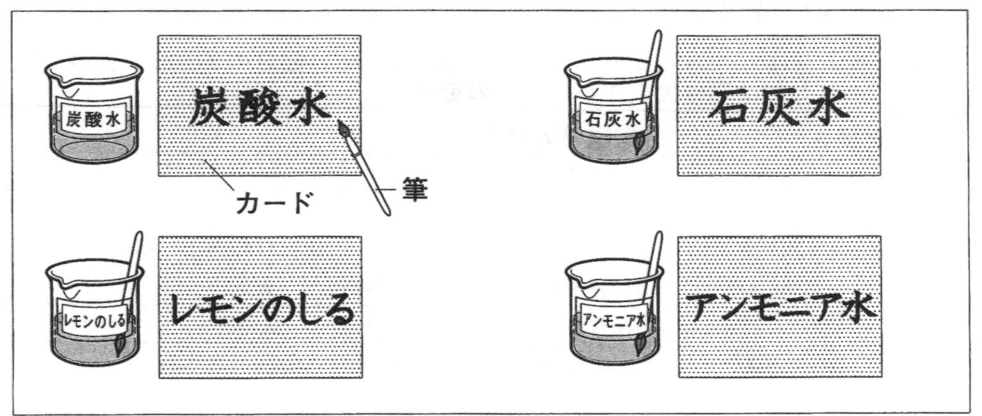

図2　けんたさんとゆうかさんが4つの液体でカードに書いた文字

次の日，けんたさんとゆうかさんは，登校したあと，昨日文字を書いたカードを理科室に取りに行きました。

ゆうか：あれ，カードに書いた文字が消えているものがあるわ。
けんた：本当だ。どうしてだろう。

問題　文字を書くために使った4つの液体のうち，カードに書いた文字が消えてしまった液体はどれか，すべて書きなさい。また，文字が消えてしまった理由を言葉で説明しなさい。

7

けんたさんとゆうかさんが通う学校のげん関には，**図1**のような大きな古時計があります。

図1　古時

けんた：古時計の針(はり)が，またおくれてきたよ。
　　　　この前，教頭先生が時計の針を進めたのにどうしてかな。
ゆうか：この時計は，ふりこの動きを利用しているのよ。
けんた：じゃあ，針のおくれは，ふりこの何と関係しているのかな。
　　　　ふりこをつくって実験してみようよ。

けんたさんとゆうかさんは，ふりこのふれはばを変えて，**図2**のように，**実験1**をしました。ふりこが10往復する時間を3回はかりました。

実験1

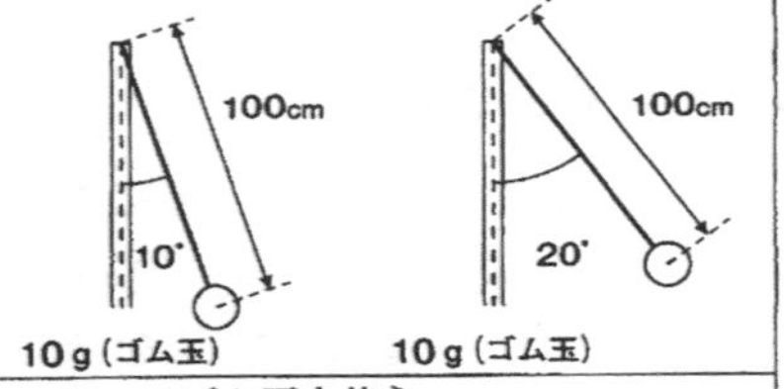

100cm　10°　10g（ゴム玉）
100cm　20°　10g（ゴム玉）

・10gのゴム玉を使う。
・ふりこの長さは，100cmにする。
・ふれはばは，10°と20°にする。

実験1の結果

おもりの重さ	10g（ゴム玉）	
ふりこの長さ	100cm	
ふれはば	10°	20°
10往復する時間の平均（秒）	19.7	19.9
1往復する時間の平均（秒）	2.0	2.0

（結果は小数第2位を四捨五入(ししゃごにゅう)して小数第1位まで書いた。）

図2　けんたさんとゆうかさんが考えた実験1とその結果

ゆうか：この**実験1の結果**から，針のおくれは，ふりこのふれはばとは関係がないわね。

次に，けんたさんとゆうかさんは，おもりの重さを変えて，**図3**のように，**実験2**をしました。ただし，おもりは形や大きさが同じものを使いました。

実験2

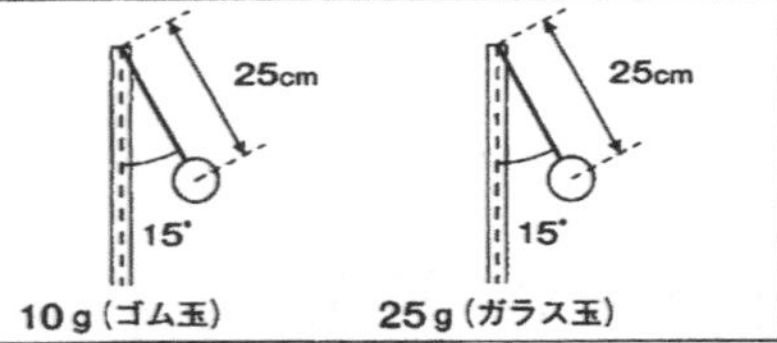

25cm　15°　10g（ゴム玉）
25cm　15°　25g（ガラス玉）

・ふれはばは，15°にする。
・ふりこの長さは，25cmにする。
・10gのゴム玉と25gのガラス玉を使う。（形，大きさは同じ）

実験2の結果

ふれはば	15°	
ふりこの長さ	25cm	
おもりの重さ	10g（ゴム玉）	25g（ガラス玉）
10往復する時間の平均（秒）	9.9	10.2
1往復する時間の平均（秒）	1.0	1.0

（結果は小数第2位を四捨五入して小数第1位まで書いた。）

図3　けんたさんとゆうかさんが考えた実験2とその結果

けんた：この**実験2の結果**から，針のおくれは，おもりの重さとも関係がないよ。
ゆうか：困(こま)ったわ。大きな古時計の針のおくれは，何と関係しているのか分からないわ。**実験1**や**実験2**で用いた器具や道具で，他に何と関係しているかを調べる実験はあるかしら。
けんた：そうだ。［　　　　　］を変えて実験をすればいいんだよ。

問題　会話文の［　　　］に入る，けんたさんの言葉を書きなさい。また，けんたさんが考えた実験方法を，図や言葉を使ってかきなさい。ただし，図をかく場合は，実際の大きさや長さでなくてよいものとします。

2024年度　算数　解答用紙　B日程

受験番号				

※200点満点
（配点非公表）

関西学院中学部 (2024.1.16)

この線より上には答えを書いてはいけません。

1.

(1)		(2)		(3)	
(4)					

2.

(1)		(2)		(3)	
(4)		(5)	日 午前／午後　　時		

3.(1)【式または考え方】

【答え】 | ㋐ | | ㋑ | |

(2)【式または考え方】

【答え】

4.【式または考え方】

【答え】

5.【式または考え方】

【答え】

6.(1)【式または考え方】

【答え】

(2)【式または考え方】

【答え】

(3)【式または考え方】

【答え】

(4)【式または考え方】

【答え】 | ㋐ | | ㋑ | |

二〇二四年度　国語　解答用紙　B日程

※この用紙には受験番号と解答以外は一切書いてはいけません。
※句読点やその他の記号も一字と数えます。

受験番号

関西学院中学部　二〇二四、一、一六

※200点満点
（配点非公表）

一

問一　a　b　c　d　e　f　g　h　i　j

問二　A　B　C　D　E　F　G

問三　A　B　C

問四

問五

問六

問七

問八

問九

問十

問十一

二

問一　a　b　c　d　e　f　g　h　i

問二　A　B　C　D　E　F

問三

問四

問五　日本語　英語

問六

問七

問八　動詞　形容詞

答えはすべて解答用紙に書きなさい。　円周率は3.14として計算しなさい。　図は正確とは限りません。

1. 次の□の中に適当な数を入れなさい。

(1) $(4720-208\times16)\div24+42=$ □

(2) $59.76\div7.2-0.65=$ □

(3) $1\frac{3}{20}-\left(3.75-\frac{5}{6}\right)\times1.44\div4\frac{2}{3}=$ □

(4) $\left\{3.2-\left(\square+1.9\right)\div1.125\right\}\times5\frac{5}{8}=6$

2. 次の□の中に適当な数を入れなさい。

(1) 家から学校まで□mの道があります。この道を妹は家から学校まで毎分80mで、兄は学校から家まで毎分100mで歩きます。妹と兄が同時に出発すると、家から学校までの道のりの半分より80m手前で出会いました。

(2) あるスーパーでは、牛肉150gを690円で売っています。この牛肉は350gで920キロカロリーです。2450円分の牛肉は□キロカロリーです。

(3) 図のような四角形の土地の周囲に等しい間隔(かんかく)で木を植えます。角には必ず木を植え、できるだけ木の本数を少なくするとき、木は□本必要です。

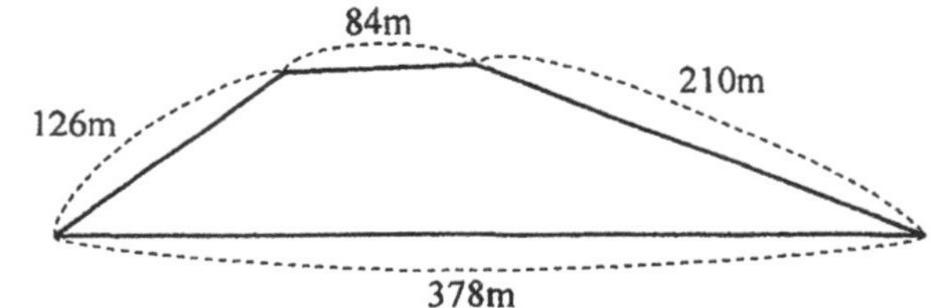

(4) 次のような分数のうち、約分できない分数は□個あります。

$\frac{1}{72}$、$\frac{2}{72}$、$\frac{3}{72}$、…　、$\frac{72}{72}$

(5) 太一君の時計は1日に6秒遅(おく)れ、花子さんの時計は1日に10秒進みます。2人の時計を1月1日午前9時に正しい時刻に合わせました。2人の時計の時刻の差が1分になるのは正しい時刻の1月［　　日 午前／午後　　時］です。（午前か午後を○で囲みなさい。）

3. ある日、川の下流のA地点と1.6km離(はな)れた上流のB地点をボートで往復しました。途中(とちゅう)、エンジンが故障して、7分間流されました。グラフはボートがA地点を出発してからの時間とA地点からの距離(きょり)を表しています。ただし、ボートの静水時の速さと川の流れの速さはそれぞれ一定です。次の問いに答えなさい。

(1) グラフの㋐、㋑にあてはまる数を求めなさい。

(2) 同じ日に、静水時の速さが分速50mのフェリーが、A地点をボートと同時に出発していました。フェリーとボートが出会ったのは出発してから何分後か求めなさい。

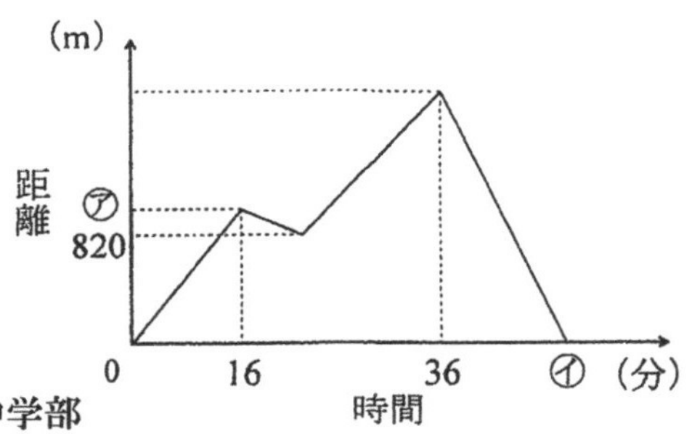
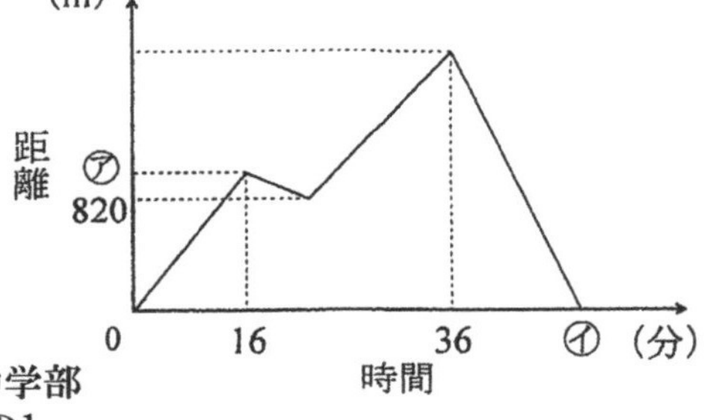

4. 半径1cmの円を、下の図形の太線にそって図形の外側を1周させます。円が通った部分の面積を求めなさい。

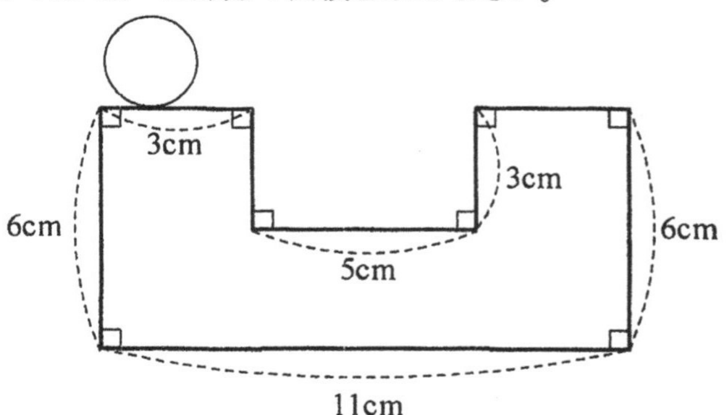

5. 図のように、25個の点が等しい間隔で並んでいます。この中から4個の点を選び、それらを頂点にする正方形をつくります。このような4個の点の選び方は何通りあるか求めなさい。ただし、下の例のようにななめの正方形も含(ふく)めます。

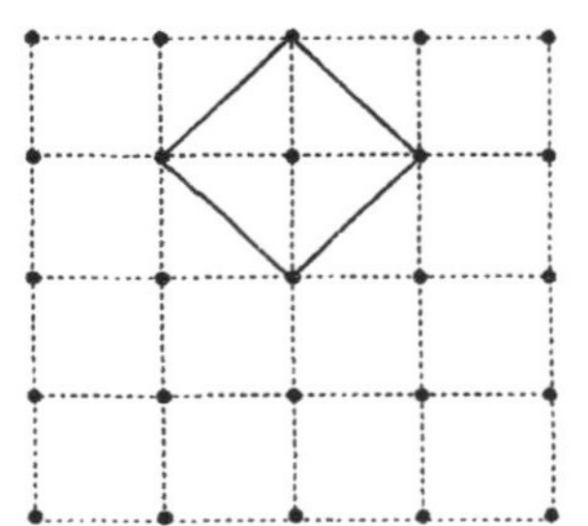

6. 図のような、2つのふたのない直方体の容器A、Bがあります。はじめ、Aには35cmの深さまで水が入っていて、Bは水が入っていない空(から)の状態です。BをAの上からまっすぐに一定の速さで沈(しず)めます。グラフは、Bの底が水面についてからAの底につくまでの時間と、Aの水の深さの関係を表したものです。ただし、容器の厚さは考えないものとします。次の問いに答えなさい。

(1) 容器Bを沈める速さは毎秒何cmか求めなさい。

(2) 容器Bの底面積を求めなさい。

(3) 容器Aから外側にあふれた水の量は何cm^3か求めなさい。

(4) グラフの㋐、㋑にあてはまる数を求めなさい。

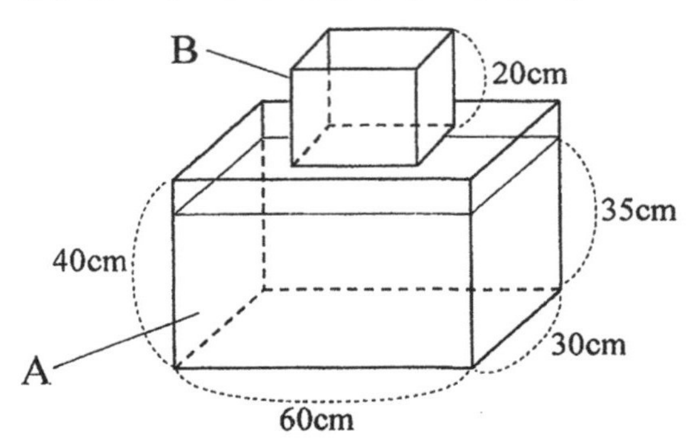

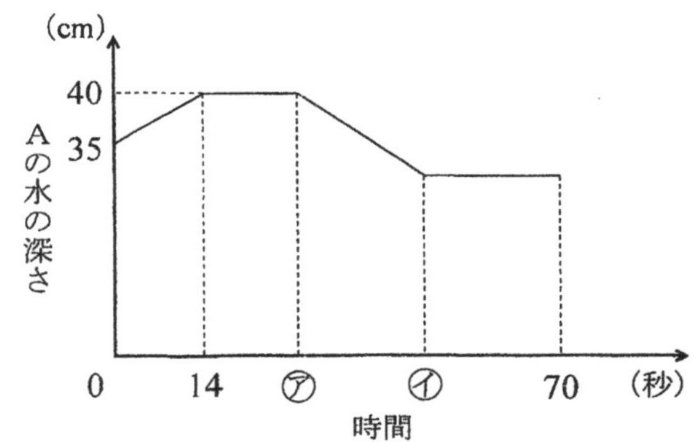

お詫び
著作権上の都合により、文章は掲載しておりません。
ご不便をおかけし、誠に申し訳ございません。
教英出版

（金谷武洋『日本語が世界を平和にするこれだけの理由』原文の見出しは省略し、太字部分は通常の文字にした）

注1　英仏語……英語とフランス語。仏語はフランス語のこと。
注2　原文では、第一章はこの後に「ありがとう」以外の言葉についても書かれている。
注3　副詞……ここでは「動詞や形容詞を修飾することば」という意味で使われている。

問一　――a～iの部分を漢字に直しなさい（送り仮名が必要なものはそれも書くこと）。
問二　（　A　）～（　F　）に入る最も適当なことばを次の中から選んで、記号を書きなさい（同じ記号は二度以上使いません）。
ア　さて　イ　しかも　ウ　すると　エ　つまり　オ　ですから　カ　ところが
問三　――1、カナダのモントリオール市は「言葉の面で非常に刺激的で面白い街」だと筆者が言っているのはなぜですか。できるだけ文中のことばを使って答えなさい。
問四　――2、「そうした表現」とはどのようなものですか。文中から十二字ぬき出して答えなさい。
問五　――3、日本語と英語に違いがあるのは、それぞれがどのような言葉であるからだと筆者は言っていますか。文中から十三字、十二字ぬき出して答えなさい。
問六　――4、「ありがとう」の元々の意味は何ですか。文中から十字ぬき出して答えなさい。
問七　――5、英語の「Thank you」と違って、日本語の「ありがとう」のどういう点を指して「人間が一人もいない」と言っていますか。
問八　動詞、形容詞とは何ですか。それぞれできるだけ文中のことばを使って答えなさい。

二〇二四年度　Ｂ日程　国語　問題用紙（Ⅱ）

関西学院中学部（二〇二四、一、一六）

問一 ━━ａ～ｊの部分を漢字に直しなさい（送り仮名が必要なものはそれも書くこと）。

問二 （Ａ）～（Ｇ）に入る最も適当なことばを次の中から選んで、記号を書きなさい（同じ記号は二度以上使いません）。

ア たえず　イ どうか　ウ とくに　エ おそらく　オ せっかく　カ まったく　キ みるみる

問三 ＝＝Ａ、Ｂ、Ｃの「と」「が」「ながら」と同じ意味で使われている文を次の中から一つ選んで、記号を書きなさい。

Ａ ア みんなはいやだと言った。　イ あなたとお話がしたい。　ウ 努力はむだとなった。　エ これは本物とちがう。

Ｂ ア 春が来た。が、外は寒い。　イ 疲（つか）れたが、休めない。　ウ 昨日のことだが、事故があった。　エ 私はこの服が着たい。

Ｃ ア 知っていながら答えない。　イ 昔ながらの町並み。　ウ 泣きながら帰った。　エ 失礼ながら先に帰ります。

問四 ━━１、なぜこのお堂は「楽音寺」と名付けられたのですか。できるだけ文中のことばを使って答えなさい。

問五 ━━２、なぜ行能は、これが法探房に会える最後の機会になると思ったのですか。

問六 ━━３、「これ」とは具体的にどのようなことですか。できるだけ文中のことばを使って答えなさい。

問七 ━━４、何を「待ち続けて」いたのですか。できるだけ文中のことばを使って答えなさい。

問八 ━━５、「筆をとる」とは、ここでは具体的に何をすることですか。

問九 ━━６、なぜこのようにしなければならないのですか。できるだけ文中のことばを使って答えなさい。

問十 ━━７、「あなたの道」とは具体的に何ですか。

問十一 ━━８、何が「同じ」なのですか。

二、次の文章をよく読んで問いに答えなさい。

二〇二四年度　B日程　国　語（60分）　問題用紙（Ⅰ）

関西学院中学部（二〇二四、一、一六）

一、次の文章をよく読んで問いに答えなさい。

藤原孝時は、琵琶という日本古来の弦楽器の並ぶ者のない[a]めいしゅとして世に知られていた。孝時は、仏への[b]しんじんも深く、仏門にも入り、仏弟子としての名である法名を法探房といった。自分の屋敷に仏をまつるお堂をたて、[c][1]楽音寺と名付けて、「阿釈妙楽音寺」[A]という額を掲げていた。法探房はこの楽音寺を、楽器の練習場としても開放したので、管絃をたしなむ人たちが（　A　）出入りしていた。この楽音寺には、阿弥陀様、お釈迦様、妙音天（音楽の徳を施す女神）などをおまつりし、日々、有難いお[d]経をとなえていた。また、音楽を[e]えんそうして、それを仏様へのお供えとしていた。こうしたわけで、このお堂をそう名付けたのである。楽音寺に掲げられていた額は、藤原行能という人が書いたものである。行能は、書の名人として後世にまで名を知られた藤原行成七代の子孫で、行能自身も当代では[f]ひるいなき書の名人であった。

この話は法探房が、楽音寺の額を書いてもらおうと行能のもとを訪ねたときのものであるが[B]、このような道をきわめた名人たちの間では、時に不思議な出来事が起こるものである。

額を書いてもらおうと、ある年の八月一三日、法探房は綾小路にある行能の屋敷を訪ねた。行能はかねてから病気であったが、このときは（　B　）病状が重く、起き上がることさえできないほどであった。しかし、病床に法探房を招き入れて、横になりながら[C]対面をした。病状はかなり重いようで、腹がふくらみ、息をするのも苦しい様子。口にする言葉さえ、はっきりとはしなかった。苦しい息の下で、「こんな病床にお通しし、寝ながらお会いするのは大変失礼でためらわれることです。しかし、（　C　）[2]これがあなたとお会いできる最後の機会になるでしょうから、（　D　）お許しください。お越しくださったことは、思いがけなく、とてもうれしいことです。それにしましても、おいでくださったのはどういうわけでしょうか。」とたずねた。法探房は、「このようにご病気でおられたとは、（　E　）存じ上げませんでした。少しばかり、お願いしたいことがありましたので、お訪ねしましたが、今のご様子を[g]はいけんしましては、今回はご遠慮申し上げます。今度、お体が良くなられてからお願いに参ります。」と答えた。しかし行能は、「確かに病気はこのように重いのですが、（　F　）おいでくださったのです。ともかくご用件をお話しください。思いがけなくおいでいただきましたのに……。」と無理をして強く言ったので、法探房は額のことを話した。

法探房の話を聞くと、行能は大変驚いて両手を合わせ、はらはらと涙を流しながらこう言った。

「とても不思議なことです。だいぶ昔、近江の国（今の滋賀県）から一人の僧がやって来て、寺の額を書いてほしいと頼まれたことがありました。その僧が言うには『近江の国にずいぶん古びて荒れ果てた寺がありました。この寺を大切にしてあがめ、寺が栄えてくれれば、何かおそろしい魔のようなものがじゃまをしだします。寺の僧たちもその魔をおそれ、寺が持っている田畑も年を追うごとに、どんどん荒れていきました。この様子を見るにつけ、確かに魔のようなものはこわいのですが、寺が（　G　）荒れていくのはとても悲しく、何とか栄えるようにしたいと思っています。そこで立派な額を掲げれば、このようなおそろしいことは起こらないと思い、当代一の書家であるあなた様に額をお書きいただきたい。』ということでした。それを[h]気のどくに思い、その寺のために額を書くことにしたのです。それから四、五年経ったころでしょうか、例の僧が再びやって来て、『書いてくださった額を掲げてからは、よくないことがまったくなくなりました。寺の僧たちも安心してつとめにはげみ、寺の田畑も豊作続きです。これをとても喜ばしく、有難いことだと思っていましたところ、[3]これはあの額のお陰だと、夢でお告げがありました。とても有難いことだと、このことのご報告に参りました。』と手を合わせて言ったのです。

ところが、今月の八日、このように病気で寝ていたのですが、明け方、ある夢を見ました。天人と思われる人が額を持って来られ、『この額に書かれている文字がいたんでいる。[i]しゅうふくしてほしい。』と額を私に手渡されました。見ると確かに以前、近江の国の寺のために書いた額です。なるほど、文字が少し消えかかっているところがあります。そこで、夢の中のことではありますが、文字を書き直して、天人にお返しいたしました。天人はとてもお喜びの様子でお帰りになろうとされましたが、ふとふり返って、『今から五日以内に、額を書いてほしいと頼む人が来る。必ず書いてあげなさい。これは仏様とのご縁につながることだ。』とおっしゃった後に立ち去られました。そのとき夢から[j]さめたのです。このことがあったので、今日か明日かと、心の中で[4]待ち続けておりましたところ、今日で五日目となりました。そういうときに、あなたがおいでになって、私に額を依頼されたのです。これはきっと仏様とのご縁をいただける証しにちがいありません。さっそくにでも[5]筆をとるべきでしょうが、こういうわけですから、この額は[6]精進し、身も心も清らかにしてから、書かなくてはなりません。この額を書き上げてしまうまでは、よもや死ぬことはありますまい。」と言って、涙を流しながら大変喜んだのであった。行能はさらに続けて、「おおよそ、世の中には諸芸の道にたずさわる人は多くいますが、[7]あなたの道においては、あなたに並ぶ人はいないでしょう。書の道においては私も[8]同じです。だから、夢で見たようにあなたがおいでになって、仏様とのご縁をいただけたのでしょう。」と、また感激の涙を流した。

この話は、けっしていい加減なものではない。法探房も、このことを自ら語っているし、また行能もこの出来事を記した書状を法探房に送っている。

（『古今著聞集』巻七　二九一「法探房、持仏堂楽音寺の額を行成七代の孫行能に依頼の事」

現代語訳にあたり、若干の改変を加えた）

受験番号				

※100点満点
（配点非公表）

問１

(1)	A		B		C	

(2)		(3)		(4)		(5)		(6)		(7)	

(8)	→ → →	(9)		(10)	

問２

(1)		(2)	①		②	

問３

(1)	①		②		(2)		(3)	度	(4)	①	度	②	度

(5)		(6)	度	(7)	度	(8)		(9)		(10)		(11)	度

問４

(1)	①		cm^3
	②	(A)	
		(B)	

(2)	①	g	②	

(3)	①		②	A		B		C	

(4)	①		②		③	

問５

(1)	①		②			
	③		④		(2)	

(3)	•
	•

(4)	①		②	

(5)	①		②		③		④		⑤		(6)	

2024年度　算数　解答用紙　A日程

受験番号				

※200点満点
（配点非公表）

関西学院中学部 (2024.1.13)

この線より上には答えを書いてはいけません。

1.

(1)		(2)		(3)	
(4)					

2.

(1)		(2)		(3)	
(4)		(5)			

3. (1)【式または考え方】

【答え】

(2)【式または考え方】

【答え】

4. (1)【式または考え方】

【答え】

(2)【式または考え方】

【答え】

5. (1)

(2)【式または考え方】

【答え】

(3)【式または考え方】

【答え】

(4)【式または考え方】

【答え】 ㋑　　㋒

6. (1)

(2)【式または考え方】

【答え】

二〇二四年度　国語　解答用紙　A日程

受験番号

関西学院中学部　二〇二四、一、一三

※この用紙には受験番号と解答以外は一切書いてはいけません。
※句読点やその他の記号も一字と数えます。

一

問一　a　b　c　d　e　f　g　h

問二　A　B　C　D　E　F

問三　①　②

問四　①　②

問五

問六

二

問一　a　b　c　d　e　f　g　h　i　j

問二　A　B　C　D　E

問三　ア　イ　ウ

問四

問五　ア　イ

問六

問七　はじめ　終わり

問八　①　②

問九

問十

三

①（　　）
②（　　）
③（　　）
④（　　）
⑤（　　）
⑥（　　）

※200点満点
（配点非公表）

図3は、近畿地方のいくつかの川を示した地図です。

（5）次の文章を読み、（ ① ）～（ ⑤ ）に入る適当な語句を、それぞれの（　　）の中から選び、記号を書きなさい。

兵庫県の西宮市、芦屋市、神戸市に住む人の多くは、北側にある六甲山地と南側にある大阪湾の間の、けいしゃのゆるやかな土地に住んでいます。西宮市には夙川、芦屋市には芦屋川、神戸市には住吉川などの川が流れていて、どの川も六甲山地から流れ出る川です。多くの人が住むけいしゃのゆるやかな土地は、川がけいしゃの急な山地から平地に出たところにつくられたもので（ ① ア．V字谷　イ．扇状地　ウ．三角州 ）とよばれます。この土地は、流れる水のはたらきのうち（ ② ア．しん食作用　イ．運ぱん作用　ウ．たい積作用 ）によりつくられました。

夙川、芦屋川、住吉川はすべて「天井川」とよばれます。天井川とは、川底が周辺の地面の高さよりも高い位置にある川のことです。ふつう、道路や鉄道の線路は橋をかけて川をわたりますが、鉄道が芦屋川と住吉川を通るところは川底が線路よりもかなり高い位置にあるために、全国的にめずらしい、川底の下をくぐるトンネルがつくられています。

六甲山地と大阪湾の間のきょりは近いので、芦屋川や住吉川は川の長さが（ ③ ア．長く　イ．短く ）、流れが（ ④ ア．急　イ．ゆるやか ）です。そのため、大雨のたびに水とともにたくさんの土砂が運ばれてきます。流れてくる水と土砂はこう水を引き起こすので、街を守り、水があふれないようにするために、人は川に（ ⑤ ア．さく　イ．てい防　ウ．ダム　エ．水路 ）をつくります。次に大雨がふると、流れてきた土砂が（ ⑤ ）で囲われた川の中にたまるので川底が高くなります。すると、水があふれないようにするために、また人は（ ⑤ ）を高くします。これがくり返されて、芦屋川や住吉川は天井川になったのです。

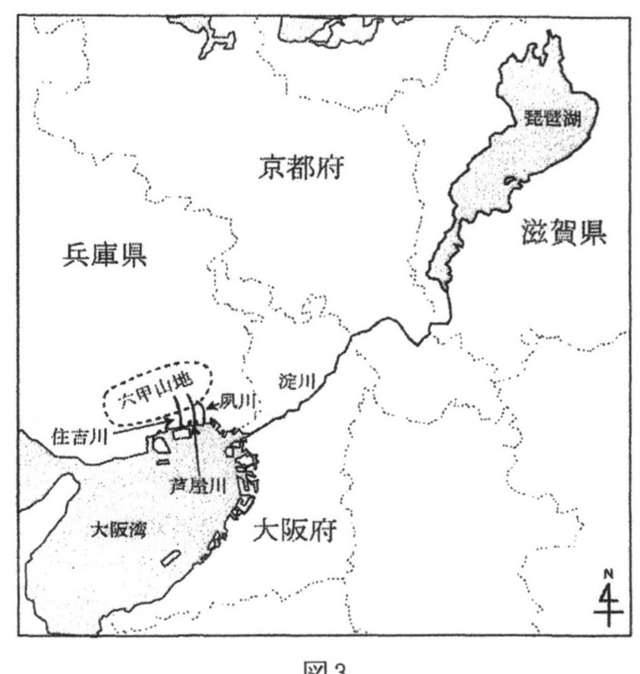

図3

（6）西宮市から鉄道で大阪駅に行くときに、その手前で淀川という大きな川を鉄橋でわたります。淀川は滋賀県の琵琶湖から流れ出て、京都府、大阪府を経て大阪湾に流れこむ川です。淀川の海の近くの石と、神戸市の住吉川の海の近くの石のようすとして、最も適当なものを次の中から選び、記号を書きなさい。

ア．淀川の石の方が住吉川の石よりも大きく、丸みを帯びている。
イ．淀川の石の方が住吉川の石よりも大きく、角ばっている。
ウ．淀川の石の方が住吉川の石よりも小さく、丸みを帯びている。
エ．淀川の石の方が住吉川の石よりも小さく、角ばっている。
オ．同じ大阪湾の近くなので、淀川の石も住吉川の石もようすは変わらない。

（4）からのついた生卵の重さと体積をはかると、重さが60gで体積が55cm³でした。

①　この生卵を水1000cm³の入ったビーカーに入れると、どうなりますか。最も適当なものを次の中から選び、記号を書きなさい。

ア．うかんで大部分が出る。　イ．うかんで半分くらいが出る。　ウ．うかんでわずかに出る。　エ．しずむ。

②　ビーカーの水1000cm³に食塩250gを完全にとかしたときの食塩水の体積をはかると1090cm³でした。この食塩水にこの生卵を入れると、どうなりますか。

ア．しずむ。　イ．うく。　ウ．ういたりしずんだりする。

③　②の答えの理由として、最も適当なものを次の中から選び、記号を書きなさい。

ア．生卵のからには呼吸するための目に見えない小さな穴があいていて、酸素のとけた食塩水をとりこんだから。

イ．食塩水の1cm³あたりの重さのほうが、生卵の1cm³あたりの重さよりも大きくなったから。

ウ．食塩は水にとけると水温を急激に下げるために、生卵の温度との間に大きな差が生まれて、ビーカーの中で対流が起きたから。

問5　川と流れる水のはたらきについて、次の問題に答えなさい。

（1）図1は川の流れを示しています。

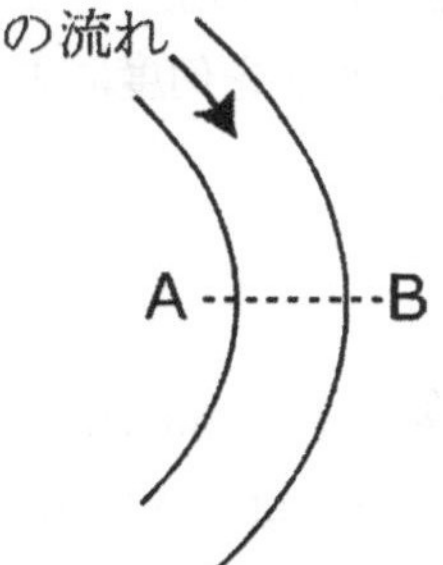

図1

①　図1のA地点の陸地のようすについて、適当なものを次の中から選び、記号を書きなさい。

ア．川原が広がっている。　イ．がけになっている。

②　図1のA地点の陸地のようすが、①の答えのようになるのはなぜですか。文で説明しなさい。

③　図1のA地点とB地点を結んだ川底の形として、最も適当なものを次の中から選び、記号を書きなさい。

④　災害を防ぐために、人は図1のB地点にどのような工夫をしていますか。適当でないものを次の中から選び、記号を書きなさい。

ア．コンクリートで護岸する。　イ．ブロックを置く。　ウ．木や竹を植える。　エ．ダムをつくる。

（2）川の災害を防ぐためにつくられる「遊水地」のはたらきとして、最も適当なものを次の中から選び、記号を書きなさい。

ア．水のいきおいを弱めて、川岸がけずられるのを防ぐ。

イ．石や土をためて、それらが一度に流されるのを防ぐ。

ウ．川岸を高くして、川の水量が増えたときに水があふれるのを防ぐ。

エ．水を一時的にためられるようにして、川の水量が増えたときにこう水を防ぐ。

（3）川岸に植物が水にひたるようにしげり、曲がりくねった川がありました。この川にはメダカがたくさんすんでいました。ところが、大雨が降って川の水かさが増すと、水が流れにくいために、たびたびこう水によるひ害が発生していました。そこで、水の流れをさまたげる川岸の植物を取り除いたり、曲がりくねった川をまっすぐにしたりする工事をしました。すると、こう水のひ害は減りましたが、川にすむメダカの数も減ってしまいました。これらの工事により、メダカの数が減ってしまった理由を2つ、それぞれ文で説明しなさい。

（4）図2は、兵庫県の武庫川で川の中から上流側を向いてとった写真です。奥（おく）には川をわたる道路の橋があります。その手前には川を横切るように段差がつくられていて、水が流れ落ちています。段差の中央部分には、階段状に水が流れる設備が取り付けられています。

①　この階段状に水が流れる設備を何といいますか。漢字で書きなさい。

②　この設備の役割を文で説明しなさい。

図2

光電池は環境に優しい発電ができると、注目を浴びています。ある地点で光電池で発電するとき、その地点で太陽が一日の中で最も高い位置に来たときの太陽の方向をもとにして、光電池を設置すると最も多く発電できます。

（９）地球の赤道から北極に向かって 35 度進んだ地点（北緯35 度）に光電池を設置するとき、光電池をどの方位に向けると、最も多く発電できると考えられますか。最も適当なものを次の中から選び、記号を書きなさい。

ア．東　　イ．西　　ウ．南　　エ．北

（10）地球の赤道から南極に向かって 35 度進んだ地点（南緯 35 度）に光電池を設置するとき、光電池をどの方位に向けると、最も多く発電できると考えられますか。最も適当なものを次の中から選び、記号を書きなさい。

ア．東　　イ．西　　ウ．南　　エ．北

（11）図 7 のように、春分の日に赤道（緯度 0 度）では、太陽が最も高い位置に来たときに、太陽からの光が地面に垂直に当たります。それでは、春分の日に北緯 35 度の地点に、ちょうつがいが（９）の答えの方位を向くように図 2 の装置を置いたとき、角Ｘを何度にすると、最も多く発電できると考えられますか。

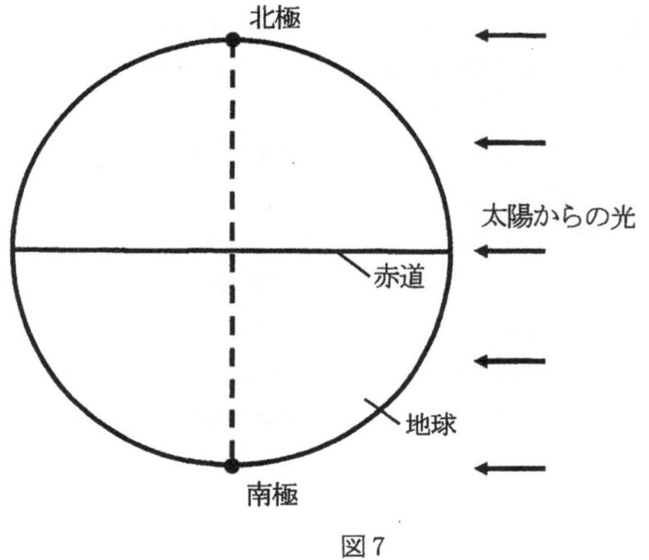

図７

問４

ものが液体にうくのかしずむのかは、液体 1cm³ あたりの重さと、うかべようとするものの 1cm³ あたりの重さを比べて判断することができます。たとえば、水は 1cm³ あたりの重さが 1g ですが、1cm³ あたりの重さが 1g より大きいものは、水にしずんでしまいます。また、図 1 は、1cm³ あたりの重さが 0.1g、0.3g、0.5g、0.9g の中身がつまった立方体がそれぞれ水にういているようすです。次の問題に答えなさい。

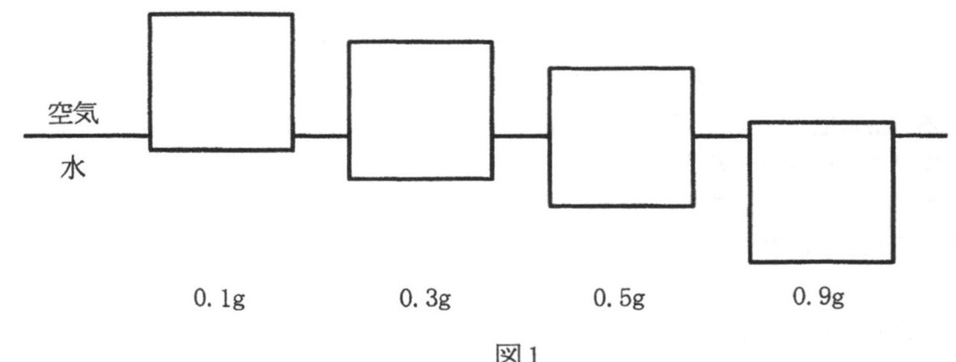

図１

（１）鉄 1cm³ の重さをはかると 7.8g でした。次に、すべて同じ体積にそろえた、中身がつまった立方体の鉄、アルミニウム、ゴム、木、プラスチックを用意しました。それぞれの重さをはかったところ、鉄は 195g、アルミニウムは 67.5g、ゴムは 40g、木は 12g、プラスチックは 23g でした。

① 同じ体積にそろえた、いろいろなものの立方体の体積は何 cm³ ですか。ただし、割り切れない場合は、小数第 3 位を四捨五入して、小数第 2 位まで求めなさい。

② 用意した鉄、アルミニウム、ゴム、木、プラスチックそれぞれを、水の入った水そうに入れました。

(A) 水にしずむものをすべて書きなさい。ない場合は、×と書きなさい。

(B) 立方体の半分くらいが、水面の上に出てうくものをすべて書きなさい。ない場合は、×と書きなさい。

（２）重さが 1g の水は氷になると、重さはそのままで体積が 1.1 倍になります。

① 体積が 1cm³ の氷の重さは何 g になりますか。ただし、割り切れない場合は、小数第 3 位を四捨五入して、小数第 2 位まで求めなさい。

② 立方体の氷を水にうかべるとき、水面の上に立方体のどれくらいの部分が出ていますか。最も適当なものを次の中から選び、記号を書きなさい。

ア．大部分が出る。　イ．半分くらいが出る。　ウ．わずかに出る。　エ．水面からは出ない。

（３）食用油を 200cm³ はかりとって、その重さをはかると 188g でした。

① 食用油の体積をはかりとるために必要な器具を次の中から 2 つ選び、記号を書きなさい。

ア．スタンド　イ．メスシリンダー　ウ．試験管　エ．ピペット　オ．電子てんびん

② この食用油の入ったビーカーに、氷を入れたときに起こることを順に説明した次の文章の（ A ）～（ C ）に入る適当な語句を、それぞれの（　）の中から選び、記号を書きなさい。

「食用油に入れた氷は（ A ア．うかん　イ．しずん ）でいるが、だんだんととける。氷がとけた水は（ B ア．とどまり　イ．上しょうし　ウ．下降し ）、食用油と（ C ア．混じり合う　イ．混じり合わない ）。」

出典：環境省ホームページより
（ https://www.env.go.jp/content/000127654.pdf ）

図1

問３ 光電池は光を電気に変えるものです。光電池について、次の問題に答えなさい。

（1）図1のような街路灯には光電池などのいくつかの部品が使われています。このような街路灯について説明した次の文章の（　①　）、（　②　）に入る適当な語句を、下のア～カからそれぞれ選び、記号を書きなさい。

「晴れた昼間に光電池で発電した電気を（　①　）などにためる。街路灯には（　②　）を感知するセンサーがついているため、夜になると、昼間に発電した電気を使って自動で明かりがつく。」

ア．発光ダイオード　　イ．コンデンサー　　ウ．タービン　　エ．光　　オ．気温　　カ．風

（2）光電池に光を当てたとき、光を受ける面と当たる光の角度が垂直に近ければ近いほど、発電できる電気の量が多くなります。光電池に光を同じ時間だけ当てたとき、発電できる電気の量が多くなるのはどちらですか。次の中から適当なものを選び、記号を書きなさい。

ア．

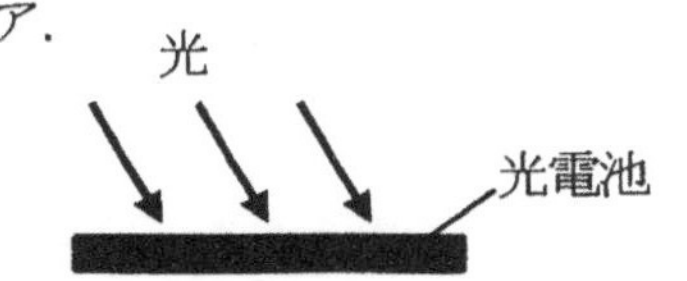

イ．

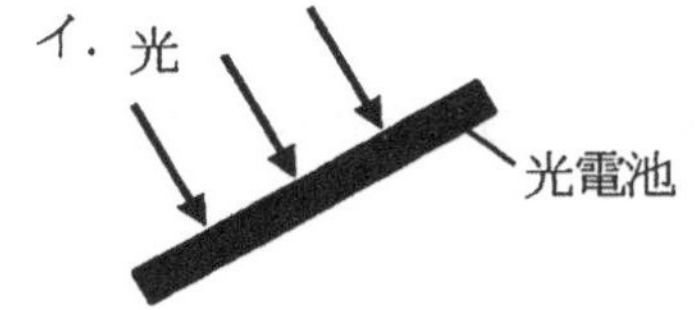

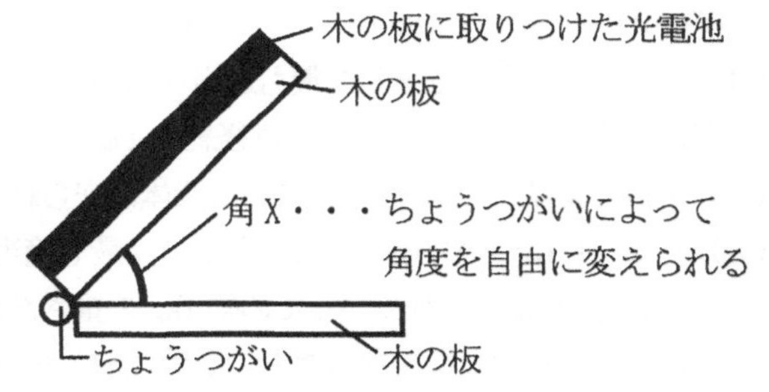

図2

光電池1個と木の板2枚、ちょうつがいを使って、光電池に当たる光の角度を自由に変えられる装置をつくりました。図2はその装置を真横から見たものです。この装置の2枚の木の板がつくる角を角 X と表すようにします。図 2 の装置を地面に置き、光電池に豆電球をつなげて、豆電球のようすを観察しました。

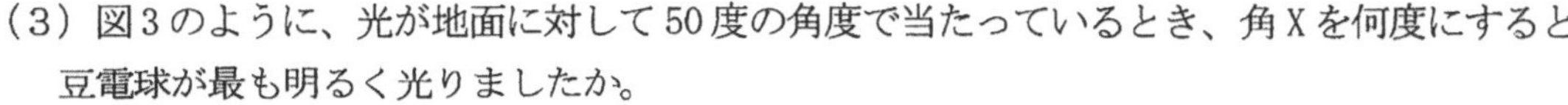

（3）図3のように、光が地面に対して50度の角度で当たっているとき、角Xを何度にすると豆電球が最も明るく光りましたか。

（4）図4のように、太陽からの光が地面に対して60度の角度で当たっているとき、角Xを0度、30度、60度、90度にして、これら4つの角度での豆電球の明るさを比べました。豆電球の明るさが次のようになったのは角Xを何度にしたときですか。

①　豆電球が最も明るく光ったとき　　②　豆電球が最も暗く光ったとき

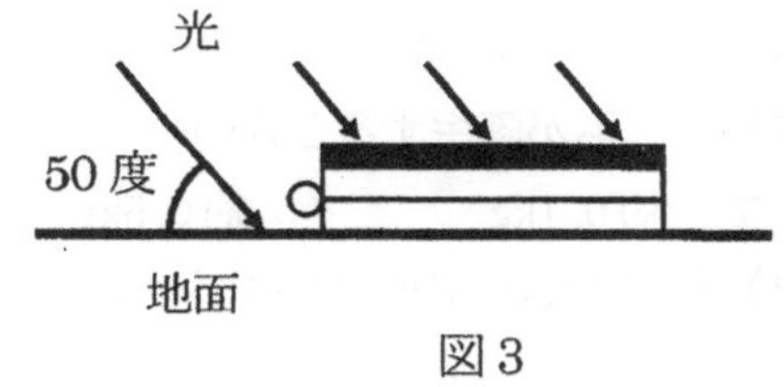

図3

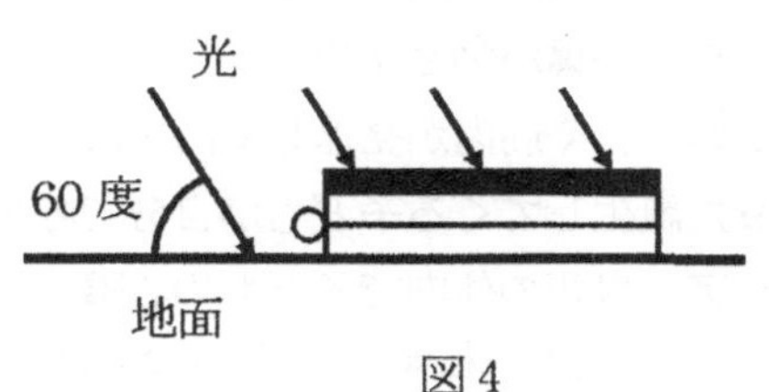

図4

（5）図5のように装置を置いて、角Xを0度から始めて90度になるまで開いていきました。このとき、豆電球の明かりはどのように変化しましたか。最も適当なものを次の中から選び、記号を書きなさい。

ア．豆電球の明かりは明るくなっていった。

イ．豆電球の明かりは暗くなっていき、途中から消えた。

ウ．豆電球の明かりは明るくなっていき、途中から暗くなっていった。

エ．豆電球の明かりは暗くなっていき、途中から明るくなっていった。

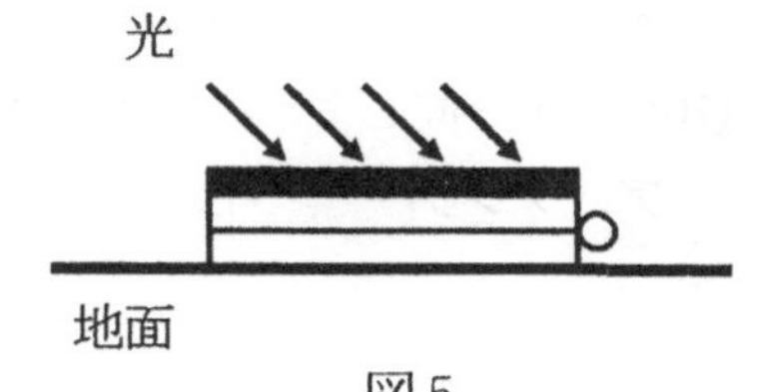

図5

丸い机の周囲に図2の装置を取り付けられるようにして、光を当てました。図6はそのようすを上から見た図です。ただし、机の中心から見たときに、ちょうつがいが右側にくるようにして装置を固定しました。図6のaの位置では、装置の角Xを0度にしたとき、光電池に垂直に光が当たるようになっています。図6のbの位置は、aの位置から反時計回りに90度進んだ位置です。また、図6のdの位置は、aの位置から時計回りに90度進んだ位置です。光電池に豆電球をつなげて、豆電球のようすを観察しました。すると、図6のb、c、dの位置では、装置の角Xを0度にしたときに豆電球は光りませんでした。

（6）図6のbの位置では角Xを何度にしたときに、豆電球が最も明るく光りましたか。

（7）図6のaの位置から反時計周りに55度進んだ位置に装置を取り付けました。この位置では角Xを何度にしたときに、豆電球が最も明るく光りましたか。

（8）dの位置で装置の角Xを0度から始めて90度になるまで開いていきました。このとき、豆電球の明かりはどのように変化しましたか。最も適当なものを次の中から選び、記号を書きなさい。

ア．豆電球の明かりは明るくなっていった。

イ．豆電球の明かりは明るくなっていき、途中から暗くなっていった。

ウ．豆電球の明かりは暗くなっていき、途中から明るくなっていった。

エ．豆電球はつかなかった。

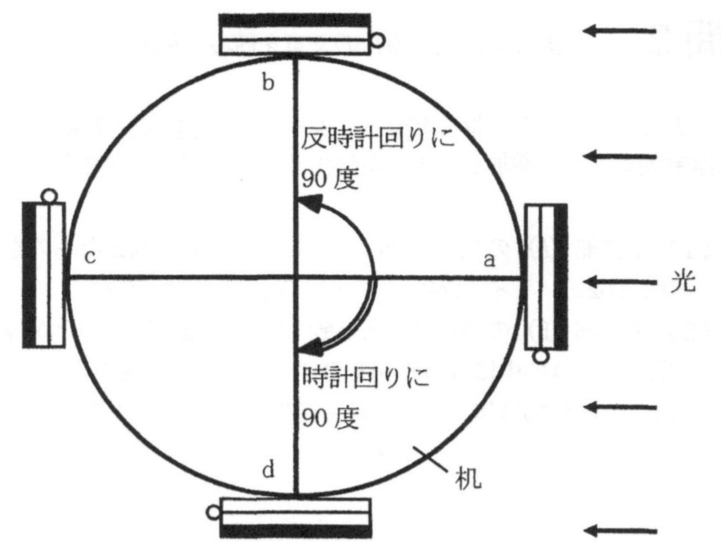

図6

※答えはすべて、解答用紙に書きなさい。

問１　ヒトの誕生に関する次の文章を読み、問題に答えなさい。

ヒトの①受精卵(じゅせいらん)は、母親の（　A　）の中で成長を始め、②胎児(たいじ)になります。また、（　A　）のかべには（　B　）がつくられ、（　B　）には（　C　）がつながっています。この（　C　）を通して、胎児は母親から③養分や水分などの必要なものを受け取って育ちます。そして、受精から約（　D　）日間でヒトの子どもは誕生します。

（1）（　A　）～（　C　）に入る適当な語句をそれぞれ書きなさい。ただし、（　A　）は漢字で、（　B　）と（　C　）はひらがなで書きなさい。

（2）（　D　）に入るいっぱんてきな数として最も適当なものを次の中から選び、記号を書きなさい。

ア．120　イ．180　ウ．210　エ．270　オ．340

（3）下線部①の大きさとして最も適当なものを次の中から選び、記号を書きなさい。

ア．直径約 0.01mm　イ．直径約 0.1mm　ウ．直径約 1mm　エ．直径約 10mm

（4）下線部②は（　A　）の中にある液体に守られて安全に育ちます。この液体の名前を漢字で答えなさい。

（5）（　B　）について述べたものとして、最も適当なものを選び、記号を書きなさい。

ア．養分が蓄(たくわ)えられているため約 1kg の重さがある。

イ．胎児からいらなくなったものを受け取る役割はない。

ウ．胎児が成長するにつれて、小さくなっていく。

エ．子どもが誕生すると、母親の体外へ出される。

（6）下線部③について、養分や水分の他に必要なものを１つ漢字で書きなさい。

（7）子どもが誕生するときのいっぱんてきな体重はどれくらいですか。最も適当なものを次の中から選び、記号を書きなさい。

ア．約 0.1kg　イ．約 0.5kg　ウ．約 1kg　エ．約 3kg

（8）母親の体内で子どもはどのような順番で育ちますか。次のア～エを正しい順番に並べかえなさい。

ア．手や足の形がはっきりしてくる。

イ．性別が区別できるようになる。

ウ．心臓が動き始める。

エ．骨や筋肉が発達して活発に動くようになる。

（9）誕生してくる子どもが自分で呼吸を始めるのはいつですか。最も適当なものを次の中から選び、記号を書きなさい。

ア．母親の体内で子どもの心臓と肺ができたとき。

イ．母親の体内で子どもの心臓が動き始めたとき。

ウ．子どもが母親の体外へ出る約 10 時間前。

エ．子どもが母親の体外へ出たとき。

(10) ヒトと同じように、卵ではなく親と似た姿で子どもを体外にうみだす動物を次の中から選び、記号を書きなさい。

ア．クジラ　イ．カエル　ウ．カメ　エ．スズメ

問２　地球温暖化に関する次の文章を読み、問題に答えなさい。

人は石油などを大量に燃やし、多くの (A) 二酸化炭素を発生させています。近年、この二酸化炭素をはじめ (B) （　　）ガス、フロンガスのような温室効果ガスの増加が、地球温暖化の主な原因だと考えられています。今後は、地球全体で温室効果ガスの発生をおさえる必要があります。

（1）下線部 (A) の世界共通の表し方として最も適当なものを次の中から選び、記号を書きなさい。

ア．CO2　イ．Co2　ウ．CO_2　エ．Co_2

（2）下線部 (B) の増加は、ある動物から大量に出ることが原因の一つだと考えられています。

①（　　）の中に入る語句をカタカナ３文字で書きなさい。

②その動物は何ですか。最も適当なものを次の中から選び、記号を書きなさい。

ア．ヒト　イ．イヌ　ウ．ウシ　エ．ニワトリ

2024年度　算数　問題用紙　(60分)　　A日程　　関西学院中学部(2024.1.13)

答えはすべて解答用紙に書きなさい。　円周率は3.14として計算しなさい。　図は正確とは限りません。

1. 次の□の中に適当な数を入れなさい。

(1) $17 \times 19 - 76 \div 2 \times 3 =$ □

(2) $2.65 \times 14 - 58 \times 0.14 + 0.8 \times 1.4 =$ □

(3) $\left(\frac{2}{15} + \frac{4}{5} - \frac{9}{10}\right) \times 3\frac{3}{4} \div 1.75 =$ □

(4) $8 \times \left(2.25 + 5\frac{7}{9} \div 4\frac{1}{3}\right) \div 8.6 =$ □

2. 次の□の中に適当な数を入れなさい。

(1) A、B、C 3種類の商品を売っています。昨日のA、B、Cの値段の比は 10：7：4 で、Cは□円でした。今日は昨日よりAを100円値上げし、Bを20円値下げしたので、A、Bの値段の比は5：3になりました。

(2) ある仕事を父だけですると15日、子どもだけですると20日かかります。この仕事を父だけで□日したあと、残りの仕事を子どもだけですると、合計17日かかりました。

(3) 濃度2%の食塩水200gと、濃度5%の食塩水300gを混ぜました。できた食塩水から150gを取り出したところ、その150gの中には食塩が□g溶けています。

(4) 図のような正六角形があり、面積は72cm²です。斜線部分の面積は□cm²です。

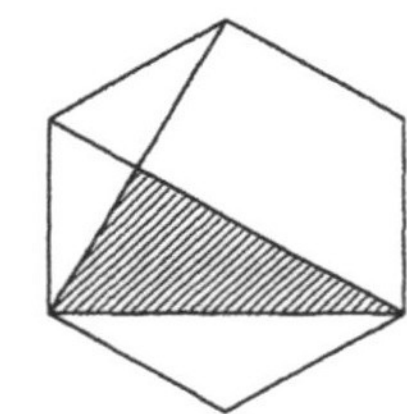

(5) 長さ□mの電車が時速108kmで走っています。この電車は、線路沿いを同じ方向に分速84mで歩いている人を追い越すのに4秒かかります。ただし、人の大きさは考えません。

3. ある中学校で40人に算数のテストをしました。このテストは問題が3つあり、配点は、1番が20点、2番が20点、3番が10点の50点満点です。どの問題も正解か不正解とし、部分点はありません。下の表はテストの結果を表しています。このテストで1番を正解した生徒は18人でした。次の問いに答えなさい。

点数(点)	50	40	30	20	10	0
人数(人)	3	5	16	8	6	2

(1) 3番を正解した生徒は何人いたか求めなさい。

(2) 2番を正解した生徒は何人いたか求めなさい。

4. キャンプで使うために、ジャガイモを3回仕入れました。1回目の仕入れでは、1kgあたりの価格は445円でした。2回目の仕入れでは1回目と同じ量のジャガイモを仕入れましたが、1kgあたりの価格は1回目と変わっていました。3回目の仕入れでは、2回目より25%少ない量を仕入れ、1kg当たりの価格は2回目より20%上がっていました。3回の仕入れでジャガイモを合計7150g仕入れ、3380円かかりました。次の問いに答えなさい。

(1) 1回目に仕入れた量は何gか求めなさい。

(2) 3回目に仕入れたジャガイモの1kgあたりの価格を求めなさい。

5. 図のように、いくつかの直方体を組み合わせた形の水槽があり、蛇口から毎分2.5Lの水を入れます。はじめ、排水口は開いていましたが、途中で閉めました。グラフは空の水槽に水を入れ始めてから満水になるまでの時間と、排水口がある面からの水面の高さを表しています。次の問いに答えなさい。

(1) 水を入れ始めてから何分後に排水口を閉めたか求めなさい。

(2) 図の㋐にあてはまる数を求めなさい。

(3) 排水口が開いていたとき、水は毎分何Lの割合で流れ出ていたか求めなさい。

(4) グラフの㋑、㋒にあてはまる数を求めなさい。

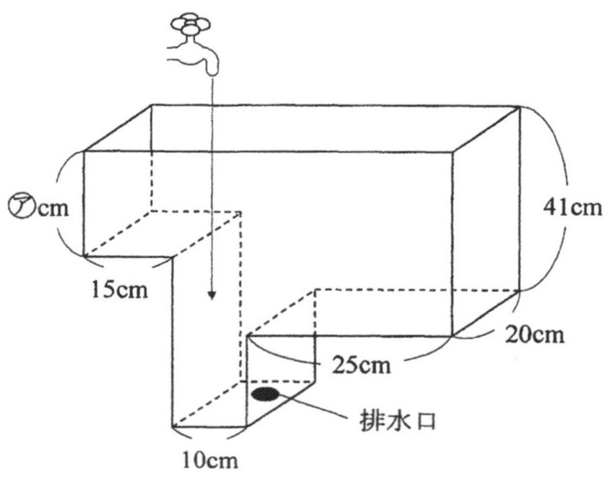

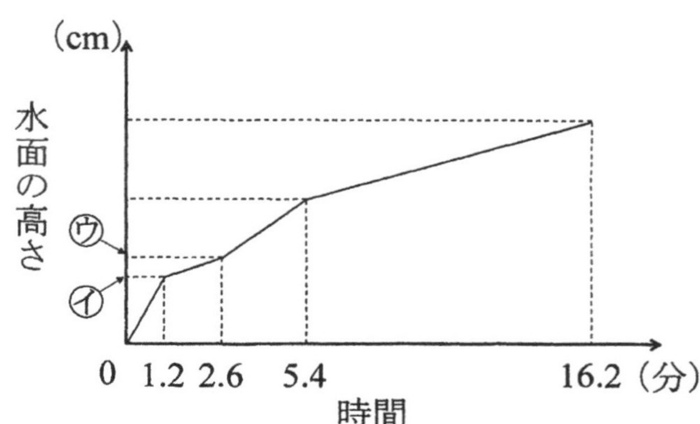

6. 整数に次の操作を行います。3で割り切れる数は3で割り、3で割って1余る数には2を足し、3で割って2余る数には1を足します。この操作をくり返し行い、1になったら終了します。はじめの整数が12のときは、例のように5回の操作で終了します。次の問いに答えなさい。

(例)　12 → 4 → 6 → 2 → 3 → 1

(1) はじめの整数が40のとき、何回の操作で終了するか求めなさい。

(2) 6回の操作で終了するはじめの整数は、いくつあるか求めなさい。

問五　――2、なぜアメリカ人と日本人の答えにはこのような違いが出るのですか。次の（　ア　）、（　イ　）に入ることばをそれぞれ文中から四字ぬき出して答えなさい。

　アメリカ人は美を（　ア　）として捉えるのに対して、日本人は（　イ　）として捉えるから。

問六　――3、「客観的な原理に基づく秩序」の例として筆者は三つのことを挙げています。その三つを文中からぬき出して答えなさい。

問七　――4、これは日本人がどのような態度で「美」を見出してきたからだと筆者は考えていますか。その理由が書かれている一文の、はじめと終わりの五字をぬき出しなさい。

問八　――5、筆者は日本の美の説明に、広重が描き出した《名所江戸百景》の中の「雪晴れの日本橋」「花の飛鳥山」を例として挙げていますが、この①《名所江戸百景》、②「雪晴れの日本橋」「花の飛鳥山」は、現代に置きかえると何に当たると言っていますか。それぞれ文中からぬき出して答えなさい。

問九　――6、「そのように分類した」のは誰ですか。

問十　――7、どのようなものが「代表的なモニュメント」となっているのですか。文中から五字ぬき出して答えなさい。

三、（　　）に動物の名前を入れて、慣用句を完成させなさい（平仮名でもよい）。

《意味》	《慣用句》
①非常にいそがしいこと。	（　　）の手も借りたい
②意気投合すること。	（　　）が合う
③誰も相手にしないこと。	（　　）も食わない
④周囲を取り囲まれて、にげられないこと。	袋の（　　）
⑤突然のことに驚いて、目を丸くしているさま。	（　　）に豆鉄砲
⑥物事をよく考えずに、そのまま受け入れること。	（　　）呑みにする

ている。逆に言えば、そのような原理に基づいて作品を制作すれば、それは「美」を表現したものとなる。e てんけいてきな例は、現在でもしばしば話題となる八頭身の美学であろう。人間の頭部と身長が一対八の比例関係にあると き最も美しいという考え方は、紀元前四世紀のギリシャにおいて成立した美の原理である。ギリシャ人たちは、このような原理を「カノン（規準）」と呼んだ。「カノン」の中身は場合によっては変わり得る。現に紀元前五世紀においては、優美な八頭身よりも荘重な七頭身が規準とされた。だが七頭身にせよ イ にせよ、何かある原理が美を生み出すという思想は変わらない。ギリシャ彫刻の持つ魅力は、この美学に f ゆらいするところが大きい。

もっとも、この時期の彫刻作品はほとんど失われてしまって残っていない。残されたのは大部分ローマ時代のコピーである。しかししばしば不完全なそれらの模刻作品を通して、かなりの程度まで原作の姿をうかがうことができるのは、美の原理であ る「カノン」がそこに実現されているからにほかならない。原理に基づいて制作されている以上、彫刻作品そのものがまさし く「美」を表すものとなるのである。

（ D ）このような実体物として美を捉えるという考え方は、日本人の美意識のなかではそれほど大きな場所を占めている ようには思われない。日本人は、遠い昔から、何が美であるかということよりも、むしろどのような場合に美が生まれるかとい うことにその感性を働かせて来たようである。それは「実体の美」に対して、「状況の美」とでも呼んだらよいであろうか。

例えば、「古池や蛙飛びこむ水の音」[注1]という一句は、「古池」や「蛙」が美しいと言っているわけではなく、もちろん 「 ウ 」が妙音だと g しゅちょうしているのでもない。ただ古い池に蛙が飛びこんだその一瞬、そこに生じる緊張感を孕ん だ深い静寂の世界に芭蕉はそれまでにない新しい美を見出した。そこには何の実体物もなく、あるのはただ状況だけなので ある。

日本人のこのような美意識を最もよく示す例の一つは、「春は曙、やうやうしろくなりゆく山ぎはすこしあかりて……」[注2]と いう文章で知られる『枕草子』冒頭の段であろう。これは春夏秋冬それぞれの季節の最も美しい姿を鋭敏な感覚で捉えた、い わば模範的な「状況の美」の世界である。

（中略）

実際、清少納言が的確に見抜いたように、4 日本人にとっての美とは、季節の移り変わりや時間の流れなど、自然の営みと密接に結びついている。そのことは江戸期に広く一般 h たいしゅうのあいだで好まれた各地の名所絵を見てみればよくわかる。

名所絵とは、文字通りそれぞれの土地において見るべき場所、訪れる価値のある所を描き出したものだが、単なる場所ではない。例えば広重[注3]の i ばんねんの名作 5《名所江戸百景》を見てみると、雪晴れの日本橋とか、花の飛鳥山など、季節ごとの 自然と一つになった情景が描き出されている。事実この連作シリーズは、まとまったかたちとしては、春夏秋冬の四部に分類されている。6 しかしそのように分類したのは広重ではない。広重は、江戸のなかの見るべき場所を、特に順序立てずに、いわ ば思いつくままばらばらに描き出して行った。それが j こうひょうであったので、次々と続けて、百十八点まで描いたところで 彼は世を去った。その後版元が、別の画家に追加分を一点と扉絵の制作を依頼し、あわせて計百二十点の「揃物」[注4]として刊行したが、そのときに内容を四季に分類したのである。ということは、当初ばらばらに描いた「名所」が、いずれも季節の風物や年中行事と結びついていたので、自ずから分類が成り立ったということである。（ E ）名所そのものが、江戸の町と自 然との結びつきによって生まれて来たのである。

かつての名所絵がそうであったように、今日でも人々は、旅をするとその記念や土産ものとして、土地の観光絵葉書を買い 求める。パリやローマに行くと、土産物屋の店先にさまざまの絵葉書が並んでいるが、そのほとんどは、7 ノートルダム大聖堂 とか、凱旋門とか、エッフェル塔など、代表的なモニュメントをそのまま捉えたものである。だが日本の観光絵葉書を見てみ ると、満開の桜の下の清水寺とか、雪に覆われた金閣寺など、季節の粧いをこらしたものが圧倒的に多い。もちろん、清水 寺も金閣寺も、それ自体見事な建築だが、観光写真はそこに自然の変化を組み合わせることを好むのである。それもまた、 「状況の美」を愛する日本人の美意識の表われであろうか。

（高階秀爾『日本人にとって美しさとは何か』筑摩書房）

注1　「古池や蛙飛びこむ水の音」＝江戸時代の俳人松尾芭蕉の俳句。なお、「蛙」はカエルのこと。
注2　「春は曙」＝現代語に直すと「春は夜が明けようとする頃が美しい……」。『枕草子』は平安時代の清少納言の作品。
注3　広重＝歌川（安藤）広重、江戸時代の画家。　注4　揃物＝いくつかが揃って、あるひとつのまとまりになるもの。

問一　——— a～jの部分を漢字に直しなさい（送り仮名が必要なものはそれも書くこと）。
問二　（ A ）～（ E ）に入る最も適当なことばを次の中から選んで、記号を書きなさい（同じ記号は二度以上使いません）。
　　ア　だが　イ　つまり　ウ　あるいは　エ　なぜなら　オ　というわけで　カ　いずれにしても
問三　ア ～ ウ に入る最も適当なことばを文中からそれぞれ三字ぬき出して答えなさい。
問四　——— 1、「それ」の指し示す内容をできるだけ文中のことばを使って答えなさい。

あいつ、おとなしいけど、けっこう気合と根性のあるヤツだから。[3]それに優しいし。

「おばあちゃん、三月の卒業式まで東京にいるんだって。だから、もしかしたら卒業するまで、いつもみたいには遊べないかもしれないけど、ごめんね、わかってあげてね、って……アツシ君のお母さんからの伝言」

「……そんなのわかってる、って」

「中学に入ったら、また、いままでのぶんも取り戻して遊べばいいんだから」

いままでのぶんも取り戻して ―― ？

じゃあ、三年間だ。三年間ずっとがまんしてきた。それを取り戻せるのは何年後？　オトナになってたりして。オトナになってもマスクだったりして。

玄関のチャイムが鳴った。お父さんが仕事から帰ってきた。お母さんは「はいはーい」と廊下に出た。

部屋に残ったぼくは、机の上に置いていたマスクを手に取った。

アツシは、トモノリやぼくたちがマスクを取ったことを、お母さんに言いつけなかった。

その話をすれば、アツシがぼくに謝るどころか、ぼくたちみんなに謝らせることだってできたはずなのに。

マスクの紐を耳にかけた。不織布のプリーツを少し広げて顎まで覆い、ノーズフィットのワイヤーを[f]まげて鼻の両脇の隙間をふさいで、できあがり。

カーテンを開け、窓ガラスを[g]かがみにして、マスク姿を[h]うつした。笑ったり怒ったりしても、表情の違いはよくわからない。

いま、[4]泣きそうなのに。

窓にうつるぼくは、顔の下半分を隠されたまま、ただ（　Ｆ　）突っ立っているだけだった。

（重松清『おくることば』「反抗期」新潮文庫刊）

問一　―― a～hの部分を漢字に直しなさい（送り仮名が必要なものはそれも書くこと）。

問二　（　Ａ　）～（　Ｆ　）に入る最も適当なことばを次の中から選んで、記号を書きなさい（同じ記号は二度以上使いません）。

ア　いつも　　イ　かなり　　ウ　ずっと　　エ　しだいに　　オ　チラッと　　カ　ぼうっと

問三　―― 1、それはなぜですか。①おばあちゃんに関することは三つにまとめて、②アツシやアツシのお母さんに関することは二つにまとめて、それぞれできるだけ文中のことばを使って答えなさい。

問四　―― 2、①なぜぼくは「まあ、いいか」と思ったのですか。②どういうことに気づいたから、ぼくはすぐ「違う」と思い直したのですか。

問五　―― 3、おばあちゃんに対する「優しさ」とは別に、アツシのぼくたちに対する「優しさ」はどういうことからわかりますか。できるだけ文中のことばを使って答えなさい。

問六　―― 4、なぜ「泣きそう」になったのですか。その理由の一つとして考えられることを文中から三十五字ぬき出して次の文を完成させなさい。

事情も知らずに、（　　　　　　　　　　）したことを申しわけなく、情けなく思ったから。

二、次の文章をよく読んで問いに答えなさい。

だいぶ以前に、農学[a]せんもんのある先生から興味深い話を聞いたことがある。

その先生が留学していた頃、アメリカで人間の動物観を研究するというプロジェクトがあった。そのやり方は、例えば「一番美しい動物は何か」といったような質問を並べてアンケート調査を重ね、その答えが年齢、性別、職業、宗教、[b]みんぞくなどでどのように違うか調べるのだという。

このことを聞いて、[1]それは面白そうだから日本でも同じような調査をしようという話になった。うまく行けば日米比較文化論になるかもしれない。（　Ａ　）さっそく[c]こころみたのだが、これがどうもうまく行かない。[2]アメリカでなら「一番美しい動物は」ときけば、すぐ「馬」とか「ライオン」とか、何か答えが返って来る。ところが同じ質問を日本人にすると、「さあ、何だろうな」とはなはだ歯切れが悪い。そこを無理に、何でも一番美しいと思うものを挙げてほしいと言うと、「そうだなあ、夕焼けの空に小鳥たちがぱあっと飛び立っているところかな」といったような答えになる。「これでは比較は無理だから、結局諦めました」とその先生は苦笑していた。

私がこの話を聞いて興味深いと思ったのは、それが［ア］の[d]さい以上に、日本人とアメリカ人の美意識の違いをよく示すものと思われたからである。

アメリカも含めて、西欧世界においては、古代ギリシャ以来、「美」はある明確な秩序を持ったもののなかに表現されるという考え方が強い。その秩序とは、左右相称性であったり、部分と全体との比例関係であったり、（　Ｂ　）基本的な幾何学形態との類縁性など、内容はさまざまであるが、（　Ｃ　）[3]客観的な原理に基づく秩序が美を生み出すという点においては一貫し

二〇二四年度　A日程　国語　(60分)　問題用紙（Ⅰ）

関西学院中学部（二〇二四、一、一三）

一、次の文章をよく読んで問いに答えなさい。

※　学校内外ではマスクをつけて生活するようにと強制されている中で、男子五人【ユウ（ぼく）、トモノリ、リョウタ、シンちゃん、アツシ】の内、アツシ以外の四人は体育館の裏で、こっそりマスクをはずすことを始める。学校内で、マスクをはずす解放感とスリルを楽しむユウたちであったが、それに加わろうとしないアツシにいらだちを感じたトモノリたちはアツシを無視し始める。「何か事情があるのでは」と考えたユウがアツシにその理由をたずねると、アツシは涙目で「おばあちゃんが死んだら……おれのせいになっちゃうから」と答えた。

その夜、アツシのお母さんからウチのお母さんに電話がかかってきた。長電話になった。ぼくにはウチのお母さんの声しか聞こえない。最初は驚いた相槌が多かったけど、（　A　）ため息が交じるようになって、最後のほうは、アツシのお母さんを慰めたり励ましたりしているようだった。

電話を終えたあと、お母さんはぼくの部屋に来て、「伝言だけど、アツシくん、ユウに謝ってたって」と教えてくれた。

「せっかく遊びに誘ってくれても、（　B　）断ってるから、ごめん……って」

逆だろ、それ――――。

謝るのは、こっちのほうだ。アツシが嫌がってるのにしつこく誘ったり、誘いに乗らなかったら無視したりして……サイテーだ。

「アツシ、今日、おばあちゃんの話を（　C　）してたんだけど」

「そうそう、そのことだったの、電話も」

アツシのウチは、両親とアツシの三人暮らしだった。でも、先週から母方のおばあちゃんが同居することになった。

「（　D　）じゃなくて、春までなんだけどね」

おばあちゃんは、雪の多い東北地方の田舎で一人暮らしをしていた。冬は雪かきや屋根の雪下ろしが大変だし、凍てつく寒さは体にもこたえる。高血圧や糖尿病や白内障などの持病があるので、病院通いが欠かせない。雪道での車の運転はaきけんだけど、bバスろせんは何年も前に廃止になってしまったので、自分で運転するしかない。

「あと、ウイルスのこともあるでしょ。糖尿とか高血圧って、重症化するリスクが（　E　）高いっていうし」

人混みの「密」がない田舎ならだいじょうぶ、というわけでもない。

「家と家は離れてても、病院のcまちあいしつなんて、日によってはベンチに座れないこともあるぐらいなんだって。だから田舎の病院とか介護施設で集団感染が起きちゃうわけ」

1アツシの両親は、おばあちゃんに東京に来てもらうことにした。

「最初はお母さんが実家と東京を半々で行ったり来たりするのも考えたらしいんだけど、やっぱりアツシくんも不自由しちゃうし、東京から田舎に行くと、ウイルスを持ってきたとか、いろいろ言われちゃうから……」

ぼくもニュースで観たことがある。都道府県をまたいだ移動を自粛するように言われたり、車のナンバープレートがチェックされて、よその都道府県の車に〈帰れ〉という紙が貼られたりしていた。

「まあ、それで、冬の間はおばあちゃんが同居することになったわけ」

アツシの家のdまどりを思いだしてみた。3LDKのマンションだから、家族が一人増えてもなんとかなるかもな……とうなずきかけて、あ、違う、と訂正した。

ウイルスが流行してから、アツシの両親がeつとめる会社はどちらもテレワーク中心になって、いまも出社は週に半分以下だという。大事な会議もあるので、リビングやダイニングではなく、使っていなかった一部屋を仕事用にした。おかげでアツシの部屋で遊んでいても、日によっては「いま父ちゃんが会議してるから」「母ちゃんが打ち合わせ中だから」と、大きな声を出せなかったのだ。

そこに一人増えるわけだから――――。

やっぱり大変なんだろうなあ、とため息をついた。

「アツシくんは喜んでるのよ」

「そうなの？」

「ちっちゃな頃から、おばあちゃんに可愛がってもらってて、夏休みやお正月に田舎に帰ったときは、ずーっとおばあちゃんの部屋で寝泊まりしてたんだって。だから、おばあちゃんがウチに来ることになって、すごく喜んで、張り切ってるの」

2だったら、まあ、いいか……またすぐに、違う、と思い直した。

よくない。昼間のアツシの赤く潤んだ目がよみがえる。あいつがぼくたちと遊ばなくなった理由がやっとわかった。

「だから、アツシくん、絶対におばあちゃんにウイルスをうつしちゃいけない、って……がんばりすぎるぐらい、がんばってるんだって。ウチでごはん食べるときも、おばあちゃんとおしゃべりしたいのに黙ってて、手洗いなんて一日に何回も何回もするから、指がふやけそうになっちゃって」

わかる。

2023年度　算数　解答用紙　B日程

受験番号				

※200点満点
（配点非公表）

関西学院中学部 (2023.1.17)

この線より上には答えを書いてはいけません。

1.

(1)		(2)		(3)	
(4)					

2.

(1)		(2)		(3)	:
(4)		(5)			

3.【式または考え方】

【答え】

4.(1)【式または考え方】

【答え】

(2)【式または考え方】

【答え】

5.(1)【式または考え方】

【答え】

(2)【式または考え方】

【答え】

6.(1)【式または考え方】

【答え】

(2)【式または考え方】

【答え】

二〇二三年度　国語　解答用紙　B日程

受験番号

関西学院中学部　二〇二三、一、一七

※この用紙には受験番号と解答以外は一切書いてはいけません。　※句読点やその他の記号も一字と数えます。

※200点満点（配点非公表）

一

問一　a　b　c　d　e　f　g　h　i　j

問二　A　B　C　D　E　F　G

問三

問四　ア　者　イ　者

問五

問六

問七

問八

問九　最初　最後

問十

問十一　ア　イ

二

問一　a　b　c　d　e　f　g　h

問二　A　B　C　D　E

問三

問四

問五

問六

問七

三

①（　　）　②（　　）　③（　　）　④（　　）　⑤（　　）　⑥（　　）

答えはすべて解答用紙に書きなさい。　円周率は3.14として計算しなさい。　図は正確とは限りません。

1. 次の□の中に適当な数を入れなさい。

(1) $98+1068\div(233-48\times3)=\square$

(2) $375\times0.4-29.9\div0.23=\square$

(3) $\frac{1}{4}-1.8\times\left(\frac{7}{6}-\frac{7}{8}-\frac{1}{5}\right)\div3.3=\square$

(4) $\frac{2}{3}\div\left\{\frac{2}{7}\times\left(\square+\frac{1}{3}\right)\div1.375\right\}=5.5$

2. 次の□の中に適当な数を入れなさい。

(1) 191個のあめをA、B、Cの3人にすべて配りました。BはAの2倍より5個少なく、CはBの2倍より53個少なくなりました。Aには□個のあめが配られました。

(2) 1個の原価が□円の商品を80個仕入れました。4割の利益を見こんで定価をつけましたが、60個しか売れませんでした。売れ残った20個を1個140円ずつ値下げしてすべて売りました。その結果、利益は18000円でした。

(3) 図のように、長方形を縦の辺に平行な直線で8等分し、対角線を1本引きました。斜線部分の台形㋐と㋑の面積の比は□：□です。

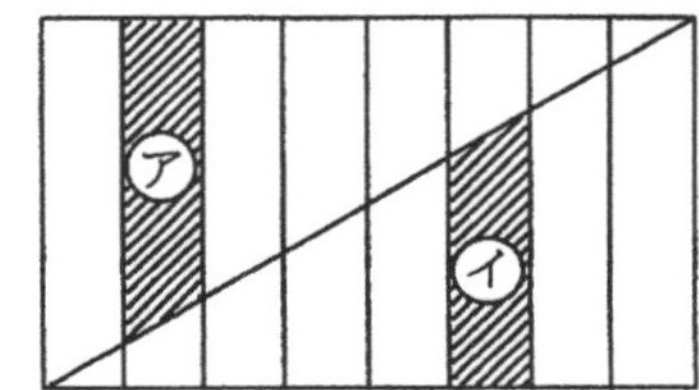

(4) マッチ棒1本を1辺として正多角形を作ります。マッチ棒150本をすべて使い、4種類の正多角形を35個作りました。このとき、正六角形が7個、正五角形が□個、正方形が6個、正三角形がいくつかできました。

(5) 一定の割合で水が注がれている水槽があります。満水の水槽から、毎分14Lで水を放出すると、24分で水槽は空になりました。また、満水の水槽から、毎分20Lで放出すると、15分で空になりました。満水の水槽から、毎分10Lで水を放出すると、□分で水槽は空になります。

3. 下の図のような図形を、直線を軸にして1回転させたときにできる立体の表面積を求めなさい。

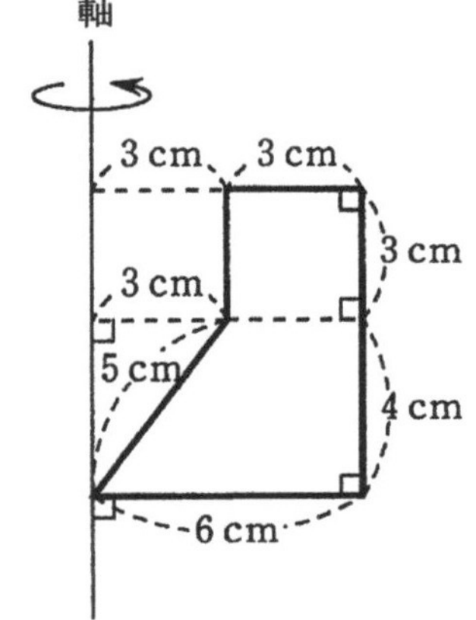

4. 家から学校までの道のりの、家から $\frac{1}{5}$ のところに公園があります。学校から家に向かって歩く兄と、公園から学校に向かって歩く妹が同時に出発しました。兄と妹は家から990mの場所ですれちがいました。兄が家に着いたとき、妹はまだ学校に着いておらず、家から1760mの場所を歩いていました。次の問いに答えなさい。

(1) 兄と妹の速さの比を求めなさい。

(2) 家から学校までの道のりは何mか求めなさい。

5. 輪を次のようにいくつか並べます。横に並べてよいのは1つか2つで、縦にはいくつ並べてもかまいません。例えば、輪が4つあると下の図のように、輪の並べ方は5通りできます。縦に4つ並べるのが1通り、縦に3つ並べるのが3通り、縦に2つ並べるのが1通りです。次の問いに答えなさい。

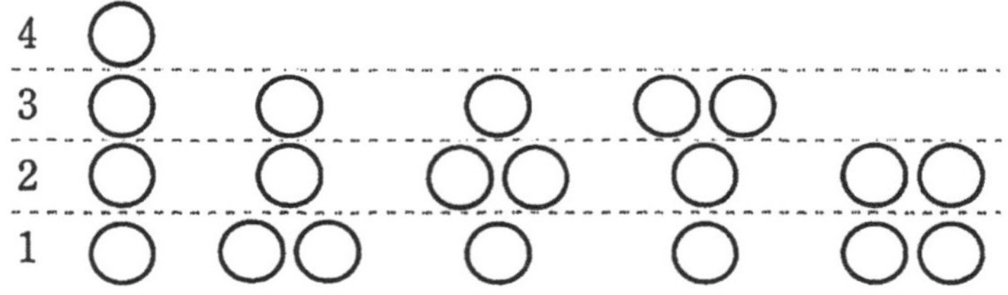

(1) 輪が8つあり、そのすべてを使うとき、縦に6つ並べる並べ方は何通りあるか求めなさい。

(2) 輪が8つあり、そのすべてを使うとき、並べ方は何通りあるか求めなさい。

6. ある遊園地の入園券は3種類あり、大人1人券は1000円、子ども1人券は500円、大人1人と子ども1人のペア券は1300円です。次の問いに答えなさい。

(1) ある日の入園券の売り上げは9700円でした。売れた券の種類に関係なく、入園した子どもの総人数は9人でした。この日入園した大人の総人数を求めなさい。

(2) 別の日の入園券の売り上げは15万円でした。売れた券の種類に関係なく、入園した子どもの総人数は118人でした。また、ペア券は大人1人券より多く売れ、子ども1人券より少なく売れました。この日入園した大人の総人数を求めなさい。

が、突然死した可能性もfひていできないことから、3そのいずれであるかを確かめることにした。私は、すぐに水槽の蓋のビニールシートを元の状態に戻し、1時間ほどしてから再びビニールシートの端をそっと持ち上げ、水槽のクルマエビの様子を見たが、体を横たえた個体は1尾もいない。先ほどの横に倒れて体をくの字に曲げたクルマエビは、すでに立ち上がっていて、普段と同じ姿勢に戻っていることがはっきりした。

この後、クルマエビが横に倒れて体をくの字に曲げるしぐさを再確認するために、観察を1年ほど繰り返した。この間、クルマエビもすべて新しいものと何度か取り替えてみた。その結果、クルマエビがこのしぐさをするのは、あくまで私が水槽に被せたビニールシートの端を少し持ち上げ、中を覗いたときだけで、単なる光や振動などの物理的刺激に対しては、こうしたしぐさをしないことがわかった。つまり、横に倒れて体をくの字に曲げるしぐさは、クルマエビとは違う生物（この場合は人間）が近くにいることを察知したとき、（　A　）他の生物による刺激があったときにのみ起きている。また、このしぐさをするクルマエビは、gへいきんすると15％ほどであり、すべてのエビがそうしたしぐさをするわけではないことも明らかになった。

私は、クルマエビが横に倒れて体をくの字に曲げるしぐさをするのは、動きを止めて死んだふりをするためと考えている。（　B　）、クルマエビが死を装って動きを止めると、エビを好んで捕食する魚の目に止まる機会が減るためである。エビを捕食する魚の眼は、人間と違って魚体の頭側部に付いている。このような頭側部に付いた眼では1つのものを両眼で見ることができる両眼視野が狭くなり、それぞれの眼が重なり合わない像を見る単眼視野が広くなることがわかっている。単眼視野領域では、レンズの遠近調節機能も欠如しているので、遠距離にある物体の形状をはっきり識別することが難しくなるが、動く物体は見つけることができる。つまり、魚の眼は、動く物体に対してよく反応するが、動きを止めた物体には反応しにくいという特徴を持っている。

しかし、4クルマエビが死んだふりをするのが魚から逃れる手段として有効なのは理解できたとしても、死んだふりをするしぐさがなぜ一部の個体にしか認められないのかという疑問が残る。（　C　）、クルマエビは、100尾のうち100尾が明るい日中は砂に潜って身を隠している。そうした習性を持つクルマエビは、わざわざ死んだふりをしなくても、自然界では魚などの捕食者から逃れることができる。また、砂を敷き詰めていない水槽で死んだふりをしたクルマエビを、砂を敷き詰めた水槽に移すとすぐに潜って身を隠してしまう。

クルマエビの祖先は、2億8500万年前の三畳紀から約2億3500万年前のペルム紀にかけて、この地球上に出現したと考えられている。（　D　）、エビを捕食する魚の祖先は、約5億年前にはすでに出現していたと考えられている。こうしたことから、クルマエビの祖先が出現したときには、魚の祖先はすでに出現していた。おそらく、クルマエビの祖先が出現した後しばらくの間は、魚の祖先は、動きのあるものには反応するが、動きのないものには反応しないものが多かったに違いない。そうしたときは、クルマエビの死んだふりは、捕食者の魚から逃れるのに十分に有効だったに違いない。

（　E　）、その後、捕食者たる魚の一部に、死んだ動物の死骸も食べるものが出現した。この魚は、とうぜんのことながら動きのないものにもよく反応する眼を獲得したと思われる。

生きたものだけでなくさまざまな動物の死骸も食べる習性を持つクロダイの成魚が、水槽の底に沈んでいる麻酔で動きが止まったクルマエビをすぐに見つけ出すことを、私はこれまで何度も大学の臨海研究センターで観察している。おそらく、クロダイのような海底に沈んだ動物の死骸も漁る魚が出現したことによって、死んだふりをするクルマエビの祖先が淘汰（注）され、代わりに砂に潜り身を隠す習性を身につけたクルマエビの祖先が増えていったに違いない。現生の5クルマエビの潜砂習性は、こうしたことを反映してhそなわったのではないかと私は考えている。いっぽうで、死んだふりをするしぐさが今も一部のクルマエビに認められるのは、このしぐさをするクルマエビの大半が進化の過程で淘汰されたものの、現生のクルマエビの一部にまだその習性が残っていることを示している。こうした意味から言えば、クルマエビの死んだふりをするしぐさは太古のなごりと言えよう。

（矢野勲『エビはすごいカニもすごい』）

注　サンプリング＝全体の中から一部を取り出すこと。　腹肢＝エビの腹部にある足。
淘汰＝環境に適応しない生物が滅び、適応するものだけが残ること。

問一　――a～hの部分を漢字に直しなさい（送り仮名が必要なものはそれも書くこと）。

問二　（　A　）～（　E　）に入る最も適当なことばを次の中から選んで、記号を書きなさい（同じ記号は二度以上使いません）。

ア　しかし　イ　しかも　ウ　つまり　エ　いっぽう　オ　なぜなら

問三　――1、私がクルマエビを、砂を敷き詰めていない水槽で飼育するのはなぜですか。その理由を三つ答えなさい。

問四　――2、これは、クルマエビがどのような行動をし、どうなったことを言っていますか。

問五　――3、どういうことを確かめようとしたのですか。できるだけ文中のことばを使って答えなさい。

問六　――4、それはなぜですか。できるだけ文中のことばを使って答えなさい。

問七　――5、クルマエビが砂に潜るという習性を身につけたのはなぜですか。できるだけ文中のことばを使って答えなさい。

三、上の関係と同じになるように（　）の中に適当なことばを入れなさい（答は平仮名でもよい）。

①（公平）・（不公平）―（常識）・（　）　②（靴）・（はく）―（帽子）・（　）

③（南）・（北）―（天）・（　）　④（しめる）・（しまる）―（あける）・（　）

⑤（行く）・（いらっしゃる）―（言う）・（　）　⑥（馬）・（頭）―（鶏）・（　）

を必要なときに取り寄せて使うというのも、（　G　）不便だったろうと思われる。だが、昔はこんな古風な心を持った人もいたのだ。

（「筑後前司源忠理家入盗人語」注『今昔物語集』より）

※口語訳に当たって岩波少年文庫、小学館新編日本古典文学全集を参考にした。

注　方違え　＝　外出するとき、それが不吉な方角であれば、前夜別の方角に行って泊まり、改めて目的の場所に行くこと。
　　檜垣　＝　ヒノキの薄板を編んで作った垣。
　　検非違使庁　＝　今でいう警察署や裁判所を合わせたようなもの。
　　唐櫃　＝　衣服などを入れて保存するための大型の箱。
　　『今昔物語集』　＝　平安時代の終わりごろに編集された物語集。

問一　――― a～jの部分を漢字に直しなさい（送り仮名が必要なものはそれも書くこと）。

問二　（　A　）～（　G　）に入る最も適当なことばを次の中から選んで、記号を書きなさい（同じ記号は二度以上使いません）。
　ア　すぐに　　イ　そっと　　ウ　いそいで　　エ　ずいぶん　　オ　そろって　　カ　ちょうど　　キ　ひそひそと

問三　――― 1、「どうにかしようとする」とは、具体的にどうすることだと考えられますか。

問四　――― 2、ア「『そうだ』と答えた」者、イ「その者」、とは誰ですか。解答欄にしたがって、文中からそれぞれ十一字、八字ぬき出して答えなさい。

問五　――― 3、「大事な話」の具体的な内容を、できるだけ文中のことばを使って答えなさい。

問六　――― 4、「その間」とはどんな間ですか。できるだけ文中のことばを使って答えなさい。

問七　――― 5、「何ひとつめぼしいものはなかった」のはなぜですか。できるだけ文中のことばを使って答えなさい。

問八　――― 6、なぜ忠理は、「満足げに笑っ」たと考えられますか。

問九　――― 7、「このごろの人」ならどうしたであろうと言っていますか。それが書かれている部分の最初と最後の三字を文中からぬき出しなさい。

問十　――― 8、なぜ新しく来た二人の家来はいなくなったのですか。できるだけ文中のことばを使って答えなさい。

問十一　〰〰〰 ア、イはそれぞれいつですか。最も適当なものを選んで、記号を書きなさい。
　a　この本が編集されたころ　　b　私たちが生きている令和の時代　　c　忠理が生きていたころ　　d　忠理が生まれるずっと前

二、次の文章をよく読んで問いに答えなさい。

　私は、クルマエビを水槽で飼育していた。クルマエビは明るい日中は、砂に潜り身を隠す習性を持っている。そのため、通常、クルマエビの水槽は、エビが潜るための細かな砂を10～20㎝ほどの厚さに敷き詰めている。しかし、水槽に砂を敷き詰めた場合、日中その姿が見られないだけでなく、糞や餌の残りが砂の中に溜まるため、しだいに底質が悪化し、その影響がクルマエビにも及んでくる。また、日中にエビを水槽から注サンプリングしたいと思っても、砂の中に潜っているため、大型の飼育水槽を使用しているときは探し出すのがひと苦労である。

　そこで1私は、クルマエビを、砂を敷き詰めていない水槽で飼育してみた。ところが2注予想もしていなかった問題が発生した。水槽の底には砂がないにもかかわらず、クルマエビが砂に潜るときと同じように腹肢を激しく動かしはじめたのである。水槽の底に砂が敷き詰められているときは、クルマエビは、腹肢を前後に激しく動かして、砂を掻きながら前進し体を沈めていく。そして、最後に眼だけを出した状態で潜砂をaていしする。潜砂にかかる時間は、わずか15秒ほどである。しかし、水槽の底に砂がないとbとうぜんながらいつまでも潜れず、特に明るい昼間は、クルマエビは腹肢を激しく動かし続けている。こうした状態が10日ほど続いた後、クルマエビが死にはじめ、1ヵ月後には、すべてが死んでしまった。砂がない状態で腹肢を激しく動かし続けると、水槽の底に腹肢の先端が当たり擦り傷ができる。この傷は、水中にいるキチン分解細菌によってさらに深くなる。死亡した原因は、この深くなった傷口から侵入したビブリオ菌などの細菌が、体内で増殖したためである。

　そこで、底に砂を敷き詰めなくても腹肢が傷つかない飼育法をあれこれ試してみた。その結果、横からの刺激を避けるために厚みのある不透明なビニール製の水槽を用意し、水槽の上部を不透明なビニールシートですっぽり覆って上からの刺激を断てば、底にたとえ砂が敷き詰められていなくてもクルマエビは、腹肢を激しく動かさず、擦り傷によって死ぬこともないことがわかった。また、クルマエビの成長やcせいじゅくには、水槽内部に光周期と照度を調整するための照明が必要だが、外部からの刺激を断っていれば、エビの動きがはっきりわかる照度200ルクスほどの明るさ（室内のテーブル下の明るさにやや近い）の昼白色の電球をdてんとうしていても、エビは落ちついて腹肢を激しく動かさないこともわかった。

　こうして、砂を敷き詰めていない大型の円形水槽にクルマエビを収容し、生殖のしくみを調べるためにさまざまな飼育実験を行っていた。そんなある日、私はいつものようにクルマエビの様子を見ようと、水槽に被せたビニールシートの端を5㎝ほどそっと持ち上げ、中を覗いた。eじこくは午前10時頃で、水槽内は、昼白色の電球で照らされているにもかかわらず、クルマエビは落ちついてじっとしたままで、腹肢を激しく動かしている様子もない。続けて見ていると中にいるクルマエビの数尾が、私が覗いていることを察知したのか、それまでじっとしていたのにゆっくりと歩脚を使って底を這いはじめた。水槽の海水は、濾過されているため透明度が高く澄み切っている。そのため、クルマエビからも私が覗きこむ様子がすぐにわかり、危険を感じたのであろう。ゆっくりと底を這っていたクルマエビの中の1尾が突然、横に倒れて体を「く」の字に曲げ、動きを止めてしまった。これを見て、私は、クルマエビが死んだふり？と咄嗟に思った

二〇二三年度　B日程　国　語（60分）　問題用紙（Ⅰ）

一、次の文章をよく読んで問いに答えなさい。

　昔、筑後前司源忠理という人がいた。賢い人で、万事に通じ、すぐれた才能の持ち主であった。

　ある日、この人が注方違えをしようと自分の家に近い小家に行き、一人でひそかに寝ていた。その家は大路に面した注檜垣に沿って寝所が作ってあったが、そこで寝ていると大雨が降ってきた。雨が少し小やみになった真夜中と思われるころ、外で人の足音がして、自分が寝ているそばの檜垣のところで立ち止まったようなaけはいがした。「はて、何事だろう。私の命をねらうような敵も思い当たらないし、とすると、1この家の主をどうにかしようとする者かもしれない」、そう思うと恐ろしくなってきて眠ることもできない。「誰かいるか」と声をかければ、（　A　）「ここにおります」と頼もしい返事をしてくれるbじゅうしゃも連れてきていなかったので、しかたなく目を覚まして聞き耳を立てていると、大路にまた足音がして人が通っていく。そのとき、檜垣のそばに立っていた者が口ぶえを吹くと、大路を通っていた者が立ち止まり、忍び声で「あなたは誰それ殿ですか」と問う。2「そうだ」と答えたので、その者は近寄って来た。

　忠理は、「彼らが今に戸をc蹴やぶって押し入ってくるのではないか」と、恐れちぢこまっていたが、すぐに入ってくるけはいはなく、なにやら（　B　）話をしているようである。そこで、また檜垣に身を寄せて聞き耳を立てていると、どこかの家に押し入って盗みを働く相談をしているのだった。「どこに押し入ろうとしているのだろうか」と思いながら聞いていると、「筑後前司」などと言っているのが聞こえる。その話から、彼らは自分の家に押し入ろうとしている盗人で、しかも、そこにいる一人は自分の家で召し使っている者で、その男が盗みの手引き役をうけ負っているということがわかった。彼らは相談が終わると、「では明後日、誰それと誰それを連れて、必ず来てください」などと約束をして、分かれて歩み去ったようである。忠理は「（　C　）ここに寝ていたおかげで、こんなに3大事な話を聞くことができた」と思い、夜が明けるのを待って自分の家に帰った。

　アこのごろの人ならば、すぐにdごえいの者たちを呼び集め、手引きをしている家来を捕らえ、その者から押し入ろうとしている盗人のことを聞き出して注検非違使庁の長官や役人に訴え出るに違いない。しかし、イこのころはまだ人の心も古風であったうえに、忠理は特にそつのない人物であったので、その手引きをしている家来を捕らえるのではなく、そ知らぬふりをして用事を命じてよそへ使いにやり、4その間に、自分の家の中の家財道具を一切合切ひそかに外に運び出した。そして、妻や娘なども他の用事にかこつけて、よその家に泊まらせた。

　さて、盗人たちが押し入ると約束をしていたその日のeゆうぐれのころ、例の家来が使いから家に戻ってきた。忠理は、家が空になっていることをその家来に気づかれないようにふるまい、自分は夜が更けると（　D　）家からしのび出て、近所の家に行って寝ていた。

　その間に盗人らがやってきた。彼らが門を叩くと、手引きの家来が門を開け、家の中に二十人ほどの盗人を招き入れた。盗人たちは手当たりしだいに家じゅうを探したが、5何ひとつめぼしいものはなかった。盗人たちは獲物を探しあぐねてしかたなく家を出ていくときに、あの手引きの家来をつかまえて、「よくもおれたちをだまして、こんな何もない家に連れこみやがったな」と、よってたかって踏んだり蹴ったりして痛めつけた。そして、その家来を縛りあげ、牛車置き場の柱に、ちょっとやそっとでは解けないようにくくりつけて帰っていった。

　夜が明けて、忠理は家に帰り、何もなかったような顔をして、あの手引きをした家来を呼んだが出てこない。すると牛車置き場の方からなにやらうめき声が聞こえてきた。何だろうと思って行ってみると、その家来が柱にくくりつけられていた。忠理は、「どうやら手引きをしたのに家に獲物が何もなかったので、盗人たちが怒って縛りあげたらしいな」と思ったが、わざと「お前、どうしてこんなことになったのだ」と家来に聞いた。するとその家来は、「昨夜強盗が入って、このように私を縛っていったのです」と答えたので、忠理はおかしくてたまらなかった。そして、「こんなに何もない家に、強盗の皆さんはわざわざたずねてきてくださったのか、ご苦労なことだ」と6満足げに笑って言った。その後、あの家には何もないということがうわさになって、盗人に目をつけられることもなくなった。あの手引きをした家来のことだが、彼はいつともなくこの家から姿をくらましてしまった。忠理のようにfきちを働かせることは、7このごろの人にはなかなかできるものではない。

　その後、忠理は新しく家来を二人やとって使っていた。外に持ち出した家財道具は、gあずけた先が信頼のおけるところだったので、家に持ち帰らず、そのまま、用のあるときに必要な道具だけを取り寄せて使うようにしていた。しばらくして、近所に火事が起こった。延焼したら大変だ、（　E　）家の中の家財道具を外へ出さなければ、ということになったが、もともと家財はよそにあずけてあるから、これといって特に持ち出さなければならない物もない。持ち出した物といえば、新参の家来二人が運んだ大きな注唐櫃くらいのものであった。そうこうするうちに、hさいわい延焼することなく火も消えたので、忠理は唐櫃の置いてあるところに行ってみた。すると、二人の家来は忠理がそこに立っているのにも気づかず、中身の無事を確かめようと唐櫃の中を開けてみた。そして、おたがい顔を見合わせた。「この家は本当に何もない家だな。それでもこの唐櫃の中にだけは何か入っていると思っていたが、空っぽじゃないか。おれたちはこうやって使われているが、ここの主人では、ろくにiきゅうりょうも出してくれそうにないぞ。この家にいても無駄だな。もうおさらばしようぜ」と言って、二人は（　F　）j逃げていってしまった。

　さて、このいっけんのあと、忠理はこう言った。「家財道具をよそにあずけておいて、よい事とよくない事があった。盗人に家財を盗まれなかったのは大変よい事だった。しかしながら、せっかくやとった8二人の家来を失ってしまった。これはとてもよくない事だった」。

　賢い人であったからこのようなことをしたのだろうけれど、とてもよい方法だったかどうかは難しいところだ。必要な物

※100点満点
（配点非公表）

2023年度　理　科　解答用紙　受験番号

関西学院中学部（2023. 1. 14）

問１

(1)		(2)		(3)		(4)		(5)		(6)		(7)	
(8)		(9)		(10)									
(11)		(12)											

問２

(1)		(2)				
(3)	①	極				
	②					
(4)	①	(A)		(B)		②
	③	(A)				
		(B)	(a)		(b)	

問３

(1)		(2)	

問４

(1)		(2)		(3)		
(4)	①		②		③	
(5)						
(6)	①		②			

問５

(1)		(2)		(3)		(4)						
(5)	①		②		③		④		⑤	(A)		(B)
(6)	①		②		③		④		⑤			

2023年度　算数　解答用紙　A日程

受験番号

※200点満点
（配点非公表）

関西学院中学部 (2023.1.14)

この線より上には答えを書いてはいけません。

1.

(1)		(2)		(3)	
(4)					

2.

(1)		(2)		(3)	
(4)		(5) ア		イ	

3.(1)

A		C	

(2)【式または考え方】

【答え】

(3)【式または考え方】

【答え】

4.(1)【式または考え方】

【答え】

(2)【式または考え方】

【答え】

5.

図1　例

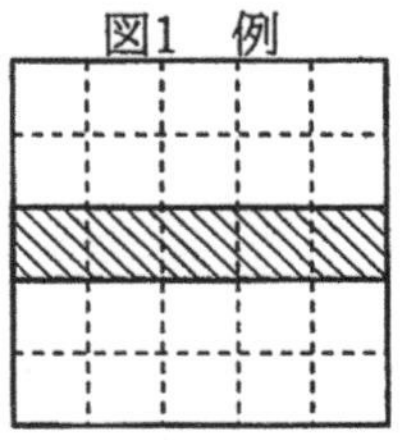

図2　例

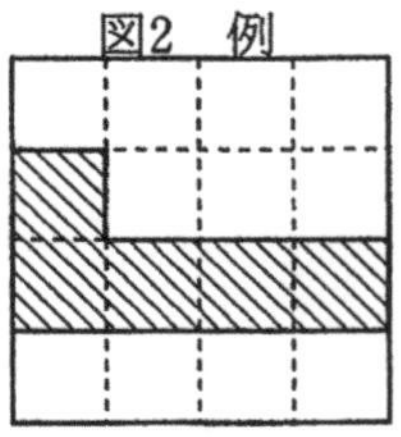

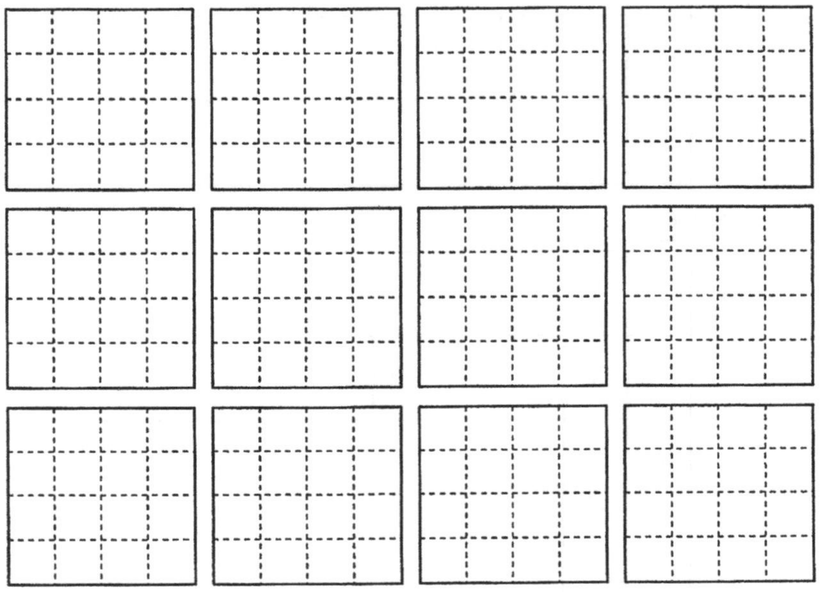

6.(1)

(2)【式または考え方】

【答え】

㋐		㋑		㋒	

(3)【式または考え方】

【答え】

①		②		③	

二〇二三年度　国語　解答用紙　A日程

受験番号

※この用紙には受験番号と解答以外は一切書いてはいけません。
※句読点やその他の記号も一字と数えます。

一

問一　a　b　c　d　e　f　g　h
問二　A　B　C　D　E　F
問三
問四
問五
問六
問七
問八
問九　ということ。

二

問一　a　b　c　d　e　f　g　h
問二　A　B　C　D　E
問三　ア　イ
問四　A　B　C
問五
問六　法隆寺　伊勢神宮
問七
問八　なるから。
問九

関西学院中学部　二〇二三、一、一四

※200点満点
（配点非公表）

（５）太陽の観察を続けていた太郎さんは、日によって月が出てくる時刻や、見える月の形が異なることに気づきました。

①　2022年1月1日に観察した月は、図2のような形をしていました。この日の昼の12時に、月は図3のどの位置にあったと考えられますか。最も適当なものを図の中のア～オから選び、記号を書きなさい。もし月が地平線より下にしずんでいる場合は、×と書きなさい。

図2

図3

②　1月1日には図2のような形の月が見えましたが、図4のような形の月が見えるのは、1月の何日ごろですか。最も適当なものを次の中から選び、記号を書きなさい。

ア．1月7日ごろ　　イ．1月13日ごろ　　ウ．1月19日ごろ
エ．1月25日ごろ　　オ．1月31日ごろ

③　2022年1月に図4のような形をした月が出た日の、日の出の時刻は7時ごろでした。この日の月の出の時刻は何時ごろでしたか。最も適当なものを次の中から選び、記号を書きなさい。

ア．6時半ごろ　　イ．10時半ごろ　　ウ．14時半ごろ　　エ．18時半ごろ　　オ．22時半ごろ

図4

④　図5は、地球と月の位置を北極上空から見たものです。図4のような形をした月が見えるとき、太陽の光はどの方向から月を照らしていますか。最も適当なものを図5の中のア～クから選び、記号を書きなさい。

⑤　与謝蕪村（よさぶそん）の俳句に「菜の花や　月は東に　日は西に」があります。

(A)　この俳句によまれている時間帯はいつだと考えられますか。最も適当なものを次の中から選び、記号を書きなさい。

ア．朝　　イ．昼　　ウ．夕方　　エ．真夜中

(B)　この俳句によまれている月はどのような形をしていたと考えられますか。最も適当なものを次の中から選び、記号を書きなさい。

ア．　イ．　ウ．　エ．　オ．

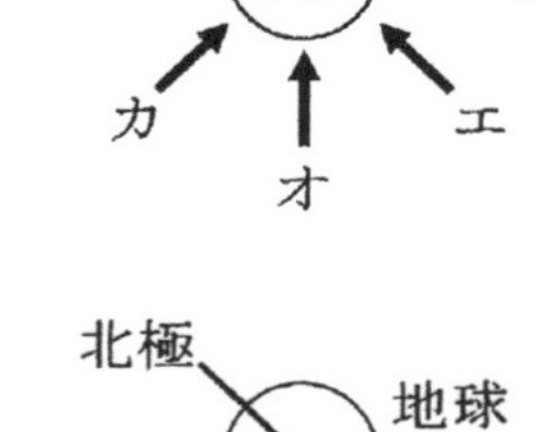

北極　地球

図5

（６）2022年11月8日に、太郎さんは、地球のかげに月が完全にかくれる皆既（かいき）月食を観察しました。このとき同時にわく星食も観察できました。

①　月が欠け始めたのは何時ごろからでしたか。最も適当なものを次の中から選び、記号を書きなさい。

ア．16時ごろ　　イ．18時ごろ　　ウ．20時ごろ　　エ．22時ごろ

②　月が欠け始めたとき、月はどの方位に見えましたか。最も適当なものを次の中から選び、記号を書きなさい。

ア．北　　イ．東　　ウ．南　　エ．西

③　月全体が欠けていたとき、何色に見えましたか。最も適当なものを次の中から選び、記号を書きなさい。

ア．黄白色　　イ．黄緑色　　ウ．赤茶色　　エ．青緑色

④　わく星食で月にかくれたわく星を次の中から選び、記号を書きなさい。

ア．火星　　イ．金星　　ウ．天王星　　エ．海王星

⑤　皆既月食・わく星食のとき、太陽・地球・月・わく星はどのような順番でならんでいましたか。最も適当なものを次の中から選び、記号を書きなさい。

ア．太陽―地球―月―わく星　　イ．太陽―月―地球―わく星　　ウ．太陽―わく星―月―地球　　エ．太陽―月―わく星―地球

問5　太陽と月はわたしたちにもっとも身近な天体です。関学太郎(たろう)さんは西宮市内で太陽と月を観察して、その動きや見え方の特ちょうを調べました。次の問題に答えなさい。

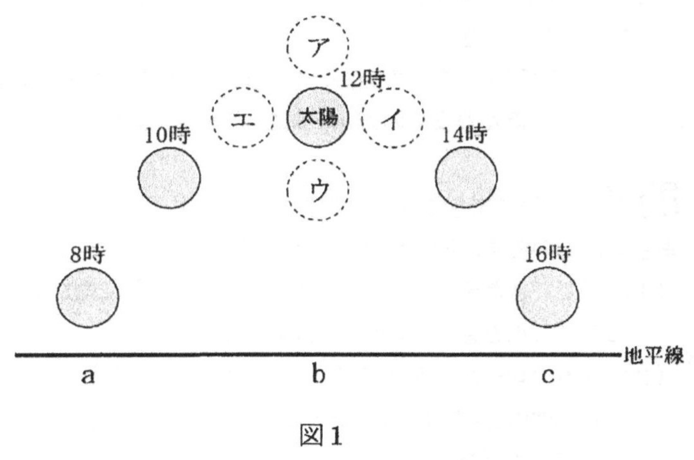

図1

（1）2022年1月1日に初日の出を見た太郎さんは、そのまま日の入りまで太陽の動きを観察しました。そのときの太陽の位置を8時から16時まで2時間おきに記録したものが図1です。図1中のa、b、cの方位の組み合わせとして、最も適当なものを次の中から選び、記号を書きなさい。

ア. a　西　b　南　c　東　　イ. a　西　b　北　c　東
ウ. a　東　b　南　c　西　　エ. a　東　b　北　c　西

（2）太郎さんは1日かけて太陽の動きを観察していたとき、時刻によってかげの長さが変化していることに気づきました。そこで次の日、長さ20cmの棒がつくるかげの長さを8時から16時まで2時間おきに調べてグラフをかきました。棒のかげの長さのグラフのうち、正しいものはどれですか。最も適当なものを次の中から選び、記号を書きなさい。

ア.
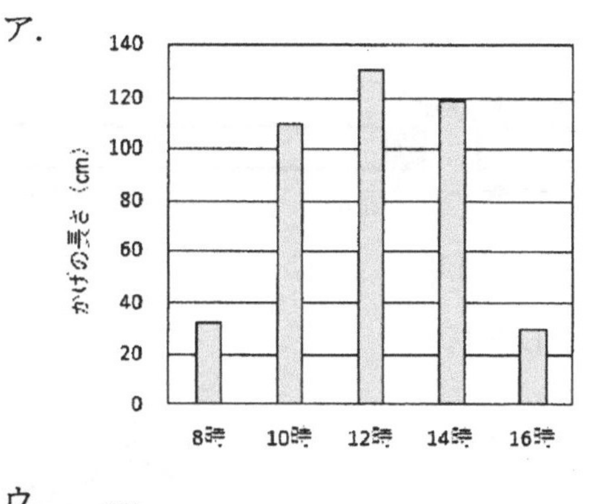

イ.
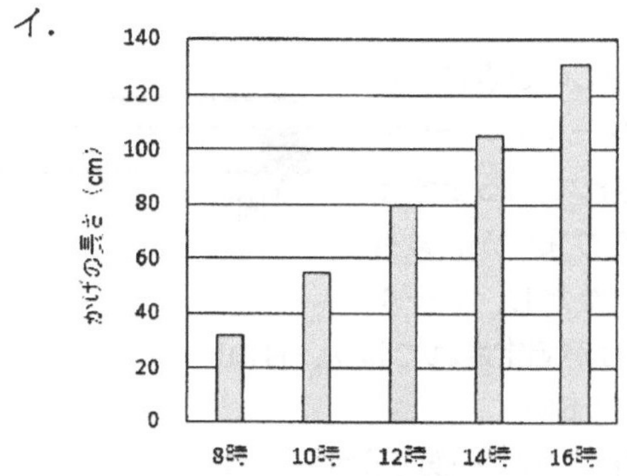

ウ.
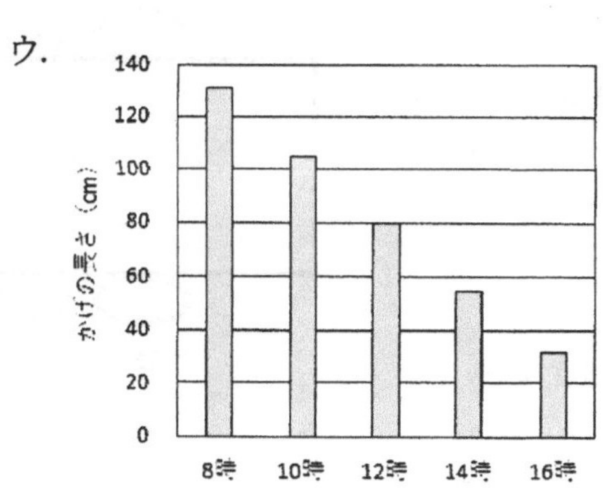

エ.
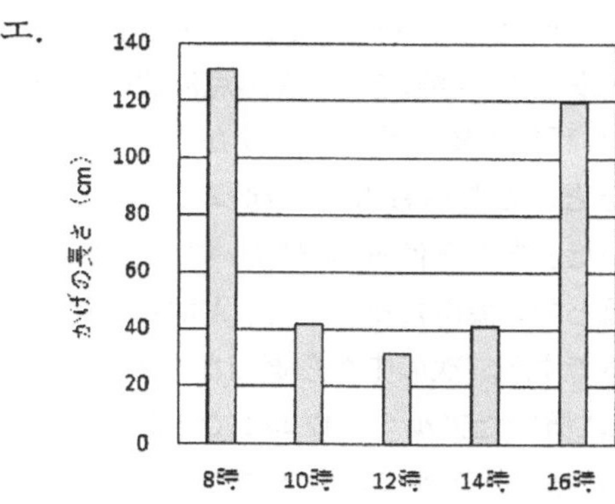

（3）2022年7月1日に、（1）と同じように太陽の動きを記録したとします。12時に太陽はどの位置に見えると考えられますか。最も適当なものを図1のア～エの中から選び、記号を書きなさい。1月1日12時の記録と位置が変わらない場合は、×と書きなさい。

（4）太郎さんは、季節によってかげの長さが変化するのかを調べるために、1月から12月まで毎月15日に、（2）と同じ方法で12時のかげの長さを調べてグラフをかきました。かげの長さのグラフのうち、最も適当なものを次の中から選び、記号を書きなさい。

ア.　イ.　ウ.
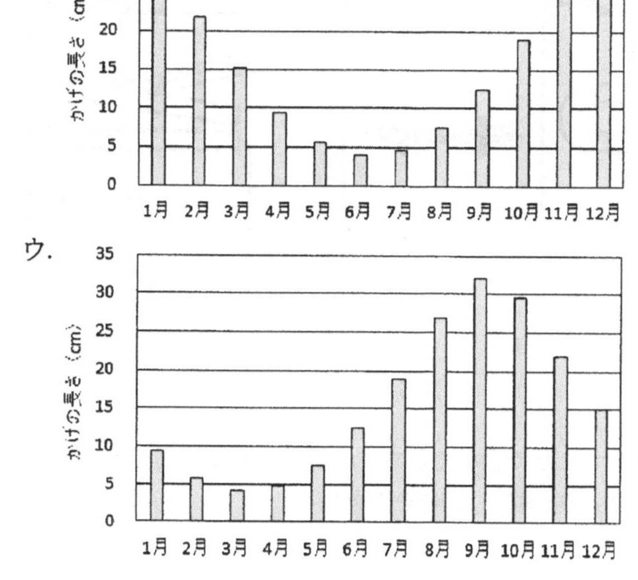

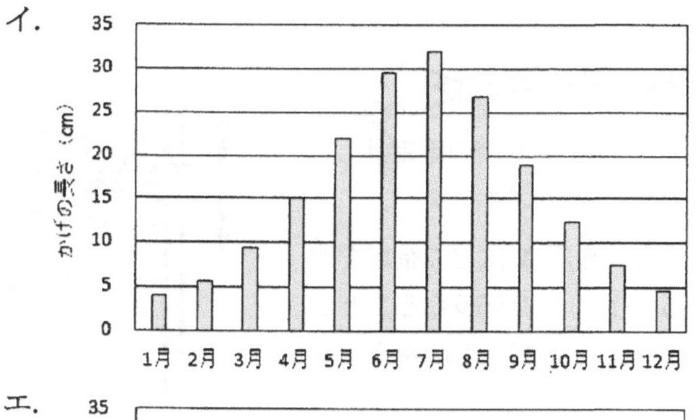

エ.
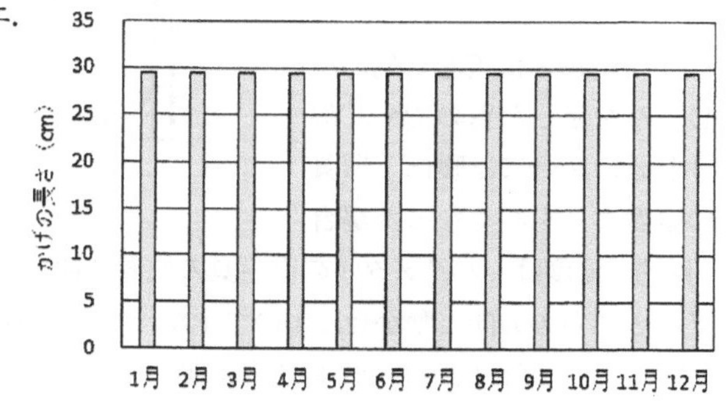

（２）［実験１］で試験管Ａ、Ｂを冷やしたとき、試験管Ａのまくと試験管Ｂの水面の高さを比べるとどうでしたか。最も適当なものを次の中から選び、記号を書きなさい。

ア．試験管Ａのまくの方が、試験管Ｂの水面よりも高い位置にあった。　　イ．試験管Ａのまくと試験管Ｂの水面は同じ高さにあった。

ウ．試験管Ａのまくの方が、試験管Ｂの水面よりも低い位置にあった。

問４

金属でできた棒は、温度を上げるとその長さがのびます。表１はそれぞれの金属でできた1mの棒の温度を1℃上げるごとにのびる長さをまとめたものです。次の問題に答えなさい。ただし、金属ののびる長さは温度変化に比例するものとします。

金属	のびる長さ[mm]
鉄	0.012
銅	0.017
銀	0.019
アルミニウム	0.023
あえん	0.03

表１

（１）銀でできた棒があり、この棒は20℃のときに長さが20mになっています。この棒の温度を20℃から30℃にしたとき、この棒は何mmのびますか。

（２）鉄道のレールは金属でできています。レールとレールのつなぎ目にはすき間があります。このすき間がある理由と同じ理由で説明できることとして最も適当なものを次の中から選び、記号を書きなさい。

ア．フライパンの取っ手がプラスチックでおおわれている。

イ．金属でできたガラスびんのふたを温めると開けやすくなる。

ウ．５円玉や50円玉にあなが開けられている。

エ．豆電球に電流を流すと、熱くなる。

（３）鉄でできた鉄道のレールがあり、このレールは20℃のときに長さが25mになっています。レールが45℃のときに、レールとレールのつなぎ目にあるすき間が0cmになるように設置されているとすると、レールの温度が0℃のときにすき間は何mmとなりますか。最も適当なものを次の中から選び、記号を書きなさい。ただし、レールはまっすぐで、それぞれ図１のように片方のはしだけが固定されており、自由にのび縮みできるものとします。

レール（25m）　すき間　固定　のびる方向　固定　のびる方向

図１

ア．6mm　　イ．7.5mm　　ウ．12mm　　エ．13.5mm

（４）銅でできた棒とアルミニウムでできた棒がそれぞれ２本ずつあります。これら４本の棒はすべて、15℃のときに長さが10mになっています。ある晴れた日、これらの棒のうち、銅でできた10mの棒とアルミニウムでできた10mの棒を図２のＡ地点とＢ地点にそれぞれ１本ずつ置きました。昼過ぎに、Ａ地点に置いた銅でできた棒とアルミニウムでできた棒の長さはどちらも10mより長く、その２種類の棒の長さの差は0.3mmでした。また、Ｂ地点に置いた銅でできた棒とアルミニウムでできた棒の温度を測ると、どちらも45℃になっていました。

北　Ａ地点　学校の校舎　Ｂ地点　南

図２

① Ｂ地点に置いたアルミニウムでできた棒は、置いたときから何mmのびていましたか。

② Ａ地点に置いた２本の棒がどちらもＡ地点の気温と同じ温度だったとき、Ａ地点の気温は何℃でしたか。

③ ４本の棒のうち、最も長くなっていたのはどの棒ですか。次の中から適当なものを選び、記号を書きなさい。

ア．Ａ地点に置いた銅でできた棒　　イ．Ａ地点に置いたアルミニウムでできた棒

ウ．Ｂ地点に置いた銅でできた棒　　エ．Ｂ地点に置いたアルミニウムでできた棒

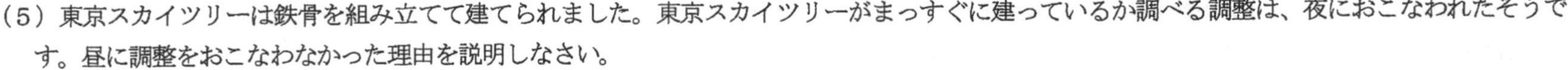

（５）東京スカイツリーは鉄骨を組み立てて建てられました。東京スカイツリーがまっすぐに建っているか調べる調整は、夜におこなわれたそうです。昼に調整をおこなわなかった理由を説明しなさい。

（６）金属の種類によって温度による体積の変化の大きさがちがうことを利用したものにバイメタルがあります。バイメタルは２種類の異なる金属を、図３のように重ねてはり合わせたものです。図３のバイメタルを温めると図４のように曲がりました。

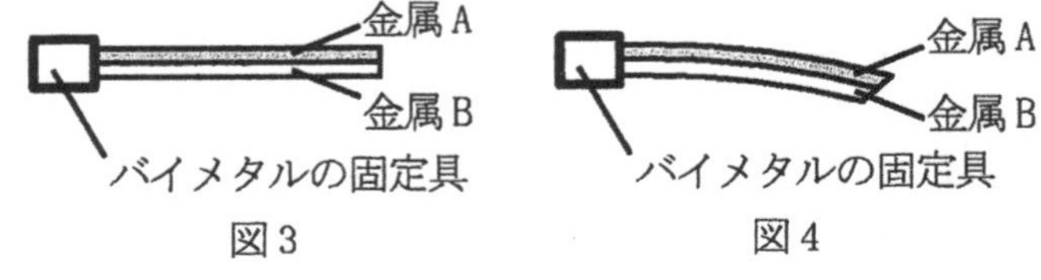

図３　図４

① 金属Ｂに鉄を使用する場合、金属Ａにどの金属を使用すれば最も大きく曲がるバイメタルをつくることができますか。表１の金属の中から選び、名前を書きなさい。

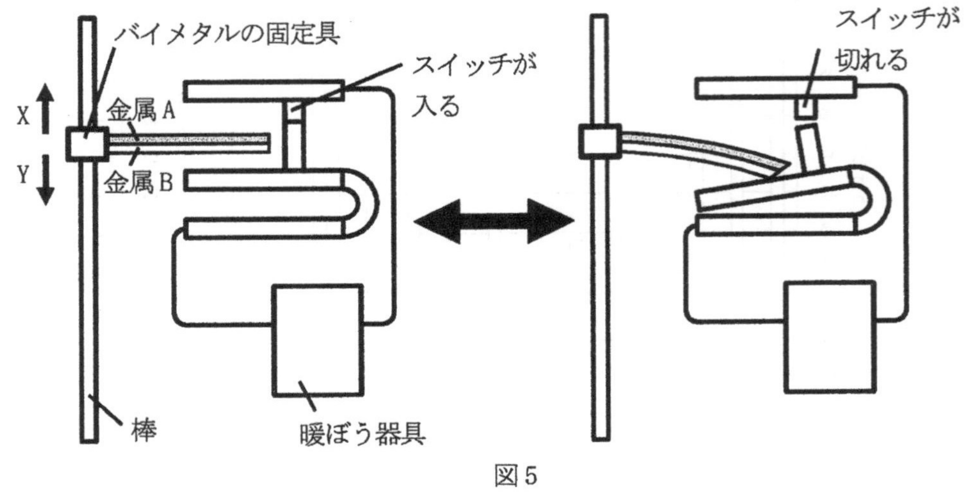

図５

② 図５は、バイメタルを使って部屋の温度を目的の温度にできる暖ぼう器具のしくみを表したものです。部屋の温度が目的の温度よりも低い場合には暖ぼう器具のスイッチが入り、目的の温度よりも高くなった場合にはスイッチが切れます。目的の温度は、バイメタルの固定具の位置を棒にそって動かすことで設定できます。部屋の温度を高く設定したい場合は、固定具の位置をＸ、Ｙのどちらの方向に動かせばよいですか。次の中から適当なものを選び、記号を書きなさい。

ア．固定具をＸの方向に動かす。　　イ．固定具をＹの方向に動かす。

（4）図1のように、鉄は目に見えない「小さい磁石」がたくさん集まったかたまりと考えることができます。鉄はふつう、その「小さい磁石」がみんなバラバラの方向を向いているので、全体として磁石のはたらきをもっていません。しかし、近くに磁石がくると、「小さい磁石」が同じ方向を向くように向きをそろえ、鉄が全体としてしばらくの間、磁石のはたらきを持つようになります。

小さい磁石

図1

① 方位磁針は使っている間に、針の色をぬっている側が北を指さなくなることがあります。

(A) 針の指す向きを元にもどすには、他の磁石でどのようにこすればよいですか。適当なものを次の中からすべて選び、記号を書きなさい。

ア．磁石のＮ極で、針の色をぬっている側から、色をぬっていない側に向かってこする。
イ．磁石のＮ極で、針の色をぬっていない側から、色をぬっている側に向かってこする。
ウ．磁石のＳ極で、針の色をぬっている側から、色をぬっていない側に向かってこする。
エ．磁石のＳ極で、針の色をぬっていない側から、色をぬっている側に向かってこする。

(B) 針の指す向きを元にもどすときにしてはいけないことを次の中から選び、記号を書きなさい。

ア．引きつける力が強い磁石でこする。　イ．電磁石でこする。
ウ．決まった一方向にこするのではなく、いったりきたりさせてこする。　エ．とてもゆっくりこする。

② 図2のように、磁石を真ん中よりＮ極側の点線部分で2つに切りました。図2のA、Bの極はどうなると考えられますか。最も適当なものを次の中から選び、記号を書きなさい。

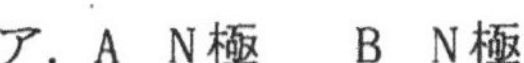

ア．A　N極　B　N極　　イ．A　N極　B　S極　　ウ．A　S極　B　N極
エ．A　N極　B　極なし　　オ．A　極なし　B　N極　　カ．A　極なし　B　極なし

N　S
A　B

図2

③ 磁石は使っている間に、鉄などを引きつける力がだんだんと弱ってくることがあります。

(A) その理由を「小さい磁石」という言葉を使って文で説明しなさい。

(B) 2本の棒磁石を、2枚の板を使って引きつける力を弱めないようにするしまい方があります。

(a) 棒磁石のしまい方はどちらのほうがよいと考えられますか。次の中から選び、記号を書きなさい。

ア．

イ．
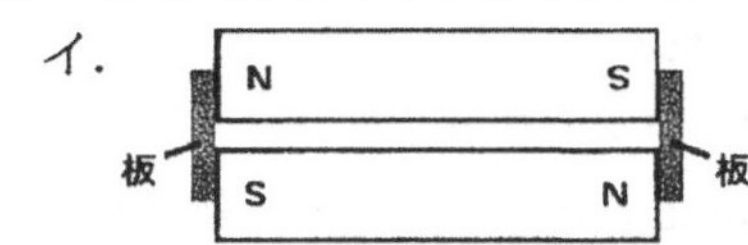

(b) 2枚の板には何が適していると考えられますか。最も適当なものを次の中から選び、記号を書きなさい。

ア．木の板　　イ．ゴムの板　　ウ．鉄の板　　エ．何でもよい。

問3　ものの体積と温度の関係について調べる実験をおこないました。次の問題に答えなさい。

［準備］　同じ試験管を2本用意して、それぞれを試験管Aと試験管Bとしました。図1のように、試験管A、Bをビーカーの中に入れた状態で、2本の口が同じ高さになるようにして、スタンドに固定しました。次に、試験管Aの口にはせっけん水のまくをつけ、試験管Bには室温と同じ温度の水を口のところまで入れました。ここまでを［準備］の状態とします。

［実験1］　［準備］の状態からビーカーの中に氷水を入れて試験管A、Bをそれぞれ冷やしました。

［実験2］　［準備］の状態からビーカーの中に湯を入れて試験管A、Bをそれぞれ温めました。

表1は［実験1］と［実験2］の結果をまとめたものです。

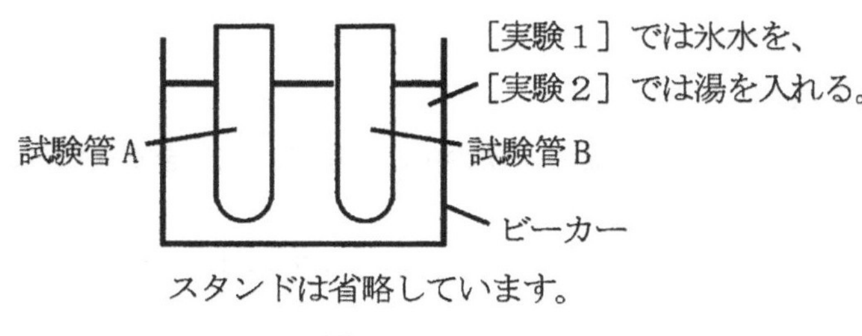

図1

	［実験1］の結果	［実験2］の結果
試験管A	まくはへこみ、試験管の中に入った。	まくはふくらんだ。
試験管B	水面ははじめより下がった。	水面ははじめより上がった。

表1

（1）［実験1］、［実験2］から分かることとして最も適当なものを次の中から選び、記号を書きなさい。

ア．空気は温度が高いほど体積が大きくなるが、水は温度が高いほど体積が小さくなる。
イ．空気は温度が高いほど体積が小さくなるが、水は温度が高いほど体積が大きくなる。
ウ．空気や水は温度が高いほど体積が大きくなる。
エ．空気や水は温度が高いほど体積が小さくなる。

※答えはすべて、解答用紙に書きなさい。

問１　こん虫について、次の問題に答えなさい。

（1）こん虫を次の中から選び、記号を書きなさい。
ア．オカダンゴムシ　イ．ウマオイ　ウ．ナガコガネグモ　エ．カタツムリ　オ．ムカデ

（2）よう虫のときには、水の中でくらすこん虫を次の中から選び、記号を書きなさい。
ア．カナブン　イ．アブラゼミ　ウ．ギンヤンマ　エ．ナナホシテントウ

（3）よう虫のときに、動物を食べるこん虫の組み合わせとして正しいものを次の中から選び、記号を書きなさい。
ア．カイコガ・アシナガバチ　イ．クマゼミ・アオムシコマユバチ
ウ．シオカラトンボ・モンシロチョウ　エ．ナナホシテントウ・タイコウチ

（4）よう虫のときに、くさった葉を食べるこん虫を次の中から選び、記号を書きなさい。
ア．コノハチョウ　イ．コノハムシ　ウ．ツクツクボウシ　エ．カブトムシ

（5）成虫の姿で冬をこすことができるこん虫を次の中から選び、記号を書きなさい。
ア．オオカマキリ　イ．カブトムシ　ウ．ベニシジミ　エ．ニジュウヤホシテントウ

（6）チョウが冬をこす姿について述べたものとして、最も適当なものを次の中から選び、記号を書きなさい。
ア．すべてのチョウは、さなぎで冬をこす。
イ．チョウの種類によって、卵またはさなぎのどちらかである。
ウ．チョウの種類によって、よう虫またはさなぎのどちらかである。
エ．チョウの種類によって、卵、よう虫、さなぎ、成虫の４つの場合がある。

（7）からだの形や色やもようなどをすんでいるところの環境(かんきょう)に似せて、うまくかくれることができるこん虫がいます。成虫の姿がこのようであるこん虫の組み合わせとして正しいものを次の中から選び、記号を書きなさい。
ア．ミツバチ・コクワガタ　イ．コノハムシ・ナナフシ
ウ．クロヤマアリ・アオスジアゲハ　エ．ナナホシテントウ・コノハチョウ

（8）はねをこすり合わせて鳴くこん虫の組み合わせとして正しいものを次の中から選び、記号を書きなさい。
ア．エンマコオロギ・キリギリス　イ．スズムシ・ヒグラシ　ウ．ゲンジボタル・マツムシ

（9）こん虫の成虫のからだについて述べたものとして、あやまりではないものをすべて選び、記号を書きなさい。
ア．はらには、いくつもふしがある。　イ．頭、むね、はらの３つの部分からできている。
ウ．むねには６本のあしがある。　エ．はらには４枚のはねと６本のあしがある。

（10）モンシロチョウのよう虫を育てるときにあたえるとよい葉を次の中からすべて選び、記号を書きなさい。
ア．キャベツの葉　イ．アブラナの葉　ウ．サンショウの葉　エ．ミカンの葉　オ．リンゴの葉

（11）クロアゲハは、卵→よう虫→さなぎ→成虫の順に育ちます。これと同じ育ち方をするこん虫を次の中からすべて選び、記号を書きなさい。
ア．ショウリョウバッタ　イ．エンマコオロギ　ウ．コアオハナムグリ　エ．ナナホシテントウ　オ．アキアカネ

（12）成虫が動物を食べないこん虫を次の中からすべて選び、記号を書きなさい。
ア．コアオハナムグリ　イ．ナナホシテントウ　ウ．アブラムシ　エ．エンマコオロギ　オ．カブトムシ

問２　さまざまな磁石を使って、いろいろな実験をしてみました。次の問題に答えなさい。

（1）実験室にある次のア～ウの磁石の中で、鉄クリップなどを引きつける力が最も強いと考えられる磁石を次の中から選び、記号を書きなさい。
ア．アルニコ磁石　イ．フェライト磁石　ウ．ネオジム磁石

（2）絵や文字が印刷してあるアルミ缶(かん)とスチール缶があります。それぞれの缶の印刷塗料(とりょう)がぬってあるところに、磁石を近づけました。そのときの結果として最も適当なものを次の中から選び、記号を書きなさい。
ア．スチール缶だけを引きつける。
イ．アルミ缶だけを引きつける。
ウ．２つとも金属なので、どちらも引きつける。
エ．２つとも表面に塗料がぬってあるので、どちらも引きつけない。

（3）方位磁針の針の色をぬっている側が北の方位を指しています。
① 針の色をぬっている側は磁石の何極になっていますか。
② ①で答えた極が北の方位を指す理由を文で説明しなさい。

答えはすべて解答用紙に書きなさい。　円周率は3.14として計算しなさい。　図は正確とは限りません。

1.　次の□の中に適当な数を入れなさい。

(1)　$23\times17-11\times34+22\times5=$□

(2)　$(6.04-3.25)\div3.1\times8.9=$□

(3)　$\frac{12}{17}\times\left(3\frac{1}{4}-\frac{7}{9}+\frac{5}{6}\right)\div7=$□

(4)　$\left\{\left(1.2-\frac{5}{6}\right)\times5+\frac{7}{8}\right\}\div\frac{13}{36}=$□

2.　次の□の中に適当な数を入れなさい。

(1)　3の倍数であるが、4の倍数でない整数は、1から200までの中に□個あります。

(2)　1本100cmのロープを10本結んでいき、長い1本のまっすぐなロープを作ります。ロープとロープを結ぶには、それぞれのロープの端を15cmずつ使って結び目を作ります。作った長いロープは□cmです。ただし、結び目の大きさは考えないものとします。

(3)　正方形の折り紙を図のように折ったとき、㋐の角の大きさは□°です。

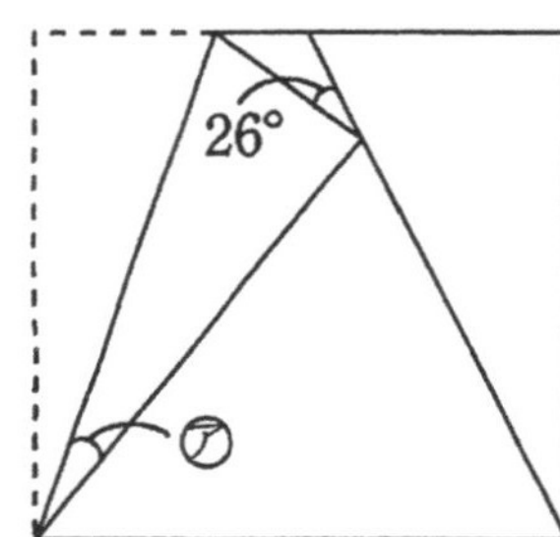

(4)　[1] [1] [1] [2] [2] [3] の6枚のカードの中から3枚を並べて、3けたの整数を作ります。作ることのできる整数は□通りです。

(5)　はじめに、容器Aに[ア]%、容器Bに[イ]%の食塩水がそれぞれ500gずつ入っていました。容器Aから200gの食塩水を取り出し、容器Bに加えると、容器Bに入っている食塩水の濃度は7.5%になりました。その後、容器Bから100gの食塩水を取り出し、容器Aに加えると、容器Aに入っている食塩水の濃度は6%になりました。

3.　1周1500mの池の周りを、A、B、Cの3人がそれぞれ一定の速さで歩きます。AとBは右回りに、Cは左回りに進みます。3人が池の周りの地点Pから9時ちょうどに出発しました。AとCは9時20分に、BとCは9時25分に、はじめて出会いました。また、Aは9時37分30秒にはじめて地点Pにもどりました。次の問いに答えなさい。

(1)　AとCの歩く速さは分速何mか求めなさい。

(2)　Bがはじめて地点Pにもどる時刻を求めなさい。

(3)　3人がはじめて同時に出会うのは、地点Pから左回りに何mはなれた所か求めなさい。

4.　次のように、整数をある規則で並べています。

1, 1, 2, 1, 1, 2, 3, 2, 1, 1, 2, 3, 4, 3, 2, 1, 1, 2, …

次の問いに答えなさい。

(1)　はじめて9が出てくるのは何番目か求めなさい。

(2)　50番目から111番目までの数の和を求めなさい。

5.　下の図1、図2のように、1辺の長さが同じ正方形5個を辺でつなげた図形を考えます。

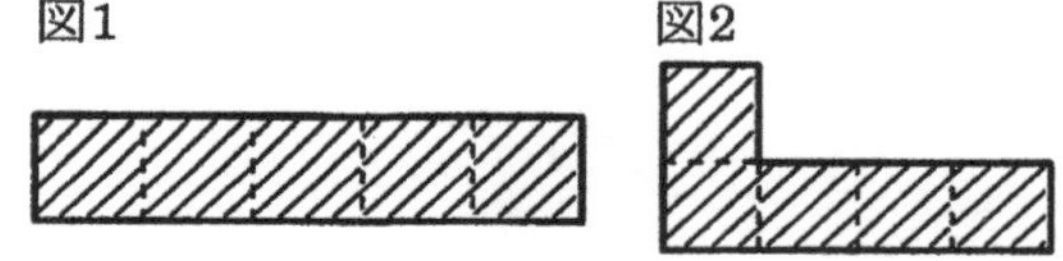

合同な図形は同じものとします。図1、図2以外に考えられる図形を、下の①、②にしたがって、解答用紙の例のようにすべてかきなさい。

①　5つの正方形を斜線(しゃせん)で塗(ぬ)りつぶす。

②　解答用紙の4×4のマス目に1つずつかく。ただし、4×4のマス目を12個すべて使うとは限らない。

6.　図のように、直方体の水槽(すいそう)があり、左右の側面に平行な長方形の仕切りでA、B、C3つの部分に区切られています。AとCの上にはそれぞれ蛇口(じゃぐち)がついていて、どちらからも同じ量の水を一定の割合で入れます。グラフは、空(から)の水槽に2つの蛇口から同時に水を入れ始めてからの時間と、AとCの水面の高さの差を表しています。ただし、㋒は18よりも大きいです。次の問いに答えなさい。

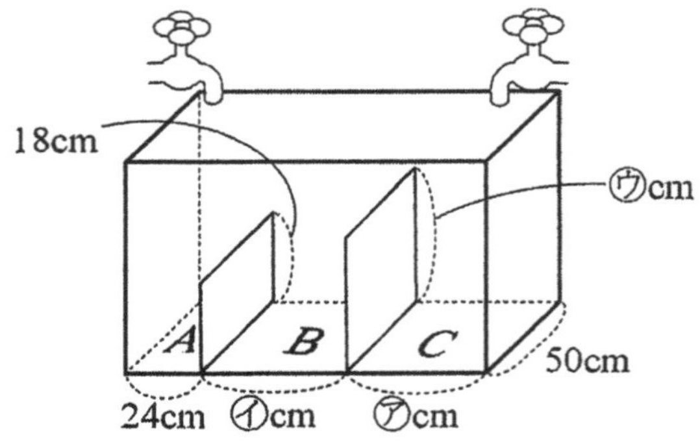

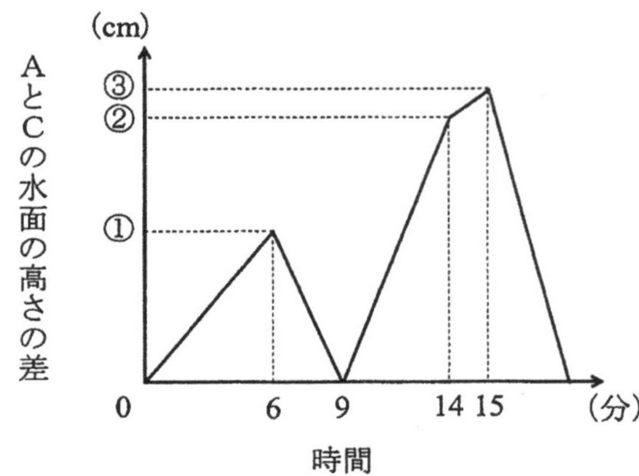

(1)　1つの蛇口から入れる水の量は毎分何cm³か求めなさい。

(2)　図の㋐、㋑、㋒にあてはまる数を求めなさい。

(3)　グラフの①、②、③にあてはまる数を求めなさい。

生物の場合、たとえば足の機能が衰えたらたちまち野獣に食われるB運命です。機能が落ちたら生物は生きていけない、つまり続かない、これではずっと続く［ア］には使えません。

機能が落ちないようにしないといけないんです。それを建物ではどうやったら可能になるのでしょうか。

じつは機能が落ちずに千年以上続いている建物が日本にあります。伊勢神宮です。伊勢神宮は二〇年ごとにそっくり同じものを隣に建て替える。こうするといつも［イ］同様に保たれ機能が衰えません。建て替えの行事を式年遷宮と言いますが、式年遷宮を繰り返しながら伊勢神宮は一三〇〇年続いて来ました。

こう言うと、それって続いていることになるの？というツッコミが来るでしょうね。

ここは考え方次第です。法隆寺だって、直すたびに材料の一部は入れ替わっていくし、機能はそのままではありません。それでも続いていると言っている。極端な例を出せば、隅田川は水が全部入れ替わっているのにやはり隅田川。だとすれば形が同じで、さらに機能も同じだったら、材料がそっくり入れ替わっていても伊勢神宮は続いていると言ってもいいんじゃないでしょうか。

どのみち、同じものがずっと続くことはあり得ないのですから、完全に同じということはあきらめざるを得ません。私たちはまず目で見て同じかどうかを確かめますよね。だから形が大切。形がほぼ同じなら、作っている材料や機能に関してはうるさいことを言わずに、材料か機能のどちらかがある程度保たれていれば、同じものだと認めてもいいと思うんですね。

2「生物はずっと続く」というのが本日のテーマなんですが、生物は伊勢神宮方式で続いているんですよ。定期的に同じものに作り替えている、それが子供を作るという作業です。自分そっくりの新品に体を作り替えて機能が落ちないようにして、生まれかわりながら自分はずっと続いていく、それが生物のやり方です。

……というと、「ちょっと待った、子供は親にそっくりではない、だから伊勢神宮とはc違う」と、ここでもツッコミが来るでしょう。まさにここが大事なところです。生物の場合、雌雄があって子が生まれ、その子は親ににてはいるがちょっと違っています。3生物はわざわざ有性生殖を行い、自分とはちょっと違う子を作るものです。

生物は自分とまったく同じ子を作れないわけではないんですよ。たとえば以前お話ししたサンゴは、体を二つに割って親そっくりの二個体になりながら群体を作ります。無性生殖して増えるんですね。ただし無性生殖する能力をもっていても、サンゴは定期的に有性生殖をして、自分と少し違った子を作ることもします。無性生殖の方がdかんたんに子供を作れるC。でも面倒でも有性生殖もします。

それはなぜか。環境が変化するからです。私という生きものは今の環境にeてきおうして生きています。（　C　）将来、環境が変化したら、今の私そのままの子供はうまく生き残れなくなってしまうでしょう。そして環境がどう変化するかはfよそくできません。そこで子供を作る際に、ちょっとだけ違う子を何種類か作る。（　D　）どれかは新しい環境でも生き残る可能性が高くなります。

アリストテレスに言わせれば、生物とは自分がずっと生き続けていきたいものなんですね。そのための手段が有性生殖だと彼は言います。彼の言葉を私なりに言い直せば「生物は自分がずっと生き続けていきたいのだが、体にはガタが来るから、定期的に体を更新する。その時に、ちょっと変えて体を作る。そうすればずっと続いていける。これが有性生殖の意味だ」。

もちろん生物は生き残りたいなどと頭で考えているわけではないんですよ。進化のgかていで、たまたま体をちょっと違ったように更新するものができてしまった。つまり有性生殖を行うものができてしまった。そのやり方の上手なものがずっと生き残れるようになり、生物はここまで続いてきたのです。

こういう事情があるのですから、僕は、子供が私だと見なせると思っています。親子で違っている点は私の多様性の一部と見ればいい。4こういう見方をすれば、私はずっと生き続けることになるんですね。

親という名の私がいた。（　E　）今の私が生まれ、その私が子という私を作り、孫の私、ひ孫の私と、私が続いていく。私・私・私と私を渡して続いていくのが〈私〉というものなんですね。前回、生命を真珠のネックレスにたとえましたが、真珠の珠が個々の私、そしてその連続としてのhそうたいが括弧をつけた〈私〉です。

（本川達雄『ラジオ深夜便　うたう生物学』）

問一　――a～hの部分を漢字に直しなさい（送り仮名が必要なものはそれも書くこと）。

問二　（　A　）～（　E　）に入る最も適当なことばを次の中から選んで、記号を書きなさい（同じ記号は二度以上使いません）。

ア　でも　イ　すると　ウ　そして　エ　だから　オ　なぜなら

問三　［ア］・［イ］に入る最も適当なことばを文中からそれぞれ六字、二字ぬき出して答えなさい。

問四　～～A～Cの「れる」と同じ「れる」を次の中から二つずつ選んで、記号を書きなさい（同じ記号は二度以上使いません）。

ア　きれいな水が流れる。　イ　私は百メートルを十三秒台で走れる。　ウ　後ろを走る友人に追い越される。

エ　この試験ならば、満点が取れる。　オ　放課後に先生から呼び出される。　カ　強風によって大木が倒れる。

問五　――1、「こんな不思議なこと」とは、具体的にどういうことですか。できるだけ文中のことばを使って答えなさい。

問六　～～、法隆寺と伊勢神宮は、それぞれどのようにして続いてきましたか。できるだけ文中のことばを使って答えなさい。

問七　――2、法隆寺や伊勢神宮といった建物を「生物はずっと続く」ことのモデルとして使ったのはなぜですか。できるだけ文中のことばを使って答えなさい。

問八　――3、それはなぜですか。解答欄にしたがって文中から十七字ぬき出して答えなさい。

問九　――4、「こういう見方」とは、どういう見方ですか。できるだけ文中のことばを使って答えなさい。

い音がつながりのなかに確実にそんざいしているって証をはなってあげたい」

ピアニッシシモ ―― 松葉が聴いていた時子さんのピアノの音色を表すのに（　E　）の言葉だ。

「そっか。あるのとないのでは、ぜんぜん温度が違う」

「温度なんて言われると、松葉に期待しちゃう」

（中略）

紗英の表情がひきしまった。心地よい緊張感に包まれて第一音が響くと、紗英はすうっと音楽のなかに入っていった。極上のマーマレードをとかしたような、陽だまりに包まれたようなやさしいメロディだ。我の強い紗英のなかにも、深くて繊細な世界があるのだとあらためて驚かされ、引き込まれる。

時子さんのピアノは、（　F　）紗英の一部になっていた。時子さんの消え入りそうな音とは違う、実体のある生きた音だ。一陣の風に深い霧が晴れていくように、紗英の音色は松葉の心のなかに新しい世界を拓いていく。

紗英の確信は、子ども特有の誇大妄想ではない。紗英という魂を一人分の肉体に閉じ込めておくには、人の形のいれものは小さすぎてあふれてしまうのだ。押しとどめている指のあいだからこぼれてしまった部分が、高慢さに見えてしまうにちがいない。

紗英は、本物だ。

松葉は鳥肌のたった腕をぎゅっと握りしめた。

（梨屋アリエ『ピアニッシシモ』）

注　スタンウェイ＝スタンウェイ社製の一流のピアノ。

時子さん＝松葉の隣の家に住んでいる老婦人。時子さんが弾くピアノの音色に松葉の心は慰められてきた。ところが、時子さんのピアノが「三丁目の南雲さん」に譲られたと知り、ピアノ恋しさに松葉は時子さんのピアノの行き先を探しあてた。そこで紗英と知り合った。

問一 ―― a～hの部分を漢字に直しなさい（送り仮名が必要なものはそれも書くこと）。

問二 （　A　）～（　F　）に入る最も適当なことばを次の中から選んで、記号を書きなさい（同じ記号は二度以上使いません）。

ア　ずっと　イ　たとえ　ウ　もっと　エ　すっかり　オ　ちっとも　カ　ぴったり

問三 ―― 1、松葉は紗英のどういうところに「困った人」と思ったのですか。できるだけ文中のことばを使って答えなさい。

問四 ―― 2、松葉が紗英からの誘いをうれしく思う理由を、二つ答えなさい。

問五 ―― 3、「予定は、大きく狂った」とありますが、何が起こってどうなったのですか。できるだけ文中のことばを使って二つ答えなさい。

問六 ―― 4、松葉がこのような様子で手土産を渡すのはなぜだと考えられますか。

問七 ―― 5、松葉が暑くもないのに汗をかく理由はなぜだと考えられますか。

問八 ―― 6、なぜ紗英は、松葉がピアノを弾けたら時子さんのピアノは松葉のところへ行っていたと考えるのですか。

問九 ―― 7、紗英はどのようなことを確信しているのですか。解答欄にしたがって文中から十二字ぬき出して答えなさい。

二、次の文章をよく読んで問いに答えなさい。

生物は今から三八億年ほど前に誕生しました。現在さまざまな生物がいますが、これらはすべてその時に生まれたものの子孫だと考えられています。

ということは、生物は三八億年の間、ずーっと途絶えることなく続いてきたんですね。それほど長く続いているものって何かあります？　大陸だってそんなに続いてはいません。

この三八億年の間には、地球全体が凍りついてしまったり、巨大隕石がぶつかってきたりと、いつ絶滅してもおかしくないような天変地異がいろいろありました。それでも生物は絶滅しませんでした。

これってとっても不思議なことなんですよ。生物の体はものすごく繊細です。ちょっとしたことでもダメになる。こんなかよわいものが絶滅もせずに、なぜかずーっと続いている。

どうにも不思議ですよね。こんな不思議なことが起きているとすると、生物にはずっと続いていくための、何か特別な仕掛けがあると考えざるを得ないんですね。

その仕掛けを考える手がかりとして建物を例にとろうと思います。建物は決まった形と機能を持っていて、ここは生物と同じです。（　A　）生物のモデルとして使えるんです。建物をモデルとしてこんな問題を立ててみます。どうやったらずっと続く建物をたてられるだろうか？

単純に考えれば絶対に壊れない建物をたてればいいのですが、それはできません。（　B　）熱力学の第二法則があるからです。この法則によると、秩序だった構造物は必ず無秩序になっていき、ついには壊れてしまう。これをエントロピーは増大すると表現します。石で造ったピラミッドだって風化が進んでいき、放っておけばいつかは崩れてしまう運命なのです。

壊れていくのはしょうがないのなら、壊れてきたら直し、また壊れてきたら直しをしていけばいいでしょう。こうして一三〇〇年も続いているのが法隆寺です。世界最古の木造建築物で世界いさん。

これはすごいものなのですが、生物のモデルとして見ると都合の悪いところがあるんです。直し続けていくと、古い部分と新しい部分がまじった建物になってきますね。そんなものを手荒に使うと古い部分がたちまち壊れる心配があるから、どうしてもおそるおそる使わざるを得ません。新築当時のようには使えなくなってしまうのです。つまり建物としての機能が落ちてきてしまう。

二〇二三年度　A日程　国語（60分）問題用紙（I）

関西学院中学部（二〇二三、一、一四）

一、次の文章をよく読んで問いに答えなさい。

松葉は、紗英のティーパーティーに招待された。注スタンウェイを譲ってもらった記念に、楽器のaちょうせいがすんだら、お披露目会を開くことにしたというのだ。紗英は自分が一流のピアニストだと信じているようで、松葉にその腕前を知らしめたいらしい。

1困った人と知り合ってしまった、というのが、最初の正直な感想だった。

紗英は日程も決めないうちに電話をしてきて、予定がわからないという理由で松葉がbことわると、二、三日後にまた電話をかけてcこうほの日を告げた。その後、若干の変更を含め日程が決定するまで、紗英は熱心に電話をかけてきた。

とりえのない松葉にとって、早くから能力を発揮している人はうらやましい。自信家の紗英には、怖さと同時にひかれる部分もある。

注時子さんのものでなくなったピアノには（　A　）関心がないけれど、一度聴きにいけば、紗英の気がすむだろう。それに、松葉の生活では非日常的な、ティーパーティーという言葉に興味をそそられたのも事実だ。女の子が空想で作り上げたようなあの白い家で、子どもがお茶会をするなんて、このチャンスを逃したら松葉には一生縁がないだろう。

松葉は「強引で迷惑だな」というポーズを取る努力をして招待を受けた。2電話を切ったあと、うれしくて笑いがこみあげてきた。学校や家族とまったく接点のない知り合いができたことは、不思議の国の入り口を見つけたように秘密めいて、ワクワクするものだから。

パーティー当日、松葉は紗英の家の玄関にたどり着くと、続けざまに深呼吸をした。ポーチのバラの香りで、イライラを体の中から吐き出してしまいたかったのだ。

松葉は絶望的な気分で袋の中の水ようかんを確認し、母親が結んでくれた襟のスカーフのdいちを確認した。

3予定は、大きく狂った。

まず、今日のために完璧なコーディネートで準備していたシャツを勝手にクリーニングに出されてしまい、着ていく服がなくなった。そのうえ、パーティーの手土産にお小遣いで買っておいたクッキーを、お父さんがいつのまにか食べてしまっていたのだ。

急遽、いただきものの水ようかんを持たされることになり、もめにもめてお母さんから服を借りることになった。ババくさいブラウスに不満を言うと、文句あるならeたいそう着で行きなさいとしかられて、家を追い出されるように出てきたのだ。

松葉はバラの香りを心に満たすと、大人びたよそゆきの笑顔の練習をして、意を決して南雲家に突入した。

「来てくれてうれしいわ」

入り口で迎えた季早子さんの手に、4松葉は闇取引をするように水ようかんを押しつけ、過ぎたことはfわすれることにした。

「あ、来たの？」

紗英は招待をわすれていたかのような素っ気なさで迎えてくれた。紗英は普段着風のワンピを着ている。シックなモノトーンなのに、りんとした華やかさがある。

「ええと、スタンウェイ・ティーパーティーにお誘いありがとう」

「そういうあいさつってヘンだからやめて。家族の定例茶会だよ。毎月やってんの。まずは大人に媚を売らないと」

リビングには数人の大人たちがくつろいでいて、映画の中の貴族のサロンのようにテーブルがセッティングされていた。子どもは二人だけだ。5松葉は暑くもないのに汗をかいた。

「話が違う。子どもの集まりじゃなかったの。どうしよう」

「気にしない。食うだけ食ったら逃げるから、そのつもりでね」

（中略）

「約束の記念コンサートを始めよう」

紗英は指ならしに曲のフレーズを弾いた。

松葉の耳は、しぜんに時子さんの音と聴き比べてしまう。比べていると知ったら、紗英の逆鱗に触れるだろうか。むやみに紗英のプライドを刺激したくないけれど、松葉は言わずにいられなかった。

「どうして音が違うの。時子さんのピアノのはずなのに、硬くて痛い感じがする」

「ばれたか」

「私の耳を試したの？」

「今日のスコーンは出来がよくなかったって考えて弾いてた。でも耳は合格ね」

紗英はくすっと笑った。

「6松葉がピアノを弾けてたら、このピアノはきっとあたしのところに来なかったよ。松葉はつながっているのかも。大切にされた物だって、想いの深い人といつまでもつながっていたいんだよね」

紗英は、展示場のデモンストレイターのようにピアノをならした。

「（　B　）スタンウェイが欲しかった。ほんとうは中古ではなく自分の耳で新しいのを選びたかった。でも、この音なら納得できる。聴いて、この響き。トリルも連打も、夢みたい。さすが世界が認めたコンサートグランド。ダイナミクスは自由自在。ピアニッシシモからフォルテッシシモまで」

「ピアニッシシモって？」

紗英は音の壁がせりあがるように音階を弾いた。

「強弱記号のピアニッシモより（　C　）小さい音のこと」

しゃべりに合わせて、耳鳴りが残るようなgかげきなボリュームダウンを披露した。

「あんまり弱い音だと、耳に届くまでに消えちゃったりしないの？」

「届くように弾くのがピアニスト。でもね、（　D　）聞こえなくても、無音とは違うから。機械で計れる音量だけじゃなくて、その淡

2022年度　算数　解答用紙　B日程

受験番号				

※200点満点
（配点非公表）

関西学院中学部 (2022.1.18)

この線より上には答えを書いてはいけません。

1.

(1)		(2)		(3)	
(4)					

2.

(1)		(2)		(3)	
(4)		(5)			

3.(1)【式または考え方】

【答え】

(2)【式または考え方】

【答え】

4.

(1)	㋐		㋑		㋒	

(2)【式または考え方】

【答え】

(3)【式または考え方】

【答え】

5.(1)【式または考え方】

【答え】

(2)【式または考え方】

【答え】

6.【式または考え方】

【答え】

二〇二二年度　国語　解答用紙　B日程

※この用紙には受験番号と解答以外は一切書いてはいけません。
※句読点やその他の記号も一字と数えます。

受験番号

関西学院中学部　二〇二二、一、一八

一

問一　a　b　c　d　e　f　g　h
問二　A　B　C　D　E
問三　ア　イ　ウ　エ　オ　カ　キ
問四
問五　ことの例。
問六
問七　始め　終わり　という話。
問八
問九
問十
問十一

二

問一　a　b　c　d　e　f　g　h　i　j
問二　A　B　C　D　E
問三
問四　日本　アメリカや中国
問五
問六　旅館　ホテル
問七　こと。
問八
問九
問十

※200点満点
（配点非公表）

答えはすべて解答用紙に書きなさい。　円周率は3.14として計算しなさい。　図は正確とは限りません。

(60分)

1. 次の□の中に適当な数を入れなさい。

(1) $77+(408\times23-2585)\div13=\square$

(2) $2.8\times6.5+(12-5.7)\div1.8=\square$

(3) $1\frac{23}{32}\div\frac{35}{72}-6\frac{3}{7}\times\frac{11}{27}=\square$

(4) $\left(1.75\div\square\div3.5+3\frac{1}{2}\right)\times1\frac{1}{23}=4$

2. 次の□の中に適当な数を入れなさい。

(1) 180の約数のうち偶数は□個あります。

(2) 白いご石□個を等間隔に並べて，中のつまった正方形を作ります。図のように黒いご石をその正方形の周りに並べると，黒いご石は120個使います。

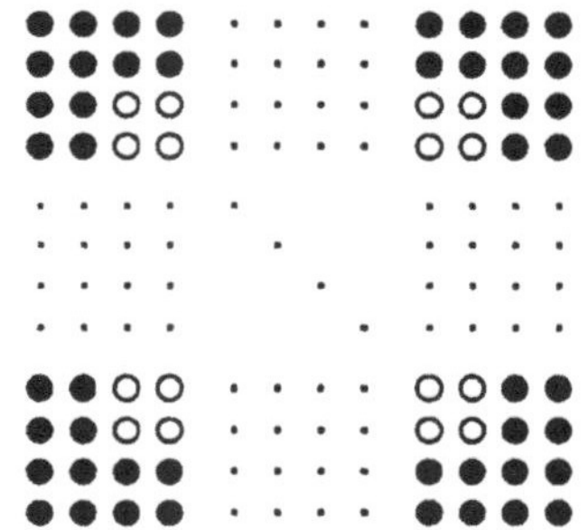

(3) 100mの道の片側に端から，花→花→木→花→花→木→…の順番で花と木を植えました。花と花の間隔は4m，花と木の間隔は6mです。花は□本植えました。

(4) 図のようにおうぎ形OABがあり，AMとBMの長さは等しいです。影をつけた部分の面積は□cm²です。

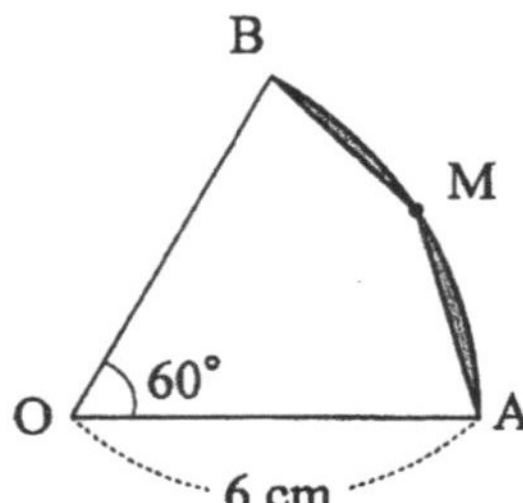

(5) 6%の食塩水100gと，9%の食塩水□gと，12.6%の食塩水いくらかを混ぜて，9.6%の食塩水550gを作りました。

3. 直方体の水槽に水が入っています。この水槽に図1のような直方体のおもりを入れます。おもりの㋐の面が水槽の底につくように入れたところ，図2のように水面の高さが3.6 cmになりました。また，おもりの㋑の面が水槽の底につくように入れたところ，図3のように水面の高さが4 cmになりました。次の問いに答えなさい。

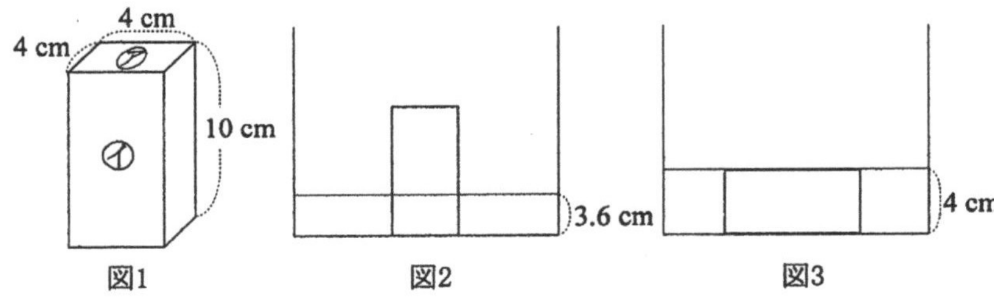

図1　図2　図3

(1) 水槽の底面積を求めなさい。

(2) 図4のように，この水槽におもりを2つ入れました。1つは㋐の面が底につくように，もう1つは㋑の面が底につくように入れています。このとき水面の高さを求めなさい。

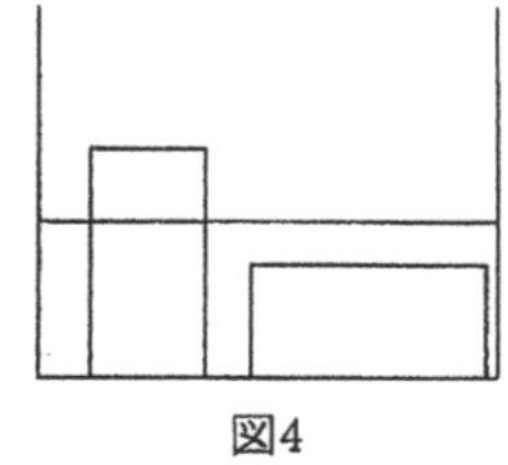
図4

4. 兄と弟は毎日同じ時刻に同時に家を出発し，歩いて学校へ向かいます。兄は分速100m，弟は分速60mで歩きます。ある日，兄は学校へ向かう途中で忘れ物に気づいて家に歩いて戻り，すぐに自転車に乗って学校へ行くと，いつもより1分早く学校に着きました。弟は兄が学校に着いてから17分後に学校に着きました。下のグラフは兄と弟が家を出発してからの時間と家からの距離の関係を表しています。次の問いに答えなさい。

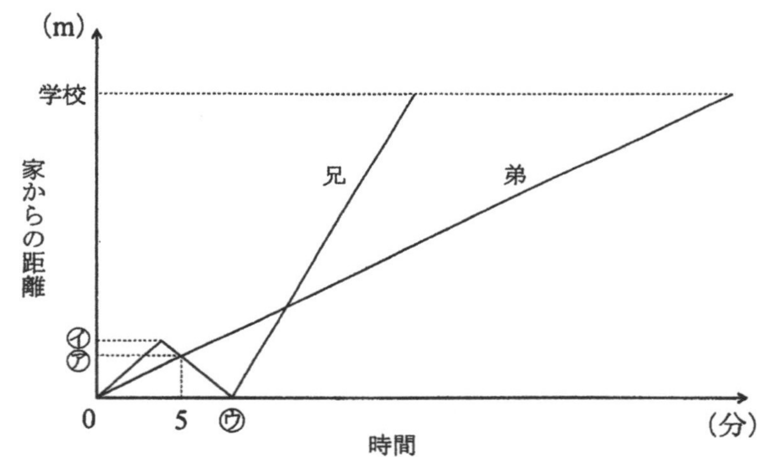

(1) グラフの㋐，㋑，㋒にあてはまる数を求めなさい。

(2) 家から学校までの距離を求めなさい。

(3) 自転車の速さは分速何mか求めなさい。

5. 0と2のみを使った整数を次のように小さい順に並べます。

0, 2, 20, 22, 200, 202, 220, …

次の問いに答えなさい。

(1) 2022は，はじめから何番目か求めなさい。

(2) はじめから50番目の数を求めなさい。

6. 花子さんは，オリジナルTシャツを作るためにお店に行きました。オリジナルTシャツは白いTシャツにデザインをプリントして作ります。白いTシャツは1枚540円です。プリント代は50枚目までは1枚120円で，51枚目からは1枚88円です。送料は枚数にかかわらず2000円です。オリジナルTシャツ1枚当たりの値段を645円以下にしたいとき，少なくとも何枚注文すればよいか求めなさい。

下の注文書はオリジナルTシャツを60枚注文したときの例で，このとき1枚当たりの値段は688円になります。

注文書(例)

白いTシャツ		1枚 540円	60枚	小計 32400円
プリント代	～50枚	1枚 120円	50枚	小計 6000円
	51枚～	1枚 88円	10枚	小計 880円
送料				2000円
				合計 41280円

クに名前をつける。道は、それぞれのブロックを分かつ空間であると思い、名前をつけたいとあまり思わなかったのだろう。人が住んでいるところは家であり、道ではない。

2アメリカや中国は、道に名前をつける。その両側に家が並ぶ。家は道にeそって建っているのだから、街は道の両側にあると思っている。道が中心にあり、道の周りに町ができる。道という枝が、家という葉や実を支えている。

日本は、家がまずあって、その間を道が抜（ぬ）けていく。アメリカは道が先にあって、その周りに家ができていく。どちらがいいという話ではない。国土の広さに関係するのかもしれない。都市計画ができるかどうかというのは、まず何もないような広い土地がなければいけないし、そういうところであれば、道を中心とした思想ができるであろう。（　B　）、公共の道を中心とするところから、公衆fどうとく云々（うんぬん）というような話も、これをもとにできるかもしれない。しかし、私が面白（おもしろ）いと思うのは、何に名前をつけるかというその国の文化の姿勢であり、その文化では何を大切に考えるのか、ということである。

パリにはモンマルトルの丘（おか）とかがあって、坂道もたくさんあるだろうに、その坂道に名前がついていないと、春彦は書いている。日本は坂に名前をつける。アメリカの街中にも坂はあったが、無名である。日本人はたぶん、坂というものを、重要な要素であると感じているのだろう。山国であり、平地が少ないところに住んでいたこと、低地と高地では水の便とか洪水（こうずい）への恐（おそ）れとか、いやおうなく関心を持たざるを得なかったこと、などなど、さまざまな理由があるに違いない。しかも、そこを通って上ったり降りたりすることが、歩く上で気になることだったのだ。

欧米は、逆に丘に名前をつける。隆起（りゅうき）している全体の土地の範囲には名前があっても、その範囲の丘を通っている坂については関心がない。（　C　）、道と家で考えたこととまったく逆のことがおきている。

4部屋に名前があるのは日本の旅館である。「若紫（わかむらさき）」とか「桔梗（ききょう）の間」とか、それらしくg美しい名前がついていて、情緒（じょうちょ）が感じられる。（　D　）、ホテルには名前がない。数字で「305号室」などと呼ばれる。とくじょうのスイートルームでさえ、「4501号室」にすぎなかったりする。hあじけない。

一つ一つに名前があるということは、その個別性を認めるということである。それが世界でたった一つのものであり、かけがえのないものであると思うことである。（　E　）5人には名前があり、その土地に名前をつける。

その場所は、世界中で、そこしかない。

数字や記号で名前をつけられた場所は、同じようなものの一つに過ぎない。たまたま401教室だったり「5列のB」席だったりするのであって、それが4001教室であっても「ホ列のロ」席であってもかまわない。順番にすぎないし、多数の中のiこうせい要素であって、それがなくなっても、繰（く）り上がるだけで、全体的にはちっとも困ることがない。機能的でそのほうがいいと思う人もいる。忙（いそが）しい時間をすごしているのだから、名付けは系統的であるほうが分かりやすく便利であろう。しかしjあいちゃくは感じられない。名前という言葉がもっている不思議な力を思い知らされる。

6金田一春彦通りからは、遠く富士山も見える。八ヶ岳はもちろん、南アルプスや秩父（ちちぶ）の山々のとても美しい眺（なが）めが堪能（たんのう）できる。父の名前をつけていただいて大変ありがたいことなのだけれど、7面映（おもは）ゆいことおびただしい。

（金田一秀穂『金田一家、日本語百年のひみつ』朝日新聞出版）

注　「春彦」――金田一春彦。非常に有名な日本語学者。

注　「号」――学者や画家などが本名のほかに用いる名前。

問一　――a～jの部分を漢字に直しなさい（送り仮名が必要なものはそれも書くこと）。

問二　（　A　）～（　E　）に入る最も適当なことばを次の中から選んで、記号を書きなさい（同じ記号は二度以上使いません）。

ア　また　イ　しかし　ウ　だから　エ　つまり　オ　たとえば　カ　なぜなら

問三　――1、それはなぜだと筆者は考えていますか。その理由が示された一文の始めの五字をぬき出しなさい。

問四　――2、日本では道に名前がない、アメリカや中国では道に名前がある、その理由を筆者はそれぞれどのように言っていますか。できるだけ文中のことばを使って答えなさい。

問五　――3、これと同じ使われ方をしている「よく」が入った文を一つ選び、記号で答えなさい。

ア　君はよくこんなもの食べられるね。　イ　私はいたずらばかりしていて先生からよく言われたことがない。

ウ　休日はよく図書館に行く。　エ　この作品は、こうすればもっとよくなるよ。

問六　――4、旅館の部屋には名前があり、ホテルの部屋には名前がないことについて筆者はそれぞれの良さをどのように言っていますか。できるだけ文中のことばを使って答えなさい。

問七　――5、名前があるとはどのようなことだと筆者は言っていますか。文中から七字ぬき出して答えなさい。

問八　――6、大泉村にある道に「金田一春彦通り」と名がついたのはなぜですか。できるだけ文中のことばを使って答えなさい。

問九　――7、「面映ゆい」と同じような意味のことばを文中から六字ぬき出して答えなさい。

問十　国によって名前をつける対象に違いがあることから筆者は何がわかると言っていますか。できるだけ文中のことばを使って答えなさい。

お寺でぼくの話をきいた仲間といっしょになって、下校するところを待ちぶせて「つねボコ、チャンチャン、ネコのくそ。やーい」（イトコの名はツネゾウ）とさけんだ。二、三日つづけたように思う。いまにして思うとかわいそうなことをしたものだ。年下のものをみんなでいじめるなんて、実にいやらしいことをしたものである。しかし、そのときは恨みの気持ちでいっぱいであった。イトコには7これがよほどこたえたのであろう。ついに一度も心を開くことがないまま、若死にしてしまった。ぼくにとっても悲しかった。本家そのものとも疎遠になっていったが、そもそもは、この「ネコのくそ」のいじめが根であった。

数十年して、そのイトコの遺子とはじめて会うことになる。彼は、その父の口から、ぼくというイトコがいるということは（Ｅ）一度もきいたことがないと言った。名前を知ったとき、同姓だがどこの人かと思ったそうである。それほど8彼の恨みも深かったのである。その話をきいて、注粛然たる気持ちであった。

（外山滋比古『少年記』）

注　「粛然」――つつしんだ気持ちになること。

問一　――a～hの部分を漢字に直しなさい（送り仮名が必要なものはそれも書くこと）。

問二　（Ａ）～（Ｅ）に入る最も適当なことばを次の中から選んで、記号を書きなさい（同じ記号は二度以上使いません）。

ア すぐ　イ いくら　ウ ついぞ　エ いかにも　オ ひたすら

問三　ア～キの中に体の部分を表すことばを入れなさい（平仮名でもよい）。

問四　――1の後に続く二人の男の子の会話はどんなことの例として挙げられていますか。文中からぬき出して答えなさい。

問五　――2、どんなことがうらやましかったのですか。できるだけ文中のことばを使って答えなさい。

問六　――3、（　）の中に入る語句を文中から六字ぬき出して答えなさい。

問七　――4、この話はどんな話ですか。始めと終わりの五字を文中からぬき出して答えなさい。

問八　――5、「そういう才覚」がはたらいていたら、どうしたと考えられますか。

問九　――6、「あれ」とはどんなことを指していますか。できるだけ文中のことばを使って答えなさい。

問十　――7、「これ」の指すものを文中から十一字ぬき出して答えなさい。

問十一　――8、「彼の恨みも深かった」ことはどういうことからわかりますか。

二、次の文章をよく読んで問いに答えなさい。

父親の注春彦は、山梨県八ヶ岳のふもと、大泉村（2004年に合併し北杜市大泉町）の名誉村民ということになっている。40年前から山の家を作って、夏を過ごしていた。図書館にaぞうしょを引き取っていただくというようなこともあった。で、生前に大泉村の村役場前のメインストリートが、「金田一春彦通り」と名づけられることになった。

金田一春彦通りというのは、息子の立場ではとても気恥ずかしい。「きんだいちはるひこ」というのは道の名前として、長すぎはしないだろうか。せめて「金田一通り」とか「春彦通り」ぐらいがいいのではないか。本来は、大泉小淵沢線、というような名前であるらしい。そのほうがずっと気持ちいい。ま、名前をつけていただくというのはこの上なく名誉なことだし、目立ちたがり屋の父のことだから、bあんがいよろこんでいるかもしれない。しかし、そもそも、1人の名前を地名にするというのは、日本ではめったにないことに思われる。

人名を道の名前に冠するということは、外国でもあまりないように思う。中国では大きな道路に名をつける。天津路とか重慶路とか、その本来の地名とは無関係につけている。人名は私の知る限り唯一中山路だけである。中山というのは孫文の注号である。孫文路というような、ナマの名前は使わない。

政治家の名前を地名にすると、後世のcひょうかが変わったときに住民が迷惑するだろう。レニングラードは今はペテルスブルクに戻った。ペテルスブルクも、ピョートル大帝にちなんだのだから、人名である。ベトナムのサイゴン市はホーチミン市となった。

欧米では空港に人の名前をつける。（Ａ）ワシントンD.C.にはダレス空港があり、ニューヨークにはケネディ空港がある。パリにも、ド・ゴール空港がある。ローマはダ・ヴィンチ空港ではなかったか。d記念する、ということなのだろうが、個人崇拝のような気分にはならないのだろうか。大学の名前も、ハーバードというのはきふ者の名前である。日本人にはマサチューセッツ工科大学、というような名付けの仕方のほうがずっとすっきりしていて気持ちいい。いわゆる「偉人」ということへの感じ方、接し方がだいぶ違うのであろう。日本人は、人の名前がついてしまうと、なんだか生々しすぎるような気がするのではなかろうか。

2日本では道に名前がないということを、3よく言われる。アメリカでも中国でも、町の中の小さな小路に、ちゃんと名前がついている。日本はそれがないので、とても不便であると。

日本では、道に名前をつけるかわりに、ある地域の範囲に名前をつける。麻布とか丸の内とか、家の建つ土地のブロッ

二〇二二年度　B日程　国語　問題用紙（Ⅰ）

関西学院中学部（二〇二二、一、一八）

（60分）

一、次の文章をよく読んで問いに答えなさい。

小さいこどもは夢と現実がしばしば入りまじるらしい。作り話をしていると、（　A　）本当のような気がしてくるのである。庭に出ていると、1通りを小学一年生くらいの男の子が二人歩いていく。一人が

「ボク、おとうさんと釣りに行って、クジラを釣ったんだぞ」

と言う。もう一人が、

「スゴイ！　どうしてもってきた？」

ときく。

「バケツに入れて……。おもかった」

とやっている。

それをきいていて、昔、こどものときのほろにがい話を思い出した。

たいてい毎日のようにチャンバラをする仲間がいた。遊びつかれると、その辺に［ア］をおろして話をするのである。

ぼくはチャンバラではほかのものにかなわなかったが、おしゃべりでは負けない。作り話、ほら話、聞いた話などをでたらめに話す。（自分ではでたらめとは思わなかった）仲間が感心したようにきいてくれるので、だんだん調子にのり、自分でもよくわからなくなるのである。

「おれ、養魚場のサカナをとったんだぞ」

と言った。きいているaれんちゅうが、それはたいへんなことをしたものだという顔をする。養魚場の魚はもちろんとってはいけないのである。みんなでお寺の境内の鐘楼下のbいしだんに並んできいている。

「どうしたん？」

「たくさんとれたから、魚屋へもっていって売ったら、十銭くれた」

2みんな、うらやましいような目つきである。そのころの十銭はこどもにとっては大金であった。年に一度のおまcつりのときでも、五銭玉ひとつもらえば大dよろこびしたくらい。この話はまったく根も葉もないもの、ただ、（　B　）きいてくれる仲間へのサービスの気持ちがつくり出したフィクションである。

だいぶたってから、本家のおばあさんがうちへやって来た。うちは分家、土地のことばでは新家である。本家には［イ］があがらない。

なにやらむずかしい［ウ］をして、3おばあさんが、ぼくを遠ざけて、母と二人で話している。母がしきりにあやまっているように見えるので、心配になる。（　　）たところをみると、ぼくにかかわりがあるに違いない。お母さんがあやまっているのだとすると、ぼくがいけないことをしたからだろう。そう気をまわした。

おばあさんが帰っていくと、母がぼくをよんだ。そして、おばあさんの言ったことをそのまま言ってきかせた。

養魚場の魚を盗んで、魚屋へもっていって売り、十銭もうけたそうだ。そういうことをする子がいてはかeもんの恥になる。もうこれからは二度としないように、よく親は注意しなくてはいけない、という話だった。

本家は町で［エ］f折りのしさんかで、りっぱな商売をしている。その分家の悪ガキがドロボウのまねなどしたのでは面目にかかわる、というのだろうが、そんなことを言いに、母をいじめにやって来たおばあさんがにくかった。

どうして養魚場の魚の話がおばあさんの知るところになったのか、こどもだって（　C　）gけんとうがついた。本家にはイトコがいる。一つ年下である。ぼくのほら話が広まって、イトコの［オ］に入ったのだろう。あまり仲のよくない分家のイトコのことだから、鬼の［カ］をとったように、おばあさんに話したに違いない。正直もののおばあさんは肝をつぶし、不良少年の卵があらわれたとばかり、わが家へとんできたという筋道である。

4おばあさんが話していった話をそのまくりかえし言ってきかせた母の顔が実にかなしそうなのがつらかった。あんなうその話なんかどうしてしたのか。すみませんという気持ちだったが、田舎のこどもで5そういう才覚もはたらかない。ただ小さくなっていた。どんなに叱られるかしれない。（　D　）叱られたっていい、と覚悟をきめた。

ところが、母は、おばあさんの言ったことばを伝えると、あと、なにも言わなかった。叱られたいと思っているのに、黙っておられるとかえってつらい。しばらくすると母は立ち上がって、

「庭の花に水をやる。手伝って」

と言うではないか。思わず涙が出そうであった。hこうねん、このときのことを思うたびに、母のやさしさをありがたく思って胸がふさがる思いをする。

いまにして思うと、母はあ6れで叱ったつもりだったのであろう。そしてそれは十分に効果的であった。二度とああいう作り話はしまい。つまり、現実味のあるフィクションはいけないのだと心に銘じた。本当らしいウソはつくな。

それはそれ、告げ［キ］をしたイトコがにくい。そういうとんでもない話をきいたら黙っていられるものではないことは、こどもにはわからない。いちずにイトコを恨んだ。悪い奴だ。いまに見ていろ。

イトコが同じ小学校へ入ってきた。その「いま」がやって来たと思った。

2022年度　理　科　解答用紙

受験番号				

関西学院中学部（2022．1．15）

※100点満点
（配点非公表）

問１

(1)		(2)		(3)	①		②		(4)		(5)	
(6)		(7)	①		②							

問２

(1)		(2)	①		②		③		(3)		(4)	
(5)	①		②		(6)		(7)		(8)			
(9)												
(10)		(11)	①		②		③					

問３

(1)		(2)		(3)		(4)	
(5)	[実験１]		[実験２]				
(6)		(7)		(8)		(9)		(10)	
(11)							

問４

(1)		(2)		(3)	

問５

(1)									
(2)	①		②		③				
(3)									
(4)	①								
	②								
(5)									
(6)	S		T		(7)	S		T		(8)	

2022年度　算数　解答用紙　A日程

受験番号				

※200点満点
（配点非公表）

関西学院中学部 (2022.1.15)

この線より上には答えを書いてはいけません。

1.

(1)		(2)		(3)	
(4)					

2.

(1)		(2)		(3)	
(4)		(5)			

3.【式または考え方】

【答え】

4.
(1)

(2)【式または考え方】

【答え】

5.(1)【式または考え方】

【答え】

(2)【式または考え方】

【答え】

㋐		㋑	

(3)【式または考え方】

【答え】

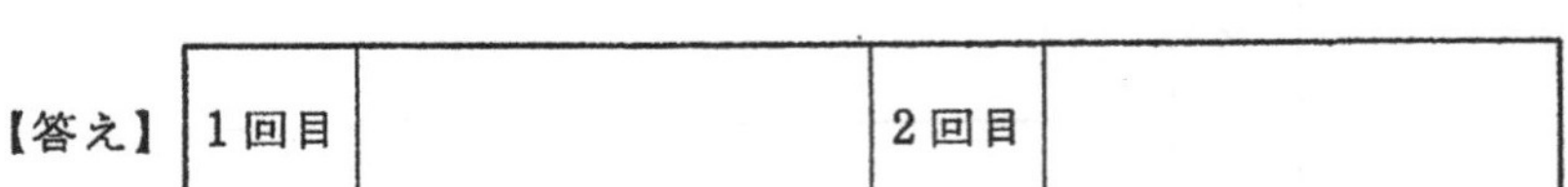

1回目		2回目	

6.

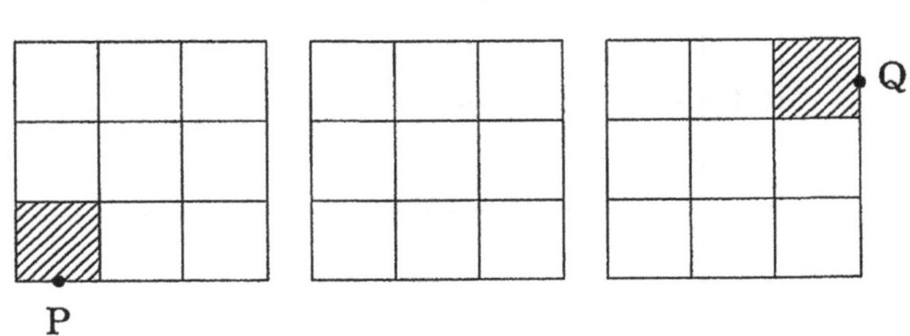

二〇二二年度 国語 解答用紙 A日程

※この用紙には受験番号と解答以外は一切書いてはいけません。
※句読点やその他の記号も一字と数えます。

受験番号

関西学院中学部 二〇二二、一、一五

※200点満点
（配点非公表）

一

問一 a b c d e f g h i j

問二 A B C D E F

問三 ア イ

問四 A B C D E F G

問五

問六

問七 という評価。 という評価。

問八 寂しさ 悔しさ

問九

問十

問十一

二

問一 a b c d e f g h

問二 A B C D E F

問三 A B C D E F

問四 を自覚するため。

問五

問六

問七

問八

問九

図10のような回路を組んだとき、人がスイッチを入れると回路に電流が流れて豆電球の明かりがつきます。また、人がスイッチを切ると回路に電流が流れなくなって豆電球の明かりが消えます。人がスイッチを操作する代わりに自動でスイッチを入れたり、切ったりすることができる装置を使用して、図11のような回路を組みました。この装置には、いくつかの指示を組み合わせて作成した、プログラムを入力することができます。そして、実行ボタンを押すと同時に、入力したプログラムを動かすことができます。プログラムを作成するための指示は次の通りです。

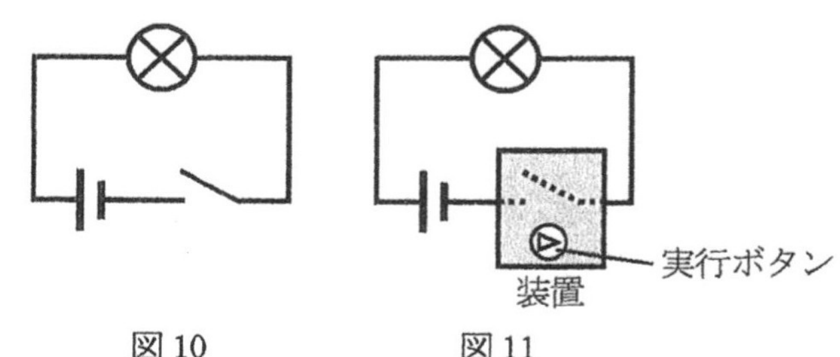

図10　図11

スタート …… プログラムの開始を意味します。プログラムを作成するときには必ずこの指示を最初に入れます。
オン …… スイッチを入れます。スイッチを入れたあとは次の指示があるまで、スイッチを入れたままにします。
オフ …… スイッチを切ります。スイッチを切ったあとは次の指示があるまで、スイッチを切ったままにします。
[x] …… 次の指示があるまでx秒間待つことを意味します。この指示は「オン」か「オフ」のあとにのみ入れることができます。たとえば、「オン[3]」や「オフ[7]」というように指示をつくります。
{ n｜（　　）} …… （　　）の中の指示をn回くり返します。たとえば、「{ 2｜（　　）}」は、（　　）の中の指示を2回くり返します。
エンド …… プログラムの終了を意味します。プログラムを作成するときには必ずこの指示を最後に入れます。

上記の指示はそれぞれ矢印「→」でつなげます。指示の組み合わせが異なるプログラムでも同じ結果が得られることもあります。

この装置でいくつかのプログラムを動かして、図11の豆電球の明かりがどうなるかを調べました。次の表はそれらの結果をまとめたものです。ただし、この装置には豆電球の明かりをつけるかん電池とは別に電源があり、かん電池からの電気を使わずにスイッチを入れたり、切ったりします。

プログラム名	プログラムの内容	結果
プログラム1	スタート → オン[4] → オフ → エンド	明かりは4秒間ついて、消えた。
プログラム2	スタート → オン[2] → オフ[2] → オン[2] → オフ → エンド	明かりは2秒間ついて、2秒間消えて、また2秒間ついて消えた。
プログラム3	スタート → オン → オフ → エンド	明かりは一瞬だけついて、消えた。
プログラム4	スタート → { 2｜（オン[2]）} → オフ → エンド	明かりは4秒間ついて、消えた。

（３）実行ボタンを押すと、図11の豆電球の明かりが5秒間ついて、3秒間消えて、また2秒間ついて消えるプログラムを1つ書きなさい。

（４）豆電球の明かりが1秒間以上ついたあと、1秒間以上消えることを点めつということにします。したがって、ここではプログラム3の結果を点めつとは言いません。また、プログラム1とプログラム4はそれぞれ1回点めつしたと言えます。

① プログラム2では図11の豆電球が2回点めつしました。図11の豆電球がプログラム2と同じ点めつの仕方をするプログラムを次の中から選び、記号を書きなさい。

ア．スタート → { 2｜（オン[2] → オフ）} → エンド
イ．スタート → { 2｜（オン[1] → オン[1]）} → オフ → エンド
ウ．スタート → { 2｜（オフ[2] → オン）} → オフ → エンド
エ．スタート → { 2｜（オン[2] → オフ[2]）} → エンド

② 実行ボタンを押すと、図11の豆電球の明かりが2秒間ついて、1秒間消えることをくり返して、5回点めつするプログラムを1つ書きなさい。ただし、プログラムには、「{ n｜（　　）}」を指示の1つにふくめなさい。

（５）実行ボタンを押すと、図11の豆電球の明かりが1秒間ついたあと、1秒間消えて、次に2秒間ついて、1秒間消えて、最後に1秒間ついて消えるプログラムを1つ書きなさい。ただし、プログラムには、「{ n｜（　　）}」を指示の1つにふくめなさい。

図12のような回路を組みました。図12の装置に次のプログラムを入力しました。

スタート → オン[7] → オフ[8] → エンド

豆電球R
豆電球T
豆電球S
装置
図12

（６）実行ボタンを押してから5秒後の豆電球の明るさを比べました。豆電球S、豆電球Tは、豆電球Rと比べてどうなりますか。それぞれ最も適当なものを選び、記号を書きなさい。

ア．豆電球に明かりがついていて、豆電球Rよりも明るい。
イ．豆電球に明かりがついていて、豆電球Rと同じ明るさである。
ウ．豆電球に明かりがついていて、豆電球Rよりも暗い。
エ．豆電球に明かりがついていない。

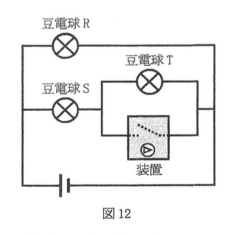

（７）実行ボタンを押してから10秒後の豆電球の明るさを比べました。豆電球S、豆電球Tは、豆電球Rと比べてどうなりますか。それぞれ最も適当なものを選び、記号を書きなさい。

ア．豆電球に明かりがついていて、豆電球Rよりも明るい。
イ．豆電球に明かりがついていて、豆電球Rと同じ明るさである。
ウ．豆電球に明かりがついていて、豆電球Rよりも暗い。
エ．豆電球に明かりがついていない。

（８）実行ボタンを押してから5秒後の豆電球Rの明るさと、実行ボタンを押してから10秒後の豆電球Rの明るさを比べるとどうなりますか。最も適当なものを選び、記号を書きなさい。

ア．5秒後の豆電球Rよりも、10秒後の豆電球Rの方が明るい。
イ．10秒後の豆電球Rよりも、5秒後の豆電球Rの方が明るい。
ウ．5秒後の豆電球Rと10秒後の豆電球Rは同じ明るさになる。

次に、トイレ用洗剤とカビ取り剤を、それぞれ何本かの試験管に分け入れました。

［実験３］　トイレ用洗剤の入った３本の試験管それぞれに鉄、アルミニウム、銅の金属片(へん)を入れる。

［実験４］　カビ取り剤の入った３本の試験管それぞれに鉄、アルミニウム、銅の金属片を入れる。

［実験５］　トイレ用洗剤をうすめるために、ビーカーに（　A　）を入れて、そこに（　B　）を注ぎこみ、混ぜる。

（９）［実験３］と［実験４］の両方の実験で溶けたと考えられる金属を、次の中からすべて選び、記号を書きなさい。

ア．鉄　　イ．アルミニウム　　ウ．銅

(10)［実験５］で（　A　）と（　B　）に入る語句の組み合わせはどれですか。最も適当な組み合わせを次のア、イから選び、記号を書きなさい。

ア．(A) トイレ用洗剤　(B) 水　　　イ．(A) 水　(B) トイレ用洗剤

(11)［実験５］で、トイレ用洗剤の体積に対する水の体積の割合が大きくなれば大きくなるほど、pH の値はどのようになると考えられますか。最も適当なものを次の中から選び、記号を書きなさい。

ア．小さくなって０になる。

イ．小さくなって７に近づいていくが、７以下にはならない。

ウ．大きくなって７に近づいていくが、７以上にはならない。

エ．大きくなって 14 になる。

問４　食用にされる魚について、次の問題に答えなさい。

（１）秋から冬にかけて日本の川の上流でたまごからかえったあと、春に海へ向かい、海で４年ほど過ごして大きくなって、再び日本の川に帰ってくる魚を、次の中から選び、記号を書きなさい。

ア．アユ　　イ．サケ　　ウ．ウナギ　　エ．ドジョウ

（２）魚の完全養殖(ようしょく)について述べたものとして、最も適当なものを次の中から選び、記号を書きなさい。

ア．たまごからかえってまもない魚を、自然の川や海からとってきて、人工的に飼育すること。

イ．体長が 10cm ぐらいまで育った魚を、自然の川や海からとってきて、人工的に飼育すること。

ウ．たまごから人工的に飼育した成魚が産んだたまごを、再び成魚になるまで人工的に飼育すること。

エ．自然の川や海から成魚をとってきて、これを食用として出荷(しゅっか)できる大きさになるまで人工的に飼育すること。

（３）現在、完全養殖されて日本の市場に流通している魚を、次の中から１つ選び、記号を書きなさい。

ア．イワシ　　イ．サンマ　　ウ．ウナギ　　エ．マグロ

問５　豆電球とかん電池を使って、次の図 1～9 の回路を組みました。このとき図１の豆電球Ａの明るさを１とすると、図２の豆電球Ｂ、Ｃと図４の豆電球Ｆ、Ｇ、Ｈ、Ｉの明るさはそれぞれ 0.5 となりました。また、図３の豆電球Ｄ、Ｅと図５の豆電球Ｊ、Ｋ、図６の豆電球Ｍの明るさはそれぞれ１となりました。一方で、図６の豆電球Ｌの明かりはつきませんでした。次の問題に答えなさい。ただし、豆電球とかん電池はすべて同じ性質のものを用いました。

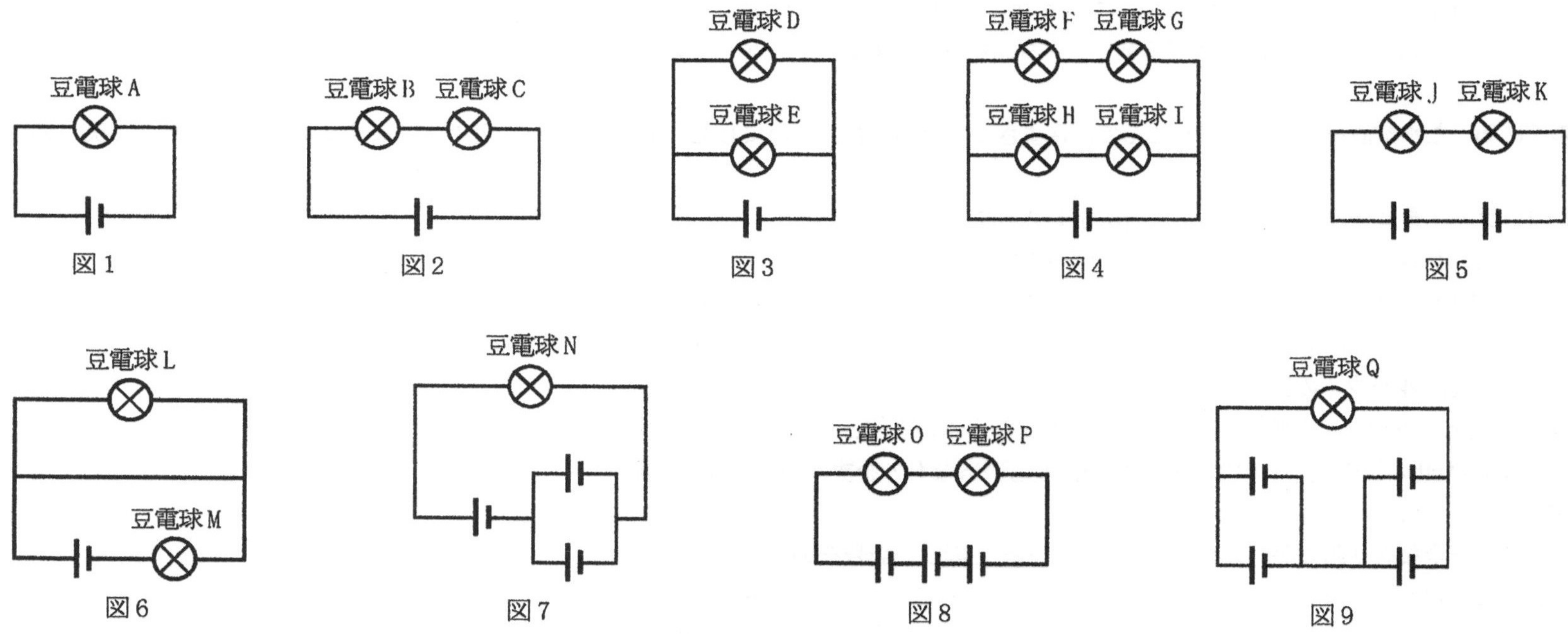

（１）図５のようなかん電池のつなぎ方を何といいますか。

（２）図１の豆電球Ａの明るさを１とすると、次の豆電球の明るさはいくらになりますか。

①　豆電球Ｎ　　②　豆電球Ｐ　　③　豆電球Ｑ

（８）わたしたちが台風への防災を考えるとき、わたしたちが住む地域のどちら側を台風が通過する場合に、特に注意しなければなりませんか。最も適当な方位を次の中から選び、記号を書きなさい。

ア．東　　イ．西

（９）わたしたちが住む地域の（８）で答えたほうを台風が通過する場合に、特に注意しなければならない理由を文で説明しなさい。

(10) 台風が通過することによって起こることのある災害はどのようなものがありますか。次の中からすべて選び、記号を書きなさい。

ア．こう水による河川（かせん）のはんらん。　イ．断層のずれによる山くずれ。

ウ．強風による電柱の倒壊（とうかい）。　エ．高波による船の転ぷく。

(11) 台風は大きな被（ひ）害をもたらす可能性がありますが、なくてはならないものでもあります。そのことを説明した次の文章の（　①　）～（　③　）に入る適当な語句をそれぞれ漢字１字で書きなさい。

「台風は、わたしたちのくらしに様々な被害をおよぼしますが、ときには多量の（　①　）を降らせることで、（　②　）不足が解消されることもあります。また、台風は南から移動してきて、日本付近で（　①　）を降らせるため、南から（　②　）を運んできているといえます。さらに（　②　）だけでなく、（　③　）も運んできており、地球規模では温度差を小さくするはたらきもあります。」

問３　私たちの身のまわりには、さまざまな水溶液（すいようえき）があり、これらの水溶液は必ず、酸性・中性・アルカリ性のいずれかの性質を示します。家にあるさまざまな水溶液を探したところ、トイレ用洗剤（せんざい）(主な成分は塩酸である)、カビ取り剤(主な成分は水酸化ナトリウムである)、虫さされの薬(主な成分はアンモニアである）が見つかりました。これらの水溶液は、いろいろな物質が混じっていますが、主な成分の性質を示すものとします。また、冷蔵庫からは、重そう水、レモン汁（じる）、酢（す）、ラムネ（砂糖入り炭酸水）が見つかりました。次の問題に答えなさい。

（１）「酸」は水溶液が酸（す）っぱいところから名前がついたと言われていますが、「アルカリ」はアラビア語のある言葉からその名前がついたと言われています。ある言葉とは何ですか。最も適当なものを次の中から選び、記号を書きなさい。

ア．畑の植物。　イ．海の植物。　ウ．植物のしぼり汁。　エ．植物の灰。

（２）トイレ用洗剤のラベルには「まぜるな危険」と書いてありますが、混ぜるとなぜ危険なのですか。最も適当なものを次の中から選び、記号を書きなさい。

ア．急に沸騰（ふっとう）して液体が飛びちるから。

イ．有害な気体が発生するから。

ウ．すべての金属を溶（と）かす液体ができるから。

水溶液の酸性やアルカリ性には強さがありますが、その強さを表すときにはpH（ピーエイチ）という値（あたい）がよく使われ、pHの値はpHメーターという測定器を使って調べます。pHの値は０から14の間にあり、中性の水溶液では７の値を示し、酸性の水溶液は７よりも小さい値を示し、アルカリ性の水溶液は７より大きい値を示します。また、酸性が強いほどその水溶液は０に近い値を示し、アルカリ性が強いほどその水溶液は14に近い値を示します。

（３）次の中からpHの値が７より大きな値を示す水溶液をすべて選び、記号を書きなさい。

ア．トイレ用洗剤　イ．カビ取り剤　ウ．虫さされの薬　エ．重そう水　オ．レモン汁　カ．酢　キ．ラムネ

（４）次の水溶液の中でpHの値が最も小さいものを選び、記号を書きなさい。

ア．トイレ用洗剤　イ．カビ取り剤　ウ．虫さされの薬　エ．ラムネ

家の中にあった水溶液を実験室に持ちこんで、さまざまな実験をおこないました。まず、ラムネに溶けているものを確かめるために次の実験をしました。

[実験１]　ラムネをビーカーにうつして、石灰水（せっかいすい）を入れてよく混ぜる。

[実験２]　別のラムネを蒸発皿にうつして、しばらく熱する。

（５）[実験１]と[実験２]で、ラムネに溶けていることが確かめられたものの名前を、それぞれ書きなさい。

（６）石灰水は、何を水に溶かしてつくりますか。最も適当なものを次の中から選び、記号を書きなさい。

ア．水酸化カルシウムの固体。　イ．炭酸カルシウムの固体。

ウ．水酸化カルシウムの液体。　エ．炭酸カルシウムの液体。

（７）石灰水のpHの値に近いものはどれですか。最も適当なものを次の中から選び、記号を書きなさい。

ア．2　イ．7　ウ．12

（８）薬品の安全な取りあつかい方を、次の中からすべて選び、記号を書きなさい。

ア．手に薬品がついたときは、まずアルコールで手を消毒してから、大量の水で洗う。

イ．使い終わった薬品は、薬品の種類に関わらず、大量の水でうすめてから捨てる。

ウ．ラベルがはってあって中身がわかっている薬品でも、じかにさわったり、なめたりしない。

エ．薬品を溶かした水溶液から水を蒸発させるとき、保護メガネをかけていても、上からのぞきこまないようにする。

③　台風の大きさを決めるものとして、最も適当なものを次の中から選び、記号を書きなさい。

ア．中心付近の降水量。　　イ．風速が秒速15m以上のはん囲の広さ。

ウ．中心付近の最大風速。　　エ．風速が秒速25m以上のはん囲の広さ。

（３）台風の地上付近の風はどのようにふいていますか。上から見たときの風の向きとして最も適当なものを次の中から選び、記号を書きなさい。

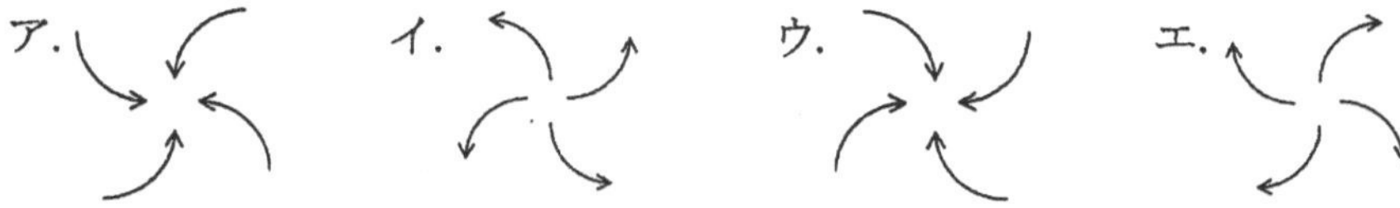

（４）台風の上陸について述べたものとして最も適当なものを次の中から選び、記号を書きなさい。

ア．台風は１年間に20〜30個発生し、そのうちほとんどすべてが日本に上陸する。

イ．台風が上陸すると非常に危険なので、上陸が予想される地域には必ず特別警報が発表される。

ウ．台風は北へ進むと勢いが弱まるので、北海道に上陸したことはない。

エ．台風はほかの雲に影響（えいきょう）をあたえるので、日本に上陸しない場合も集中ごう雨をもたらすことがある。

図１は、2018年に発生した台風21号の雲画像の一部です。また表は、2018年９月４日に台風21号が近畿（きんき）地方を通り過ぎたときの４地点（姫路（ひめじ）市、豊岡（とよおか）市、和歌山市、大阪（おおさか）市）の30分ごとの風速（秒速）と風向を、図２の地図は、その４地点の位置を示しています。また、図２の✖は関西学院中学部の位置を示しています。表の風向を示す矢印は、上向きの場合、南から北へふく風を表しています。次の問題に答えなさい。

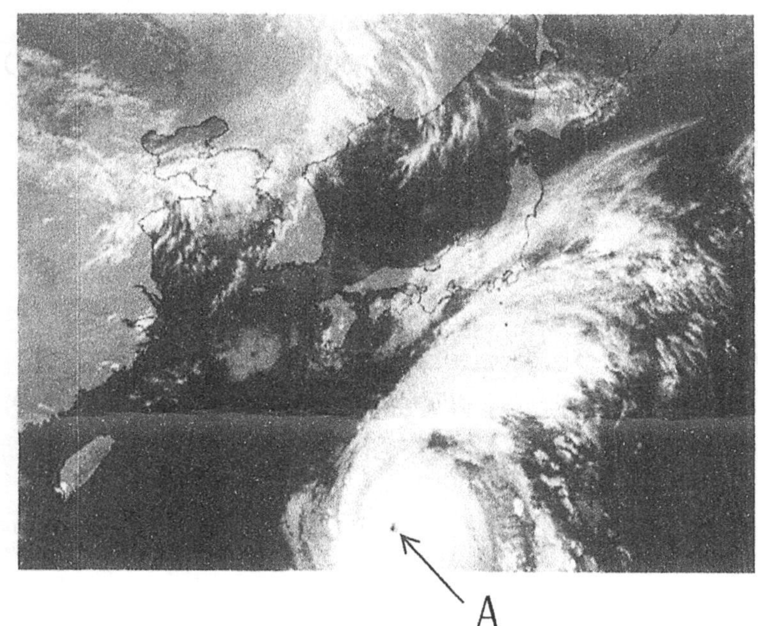

図１　2018年９月２日15時の雲画像
（日本気象協会ウェブサイトより）

	姫路		豊岡		和歌山		大阪	
2018年9月4日	風速（秒速）	風向	風速（秒速）	風向	風速（秒速）	風向	風速（秒速）	風向
9:00	6.5 m	↙	2.9 m	↖	7.1 m	↖	3.1 m	↙
9:30	5.3 m	↙	1.7 m	←	4.6 m	↖	4.4 m	↙
10:00	5.3 m	↙	1.4 m	↖	4.5 m	←	3.8 m	←
10:30	5.1 m	↙	1 m	↙	7.4 m	↙	4.4 m	←
11:00	7.1 m	↙	1.3 m	↓	8.3 m	↙	5.2 m	↙
11:30	11.1 m	↙	2.2 m	↓	10.7 m	←	6.6 m	↙
12:00	11.2 m	↙	1.8 m	↓	11.7 m	←	7.5 m	↙
12:30	13.4 m	↙	4.5 m	↓	16 m	↖	8.5 m	↙
13:00	11.7 m	↙	4.9 m	↓	24.3 m	↖	10.8 m	←
13:30	8.3 m	↓	3.6 m	↓	37.1 m	↗	10.7 m	↖
14:00	8.4 m	↘	4.7 m	↓	24.1 m	↗	20.9 m	↑
14:30	10.2 m	→	5.4 m	↓	20 m	↗	17.4 m	↗
15:00	9.1 m	↗	5.7 m	↓	17.4 m	↗	12.7 m	↗
15:30	8.9 m	↗	6.7 m	↘	13.6 m	↗	11.3 m	↗
16:00	8.2 m	↗	6.1 m	↘	9.2 m	↗	8.5 m	↗
16:30	7.5 m	↗	4 m	↗	9.2 m	↗	7.5 m	↗
17:00	7.4 m	↗	1.8 m	↑	12.5 m	↗	7.1 m	↗
17:30	6.9 m	↗	2.9 m	↗	12.6 m	↗	5.5 m	↗
18:00	6.5 m	↗	3.2 m	↑	11.6 m	↗	4.4 m	↗
18:30	4.6 m	↗	2.2 m	↗	10.1 m	↗	4.4 m	↗
19:00	3.6 m	→	0.7 m	↙	12.4 m	↗	4.6 m	↗

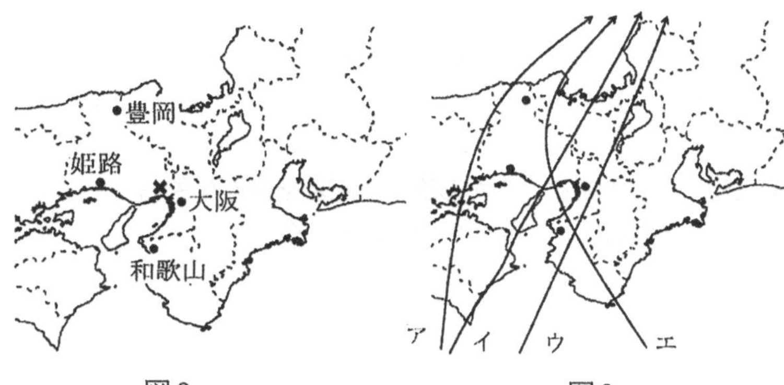

図２　　図３

（５）図１のＡの部分について答えなさい。

①　Ａの部分を何といいますか。

②　Ａの部分の天気や風のようすを述べたものとして、最も適当なものを次の中から選び、記号を書きなさい。

ア．厚い雲におおわれ、Ａの周りに比べて風が強い。　　イ．厚い雲におおわれ、Ａの周りに比べて風が弱い。

ウ．雲はほとんどなく、Ａの周りに比べて風が強い。　　エ．雲はほとんどなく、Ａの周りに比べて風が弱い。

（６）台風21号の進路として、最も適当なものを図３のア〜エから選び、記号を書きなさい。

（７）2018年９月４日に、台風21号が関西学院中学部に最も近づいたと考えられる時刻は何時ごろですか。最も適当なものを次の中から選び、記号を書きなさい。

ア．13:00　　イ．14:00　　ウ．15:00　　エ．16:00

※答えはすべて、解答用紙に書きなさい。

(45分)

問１　メダカについて、次の問題に答えなさい。

（１）飼い方について述べたものとして、最も適当なものを次の中から選び、記号を書きなさい。

ア．水そうは、日光が直接当たらない明るいところに置き、えさは、食べ残さないぐらいの量を、毎日２回ほどあたえる。

イ．水そうは、日光が直接当たらないうす暗いところに置き、えさは、食べ残さないぐらいの量を２日に１回あたえる。

ウ．水そうは、日光が直接当たらないうす暗いところに置き、水がよごれたら、半分ぐらいの水をくみ置きの水と入れかえる。

エ．水そうは、日光が直接当たる窓ぎわに置き、水がよごれたら、すべての水をくみ置きの水と入れかえる。

（２）めすとおすは、からだの形で異なったところがあります。これについて述べたものとして、最も適当なものを次の中から選び、記号を書きなさい。

ア．めすのせびれには切れこみがあり、しりびれは後ろが短い。

イ．めすのせびれには切れこみがなく、しりびれは平行四辺形に近い。

ウ．おすのせびれには切れこみがあり、しりびれは平行四辺形に近い。

エ．おすのせびれには切れこみがなく、しりびれは後ろが短い。

（３）次の文章は、めすが産んだたまごのその後について説明しています。（　①　）、（　②　）に入る適当な語句をそれぞれ書きなさい。

「めすが産んだたまごが、おすが出した（　①　）と結びつくと、生命がたんじょうして、たまごは育ち始めます。このように、たまごと（　①　）が結びつくことを、（　②　）といいます。」

（４）（３）の（　②　）の答えの後のたまごと、そのたまごの育ちについて述べたものとして、最も適当なものを次の中から選び、記号を書きなさい。

ア．たまごの大きさは、最初は直径0.1㎜ほどで、その後、たまごの大きさは変わらずに、たまごの中でからだの形が少しずつできていく。

イ．たまごの大きさは、最初は直径0.1㎜ほどで、その後、たまごの中でからだの形ができるにつれて、たまごの大きさは大きくなっていく。

ウ．たまごの大きさは、最初は直径1㎜ほどで、その後、たまごの中にふくまれている養分を使って、たまごの中でからだの形ができていく。

エ．たまごの大きさは、最初は直径1㎜ほどで、その後、たまごの中でからだの形ができるにつれて、たまごの大きさは大きくなっていく。

（５）水温 26℃で、（３）の（　②　）の答えの後のたまごの中の変化を観察しました。大きな黒い目と、血管が初めて観察されたのは、（３）の（　②　）の答えから何日後の観察のときと考えられますか。最も適当なものを次の中から選び、記号を書きなさい。

ア．5日後　　イ．11日後　　ウ．14日後　　エ．20日後

（６）たまごからかえった直後の子メダカのはらには、ふくろのようなふくらみがあります。これについて述べたものとして、最も適当なものを次の中から選び、記号を書きなさい。

ア．ふくらみの中には、たまごの中で育っていた間に出た不要物がためられている。

イ．ふくらみの中には空気が入っていて、これでからだを浮(う)かしやすくし、泳ぎを上達させる。

ウ．ふくらみの中には酸素が入っていて、たまごからかえって2～3日間はこれを使って呼吸をする。

エ．ふくらみの中には養分が入っていて、たまごからかえって2～3日間はこれを使って育つ。

（７）日本の小川や池の中に身近に見られた野生のメダカは、現在では、あまり見られません。その数が少なくなってきているからです。

① 日本で見られる野生のメダカは、何色に見えますか。最も適当なものを次の中から選び、記号を書きなさい。

ア．赤っぽい色　　イ．黄色っぽい色　　ウ．白っぽい色　　エ．黒っぽい色

② 日本で見られる野生のメダカは、主にどのようなところにすんでいますか。最も適当な場所を次の中から選び、記号を書きなさい。

ア．水がきれいで、その流れが、おだやかなところ。　　イ．えさとなるヤゴなどの水生こん虫が多くいるところ。

ウ．アユやイワナがすむ、水がきれいで流れが速いところ。　　エ．ザリガニやカエルがすむ、水の流れのないところ。

問２　日本では毎年、台風が接近、上陸をします。日本に近づく台風について、次の問題に答えなさい。

（１）台風は主にどのような雲が集まってできたものですか。最も適当なものを次の中から選び、記号を書きなさい。

ア．巻積雲(けんせきうん)　　イ．乱層雲(らんそううん)　　ウ．高積雲　　エ．層積雲　　オ．積乱雲

（２）（１）の答えのような雲が集まると台風のもととなる熱帯低気圧(ねったいていきあつ)というものができ、それが勢いを増すと台風となります。

① 熱帯低気圧がある条件を満たすと台風になります。その条件として最も適当なものを次の中から選び、記号を書きなさい。

ア．中心付近の１時間あたりの降水量が 80㎜をこえること。　　イ．風速が秒速 15m 以上のはん囲が直径 50km をこえること。

ウ．中心付近の最大風速が秒速 17.2m をこえること。　　エ．風速が秒速 25m 以上のはん囲が直径 50km をこえること。

② 台風の強さを決めるものとして、最も適当なものを次の中から選び、記号を書きなさい。

ア．中心付近の降水量。　　イ．風速が秒速 15m 以上のはん囲の広さ。

ウ．中心付近の最大風速。　　エ．風速が秒速 25m 以上のはん囲の広さ。

答えはすべて解答用紙に書きなさい。　円周率は3.14として計算しなさい。　図は正確とは限りません。

(60分)

1. 次の□の中に適当な数を入れなさい。

(1) $(871-2022\div6)\div3\times2=\square$

(2) $78.4\div35-0.84\div0.6+0.632\times5=\square$

(3) $\left(3\frac{4}{15}-\frac{3}{4}+\frac{5}{12}\right)\times\frac{3}{11}=\square$

(4) $7.4\div\left\{0.96-\frac{7}{9}\div\left(5-3\frac{1}{3}\right)\right\}=\square$

2. 次の□の中に適当な数を入れなさい。

(1) 4種類のカード 0, 2, 4, 6 がそれぞれたくさんあります。42人の生徒が1枚ずつカードを引くと，0を引いた生徒は8人，4を引いた生徒は9人，6を引いた生徒は□人でした。生徒が引いたすべてのカードの数字の平均は3になりました。

(2) 仕入れ値が□円の商品に定価をつけました。定価の20%引きで売ると利益は200円で，定価の14%引きで売ると利益は650円です。

(3) 図のように，ADとBCが平行な台形ABCDがあります。AD, BD, CDの長さが等しいとき，㋐の角の大きさは□°です。

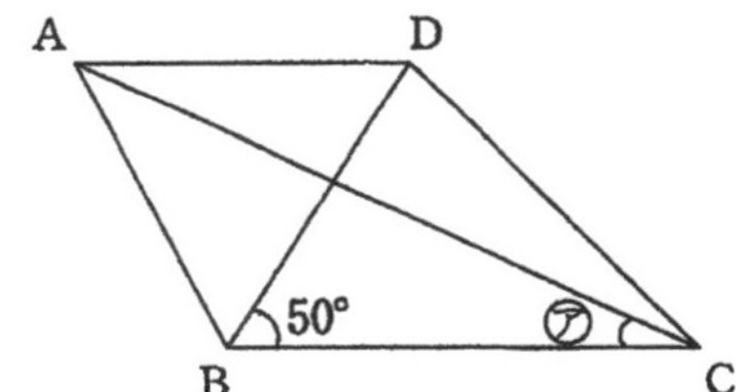

(4) ロボットA3台とロボットB4台で作業すると30分，A3台とB9台で作業すると20分かかる仕事があります。この仕事をロボットA1台で作業すると□分かかります。

(5) ある車は平らな道をガソリン30Lで500km進みます。この車はある坂道を登るとき，同じ量のガソリンで進める距離(きょり)が平らな道と比べて2割少なくなります。その坂道を300m登るのに□mLのガソリンが必要です。

3. 赤，青，緑の3個のサイコロを投げます。例えば赤のサイコロの目が4，青の目が4，緑の目が2のように，3つの出た目のうち最も大きい目が4になる目の出方は何通りあるか求めなさい。

4. 図1のように，1辺9cmの正三角形と，1辺18cmの正方形があります。点Pは正三角形の頂点です。正三角形を矢印の方向に，図1の位置から図2の位置まで正方形の内側をすべらないように転がします。次の問いに答えなさい。

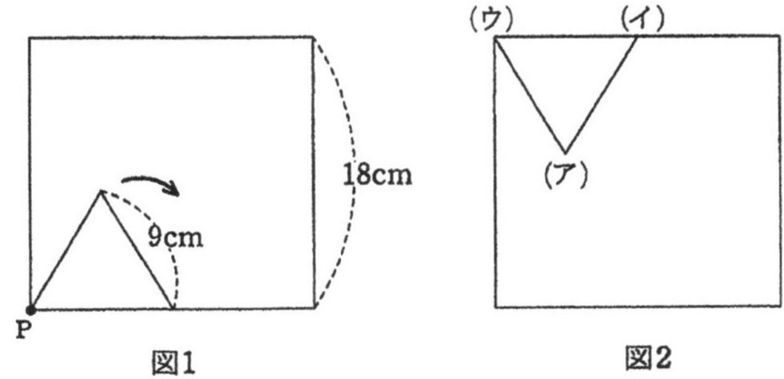

図1　　図2

(1) 点Pは図2の(ア)，(イ)，(ウ)のどの点に重なるか記号で答えなさい。

(2) 点Pが動いた跡(あと)の線の長さを求めなさい。

5. 図のように，直方体の水槽(すいそう)があり，左右の側面に平行な長方形の仕切りでA，B2つの部分に区切られています。AとBの上にはそれぞれ蛇口(じゃぐち)がついていて，どちらからも同じ量の水を一定の割合で入れます。グラフは，空(から)の水槽に2つの蛇口から同時に水を入れ始めてから満水になるまでの時間と，Aの水面の高さの関係を表しています。次の問いに答えなさい。

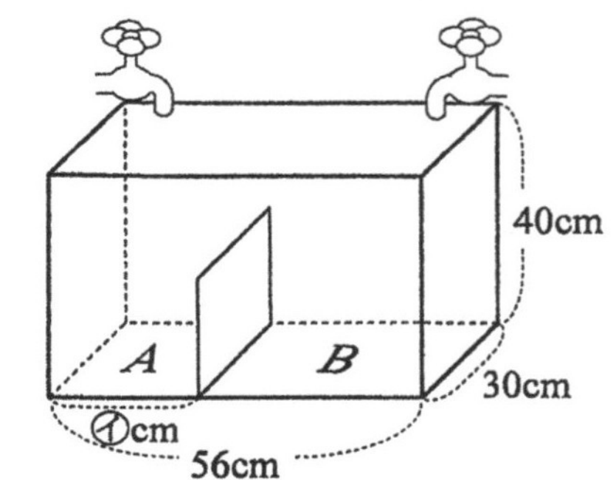

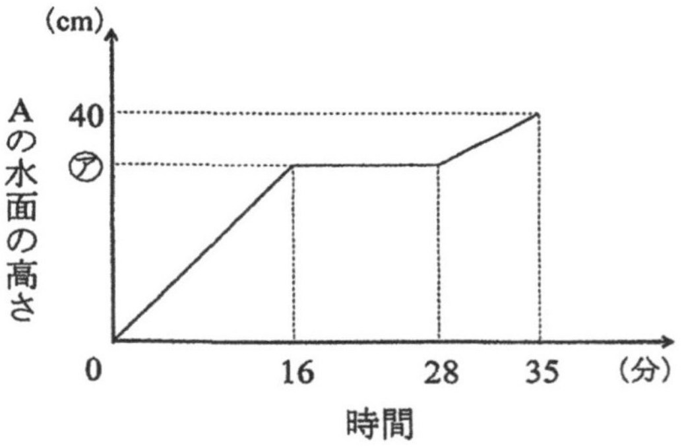

(1) 1つの蛇口から入れる水の量は毎分何cm^3か求めなさい。

(2) グラフの㋐，図の㋑にあてはまる数を求めなさい。

(3) AとBの水面の高さの差が12cmになるときは2回あります。水を入れ始めてから何分後か，1回目，2回目ともに求めなさい。

6. 図のように，小さい立方体を27個ぴったりはり合わせた大きい立方体があります。点P，Qは，小さい立方体の辺の真ん中の点です。点P，Qを通るようにまっすぐな穴をあけました。

解答用紙の図は上段，中段，下段それぞれを真上から見た図です。27個の小さい立方体のうち，穴があいているものを解答用紙の図に斜線(しゃせん)で塗(ぬ)りつぶしなさい。ただし，穴の大きさは考えないものとします。点P，Qがある立方体をすでに斜線で塗りつぶしています。

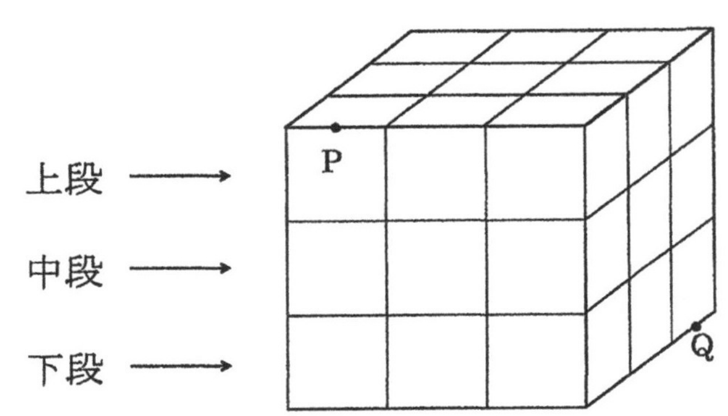

二〇二二年度　A日程　国語　問題用紙（Ⅲ）

関西学院中学部（二〇二二、一、一五）

（　C　）、この「春＝桜」イメージは、私たちのなかで本当に一致しているのでしょうか。京都には多くの桜の名所がありますが、そのほとんどはソメイヨシノです。私のbきんむする大学に通う学生たちの桜イメージも、厳密に言えばソメイヨシノです。3ソメイヨシノは桜前線の指標でも利用されており、一般的な桜として認知されていますが、たとえば同じ桜前線でも、沖縄はカンヒザクラが指標に利用されます。カンヒザクラはソメイヨシノに比べてピンク色が濃く、ソメイヨシノよりもずいぶん早い1月から2月あたりに咲き、（　D　）開花期間もソメイヨシノより長いのが特徴です。伊豆半島にある河津町で発見されたカワヅザクラも4同じような特徴を持っています。「桜」といっても、地域によっては違う桜をイメージする場合があります。

ソメイヨシノは江戸時代末に人工的に作られた園芸種です。種子ができないので接ぎ木苗でcふやしています。いわばクローンです。そのため、すべてが同じ特徴を持つため、同じ地域で同じ環境に育っていれば、一斉に咲いて一斉に散るようになります。桜前線の指標に利用されるのはこうした性質も関係しています。

一方で、「パッと咲いてパッと散る」といったソメイヨシノの特徴が「時が来たなら潔く散れ」といった軍国主義の思想と重なることにもなりました。そこに本居宣長の詠じた注1「敷島の大和心を人問はば朝日ににほふ山桜花」という歌も合わさって、帝国主義日本の国民精神の発揚につながったことはよく知られていると思います。

（　E　）、ソメイヨシノは江戸時代末にdたんじょうしたわけですから、それ以前の人々にとっての桜とは、ソメイヨシノではなく、個性豊かで咲く時期がそろわないヤマザクラなどのイメージでした。（　F　）、パッと咲いてパッと散るといったイメージはありませんでした。江戸時代中期を生きた宣長が好んだのも「山桜花」（ヤマザクラ）です。宣長は本当に山桜が好きで、eじがぞうに描き込んだり（そこに添えられたのが先ほどの歌です）、自分のfはかにヤマザクラをA植えるようgいっしょに書き留めたりしています。

こうした宣長の個人的なB思いを示した「大和心」が、後年になって5国家主義的な大和魂として歪曲されてしまったわけですが、そこにはヤマザクラからソメイヨシノへの変化もあったのです。日本各地にソメイヨシノが植えられていくのも帝国主義下の時代です。今では花見の名所となっている場所も多いですし、やはりC美しいものは美しいのですが、そうした時代背景を背負った植物であることも忘れてはいけません。

桜といえば、『源氏物語』の光源氏と若き日の紫の上とのD出会いの場面を思い出します。そこは光源氏が治療に出かけた京都北郊の山地にあるhだいきぼな寺院。注2「三月の晦日なれば、京の花ざかりはみな過ぎにけり。山の桜はまだ盛りにて」と、注3桜（ヤマザクラ）の咲いている風景を背景として、光源氏が垣根越しに何気なく見た紫の上の姿に衝撃を受けるというストーリー。6物語ですからどの季節にでも設定できるのですが、作者の紫式部はこうした時期と場所を選んで、二人を出会わせているわけです。そこには紫式部の季節イメージを感じざるを得ません。

現在でも入学式のある春は確かに出会いの季節ですし、入学式を彩る花といえばやはり桜です。その色から恋の季節というイメージにも結び付いています。紫式部のイメージには今の私たちでも大いに共感できます。

もっとも、桜はむしろ卒業式の時期だという地域もあれば、授業が始まってしばらく経ってからE咲く地域もあるでしょうから、共感の程度はさまざまだと思います。自分のイメージと他の人のイメージは必ずしも一致していないということに自覚的であることがF重要です。「いま・ここ」の常識は「あの時・あそこ」の非常識なのです。

（上杉和央『歴史は景観から読み解ける――はじめての歴史地理学』）

注1　「大和心とは何かと人に問われれば、朝日に映える山桜の美しさがわかることだ」というような意味。
注2　後に光源氏の最愛の妻となる。
注3　「三月（今の四月）も終わりなので、都の花盛りはもう過ぎてしまったが、山の中の桜はまだ花盛りで」の意味。

問一　――a～hの部分を漢字に直しなさい（送り仮名が必要なものはそれも書くこと）。

問二　（　A　）～（　F　）に入る最も適当なことばを次の中から選んで、記号を書きなさい（同じ記号は二度以上使いません）。
ア　一方　イ　ただ　ウ　また　エ　すると　オ　ただし　カ　そのため

問三　〰〰A～Fのことばはどのような性質のものですか。次の中から選んで記号を書きなさい。
ア　ものや事柄の名前を表す　イ　状態や性質を表す　ウ　動作を表す

問四　――1、この「簡単な頭の体操」の目的は何ですか。文中のことばを三十三字ぬき出して答えなさい。

問五　――2、季節から連想する単語が人によって違っているのはどのような場合ですか。できるだけ文中のことばを使って答えなさい。

問六　――3、ソメイヨシノが桜前線の指標に利用されるのはなぜですか。できるだけ文中のことばを使って答えなさい。

問七　――4、「同じような特徴」とは具体的にどんなことを言っていますか。できるだけ文中のことばを使って答えなさい。

問八　――5、「国家主義的な大和魂」のもとで国民が求められていたのはどのようなことですか。できるだけ文中のことばを使って答えなさい。

問九　――6、紫式部が桜の季節を選んだのはなぜだと筆者は考えていますか。できるだけ文中のことばを使って答えなさい。

相手は担任の先生のようだった。担任の先生からの電話は、固定電話にかかるのが常なので、自分のほうから電話をかけたのだろう。母親は声を忍ばせるようにして、こう言っていた。

「瞬太のいたずらが過ぎるのは、私の目が見えないからでしょうか」

きいた瞬間、瞬太はみぞおちの内側に、とがった氷を押し当てられたような気がした。

自分はそこまで、母親を追いつめてしまったのか、と思ったからではない。その言い方に、5母親が自分の側に立ってくれていない気配を感じたからだ。

母親は自らのハンディをバリケードにしながら、おれを責めている、と思った。先生から「お母さんのせいではないですよ」と、言ってほしかったのだろう。母親は、自分だけ助かろうとしている。そう感じた。

今では、あのときの母親の苦しみが、多少なりとも理解できる。母だってぎりぎりの精神状態で、誰かに救いを求めたかったのだろう。そうしなければ、とてもやっていけなかったのだろう。

だが当時の瞬太には、ただただつらいことだった。だから（Ｅ）荒れた。母とは（Ｆ）口をきかなくなった。

初めて会った熊沢は、事情を知らなかったのか、「おれの母ちゃん、目、見えねえし」という6瞬太の反論に一瞬黙った。が、すぐにたっと、笑った。そしてこう言った。

7「高校の県大会からは、ラジオ中継もあるぞ」

瞬太は目を見開いた。その目が熊沢の瞳にhすいつく。太い眉の下のどんぐりまなこ。口は笑っているのに、iじしゃくみたいに真っ黒な目は真剣そのもので、どこかjぶきみなほどだった。

沢田瞬太、十二歳。ここが、陸上地獄への第一歩だった。

（まはら三桃『白をつなぐ』）

問一　――a～jの部分を漢字に直しなさい（送り仮名が必要なものはそれも書くこと）。

問二　（Ａ）～（Ｆ）に入る最も適当なことばを次の中から選んで、記号を書きなさい（同じ記号は二度以上使いません）。

ア　やっと　イ　いちいち　ウ　たまたま　エ　ちょっと　オ　ほとんど　カ　ますます

問三　ア・イ に入る最も適当なことばを文中からそれぞれ三字、八字ぬき出して答えなさい。

問四　〰〰A～Gのことばは、どのような意味を添えていますか。次の中から選んで、記号を書きなさい（同じ記号は二度以上使いません）。

ア「過去の動作である」という意味　イ「その状態が続いている」という意味　ウ「他から動作を受ける」という意味

エ「他にそうさせる」という意味　オ　断定する意味　カ　何かをもとにして推し量る意味　キ　物事をたとえていう意味

問五　――1、瞬太が陸上をすすめられたのは、小学校何年生の頃ですか。

問六　――2、ここから場面が変わります。もとの場面に戻るのはどこからですか。始めの五字をぬき出しなさい。

問七　――3、「そんな世間の評価」とは、具体的にどういったものですか。文中のことばをぬき出して二つ答えなさい。

問八　――4、瞬太が母親に対して感じている「寂しさ」と「悔しさ」とは、どのようなものですか。できるだけ文中のことばを使って、それぞれ答えなさい。

問九　――5、それは瞬太が母親に対してどのように思ったからですか。できるだけ文中のことばを使って答えなさい。

問十　――6、瞬太は熊沢のことばのどういう点に「反論」したのですか。

問十一　――7、瞬太が「目を見開いた」のは、どんなことに気付いたからだと考えられますか。

二、次の文章をよく読んで問いに答えなさい。

1簡単な頭の体操を。できればaふくすうめいいたほうがいいので、周りにいる人を誘うところから始めましょう。そして集まったら、みんなで春・夏・秋・冬、この四つの季節の景色でぱっと連想できる単語を三つずつ書き出してみてください（あまり考え込まずに、思いついたものをさっと書くのがポイントです）。それができれば、結果をお互いに確認してみてください。（Ａ）、同じ単語を連想している場合もあれば、2違っている場合もあると思います。そうした点を確認できたら、なぜその単語を思いついたのか、少し話し合ってみましょう。

この頭の体操は、私の授業でもよくおこなうものです。なかにはとてもユニークな単語を連想する学生もいます。尋ねてみると、その季節に起きた印象的な出来事を思い出して、それを象徴する単語を連想した、といった答えが返ってきます。季節イメージが自身の経験と結びついて形成されていることがよく分かります。こうした経験に即した単語は、決して他の人とは一緒になりません。暗黙的に共有されるイメージではなく、個人的なものだからです。でも、話を聞くと「なるほど」と、大いに共感できるものとなります。

（Ｂ）、共有されたイメージも出てきます。授業での結果をとりまとめているわけではないので、あくまでも傾向でしかありませんが、春と秋からは、学生たちの多くがそれぞれ「桜」と「紅葉」という単語を連想します。特に「春＝桜」というイメージは大きく、ほぼすべての学生が桜や、それに関わる花見や花吹雪といった単語を挙げます。確かに、桜の時期になると花見をしたり、「桜前線」がニュースで連日取り上げられたりと、桜イメージであふれかえりますので、こうした結果になるのもうなずけます。

(60分)

一、次の文章をよく読んで問いに答えなさい。

[1]瞬太に陸上をすすめたのは、小学校のときの教頭先生だった。交番からの帰りのことだ[A]。交番に呼ばれる[B]のは、初めてのことではなかった。

夜更けの公園で爆竹を鳴らす。線路に置き石をする。人の家の屋根から屋根へと飛び[a]うつる。盗みや人に手出しをすることはしなかったが、瞬太は地域でも有名な「［ア］」の[b]ひっとう格だった。そして、最後までつかまらない逃げ足の速さでも有名だった。

(中略)

その日、交番に連れていかれたのは、友達と二人でバス停の位置をずらしていたからだ。バス停はセメントで固めてあったが、前々から少しずつ壊していて、その日（　A　）動くようになっていた。意気揚揚とそれをずらしていたところ、通行人にすぐに見とがめられた。

例によって、瞬太はずんずん逃げた[C]のだが、（　B　）自転車でパトロール中のお巡りさんに出会ったのが、運のつきだった。親と教頭先生が呼ばれて、こってりしぼられたあと、お巡りさんはこう言った。

「まったく、逃げ足の速い悪がきだ」

[c]しゃざいの言葉を述べながら、涙ぐむ母親を見ていると、さすがに気もとがめたが、つかまってしまった悔しさのほうが大きかった。

その帰り道に、教頭先生がこう言ったのだ。

「お前は、その足の速さを生かせ。おれが話をつけてやる」

そして連れていかれたのが、有明学院高校の陸上部だった。陸上部の監督が教頭先生の後輩に当たる人だったらしい[D]。

熊みたいな人だな。

それが、熊沢という監督に対する第一印象だ。色黒で、がっしりとした体つきは、名前のとおり、のっそりとした熊みたいな感じだった。

瞬太は初めて行った有明のグラウンドを一周走らされた。全力疾走で一周走ると、熊のような[E]監督は、こう言った。

「家族に心配ばかりかけとらんで陸上をやれ。お前が頑張っている姿を見たら、お母さんも喜ぶぞ」

だが瞬太は、そんな熊沢にふてぶてしい目を向けた。

「おれの母ちゃん、目、見えねえし」

[2]瞬太の母親は、全盲だ。若いころは、かすかな[d]しりょくがあったものの、結婚をするころには、光も感じなくなっていたらしい。当然、生まれてきた瞬太の顔も知らない。それでも母親は、父親の手助けを得ながら、瞬太を育ててきた。料理も毎日作ってくれるし、時間はかかるが、掃除や洗濯もできる。

母親は失われた[e]きのうを、工夫と努力でなんとか補いながらも生活している。生活に[f]ししょうはないし、瞬太のほうもそれが普通だと思っていた。

小さなころの瞬太は、母親のことが大好きで、買い物や病院への付きそいなど、自分にできることはなんでも手伝った。

そんな気持ちが、少し変わってきたのは、小学校四年生くらいのときだろうか。

もともとやんちゃなところがある瞬太が、（　C　）いたずらをしただけで、周りの人が大げさに眉をひそめることに気がついたのだ。しかも、自分になされる注意には、全部「お母さん」という単語がくっついていた。

「お母さんを悲しませるな[F]」

「お母さんに申し訳ないと思え」

「お母さんは一生懸命なのに」

「お母さん」

「お母さん」

自分のいたずらと、母親の目が見えないのは、なんの関係もないのに、（　D　）母親を持ち出されるのは、うっとうしいと感じるようになった。

高学年になると、いたずらの質はちょっと派手になってきた。知恵も体力もついた分だけ、当然と言えば当然だが、瞬太に関しては、違う評価がなされた。ほかの子も一緒にやっているのに、一人だけ、

「瞬太くんのお母さんは、［イ］」

と言われるのだ。母親の目が見えないことをいいことに、子どもが悪さをしていると言いたいのか、目が見えない母親だから、満足に子どもを育てられないと言っているのかはわからなかったが、どちらにしても腹が立った。

だが、それよりも悔しかったのは、[3]そんな世間の評価に対して母親が、なにも言い返さなかったことだ。貼られた[G]レッテルを受け入れたように押し黙り、それればかりか、人の目を必要以上に気にするようになった。家にこもりがちになり、それまでかかさず来てくれていた[g]授業さんかんにも、運動会にも来てくれなくなった。[4]寂しさと悔しさで、瞬太は胸がかきむしられるようだった。

そして、決定的なことが起こった。

瞬太が小学校六年生のときのことだ。瞬太は、物陰に隠れるようにして携帯電話をかけながら、泣いている母親の姿を見た。

2021年度　算数　解答用紙　Ｂ日程

受験番号				

関西学院中学部 (2021.1.19)

この線より上には答えを書いてはいけません。

※200点満点
(配点非公表)

1.

(1)		(2)		(3)	
(4)					

2.

(1)		(2)		(3)	
(4)		(5)			

3.【式または考え方】

【答え】

4.【式または考え方】

【答え】

5.(1)【式または考え方】

【答え】

(2)【式または考え方】

【答え】

6.(1)【式または考え方】

【答え】

(2)【式または考え方】

【答え】

二〇二一年度　国語　解答用紙　B日程

受験番号

※この用紙には受験番号と解答以外は一切(いっさい)書いてはいけません。
※句読点やその他の記号も一字と数えます。

関西学院中学部　二〇二一、一、一九

※200点満点
（配点非公表）

一

問一　a　b　c　d　e　f　g　h　i　j

問二　A　B　C　D　E　F

問三　あ　い　う

問四

問五

問六

問七

問八

二

問一　a　b　c　d　e　f　g　h

問二　A　B　C　D　E　F

問三

問四

問五　亜利子　欣子

問六　ア　イ

問七

問八

三

①　②　③　④　⑤　⑥　⑦

四

①　a　b　c　d

②　a　b　c　d　e　f　g

③　a　b　c　d　e　f　g

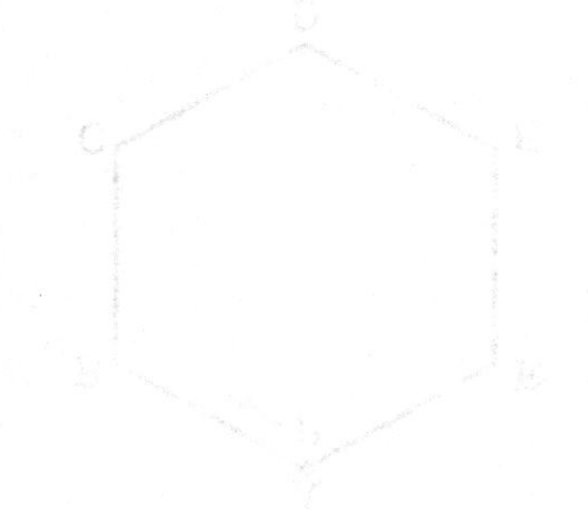

答えはすべて解答用紙に書きなさい。　円周率は3.14として計算しなさい。　図は正確とは限りません。

(60分)

1. 次の□の中に適当な数を入れなさい。

(1) $1620 \div 15 - 98 \div 7 \times 4 = \square$

(2) $90.5 - 7.854 \div 2.1 = \square$

(3) $\frac{1}{6} \times \left(2 \div \frac{2}{5} + 3 \div 7 - 2\right) = \square$

(4) $\left\{\left(2.8 + \frac{7}{3}\right) \div \frac{28}{55} - 6\right\} \times \frac{6}{7} = \square$

2. 次の□の中に適当な数を入れなさい。

(1) 次の□には同じ数が入ります。

$(31.4 + \square) : (18.6 + \square) = 3 : 2$

(2) 算数のテストをしたら，90点の人が12人，75点の人が□人，60点の人が20人いて，平均点は72点でした。

(3) □円持って買い物に行きました。これは1本50円のボールペンを何本か買うのにちょうどのお金でした。しかし1本60円に値上がりしていたので，予定の本数より13本少ない数しか買えず，お金は残りませんでした。

(4) □個のアメをA組とB組の生徒全員に配ります。A組の生徒はB組の生徒より4人多いです。A組の生徒に5個ずつ，B組の生徒に4個ずつ配ると，アメは27個余ります。A組の生徒に5個ずつ，B組の生徒に7個ずつ配ると，アメは9個足りません。

(5) 図のような三角形ABCがあります。三角形の辺上の各点は，辺AB, BCを3等分，辺ACを4等分する点です。斜線部分の面積は三角形ABCの面積の□倍です。

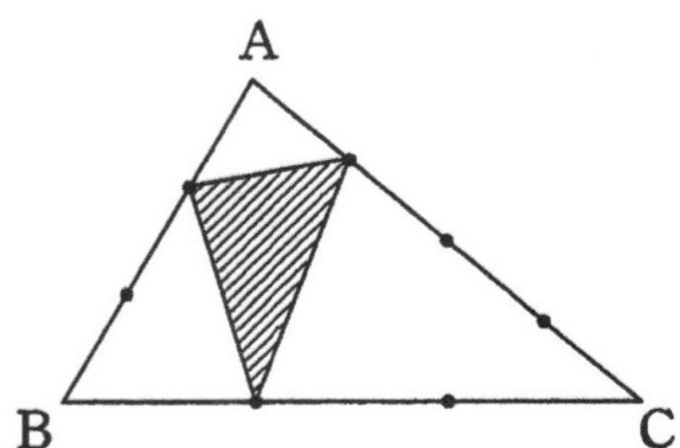

3. 図のように，正六角形ABCDEFがあります。点Pははじめ頂点Aにあり，さいころを投げて出た目の数だけ反時計回りに次の頂点に移動します。例えばさいころを2回投げて，1回目に出た目が2，2回目に出た目が3だと，点PはA→C→Fと移動します。さいころを3回投げた後，点Pが頂点Aに移動しました。このとき，3回のさいころの目の出方は何通りあるか求めなさい。

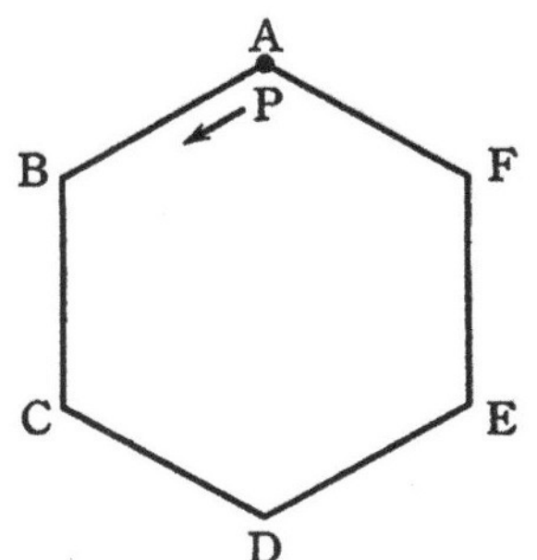

4. 図のような図形を，点A, Bを通る直線を軸にして1回転させたときにできる立体の表面積を求めなさい。

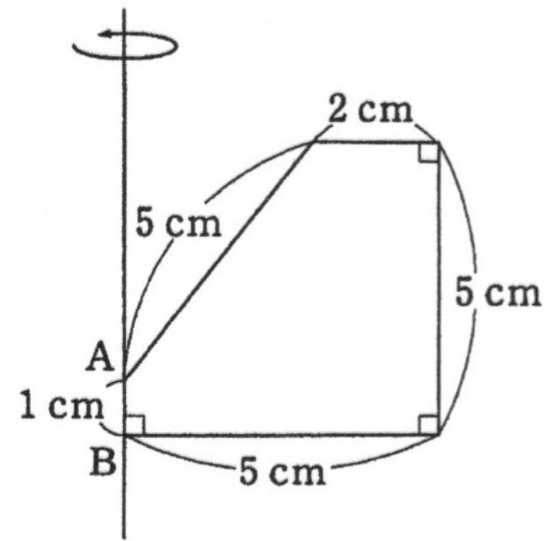

5. 図のように，いくつかの直方体を組み合わせた形の水槽があります。色のついた部分のみ開いていて，そこから一定の割合で水を入れました。グラフは，水を入れ始めてから満水になるまでの時間と，水面の高さの関係を表しています。次の問いに答えなさい。

(1) 水を毎分何cm^3で入れていたか求めなさい。

(2) グラフの㋐にあてはまる数を求めなさい。

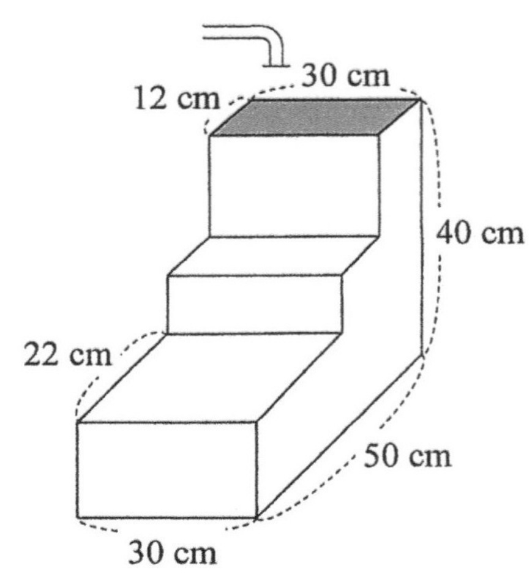

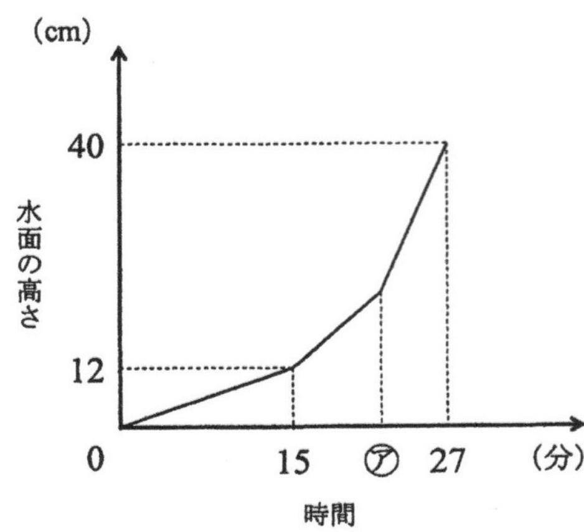

6. ある中学校には先生が50人います。調べると，英語を話せる先生は42人，フランス語を話せる先生は33人，中国語を話せる先生は29人いました。次の問いに答えなさい。

(1) 英語，フランス語，中国語すべてを話せる先生は少なくとも何人いるか求めなさい。

(2) さらに調べると，英語を話せなくて，フランス語と中国語の両方を話せる先生はいませんでした。このとき，英語，フランス語，中国語すべてを話せる先生は少なくとも何人いるか求めなさい。

る場所にいくべきだと私は思う。奥村先生は薫のそしつに気づいてるのよ。でもバスケットの世界では薫はまだ全然無名の選手で、だから自分の元に呼ぼうとしているの。薫の能力を最大限に引き出すために。そして薫は、その可能性に懸けた。亜利子、それのどこが悪いの？」

「でもだったらこのチームはどうなるのさ」

「薫なしで戦う。それだけよ」

「勝てないじゃん」

「それが実力ならしかたないでしょう」

「けっきょく……薫は、うちらを捨てたわけだ」

「違う。薫は捨てたわけじゃない。諦めたの。ねえ亜利子、高く飛ぶためにはなにかを諦めることも必要なのよ。私たちはこれから先、〈　E　〉一緒にいるわけじゃないでしょう？　ひとりひとり、〈　F　〉別の場所で生きていかなくちゃいけない。自分の力で戦わなきゃいけないのよ」

薫が抜けたぶんは、私が埋める。薫のかわりなんて百年練習してもなれっこないけれど、それでももう一度プレーヤーとしてみんなと戦う。だからこれ以上薫を責めるのはやめましょうよと、欣子が亜利子をせっとくする。（略）

薫が二度目の「ごめん」を口にした。勝手言ってごめん。許してほしい、と。

大きな雲が流れてきて、六人でいるこの場所が影になった。リモの泣き声が川のせせらぎと重なり、暁の胸を塞ぐ。悲しかった。もうこの六人でバスケットができないのかと思うと、それが一番寂しくて、大声でなにか叫びたくなったけれど、なにを口にすればいいのかわからなかった。（略）

「帰る」

亜利子が草の上に置いていたリュックを肩に掛け、止める間もなく歩き去っていく。（略）

「ごめん、私も帰るね」

ハンカチで目元を拭っていた七美が腰を浮かす。

「薫ちゃん、ごめんね。亜利子、ショックだったんだと思う。亜利子ってね、人前で泣けないの。だからあんなふうに意地悪になっちゃうの」

七美が「ごめんなさい」と頭を下げると、薫は「わかってる」と微笑んだ。亜利子のことはよくわかってるから、と。

残された四人で、なにを話すでもなくぼんやりと川を見ていた。

（藤岡陽子『跳べ、暁！』）

注　赤弁慶＝去年まで暁たちの顧問だった奥村先生のあだ名。

問一　――　a～hの部分を漢字に直しなさい（送り仮名が必要なものはそれも書くこと）。

問二　〈　A　〉～〈　F　〉に入る最も適当なことばを次の中から選んで、記号を書きなさい（同じ記号は二度以上使いません）。

ア　ずっと　イ　やっと　ウ　いきなり　エ　おそらく　オ　しばらく　カ　まったく

問三　――1、このころ、薫に何があったのですか。

問四　――2、薫が苦しそうな表情を見せたのはなぜですか。

問五　――3、薫の決断について、亜利子と欣子の二人はそれぞれどのように考えていますか。できるだけ文中のことばを使って答えなさい。

問六　――4、薫の転校について、ア「高く飛ぶ」イ「なにかを諦める」とは、それぞれ具体的にどういうことを言っていますか。

問七　――5、亜利子のどういうところを「よくわかってる」のですか。できるだけ文中のことばを使って答えなさい。

問八　――6、「残された四人」全員の名前を文中からぬき出しなさい。

三、次の文の敬語の使い方が正しければ○を、そうでなければ×を書きなさい。

①　校長先生はこのように申された。　②　残念ながら、私は存じあげません。　③　皆様、昼食をいただいてください。

④　おさがしの本はこちらにございます。　⑤　私の両親にお目にかかりましたか。　⑥　お嬢様はもうお出かけになりました。

⑦　こちらの展示コーナーもぜひご覧ください。

四、（　）に入る最も適当なことばを選んで、文を完成しなさい。答えは記号で書くこと（同じ記号は二度以上使いません）。

①　そんなに（ａ）行かれると、あなたに（ｂ）追いつけないので、（ｃ）（ｄ）歩いてください。

ア　もっと　イ　急いで　ウ　まったく　エ　ゆっくり

②　私は（ａ）よい（ｂ）、（ｃ）楽しみに（ｄ）（ｅ）（ｆ）（ｇ）行きました。

ア　いた　イ　して　ウ　仲の　エ　見に　オ　ずっと　カ　映画を　キ　友達と

③　私は（ａ）（ｂ）、（ｃ）（ｄ）（ｅ）目指して（ｆ）（ｇ）思います。

ア　勉強と　イ　毎日を　ウ　両立を　エ　なったら　オ　中学生に　カ　過ごそうと　キ　クラブ活動の

じ部分はある。

なにせ、この地球のどんな生物も、うんと遡ればおそらく同じ原始生命体にいきつくのだから。

（松原始『カラスはずる賢い、ハトは頭が悪い、サメは狂暴、イルカは温厚って本当か？』）

問一　――a〜jの部分を漢字に直しなさい（送り仮名が必要なものはそれも書くこと）。

問二　〈Ａ〉〜〈Ｆ〉に入る最も適当なことばを次の中から選んで、記号を書きなさい（同じ記号は二度以上使いません）。

ア　一方　イ　そして　ウ　だから　エ　ただし　オ　つまり　カ　ところが

問三　あ〜うに入る最も適当なことばを、それぞれ文中から二字、三字、二字ぬき出して答えなさい。

問四　――1、「こういう時」とはどういう時ですか。できるだけ文中のことばを使って答えなさい。

問五　――2とありますが、「オスだって行動パターンとして」どういうことを「持っていないわけではない」のですか。できるだけ文中のことばを使って答えなさい。

問六　――3、なぜこの「空中戦」は「激烈」になるのですか。できるだけ文中のことばを使って答えなさい。

問七　――4、この文章の中で「赤の他人」と同じような意味で使われていることばを、文中から三字ぬき出して答えなさい。

問八　――5とありますが、これは実際の、どのような状態を言い表していますか。できるだけ文中のことばを使って答えなさい。

二、次の文章をよく読んで問いに答えなさい。

「うん……」

薫が言いづらそうに言葉を濁し、うっすらと光る川面に視線を移す。なにかまた、家で問題が起こったのだろうか。実は春休みに入1る少し前くらいから、薫が思い詰めた表情をすることに、暁は気づいていた。（略）

「で、薫。なによ話って」

ドーナツで頬を膨らませ、亜利子が〈Ａ〉ちょっきゅうaを投げる。

「私、南条中に行くの」

〈Ｂ〉言いよどんだ後、薫がぼそりと呟いた。

「は？　南条中？　なにそれ。どういうこと」

「南条中って、今日対戦した南条中学のことだよね？　薫ちゃん、どうしたの急に」

亜利子や七美が矢継ぎ早に問いかけるのを、暁は呆然と見ていた。（略）

「奥村先生に言われたんでしょう？　南条中に来いって」

薫は無言だったが、その表情がすべてを語っていた。欣子の言葉の通りなのだろう。亜利子と七美が顔を見合わせ、表情を曇らせる。

スポーツの世界ではよくある話だった。奥村が薫を、自分がこもんbをつとめるチームに引き抜いただけのことだ。（略）

「でもどうしてこのじきcに行くの？　すごく中途半端じゃない？」

2それなのに薫は苦しそうに眉をひそめ、唇を固く結ぶ。

七美の訊き方に嫌な響きはなにもなかった。

「七美、薫のかわりdにうちが説明してあげる。注赤弁慶は南条中のメンバーに薫を加えて、七月の夏季大会で優勝するつもりなんだって。東京都大会で優勝して、全国大会に出場して、そこでも上位を狙おうって気なんだよ。あの人の考えそうなことだって」

亜利子が口を歪めてまくしたてるのを、黙って聞いていた。亜利子が言っていることに〈Ｃ〉間違いはない。

「うちも強いよ。うちのチームでも、夏季大会で優勝して全国大会に出られるよ。ね、薫？」

リモが小さな子を慰めるように薫の背を撫でる。（略）

「進路のことでしょ」

欣子の声が落ちる。

「南条中学の女子バスケットボール部は、全国大会の常連校よ。都内では公立でありながら私立をしのぐこうせいせきeを毎年残している。どうしてかわかる？　生徒が集まってくるからよ。南条中でバスケをしたい生徒が越境して通ってくるから、層が厚いの。強豪高校とのパイプもあるだろうし、南条中で実績を残せば、薫は推薦で高校進学ができる。授業料免除の特待生で都内の有名私立高校に進学することも不可能じゃないはずよ」

薫は少しだけ驚いた表情で欣子を見つめ、「ごめん」と呟く。

「は。なにそれっ」

亜利子が立ち上がった。「じゃあ、うちらはどうなんのよっ。あんた、自分のことしか考えてないじゃん。あんた抜きでどうやって試合に勝てっていうの。この一年間、うちらがどんな思いで練習してきたか、あんただってわかってるでしょうが。たった六人しか部員がいない中で必死に、ほんとに死ぬ思いで練習して、〈Ｄ〉ここまでこれたんだ。自分だけよければいいの？　自分だけいいせいせき残して、いい高校に行ければいいの？　特待生で私立の有名校に進学？　笑える。薫がそんなに自己中だったなんて知らなかった」

3烈しい言葉をとめどなくぶつける亜利子を、「自己中のどこが悪いの」と欣子が遮った。上目遣いに亜利子を見つめる。二人が強い目をして睨み合う。

「自分の将来を考えて生きることの、どこが悪いの？　私は、薫は間違ってないと思う。薫ほどの能力があるなら、それを一番生かせ

二〇二一年度　B日程　国語　問題用紙（Ⅰ）

関西学院中学部（二〇二一、一、一九）

（60分）

一、次の文章をよく読んで問いに答えなさい。

カラスの場合も子育てにはいろいろある。日本で繁殖するハシブトガラスとハシボソガラスはどちらも一夫一妻のペアで縄張りを守るが、全てのカラスがそうだというわけではない。とはいえ、カラスの縄張りも必ずしも[a]げんみつなものではなく、ペアの密度が高すぎる場合は縄張りも極端に狭くなる。巣の周り10メートルほどを辛うじて[b]ぼうえいしていた例が、かつての上野公園で観察されている。[1]こういう時はよその雛が巣に迷い込んでも気づかず、餌をやってしまったりするという。これは子煩悩というより「見境がない」とでも言うべきだが、まあ、鳥の親が給餌するとはそういうことである。

給餌するのはオスもメスも同じだが、雛への接し方が全く同じ、というわけではない。日本のカラスの場合、抱卵するのはメスだけだ。雛は生まれた時は裸で、2週間ほどは親鳥が抱いていないと凍え死んでしまうが、雛を抱くのもメスである。

だが、少なくともハシボソガラスでは、急にひょうが降り出した時にオスが巣にやって来て、非常にためらいがちではあったが、翼を広げて巣に覆いかぶさり、雛を守ったのを見たことがある。育児に慣れていないお父さんがオムツを替えているようで面白かったが、つまり、[2]オスだって行動パターンとして持っていないわけではないのだ。

こういった例はウグイスでも観察したことがある。ウグイスのオスは全く子育てしないと書いたが、一度だけ、非常に珍しい光景を見た。

河川敷の鳥の調査の一環としてウグイスの巣を[c]さがしていた時だ。この時はHさん、Kさんというウグイスのプロ2人が一緒だったのになぜか巣が見つからず、3人ともさんざん藪の中に頭を突っ込むハメになった。

そんな中で、Hさんが巣立ち直後の雛を捕まえた。巣は見つからないが繁殖の証拠ではあるのでカメラを出して撮影していたところ、そこに餌をくわえたオスがやって来たのである。それがオスだったのは、付いていた足環から確かだ。撮影、計測して雛を藪に[d]はなしたところ、オスはすぐに雛をはなしたあたりに飛び込み、再び出てきた時には餌をくわえていなかった。給餌を確認したわけではないが、おそらく雛に与えたのだろう。

これは雛が捕まって鳴き声を上げているという極めて特殊な状況ではあったのだが、ウグイスのオスだって子どもの窮地を無視することはできないのか、と思うと、ちょっと感慨深いものがあった。

カラスの場合、子別れの時になると再び親鳥の行動に[e]せいさが出てくる。カラスは親元で過ごす期間が長く、巣立つのは5月から6月だが、少なくとも8月くらいにならないと[あ]しない。10月くらいまでかかるのも普通で、時には年を超えても親元にいることさえある。〈 A 〉、あまりに遅くなるとさすがに親鳥が子どもを追い出しにかかる。

[3]秋が深まった頃、縄張り内で2羽のカラスが激烈な空中戦をやっているのを、見ることがある。カラス同士の喧嘩は時々あるが、縄張りに侵入したよそ者はすぐに逃げ出すので、激しい戦いになることは珍しい。あるとしても早春、その年の繁殖期を前に縄張り境界線を決定し直す時くらいだ。

秋の大喧嘩をよく見ていると、1羽は逃げ出そうとせず、しつこく縄張りに留まろうとしていることがわかる。〈 B 〉闘争がエスカレートするのだ。そして、追われている方は羽に艶がなく、口の中が赤いはずである。〈 C 〉、その年に生まれた若鳥だ。

さらによく見ていると、若鳥を追い回している1羽の他に、近くで見ている1羽もいることに気づくだろう。一緒に飛び回っているかもしれないが、戦いには参加しないか、したとしても非常に消極的なはずである。

中村純夫の研究によると、ハシボソガラスでは子どもに対して攻撃的になるのはオスのほうである。ハシブトガラスでも似たような行動を見たことがあるので、多分、ハシブトガラスも同様だ（〈 D 〉、ハシブトガラスは夏の終わりくらいに独立してしまうことが多く、追い出されるまで居座っているニート君はあまりいない）。

〈 E 〉、バタバタと飛び回っていても攻撃に参加していない方が、メスである。母親は優しいのだ。時には追い回された雛が母親の陰に隠れるようにしていることもある。そういう時、メスは右を見て左を見て、「さてどうしましょうか」とでも言うように首をかしげている。中村の[f]こうさつによると、オスとメスで怒り方に温度差があったほうが、いきなり両親揃って激怒して叩き出されるよりも、独立への[g]いこうがスムーズなのではないか、とのことである。

カラスの雛は独立してもまた戻って来ることがあるようだ。個体に標識していたわけではないので確実なことは言えないが、あるハシボソガラスの例を挙げよう。巣立った雛によく似た若鳥が、1カ月ほど後にヒョイと姿を現し、縄張り内で我が物顔に餌をさがしていたことがある。

この時もオスと思われる個体はかなり[い]だったが、もう1羽、つまりメスと思われる個体はずいぶん優しかった。単なる侵入者なら、のんびり採餌など許されるわけがない。つまり、オスにしても[4]赤の他人に対するよりは攻撃性が低かった気がするのである。

はっきりしたことは言えないが、この観察は、一度独立した子どもが何らかの理由で戻って来て[5]「実家で飯を食っている」状態だったのではないかと考えている。父親は怒ってはいるものの叩き出すまではせず、母親も[h]こごとを言いながら許してやっているような状態だったのではないか。

そう考えると、鳥にも人間くさいところがないわけではない。もちろん人間と鳥では生理機能も認知機能も違うが、少なくとも「子どもを世話して、独立できるところまで育てる」という共通項はある。鳥には[う]を作るものが多いが、これも人間に[i]しんきん感を持たせる理由の一つだ。

これが魚や昆虫になると共通性は下がるが、それでも「死なないように生きる」「[j]しそんを残す」という共通項はある。「この行動の意味は」まで噛み砕いて考えれば（〈 F 〉人間のやっていることも、ヒトという動物の行動として解釈すれば）、それなりに同

2021年度　**理　科　解答用紙**

受験番号				

関西学院中学部（2021．1．16）

※100点満点
（配点非公表）

問１

(1)		(2)		(3)	
(4)		(5)			
(6)	①		②		
	③		④		
(7)		(8)		(9)	

問２

(1)	①		②	
(2)	①		②	段階
	③		④	
	⑤		⑥	
(3)	①		②	
	③		④	

問３

(1)		(2)		(3)		(4)	
(5)		(6)		(7)		(8)	
(9)							
(10)		(11)					

問４

(1)		(2)	
(3)			
(4)	①		②
	③		
(5)			
(7)			

(6)									
①		②		③		④		⑤	
⑥		⑦		⑧		⑨		⑩	
⑪		⑫		⑬		⑭		⑮	

2021年度　算数　解答用紙　A日程

受験番号				

関西学院中学部 (2021.1.16)

この線より上には答えを書いてはいけません。

※200点満点
(配点非公表)

1.

(1)		(2)		(3)	
(4)					

2.

(1)		(2)		(3)	
(4)		(5)			

3. (1)【式または考え方】

【答え】

(2)【式または考え方】

【答え】

4. (1)

㋐		㋑	

(2)【式または考え方】

【答え】

5. (1)【式または考え方】

【答え】

(2)【式または考え方】

【答え】

6.【式または考え方】

【答え】

二〇二一年度 国語 解答用紙 A日程

受験番号

※この用紙には受験番号と解答以外は一切書いてはいけません。
※句読点やその他の記号も一字と数えます。

関西学院中学部 二〇二一、一、一六

※200点満点
(配点非公表)

一

問一 a b c d e f g h i j

問二 A B C D E F

問三 ア イ

問四

問五

問六

問七

問八

問九

二

問一 a b c d e

問二 A B C D E

問三 バイオエタノールは［　　］の防止につながる［　　］だと多くの人は考えているから。

問四

問五

問六

問七

三

① ② ③ ④ ⑤ ⑥ ⑦

四

① ② ③ ④ ⑤ ⑥ ⑦

図６のように、３本のペットボトルと３本のストローを用いて、息をふきこまなくても、ボトルに水を入れるだけで、水がふき出す装置を作りました。ボトルとストローの接続に関する次の説明を読み、あとの問いに答えなさい。

・２本のペットボトル（ボトルａとボトルｂ）はそれぞれ底を切り取って、ボトルｃにボトルｂを、ボトルｂにボトルａをたてにかぶせてつなげ、水がもれないようにテープでとめている。

・空気や水はストローを通ってのみ、出入りできる。

・ボトルａとボトルｃはストローⅡでつながっており、ストローの先端（せんたん）はどちらも水中にある。

・ボトルａとボトルｂはストローⅠ（曲がるストロー）でつながっており、ストローの先端はボトルａの中では空気中に、ボトルｂの中では水中にある。また、ボトルａのほうのストローⅠの先端は、水がふき出しやすいように先をとがらせている。

・ボトルｂとボトルｃはストローⅢでつながっており、ストローの先はどちらも空気中にある。

今、ボトルａのキャップを開けて、ボトルａ内に水を注いでいくと、ストローⅠから水がふき出しました。

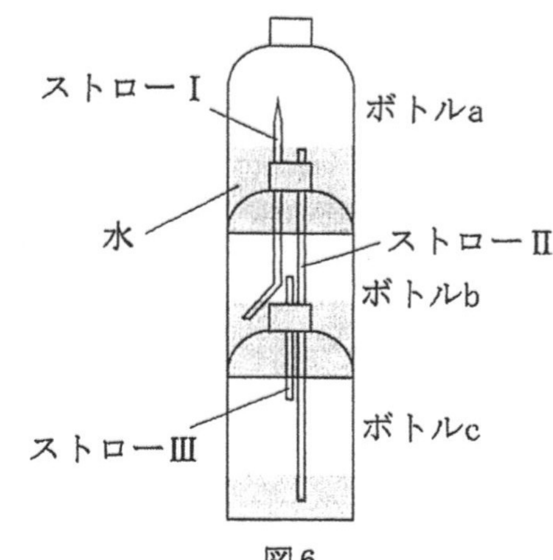

図６

（６）図６の状態のボトルａに水を注いでから、ストローⅠから水がふき出すまでに起こることを順に説明した次の文章の（　①　）～（　⑮　）に入る適当な記号や語句を、それぞれの（　　）の中から選び、書きなさい。

ボトルａに水が注がれると、ボトル（①　ａ　ｂ　ｃ）からボトル（②　ａ　ｂ　ｃ）へ、ストロー（③　Ⅰ　Ⅱ　Ⅲ）を通って、水が移動し、ボトル（④　ａ　ｂ　ｃ）内の（⑤　空気　水）の体積が増加する。すると、ボトル（⑥　ａ　ｂ　ｃ）内の（⑦　空気　水）が、増加した（⑧　空気　水）によっておされて、ストロー（⑨　Ⅰ　Ⅱ　Ⅲ）を通って、ボトルｃからボトル（⑩　ａ　ｂ　ｃ）へ移動し、ボトル（⑪　ａ　ｂ　ｃ）内の（⑫　空気　水）の体積が増加する。その後、ボトル（⑬　ａ　ｂ　ｃ）内の（⑭　空気　水）が、増加した（⑮　空気　水）によっておされる。その結果、ストローⅠからボトルａ内に水がふき出す。

（７）ストローⅠから水がふき出し始めたあと、ボトルａに水を注ぐのをやめました。このあと、水のふき出しはどうなると考えられますか。最も適当なものを次の中から選び、記号を書きなさい。

ア．ボトルａがストローⅠからふき出した水でいっぱいになったときに、水のふき出しが止まる。

イ．ボトルｂの水が増えてストローⅢの先端が水中にしずんだときに、水のふき出しが止まる。

ウ．ボトルｂの水が減ってストローⅠの先端が空気中に出たときに、水のふき出しが止まる。

エ．ボトルの水が循環（じゅんかん）するので、ストローⅠから水はふき出し続ける。

問４　空気と水の性質を調べるために、空気でっぽうを用いて実験をしました。空気でっぽうは、図１のように前玉が飛ばないように留め具で固定しました。また、筒の中に閉じこめられた空気や水がもれることはありません。次の［実験１］～［実験５］を読み、問題に答えなさい。

［実験１］　空気でっぽうを、図１の状態から後玉をおせなくなるまで、おし棒を使って手でおしました。

［実験２］　［実験１］で、後玉をおした状態で、留め具が上になるように筒を真上に向け、留め具を外しました。

［実験３］　図２のように、筒の中を水で満たし、［実験１］のときと同じ強さの力で後玉をおしました。

［実験４］　図３のように、筒の半分を水で満たし、［実験１］のときと同じ強さの力で後玉をおしました。

［実験５］　図４のように、空気で満たした筒と、水で満たした筒の中にそれぞれ発泡スチロールへんを入れ、［実験１］のときと同じ強さの力で後玉をおしました。

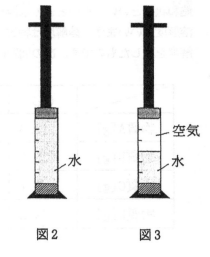

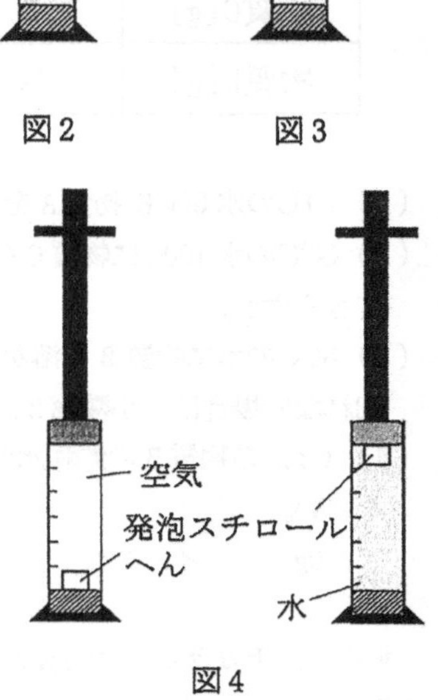

図１　図２　図３

図４

（１）下図の A～C のうち［実験１］の結果を表したもの、下図の D、E のうち［実験３］の結果を表したものはそれぞれどれですか。その組み合わせとして、最も適当なものを表のア～カから選び、記号を書きなさい。

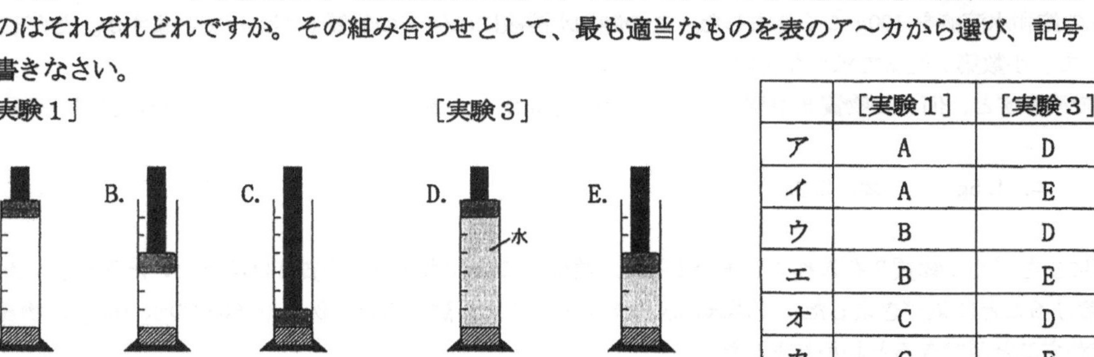

	［実験１］	［実験３］
ア	A	D
イ	A	E
ウ	B	D
エ	B	E
オ	C	D
カ	C	E

（２）［実験４］の結果として、最も適当なものを次の中から選び、記号を書きなさい。

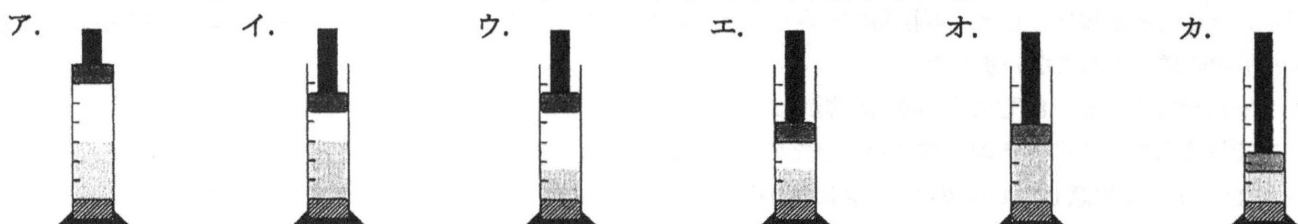

（３）［実験２］で、留め具を外すと前玉が飛びました。前玉が飛んだ理由を文で説明しなさい。

（４）［実験５］について答えなさい。

①　空気で満たされた筒の中の発泡スチロールへんはどうなりましたか。次の中から最も適当なものを選び、記号を書きなさい。

ア．大きくなった。　イ．小さくなった。　ウ．変わらなかった。

②　①の理由を文で説明しなさい。

③　水で満たされた筒の中の発泡スチロールへんはどうなりましたか。①のア～ウの中から最も適当なものを選び、記号を書きなさい。

（５）空気と水の性質を利用して、ペットボトルとストローを用いた図5のような水でっぽうを作りました。ペットボトルのキャップにあけた２つのあなにストローを通し、一方のストローから息をふきこむと、もう一方のストローから水がふき出てきます。この水でっぽうの水の量や２本のストローの長さを変えたとき、息をふきこんでも水がふき出ないものを次の中からすべて選び、記号を書きなさい。すべて水がふき出る場合は×を書きなさい。ただし、息、空気、水はストローを通ってのみ、出入りできるものとします。

息をふきこむ　水がふき出る

水

図５

ア.
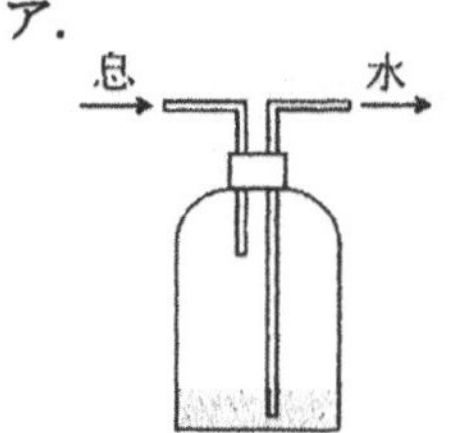

イ.
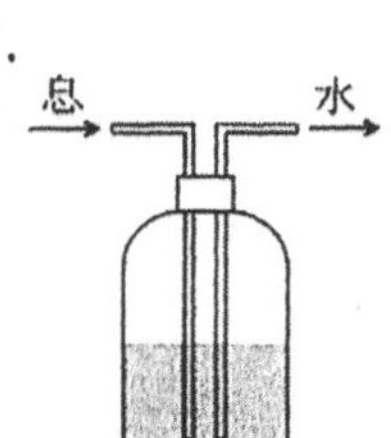

ウ.
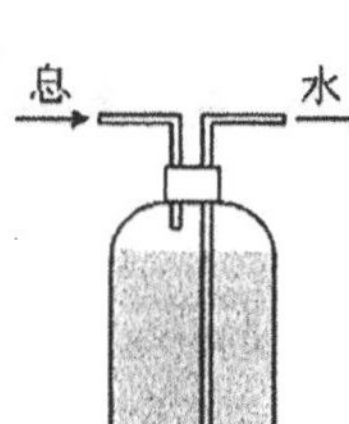

エ.
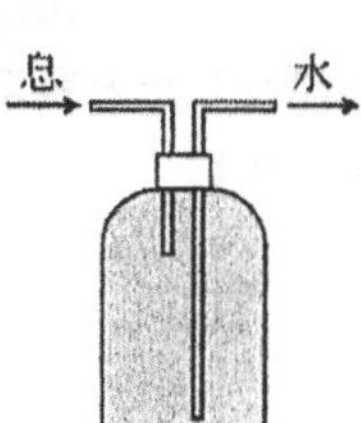

オ.
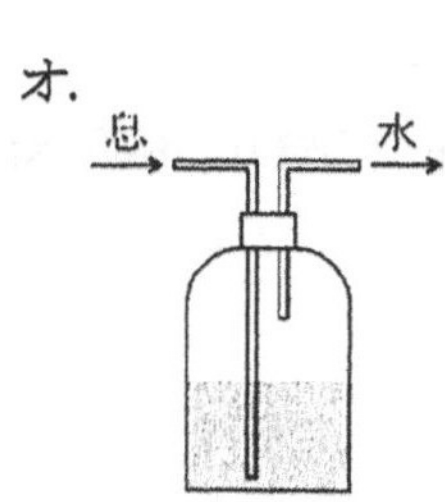

問３ ある物質が水に溶ける量には限界があります。一定量の水に物質を溶かしていき、その物質がそれ以上溶けることのできなくなった状態を飽和状態といい、そのときの水溶液を飽和水溶液といいます。ある物質を 100g の水に溶かして飽和水溶液にしたときの、溶けた量[g]をその物質の溶解度といいます。溶解度は物質ごとに決まっていて、水の温度[℃]によって異なります。下の表は、水の温度を変化させたときの物質 A～D の溶解度を表したものです。次の問題に答えなさい。

	0℃	20℃	40℃	60℃	80℃
物質A[g]	13.3	31.6	63.9	109.2	168.8
物質B[g]	35.6	35.8	36.3	37.1	38.0
物質C[g]	5.7	11.4	23.8	57.3	320.9
物質D[g]	179.2	203.9	238.1	287.3	362.1

（1）20℃の水 50g に物質Aを 30g 入れました。このとき、何 g の物質Aが溶け残りましたか。ただし、溶け残らなかった場合は 0g と書きなさい。

（2）60℃の水 100g に物質Cを溶かして、物質Cの飽和水溶液をつくりました。この飽和水溶液を 0℃まで冷やすと、何 g の物質Cが溶けきらずに出てきますか。

（3）80℃の水に物質Bを溶かして、物質Bの飽和水溶液を 100g つくりました。この飽和水溶液には何 g の物質Bが溶けていますか。ただし、割り切れない場合は、小数第2位を四捨五入して、小数第1位まで求めなさい。

（4）（3）の物質Bの飽和水溶液を 20℃まで冷やすと、何 g の物質Bが溶けきらずに出てきますか。最も適当なものを次の中から選び、記号を書きなさい。

ア．0g　　イ．0.4g　　ウ．1.1g　　エ．1.5g　　オ．2.2g

ある日、チカラくんは物質Aの飽和水溶液にまちがえて物質Bを入れてしまいました。物質Aの飽和水溶液に物質Bは溶けないだろうとチカラくんは予想しましたが、かき混ぜると物質 B が溶けることに気づきました。不思議に思ったチカラくんが調べると、例えば 60℃の水 100g に物質 A を 109.2g と物質Bを 37.1g、両方とも同時に溶かすことができるとわかりました。

次に、チカラくんは物質Aと物質Bが溶けている水溶液から水を蒸発させると、物質Aと物質Bが混ざったものを取り出すことができました。そこで、チカラくんは水に溶けている物質を取り出す方法を調べました。すると、その一つに温度による物質の溶解度の差を利用する再結晶という方法があり、さらに、再結晶にはある利点があることを知りました。再結晶の利点を確かめるために、チカラくんは物質Aと物質Bの両方を溶かした水溶液から、物質Aを取り出す実験を次の手順に従っておこないました。

［手順１］物質A を 50g と物質Bを 37g 混ぜたものを、80℃の水 100g に溶かした。
［手順２］［手順１］の水溶液を 0℃まで冷やした。このとき溶け残りができたので、これをろ過して取り出した。
［手順３］［手順２］で取り出したものを、新しく用意した 80℃の水 100g に溶かした。
［手順４］［手順３］の水溶液を 0℃まで冷やした。このとき溶け残りができたので、これをろ過して取り出した。

（5）［手順２］で取り出した物質Aと物質Bは合わせて何 g ありましたか。

（6）水溶液から取り出した物質全体（この実験では、物質Aと物質Bを合わせたもの）の重さに対して、目的の物質（この実験では、物質A）の重さの割合を百分率で表したものを純度といいます。例えば、水溶液から物質Aと物質Bを合わせて 100g 取り出したときに、その中に物質Bが 20g ふくまれていた場合の物質 A の純度は 80%といえます。それでは、［手順２］で取り出した物質 A の純度は何%ですか。ただし、割り切れない場合は、小数第2位を四捨五入して、小数第1位まで求めなさい。

（7）［手順４］で取り出した物質Aと物質Bは合わせて何 g ありましたか。

（8）［手順４］で取り出した物質Aの純度は何%ですか。ただし、割り切れない場合は、小数第2位を四捨五入して、小数第1位まで求めなさい。

（9）この実験から、再結晶の利点は何だと考えられますか。文で説明しなさい。

別の日、チカラくんは 60℃の水 100g に物質Dを溶かして、物質Dの飽和水溶液をつくりました。次に、チカラくんは物質Dの飽和水溶液をガスバーナーで熱して、水を蒸発させようとしましたが、物質Dがこげてしまってうまく取り出せませんでした。そこで、先ほどと同じ飽和水溶液を新しくつくり、今度はこれを冷やしてろ過すると 97g の物質Dを取り出すことができました。

(10) 物質Dは何だと考えられますか。最も適当なものを次の中から選び、記号を書きなさい。

ア．食塩　　イ．ミョウバン　　ウ．砂糖　　エ．二酸化炭素

(11) チカラくんは何℃まで物質Dの飽和水溶液を冷やしたと考えられますか。最も適当なものを次の中から選び、記号を書きなさい。

ア．0℃　　イ．10℃　　ウ．25℃　　エ．40℃

問２　大地のつくりについて、次の問題に答えなさい。

（1）地球の表面は、プレートとよばれるいくつかの大きな岩石の板でおおわれています。

① 日本付近のプレートについて述べたものとして最も適当なものを次の中から選び、記号を書きなさい。

ア．1年に数センチメートルの速さで動いている。

イ．大陸のプレートの上には、陸地だけがあって海はない。

ウ．プレートの厚さは、どこでも数十メートルである。

エ．地震の震源は、プレートの中にはない。

② 日本付近では大陸のプレートと海洋のプレートはどのように動いていますか。最も適当なものを次の中から選び、記号を書きなさい。

ア．大陸のプレートが海洋のプレートの上にずりあがっている。

イ．大陸のプレートが海洋のプレートの下にしずみこんでいる。

ウ．海洋のプレートが大陸のプレートの上にずりあがっている。

エ．海洋のプレートが大陸のプレートの下にしずみこんでいる。

（2）日本では、とても多くの地震が発生しています。1995 年に起こった兵庫県南部地震では、西宮市で震度 7 が記録され、地面が大きくゆれて建物や道路に被害が出ました。

① この地震はマグニチュードが 7.3 であったと発表されました。マグニチュードとは、何を表す尺度ですか。最も適当なものを次の中から選び、記号を書きなさい。

ア．地上に噴出したマグマの量　　イ．大きな木がゆれる速さ　　ウ．震源の深さ　　エ．地震の規模

② 現在、震度には、0 から 7 までがあり、震度 5 と震度 6 にはそれぞれ弱と強があります。震度はすべてで何段階ですか。算用数字で書きなさい。

③ 日本で定められている震度0とはどういう状態ですか。最も適当なものを次の中から選び、記号を書きなさい。

ア．地震が起きていない。　　イ．地震は起きているが、人はゆれを感じない。

ウ．地震が起きていて、一部の人がゆれを感じる。　　エ．地震が起きていて、ほとんどの人がゆれを感じる。

④ 日本で震度、マグニチュードを計測して発表している国の機関はどこですか。最も適当なものを次の中から選び、記号を書きなさい。

ア．資源・エネルギー庁　　イ．消防庁　　ウ．気象庁　　エ．海上保安庁

⑤ 地震について書かれた次の文のうち、適当でないものを1つ選び、記号を書きなさい。

ア．マグニチュード5以上の地震が、日本付近では日本海側で多く発生している。

イ．日本付近は、地球上でもっとも地震の多い地域の一つになっている。

ウ．地震が津波を引き起こすときと、引き起こさないときがある。

エ．地震が起こると大地に地割れや断層が生じたり、がけがくずれたりすることがある。

⑥ 静岡県沖から宮崎県沖までの太平洋側につらなる地帯の海底に、みぞ状の地形が形成されています。そこでは、100～200 年の間かくでくり返し大地震が発生してきました。そのため、近い将来、大きな地震が起こる可能性があり、それによって津波も起こる可能性があります。その地帯を何と言いますか。

（3）地球は今から約 46 億年前に、今の大きさになったと考えられています。地球が今の大きさになってから現在までの約 46 億年の歴史を、1 年に見立ててカレンダーで表したものを、地球カレンダーといいます。ただし、1 年を 365 日とします。

① 生命が誕生したと考えられているのは、地球カレンダーでは 2 月 17 日になります。生命が誕生したのは約何年前ですか。最も適当なものを次の中から選び、記号を書きなさい。

ア．約 6 億年前　　イ．約 19 億年前　　ウ．約 27 億年前　　エ．約 40 億年前

② 恐竜が地球上で繁栄していたのは約 6600 万年前までです。6600 万年前は地球カレンダーでは何月何日になりますか。最も適当なものを次の中から選び、記号を書きなさい。

ア．12 月 1 日　　イ．12 月 26 日　　ウ．12 月 30 日　　エ．12 月 31 日

③ 2020 年 1 月に千葉県にある地層が地球の歴史の時代を分ける国際的な基準となりました。その地層が境界を示す約 77 万年前から約 13 万年前の時代は何と名付けられましたか。

④ ③の時代が始まったのは、地球カレンダーでは何月何日になりますか。最も適当なものを次の中から選び、記号を書きなさい。

ア．12 月 1 日　　イ．12 月 26 日　　ウ．12 月 30 日　　エ．12 月 31 日

※答えはすべて、解答用紙に書きなさい。
(45分)

問１

インゲンマメの種子が発芽する条件を調べるために、図１のように試験管の中にインゲンマメを入れたものを２本用意しました。図２のように試験管の１本を教室に置き、もう１本を冷蔵庫の中に入れて、条件を比べる実験をしました。教室に置く試験管には段ボールのおおいをかぶせました。また、２本の試験管の中の水は図１の量から変わらないようにしました。次の問題に答えなさい。

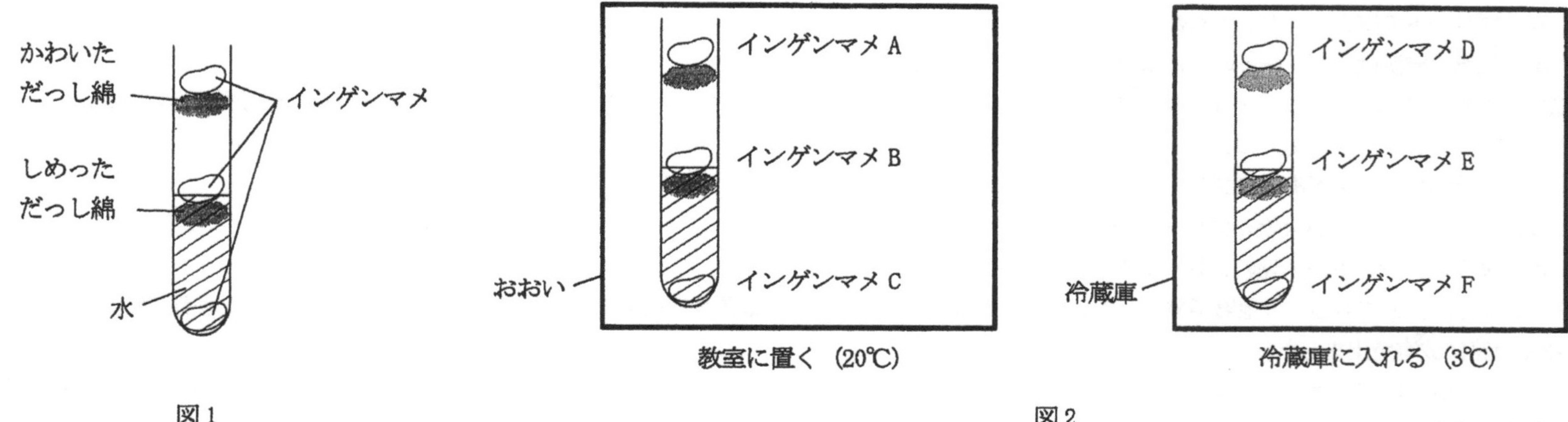

図１　　図２

（１）教室に置く試験管におおいをかぶせた理由として最も適当なものを次の中から選び、記号を書きなさい。

ア．教室の気温は変化するので、その影響を少なくするため。　イ．教室では水が蒸発しやすいので、その影響を少なくするため。

ウ．冷蔵庫の中は暗いので、その条件を同じにするため。　エ．冷蔵庫の中の空気は限られているので、その条件を同じにするため。

（２）インゲンマメＢとインゲンマメＣを比べたときに、異なる条件として最も適当なものを次の中から選び、記号を書きなさい。

ア．水　イ．空気　ウ．温度

（３）インゲンマメＤとインゲンマメＥを比べたときに、異なる条件として最も適当なものを（２）のア～ウの中から選び、記号を書きなさい。

（４）この実験では、インゲンマメＡとインゲンマメＥを比べたり、インゲンマメＢとインゲンマメＦを比べたりすることは良くありません。その理由を文で説明しなさい。

（５）図２のインゲンマメＡ～Ｆのうち、発芽して成長すると考えられるものはどれですか。最も適当なものを次の中から選び、記号を書きなさい。

ア．Ａ　イ．Ｂ　ウ．Ｃ　エ．ＡとＤ　オ．ＢとＣ　カ．ＢとＥ　キ．ＥとＦ

植物の種子の中には、発芽に必要となる養分がふくまれています。

（６）図３はインゲンマメの種子を半分に切ったものです。インゲンマメの種子にふくまれている養分を調べるためにインゲンマメの種子を半分に切ったものをうすいヨウ素液にひたすと、種子の一部が青むらさき色に変わりました。

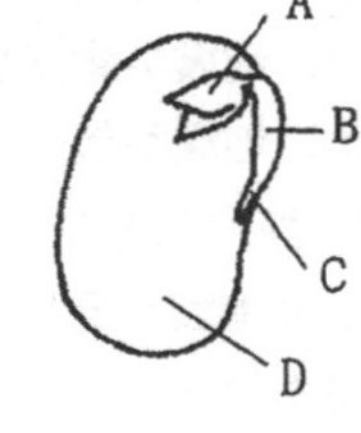

図３

① インゲンマメの種子の子葉はどこですか。最も適当なものを図３のＡ～Ｄの中から選び、記号を書きなさい。

② うすいヨウ素液を用いて調べられることは何ですか。文で説明しなさい。

③ 青むらさき色に変わった部分を黒くぬった図として最も適当なものを次の中から選び、記号を書きなさい。

ア．　イ．　ウ．　エ．　オ．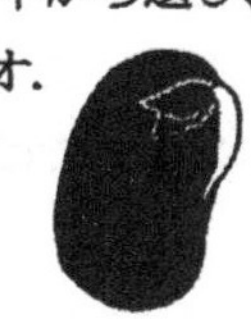

④ 青むらさき色に変わる部分は、インゲンマメが発芽した後はどうなりますか。最も適当なものを次の中から選び、記号を書きなさい。

ア．根となり土の中の養分を吸う。　イ．光合成でできた養分をたくわえて、新しい種子となる。

ウ．くきとなりインゲンマメの体を支える。　エ．インゲンマメが育つにつれて、しなびて取れる。

（７）ダイズの種子はある養分が特に多くふくまれていることで有名です。その養分として最も適当なものを次の中から選び、記号を書きなさい。

ア．炭水化物　イ．しぼう　ウ．タンパク質

（８）ダイズやリョクトウの種子が発芽を始めてから、植物が成長するのに必要なある条件をのぞいて育てると、もやしをつくることができます。のぞいた条件として最も適当なものを次の中から選び、記号を書きなさい。

ア．水　イ．適した温度　ウ．空気　エ．光

（９）料理をつくるときに使用する菜種油は、アブラナの種子からつくられています。次の植物の種子からとれる油のうち、食用にされないものはどれですか。最も適当なものを次の中から選び、記号を書きなさい。

ア．ゴマ　イ．ヒマワリ　ウ．アサガオ　エ．ラッカセイ

答えはすべて解答用紙に書きなさい。　円周率は3.14として計算しなさい。　図は正確とは限りません。

(60分)

1. 次の□の中に適当な数を入れなさい。

(1)　$(9-24\div6)\times37-5=$□

(2)　$6.6-1.128-0.912+0.94=$□

(3)　$\dfrac{1}{47}+\dfrac{45\times45}{2021}-\dfrac{1}{43}=$□

(4)　$1\dfrac{3}{7}+6\times$□$\div\left(1.25-\dfrac{2}{3}\right)=4$

2. 次の□の中に適当な数を入れなさい。

(1) 現在，私と母の年齢の和は54歳です。今から6年前は，母の年齢は私の年齢の6倍でした。今から□年後に母の年齢は私の年齢の3倍になります。

(2) 同じ道のりを行くのに，兄は歩いて42分かかり，弟は自転車で24分かかります。2人が同じ場所から同時に出発し，兄が1000m歩いたとき，弟は自転車で兄より□m多く進んでいました。

(3) 図のように，直方体の容器Aに□cmの高さまで水が入っています。直方体のおもりBを図の向きのまま，容器Aの底につくまでまっすぐ入れると，おもりBの高さと水面の高さが等しくなりました。

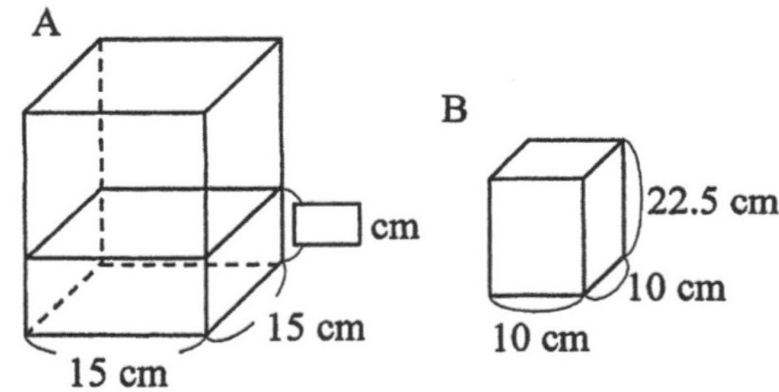

(4) 1個50円のみかん，1個80円のかき，1個120円のりんごを合わせて47個買うと，代金は3300円でした。みかんの個数はかきの個数の2倍で，りんごの個数は□個でした。

(5) 地球1周の長さは4万kmです。太陽1周の長さは438万kmです。光は1秒間に地球7.5周分の距離を進みます。光が太陽1周分の距離を進むのに□秒かかります。

3. 満水のタンクに，蛇口から毎分8Lで水を注ぎはじめると同時に，ポンプを使って水を抜いていきます。このときポンプAを使うと1時間50分でタンクは空になります。ポンプAのかわりにポンプBを使うと50分でタンクは空になります。ポンプBが1分あたりに水を抜く量はポンプAの1.4倍です。次の問いに答えなさい。ただし，ポンプはそれぞれ一定の割合で水を抜いていきます。

(1) ポンプAは毎分何Lの水を抜いているか求めなさい。

(2) 満水のタンクに，蛇口から毎分8Lで水を注ぎはじめると同時に，ポンプAとBを両方使い水を抜いていきました。15分後にポンプBが故障し，その後はポンプAだけで水を抜き，タンクは空になりました。ポンプAだけで水を抜いたのは何分間か求めなさい。

4. 図のように，直線上に長方形Aと図形Bがあります。長方形Aは動かさずに，図形Bを図の位置から毎秒1.25cmの速さで直線にそって左に動かします。グラフは，図形Bを動かした時間と，長方形Aと図形Bが重なった部分の面積の関係を表しています。次の問いに答えなさい。

(1) 図とグラフの㋐，㋑にあてはまる数を求めなさい。

(2) 図形Bを動かし始めてから7秒後に，長方形Aと図形Bが重なった部分の面積を求めなさい。

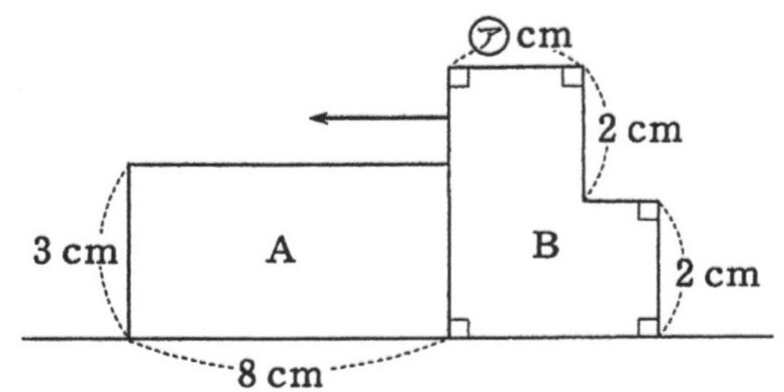

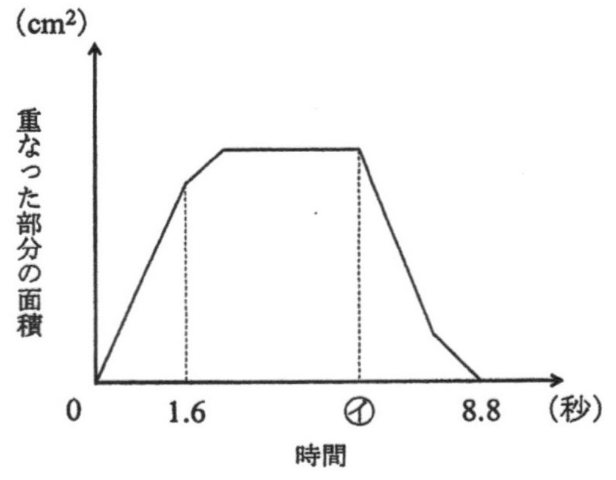

5. 次のように，分数をある規則で並べています。

$\dfrac{1}{1}, \dfrac{1}{2}, \dfrac{3}{2}, \dfrac{1}{3}, \dfrac{3}{3}, \dfrac{5}{3}, \dfrac{1}{4}, \dfrac{3}{4}, \dfrac{5}{4}, \dfrac{7}{4}, \dfrac{1}{5}, \dfrac{3}{5}, \dfrac{5}{5}, \dfrac{7}{5}, \dfrac{9}{5}, \dfrac{1}{6}, \cdots$

次の問いに答えなさい。

(1) はじめから50番目の分数を求めなさい。

(2) はじめから70番目までの70個の分数の和を求めなさい。

6. 1辺1mの立方体のブロックが3つあり，図のように平らな地面にぴったりと並んでいます。ブロックの頂点Aの真上2mの位置に電灯があります。電灯の光によって地面にできる影の面積を求めなさい。ただし，ブロックの下は影に含まれないものとし，電灯の大きさは考えないものとします。

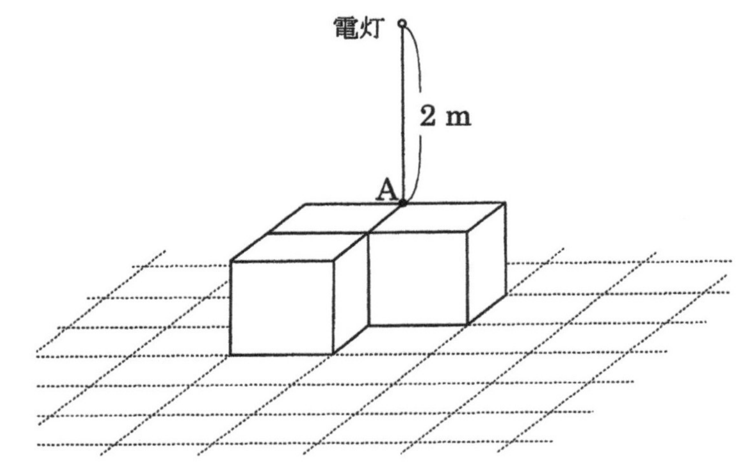

（中　略）

（　D　）、最近ひじょうに注目されているエネルギー生産があります。発酵による水素エネルギーの生産です。4これは究極のクリーンエネルギーといってもいいものです。水を電気分解すれば水素と酸素になります。じつは水を分解して水素をつくる菌（きん）がいるのです。それが水素細菌（さいきん）です。

わかりやすくいえば、水素細菌は、体の中に水をとりいれて、その水を水素と酸素に分解します。（　E　）水素をポコポコと体の外に出すのです。なぜかというと、この菌は酸素を使ってエネルギーをつくるので、還元（かんげん）する水素があっては困るから、体の外に排除（はいじょ）するのです。

こうして、ポコポコと出てきた水素に火をつけます。水素に火をつけると、ものすごく強力なエネルギーが出ます。

（中　略）

水素が燃えてエネルギーが出たら、何ができるのでしょうか。水にもどります。

そうすると、水素細菌が水を原料にしてエネルギーをつくりながら、ふたたび水にもどすことになります。これが水素細菌による新しいエネルギーのつくり方です。つまり究極のクリーンエネルギーです。

これはひじょうに理想的な考え方ですが、これまでの説明で一つ重要なものが抜（ぬ）けています。それは水素細菌の餌（えさ）（栄養源）なのです。どんな生きものでも、食べものがないと生きていけないからです。

この水素細菌の餌として、生ごみを食べさせようという研究が進んでいます。これが実現すると、水素自動車ができます。生ごみが使えるから、環境問題にもいいのではないかといえます。私たち人間の食べもので自動車を走らせるよりも、微生物（びせいぶつ）の力を利用して蒸留も何も必要なしに新しいエネルギーをつくったほうが、5はるかにいいのではないかという考えです。

バイオエネルギーというものに対しても、このeきかいにみんなで考えていったらいいと思います。

（小泉武夫『いのちをはぐくむ農と食』岩波ジュニア新書）

注　倫理感…人としてなすべき判断・行動に対する感覚。　蒸留…液体を蒸発させ、その蒸気を冷やして再び液体にすること。

問一　――a～eの部分を漢字に直しなさい（送り仮名が必要なものはそれも書くこと）。

問二　（　A　）～（　E　）に入る最も適当なことばを次の中から選んで、記号を書きなさい（同じ記号は二度以上使いません）。

ア　さらに　イ　しかし　ウ　そして　エ　つまり　オ　ところで

問三　――1、「バイオエタノール」はなぜ話題になっているのですか。解答用紙の字数に合わせて文中から適語をそれぞれぬき出して答えなさい。

問四　――2、なぜ筆者はこのように考えるのですか。できるだけ文中のことばを使って答えなさい。

問五　――3、アメリカの研究所の発表では、バイオエタノールを作ることでかえって地球温暖化が進む理由が二つ挙げられています。その二つをできるだけ文中のことばを使って答えなさい。

問六　――4、発酵による水素エネルギーの生産が「究極のクリーンエネルギー」といえるのはなぜですか。できるだけ文中のことばを使って答えなさい。

問七　――5、バイオエタノールをつくるよりも、水素エネルギーの生産の方が「はるかにいい」といえるのはなぜですか。その理由を三つ挙げなさい。

三、①～⑦の――部と同じような使い方をしている文をア～ウの中から一つ選んで記号を書きなさい。

①今年は冬の来るのが早い。　ア　兄の書いた手紙を読んだ。　イ　本を読むのが好きだ。　ウ　君はいつから来ていたの。

②兄はゲームばかりしている。　ア　目先のことばかり考えるな。　イ　五十人ばかり集まった。　ウ　今、帰ってきたばかりだ。

③すべてが失敗に終わった。　ア　教科書は机の上にある。　イ　二時に出発する。　ウ　自ら学級委員になる。

④犬にほえられる。　ア　一位に賞があたえられる。　イ　私なら君を助けられる。　ウ　先生が来られる。

⑤雨は降ったがすぐやんだ。　ア　水が飲みたい。　イ　大きな花がさいた。　ウ　話を聞いたがよくわからなかった。

⑥やる気だけはありそうだ。　ア　そうだ、父に聞いてみよう。　イ　明日は試験があるそうだ。　ウ　見るからに冷たそうだ。

⑦のこぎりで切る。　ア　授業は三時で終わる。　イ　友だちと電話で話す。　ウ　家で友だちと遊ぶ。

四、①～⑦のことばは、後のア～エのどれと同じ働きをもったことばですか。記号で答えなさい。

①動く　②きびきび　③やかましい　④はっきりと　⑤痛み　⑥歌う　⑦眠（ねむ）け

ア　寒さ　イ　来る　ウ　美しい　エ　いきなり

子らに大声で歌わせて聞いていた。自分も大きな声で、「かたつむりの〜、角が〜争うのは〜なぜなのか〜」という句に[j]ふしをつけて歌う。男の子たちにも、ありきたりな名ではおもしろくないというので、「けら男」「ひき麿」「いなかたち」「いなご麿」「あま彦」などと虫にちなんだ名を付けて、召し使われたのであった。

（堤中納言物語　虫めづる姫君　※口語訳に当たり原典に少しの改変を加えた）

問一　―― a〜jの部分を漢字に直しなさい（送り仮名が必要なものはそれも書くこと）。

問二　（A）〜（F）に入る最も適当なことばを次の中から選んで、記号を書きなさい（同じ記号は二度以上使いません）。

ア　じっと　イ　そっと　ウ　いっそう　エ　たっぷり　オ　まったく　カ　とうとうと

問三　ア 、 イ に適当な語を入れ、慣用表現を完成しなさい（同じことばを入れてはいけません。平仮名でもよい）。

問四　―― 1、姫君はおもしろがって虫に名をつけていますが、これ以外にも何に、どのような名を付けていますか。できるだけ文中のことばを使って答えなさい。

問五　―― 2、両親はどんなことを言ったと考えられますか。

問六　―― 3、このことをするために、姫君は具体的に何をしましたか。できるだけ文中のことばを使って答えなさい。

問七　―― 4、具体的にはだれのことを意識していますか。

問八　―― 5、なぜ、まゆ毛が毛虫みたいなのですか。できるだけ文中のことばを使って答えなさい。

問九　―― 6、なぜ、「単に蝶が好きだというだけ」の姫君をすばらしいとは思わないのですか。できるだけ文中のことばを使って答えなさい。

二、次の文章をよく読んで問いに答えなさい。

いま多くの人がとくに興味をもち、もっと知りたいと思っていることがいろいろあると思います。そのなかで食べものにつながる話題の一つが、[1]バイオエタノールです。

[2]私は、個人的な見解ですが、人間の貴重な食べものである穀物やイモ類からバイオエタノールをつくることには反対です。大切な食べもので自動車を動かすということ自体おかしいという[注]倫理感もありますが、じつは大きな理由はそれだけではありません。

私は[a]せんもんが醸造学、発酵学ですから、よくわかるのですが、バイオエタノールがほんとうに地球の温暖化防止に貢献するのかというと、私はけっしてそうは思っていませんし、むしろ逆のことがおこるのではないかと思っています。

では、まずバイオエタノールはどのようにしてつくるのかを考えてみましょう。トウモロコシや小麦のような穀物とイモ類は、デンプンをひじょうに多く含んでいます。人間はそれを食べて体の中でデンプンを分解し、得られたブドウ糖をエネルギー源として生きています。バイオエタノールをつくるにはまず、そのデンプンを巨大な[b]そうちを使ってブドウ糖に分解する必要があるのです。デンプンのままでは酵母がはたらきません。ブドウ糖に分解しないとアルコール発酵しません。この分解のために、少なからずエネルギーを使います。

つぎに、できたブドウ糖を発酵させます。発酵は酵母のはたらきですから、エネルギーはあまりいりません。こうして発酵によってできた液体の中にエチルアルコール、すなわちエタノールが入っています。つぎにそれを[注]蒸留しなければ、エタノールだけをとりだすことはできません。この蒸留に使うエネルギー源として、大量の石油が使われます。（A）、エネルギーをつくりだすのに、大量のエネルギーを使うのです。

「エネルギー不滅の法則」という法則があります。一つのエネルギーをつくるときには、別のエネルギーが必要になる。そういう[c]こんぽん的なことを考えないで、バイオエタノールだ、クリーンだといっているからおかしいことになるのです。

私が「バイオエタノールは地球温暖化の防止にはならない」とあちこちでいっていたら、[3]最近、アメリカの研究所でも、バイオエタノールをつくることで、むしろ地球が温暖化になるのではないかという発表をしました。それはやはり、蒸留するときに莫大な石油を使うことによる温暖化のほかに、ブラジルが、バイオエタノールの原料となる穀物をつくると高く売れるというので、熱帯林を開拓してそこにトウモロコシや麦を植えて、原料づくりをはじめているからだということです。つまり、地球温暖化防止に役立つアマゾンの広大な緑を伐採していったら、逆に地球環境の破壊につながり、バイオエタノールどころの話ではなくなる、ということを[d]けいこくしたのです。

バイオエタノールが話題になっている理由の一つは、クリーンエネルギーだということです。（B）、人間の食べるものを使って自動車を走らせることの倫理感、これもやはり重要な問題です。そのうえ得られたエタノールはガソリンにわずか一〇％ぐらいしか入れないわけですから、そのために貴重な食料を使われたらたまったものではありません。

いま世界的に食べものが不足しています。（C）、これからどんどん食べものがなくなっていくといわれています。そのときに自動車を動かすためにその食料を使ってしまうことは、先進工業国のエゴであり、食料の乏しい発展途上国はたいへんなことになるでしょう。

二〇二一年度　A日程　国　語　問題用紙（Ⅰ）

関西学院中学部（二〇二一、一、一六）

（60分）

一、次の文章をよく読んで問いに答えなさい。

平安時代、都の隣り合ったお屋敷に、それぞれ一人の姫君がいました。一人は蝶がとても好きで、美しい蝶を集め、愛でている姫君、そしてもう一人がこの物語の主人公です。

この姫君はたいそう変わっていて、いつも「世の人々が皆、花や蝶を愛でるのは、何とも[a]あさはかで不思議なことです。人にはもともと本当のことを知ろうとする心があり、物の本質を追求しようとすることこそ、優れた心のあり方なのです」などと言っていた。そして、たくさんの［ア］もよだつような恐ろしげな虫を集め、「これが成長し、変化していく様を見届けよう」と、その虫たちをたくさんのさまざまな形の虫かごに入れて[b]かっていた。「中でも、毛虫が、かしこく思慮深そうなので心引かれます」と、朝に夕に、長い髪をかき分け、毛虫を手のひらに（　Ａ　）はわせ、（　Ｂ　）見つめていた。お付きの若い女性らはこわがって何もできなかったので、虫をこわがらない下働きの男の子たちを召し集め、かごの虫を取り出させて、その名前を聞いたりしていた。[1]初めて見る虫には名前をつけたりして、おもしろがっていた。

「人は自然のままがいい。だから、化粧などで取りつくろうのはよくありません」と言い、当時の貴族たちのようにまゆ毛をぬいて形を整えることなどはしなかった。また、当時の貴族はお歯黒といって歯を黒く[c]そめる習慣があったが、これにいたっては「（　Ｃ　）めんどうです。それにきたならしい」と、白い歯を見せて笑いながら、虫たちを朝に夕にかわいがっていた。お付きの女性らがこわがってさわぐと、「ぶしつけですよ。はしたないからおやめなさい」と、姫君は黒々としたまゆ毛をしかめながらお付きの女性らをしかった。しかし、しかられた女性らは、どうしてよいかわからず、さらにとまどうばかりであった。

姫君の両親は、「たいへんな変わり者で、ほかの姫君たちとはずいぶん違っている。困ったものだ」と常々思っていたが、「何か特別な考えがあるのだろうか。不思議なことだ。[2]姫のためにと思って言ったことには、深い考えがあるようにこたえるので、どうもそばに近寄りがたい」と、姫君の顔をまっすぐ見ることができない。それでも、両親は「やはり、[d]がいぶんがよくありません。人は見た目の美しさを好むものですよ。気味の悪い虫をおもしろがっている、といううわさ話が世間の人の耳に入るのはみっともないことです」とさとすと、「私は気にいたしません。[3]様々なことを探求し、その行く末を確かめるからこそ、意味があるのです。それがわからないのは、とても幼稚なことです」と言いながら、蝶になりかけている毛虫を取り出して、「これは毛虫が蝶になるところです」と、両親に見せた。そして、「[e]きぬの織物だといって人々が着るものも、[f]かいこがまだ羽の生えないうちに作り出すのであって、蝶になってしまえば、誰も見向きもせず何の役にも立たなくなってしまいますよ」と言った。両親は返す言葉もなく、ただただあきれるしかなかった。風変わりな姫君ではあったが、そこはさすがに貴族のお姫様、当時の女性は両親にさえ、直接顔を見せて話すのはぶしつけであったので、両親に面と向き合わず、「鬼と女は人前に姿を現さないのがよいのです」といつも部屋のすだれを少し[g]まきあげるだけで、ついたてを隔てて、しかし、両親には聞こえるよう、（　Ｄ　）得意げに理屈を言うのだった。

これら親子の言葉を、若いお付きの女性らが聞いていて、「毛虫などをかわいがって得意になっておられますが、私たちは気が変になりそうです、あんな［イ］が立つような気味の悪い虫たちではなく、[4]美しい蝶を愛でる姫君にお仕えできたなら、どんなに幸せだったでしょう」などと愚痴を言い合った。その中の一人がこんな歌をよんだ。

いかで我　とかむかたなく　いてしがな　鳥毛蟲ながら　見るわざはせじ（姫君に道理を[h]とくようなことをせずにこの屋敷にいたいものです。姫君だっていつかは毛虫から蝶になるのですから）

これに別の者が笑いながら、歌で返した。

うらやまし　花や蝶やと　いふめれど　鳥毛蟲くさき　世をも見るかな（うらやましいわね。普通の人は花や蝶やと言っているのに、私たちは毛虫くさい日々を過ごすのですから）

このような歌をよみ合って笑ったので、女性らは「つらいわね。ところで[5]お姫様のまゆ毛もまるで毛虫みたいじゃない」「そう言えば、歯茎は毛虫の皮がむけたといったところかしら」と好き勝手なことを言った。また、別の者は、

冬くれば　衣たのもし　寒くとも　かはむしおほく　見ゆるあたりは（冬になっても着物だけは（　Ｅ　）あると安心できる。毛虫のたくさんいるこのお屋敷は）

という歌をよんで、「姫君も着物など着ないでいらっしゃればいいのに」などと言った。口やかましい年配のお付きの女性がこれを耳にして、「若い人たちは何を言い合っておられるのですか。[6]ただ単に蝶が好きだというだけではその姫君も、すばらしいとは思いません。毛虫が皮を脱ぎ蝶になる様子に姫君は興味をお持ちなのです。物事の本質を知ろうとするこの探究心の深さには感心します。それに蝶だって捕まえてみると、手に[i]こながついて気持ちが悪いものです。それどころか、蝶は捕まえれば、病気になると言いますよ。ああ、蝶もいやですね」と姫君の肩を持つので、若い女性らは、（　Ｆ　）姫君のことを憎たらしく思い、陰口を言い合ったのだ。

虫などを捕まえて来る男の子たちに、姫君は欲しいものをお与えになったので、男の子たちはいろいろな恐ろしげな虫を捕まえて、それらを姫君に差し上げた。姫君は、「毛虫は、その毛はおもしろいけれど、毛虫にちなんだ物語や歌が思い浮かばないので、そこが物足りませんね」と言って、かまきりやかたつむりなどを取り集め、それらが出てくる歌などを男の

2020年度　算数　解答用紙　B日程

受験番号				

関西学院中学部（2020.1.21）
※200点満点
（配点非公表）

この線より上には答えを書いてはいけません。

1.

(1)		(2)		(3)	
(4)					

2.

(1)		(2)		(3)	
(4)		(5)			

3.　【式または考え方】

【答え】

4.　【式または考え方】

【答え】

5.　(1)

【答え】姉　　妹

(2)【式または考え方】

【答え】

6.

【答え】(1)　(2)

(3)　【式または考え方】

【答え】

(4)【式または考え方】

【答え】最短　　最長

二〇二〇年度　国語　解答用紙　B日程

受験番号

※この用紙には受験番号と解答以外は一切書いてはいけません。
※句読点やその他の記号も一字と数えます。

関西学院中学部　二〇二〇、一、二二

※200点満点
（配点非公表）

一

問一　a　b　c　d　e　f　g

問二　A　B　C　D　E

問三　共通点　相違点

問四　の働きによってタンニンが　に変化し、これは　ので　なっている。

問五

問六

問七

問八

二

問一　a　b　c　d　e　f　g　h

問二　A　B　C　D　E　F

問三

問四

問五

問六

問七

問八

問九　と思った。

三

①（　）
②（　）
③（　）
④（　）
⑤（　）
⑥（　）

答えはすべて解答用紙に書きなさい。　円周率は3.14として計算しなさい。　図は正確とは限りません。

(60分)

1. 次の□の中に適当な数を入れなさい。

(1) $33\times33+88\times88-66\times66-11\times11=\square$

(2) $1.2\div0.24\div0.4-4.4\times1.3=\square$

(3) $\frac{3}{11}+\frac{8}{9}\div\left(\frac{4}{7}-\frac{2}{5}+\frac{2}{3}\right)=\square$

(4) $\left(0.6\div0.75-\square\times\frac{21}{20}\right)\div\frac{2}{5}=\frac{1}{4}$

2. 次の□の中に適当な数を入れなさい。

(1) 全体で□ページある本を，1日目には全体の$\frac{2}{5}$を読み，2日目には続きの48ページ読み，3日目には残りの$\frac{3}{8}$を読むと，残りのページ数は全体の$\frac{1}{8}$になりました。

(2) 右の図の三角形ABCは正三角形です。また辺ACとDCの長さは等しいです。㋐の角度は□°です。

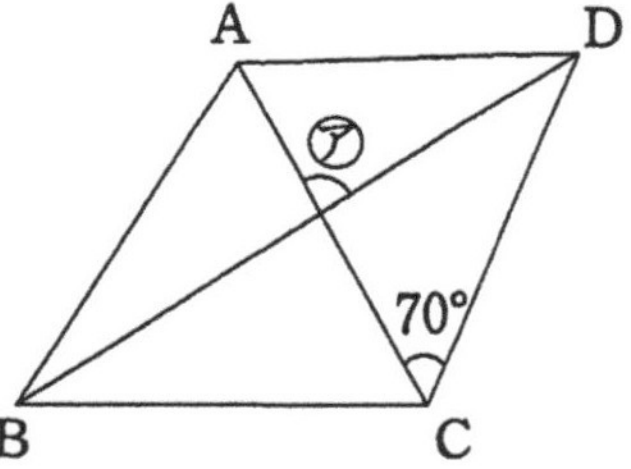

(3) 長方形ABCDの面積は45cm²です。CHの長さが6cmのとき，BEの長さは□cmです。

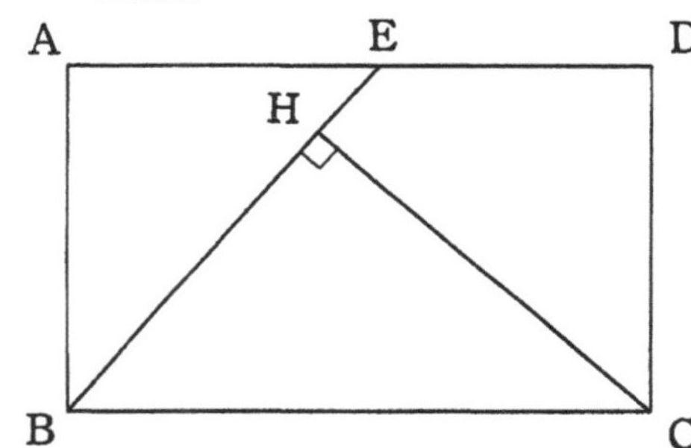

(4) ある日，原価420円の品物を□個仕入れました。まずこの品物を定価650円で何個か売りました。次に定価の2割引きで10個売りましたが，8個売れ残りました。この日の利益は3160円でした。

(5) あるクラスの生徒□人が長椅子に座ります。1脚に5人ずつ座ると2人座れませんでした。1脚に7人ずつ座ると最後の長椅子のみは7人座ることなく，クラスの生徒全員が座ることができました。このとき長椅子は余りません。(考えられる人数をすべて答えなさい。解答欄がすべてうまるとは限りません。使わない欄には×印を書き入れなさい。)

3. 図のような1面だけに◎印のついた直方体の駒を振ります。駒を振った結果は表のように4種類あり，それぞれの場合によって異なる点数が得られます。この駒を4回振って得られる合計点は何通りあるか求めなさい。

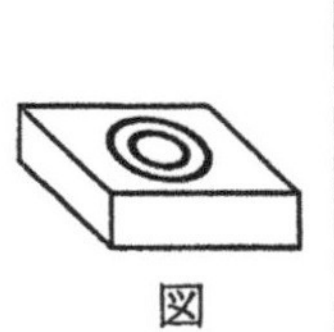
図

裏向き	表向き	横に立つ	たてに立つ
0点	1点	5点	10点

表

4. 図のように，1辺6cmの正方形を2つ並べた図形があります。直径2cmの円を太線にそって図形の外側を1周させました。円が通った部分の面積を求めなさい。

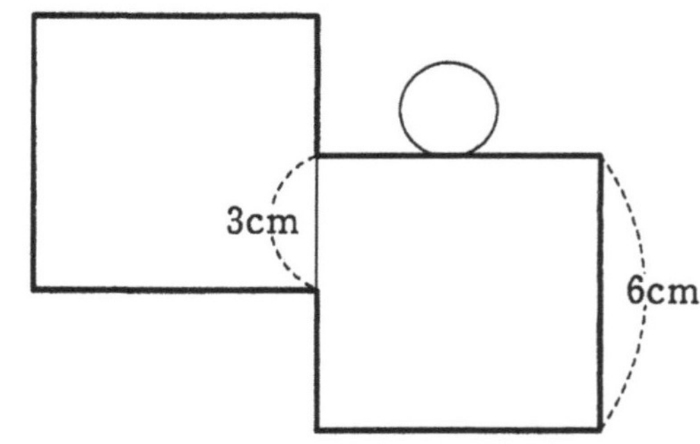

5. 池の周りに1周600mの道があります。姉と妹が同じ向きに同時に出発します。それぞれ一定の速さで姉は3周走り，妹は2周歩きました。ただし，妹は1周歩き，2分間休憩してから，もう1周歩きました。下のグラフは，出発してからの時間と，2人の間の道の長さのうち短いほうの道の長さとの関係を表したものです。次の問いに答えなさい。

(1) 姉，妹の速さは分速何mかそれぞれ求めなさい。

(2) グラフの㋐にあてはまる数を求めなさい。

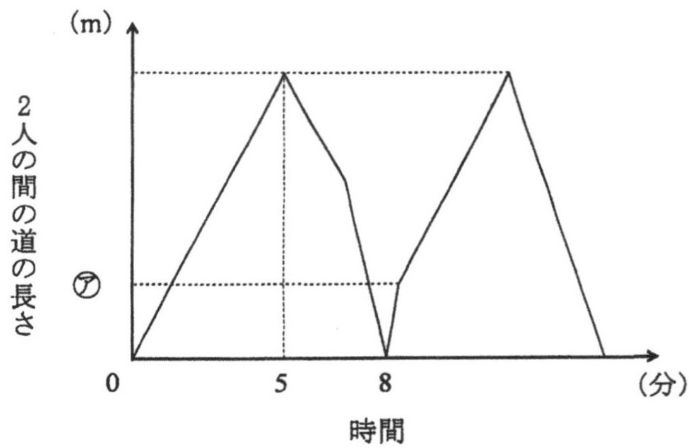

6. A町とB町の間を長さ150mの電車が一定の間隔をあけて走っています。電車はA町からB町へは時速54kmで2分40秒おきに，B町からA町へは時速36kmで3分20秒おきに走ります。A町とB町の間には踏切が1つあります。この踏切は電車の先頭が到達する30秒前に閉まり，最後尾が通過した10秒後に開きます。花子さんは，踏切が開いている時間と閉まっている時間を調査します。両方向の電車の先頭が踏切に同時に到達したときから調査を開始するものとして，次の問いに答えなさい。ただし，踏切の長さは考えないものとします。

(1) 花子さんが調査を始めてから，最初に踏切が開くのは何秒後か求めなさい。

(2) 次に両方向の電車の先頭が踏切に同時に到達するのは，花子さんが調査を始めてから何分何秒後か求めなさい。

(3) 調査を始めてから(2)のときまでに踏切は合計何分何秒閉まっていたか求めなさい。

(4) 調査を始めてから終えるまで，踏切は合計23分30秒閉まっていました。花子さんが調査していた時間は何分何秒になりますか。最短の時間と最長の時間を求めなさい。

7「だからね、セガショー。きみはそのままでいいの。いまのままで十分、だいじょうぶよ。」

ぼくはぼくのままでいい。そんなふうに自分を認められたことなど、一度もなかった。入学してから四年生までずっと、成績は冴えなくて何に対しても自信が持てなくて、いるのかいないのかわからない存在、それがぼくだった。

何かとても大きくて、やわらかくて、温かいものに全身を包み込まれたような感じに、ぼくはうっとりとしていた。汗ばんだ掌のなかに、将棋の駒があった。自分のすべてを肯定された甘い感覚と、握りしめた駒の感触がぼくのなかでひとつになった。

ぼくは苅間澤先生がいうほど、将棋に熱中していたわけではなかった。だがこの瞬間から、将棋はぼくにとって特別なものになった。

（瀬川晶司『泣き虫しょったんの奇跡』）

注１　セガショー…ぼく（瀬川晶司）のあだ名

注２　「ひろば」…苅間澤先生が発行していた保護者向け学級通信のタイトル

問一 ―― a～hの部分を漢字に直しなさい（送り仮名が必要なものはそれも書くこと）。

問二 （　A　）～（　F　）に入る最も適当なことばを次の中から選んで、記号を書きなさい（同じ記号は二度以上使いません）。

ア　もう　　イ　いつか　　ウ　とても　　エ　けっして　　オ　しばらく　　カ　とにかく

問三 ―― 1、ぼくはこれまで自分自身をどのような存在であると自覚していましたか。文中から三十九字ぬき出して答えなさい。

問四 ―― 2、「あれ」は具体的にどんなことを指していますか。

問五 ―― 3、母のことばで使われている「！」の記号は、母のどのような様子を表していますか。文中からぬき出して答えなさい。

問六 ―― 4、この作文が上手に書けたのはなぜだとぼくは考えていますか。できるだけ文中のことばを使って答えなさい。

問七 ―― 5、「その」は、母のどういうところを指していますか。できるだけ文中のことばを使って答えなさい。

問八 ―― 6、「そういう人」とはどういう人のことですか。できるだけ文中のことばを使って答えなさい。

問九 ―― 7、ぼくは先生のこのことばを聞いてどう思いましたか。文中から十二字ぬき出して答えなさい。

三、次の（　）に最も適当な漢数字を入れて慣用句やことわざを完成させなさい（全てに同じ数字を書いてはいけません）。

①　（　）の足を踏む　　（ためらって、どうしようかと迷うこと）

②　悪事（　）里を走る　　（悪い行いはすぐ世間に知れわたること）

③　人のうわさも（　）日　　（世間のうわさも一時のことで、しばらくすると自然に消えてしまうこと）

④　無くて（　）癖　　（癖が無いように見える人でも、多かれ少なかれ癖があるということ）

⑤　（　）死に一生を得る　　（ほとんど助からない危険な状態からかろうじて助かること）

⑥　一寸の虫にも（　）分の魂　　（小さく弱いものにもそれなりの意地があるからあなどりがたいということ）

問五 ――― A、B、Cの「甘さ」「甘み」「甘く」はそれぞれ似たことばですが、ことばの働きが一つだけ異なります。異なるものを記号で答えなさい。

問六 ――― 3、カキの実のどういう点を指して、「巧妙な、すごい、しくみ」と言っているのですか。できるだけ文中のことばを使って答えなさい。

問七 ――― 4、「平核無」の欠点は何ですか。できるだけ文中のことばを使って答えなさい。

問八 ――― 5、この理由をできるだけ文中のことばを使って答えなさい（箇条書きでもよい）。

二、次の文章をよく読んで問いに答えなさい。

変わっているところをあげればきりがないほどだが、苅間澤先生がほかの先生といちばんちがっていたのは、（　A　）子どもをほめたことだろう。どんなにほめるところがなさそうな子も、何かよいところを見つけ出してほめた。いや本当は、よいところなど何もなくてもほめていたのかもしれない。

というのも、1このぼく自身が信じられないほどほめられたからだ。

ある日の国語の時間、ぼくは自分で書いた詩をaろうどくしていた。国語は自分としてはbにがてな科目ではなかったが、それは通知表の「がんばろう」の数がほかの科目より少ないというcていどのことで、自分の作文や詩をほめられたことなどそれまで一度もなかった。

ところがぼくが詩をろうどくし終えると、先生は目を見開いていったのである。

「なんてすてきな詩なの。注1セガショー！　きみって、詩の才能があるのね！」

ぼくはぽかんとして、先生の顔を見つめた。だれかほかの子のことをほめているのだろうと思ったほどだった。

しかし、先生に「セガショー」とdよばれる人間はクラスにこのぼくしかいない。

残念ながら、そのときぼくがどんな詩を書いたのかは（　B　）忘れてしまった。だが、生まれて初めて自分の作品をほめられたときのあの気持ちを、ぼくは生涯忘れることはないだろう。

胸のなかを突然、熱い血が通いはじめたようなあの感覚を。

先生は注2「ひろば」にも、

「瀬川君がろうどくした詩は大変よかったです。」

と、書いてくれた。

2あれは夢じゃなかったんだ。

それを見て、ぼくは本当にほめられたのだと確認することができた。

（　C　）たったある日、保護者eめんだんのために学校へ行っていた母が帰ってくるなり、いつになく興奮した様子でぼくをよんだ。

「ショウ、ショウ！3　あなたの作文、あれ何？」

母は学校でぼくが書いた作文を見せられて驚いたのだという。4苅間澤先生に詩をほめられてから何日かあとで書いた作文だった。

5その母が、ぼくの作文に興奮していた。

英語塾の教師をしていた母は、言葉にはうるさい。だからというべきか、ぼくは母に文章をほめられたことは一度もなかった。

「あなたって、あんなに作文が上手だったかしら！3」

母は知らなかった。ぼくはもともと作文が上手なのではない。生まれて初めて自分の作品をほめられたぼくは、生まれて初めて書きたいと思って作文を書いた。書きたいという意欲が、母を驚かせるような作文をぼくに書かせたのだ。

どんな才能の持ち主も、意欲がなければ（　D　）それをfはっきりすることはできない。そもそも人にどんな才能があるかなど、だれにもわかることではない。ただひとつはっきりしているのは、意欲さえあれば、人はよい結果を残すことができるということだ。

苅間澤先生はそう考えていたのだと思う。

（中略）

ある日の休み時間、だれかとgたいきょくしていたぼくが勝ったところへ、それをまっていたかのように苅間澤先生は声をかけてきた。

「へえー、セガショーって、将棋が強いんだ。」

hどうはんのうしていいかわからず身じろぎしていると、先生はこういった。

「セガショーが将棋が強いのは、セガショーが将棋に熱中しているからよね。わたしは、何かに熱中することってすばらしいと思う。勉強じゃなくてもいい、運動じゃなくてもいいのよ。どんなことでもいいから、それに熱中して、上手になったことがある人は、（　E　）必ずそのことが役に立つ日が来ます。6そういう人はまちがいなく、幸せをつかむことができます。」

いつのまにか（　F　）真剣な顔になっていた先生は、そこまで言い終えると、いつもの優しい笑顔に戻っていった。

（60分）

一、次の文章をよく読んで問いに答えなさい。

1クリと並んで「渋み」をもつ果物の代表は、カキです。クリの実では、渋皮を取り去ることで、渋みはなくなります。しかし、カキの渋みは、なお一層面倒です。（　A　）、カキの渋みは、クリの渋皮のようにまとまってあるわけではなく、果肉や果汁の中に溶け込んでいるからです。そのおかげで、渋いカキの実は、虫や鳥などに食べられることはありません。しかし、実の中のタネができあがってくると、カキの実は、渋柿の実であっても、渋みが消えて甘くなります。

「渋柿」が渋みを感じない「甘柿」になるとき、「渋が抜ける」と表現します。ところが、2ほんとうは、渋が抜け去るわけではありません。カキの渋みの成分は、クリの渋皮の成分と同じで、「タンニン」という物質です。渋柿というのは、タンニンが果肉や果汁に溶け込んでいるカキなのです。

果肉や果汁に溶けているタンニンには、溶けない状態の「不溶性」に変化する性質があります。タンニンが不溶性の状態になると、タンニンを含んだカキの果肉や果汁を食べても、口の中でタンニンが溶け出してこないので、渋みを感じることはなくなります。果肉や果汁に溶けているタンニンを不溶性の状態にすることを、「渋を抜く」と表現します。

（　B　）、「渋柿が、渋を抜かれて、甘柿になる」という現象がおこっても、A甘さが増すわけではありません。また、渋みの成分であるタンニンがなくなるわけではありません。渋みが感じられなくなり、渋みのために隠されていたB甘みが目立つようになるだけです。

タンニンを不溶性にする物質が、「アセトアルデヒド」という物質です。アセトアルデヒドというのは、なじみのない物質のように思えるかもしれません。でも、私たちには、かなり身近な物質です。特に、お酒を飲む人には、関係が断ち切れない物質です。お酒に含まれるアルコールは、飲んだあとに体内にaきゅうしゅうされて血液中に入り、アセトアルデヒドになります。

この物質が、「酔う」と表現される症状をひきおこす元凶なのです。顔が赤くなったり、心拍数が増加したり、動悸が高まったりするのは、この物質のためです。さらにひどい場合には、吐き気がしたり、翌朝に頭痛などの二日酔いの症状が出るのも、この物質が原因です。

私たちの場合、この物質の血液中の濃度が高くなると、こんなことになるのです。（　C　）、渋柿の中に発生したこの物質は、果肉や果汁に溶けているタンニンと反応して、タンニンを不溶性の状態に変えます。カキの実の中で、タネができあがるにつれて、アセトアルデヒドという物質がつくられてくるのです。

アセトアルデヒドによって、タンニンが不溶性のタンニンに変えられた姿が、カキの実の中にある「黒いゴマ」のように見えるものです。これは口の中で溶けないので、食べても渋みを感じることはありません。黒ゴマのような黒い斑点が多いカキの実ほど、渋みは消えているのです。

こうして、C渋いカキは自然に甘くなります。カキの実は、タネができる前の若いときには、虫や鳥に食べられないように渋みを含みます。タネができあがってくると、鳥などの動物に食べてもらえるように甘くなりタネを運んでもらいます。3たいへん巧妙なすごいしくみを備えているのです。

カキの二大bひんしゅは、「富有」と「平核無」です。「富有」は「甘柿の王様」といわれますが、欠点もあります。それは、タネがあることです。一方、4「平核無」は、タネがなくて食べやすいので、人気があります。でも、これは、もともとは渋柿です。しかし、渋柿が自然に甘くなるのには、かなりのcにっすうがかかります。私たちには、dまちきれません。

そのため、近年は、人為的に「渋柿から渋を抜く」という技術が発達しています。eしょうひしゃは、渋みを感じずに、このカキを食べることができます。「このカキはもとは渋柿だ」ということに気づかずに食べている人は、多いはずです。

（中略）

カキは、日本で古くから栽培されてきました。昔は、多くの農家の庭に植えられており、人気のある果物でした。ひんしゅも多彩で、約一〇〇年前の調査では、一〇〇〇種以上が記録されていました。（　D　）、最近は、5「カキは、若い人に人気のない果物」といわれます。その理由の一つは、香りがないことです。（　E　）、fほうちょうで皮を剥きにくいことも原因です。

もう一つの嫌われる大きな理由は、タンニンが不溶性になってできるゴマのような黒い斑点です。これが果肉の中にあるために、おいしそうに見えずgけいえんされているのです。でも、あの黒い斑点があるからこそ、カキの実の渋みを感じずに、おいしさを味わえるのです。見かけは悪いかもしれませんが、果肉に黒いゴマがたくさんあるカキはおいしいですから、毛嫌いせずに味わってみてください。

（田中修『植物はすごい　生き残りをかけたしくみと工夫』）

問一 ——— a～gの部分を漢字に直しなさい（送り仮名が必要なものはそれも書くこと）。

問二 （　A　）～（　E　）に入る最も適当なことばを次の中から選んで、記号を書きなさい（同じ記号は二度以上使いません）。

ア　また　イ　しかし　ウ　つまり　エ　いっぽう　オ　ですから　カ　なぜなら

問三 ——— 1、クリとカキの「渋み」について、共通点と相違点を、できるだけ文中のことばを使って答えなさい。

問四 ——— 2、実際にはどうなっているのですか。解答用紙の字数に合わせて文中から適語をそれぞれぬき出して答えなさい。

2020年度　**理　科　解答用紙**

受験番号				

関西学院中学部（2020．1．18）

※100点満点
（配点非公表）

問１

(1)		(2)	①		②		(3)	

(4)	①		②	
	③			

(5)		(6)		(7)		(8)	

問２

(1)	①		②		(2)	

問３

(1)	①		②		③	
(2)		(3)		(4)		
(5)		(6)		(7)		(8)	
(9)	→ → →	(10)		(11)		
(12)		(13)	①		②	

問４

(1)	①		②		(2)	
(3)		(4)				
(5)	①		②		(6)		(7)		(8)	
(9)	①		②	ダム		

問５

(1)		(2)		(3)	①		②		(4)	
(5)	①		②							

2020年度　算数　解答用紙　A日程

受験番号				

関西学院中学部（2020.1.18）
※200点満点
（配点非公表）

この線より上には答えを書いてはいけません。

1.

(1)		(2)		(3)	
(4)					

2.

(1)		(2)		(3)	
(4)					

3.　【式または考え方】

【答え】

4.　(1)【答え】

(2)【式または考え方】

【答え】　㋐　　　㋑

5.　【式または考え方】

【答え】

6.　(1)【式または考え方】

【答え】

(2)【式または考え方】

【答え】

二〇二〇年度　国語　解答用紙　A日程

受験番号

関西学院中学部　二〇二〇、一、一八

※この用紙には受験番号と解答以外は一切(いっさい)書いてはいけません。
※句読点やその他の記号も一字と数えます。

※200点満点
(配点非公表)

一

問一　a　b　c　d　e　f

問二　A　B　C　D　E

問三

問四

問五

問六

問七

問八

問九

問十

二

問一　a　b　c　d　e　f　g　h　i

問二　A　B　C　D　E

問三　A　B　C

問四　ことば。

問五

問六

問七　始め　終わり

問八　。

三

a　ア　イ

b　ア　イ

c　ア　イ

d　ア　イ

e　ア　イ

f　ア　イ

マナブ君は、ふつう、扇状地は水はけがよく地ばんも安定しているため土地の利用価値が高いことを知りました。それと同時に、集中豪雨の際には川のはんらんに気をつけなければいけないことも分かりました。

（9）マナブ君は川のはんらん以外に、大量の水とともに土砂が流れ落ちることによる災害にも気をつけなければならないと思いました。

① 大量の水とともに土砂が流れ落ちる現象を何といいますか。最も適当なものを次の中から選び、記号を書きなさい。

ア．液状化現象　　イ．火さい流　　ウ．高波　　エ．土石流

② ①による災害を未然に防いだり、被害を少なくしたりするために川に設置されているダムを何といいますか。

問５ 手回し発電機について、次の問題に答えなさい。

（1）図１のような１個の手回し発電機の、導線Ａに導線Ｂをつなげてハンドルを回すとどうなりますか。最も適当なものを次の中から選び、記号を書きなさい。

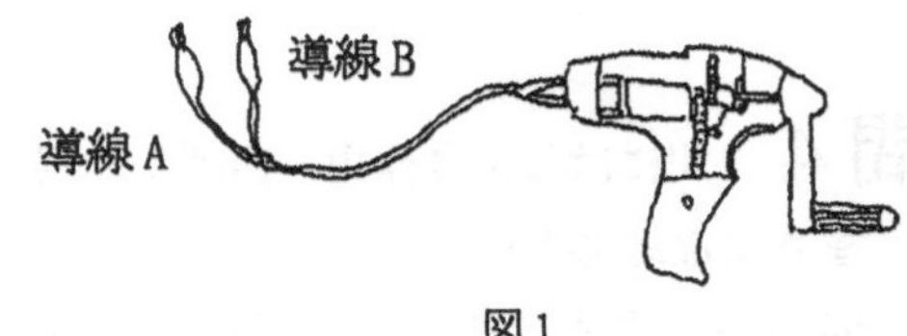

図１

ア．ハンドルが一方向にしか回らなくなる。　　イ．手回し発電機の中のモーターが熱くなる。

ウ．ハンドルの手ごたえが軽くなる。

（2）手回し発電機に、プロペラ付きモーターをつなぎました。ハンドルを回す向きは同じで、ハンドルを回す速さを１秒間に１回から、１秒間に２回に増やすと、プロペラの回る向きと速さはどうなりますか。最も適当なものを次の中から選び、記号を書きなさい。

ア．向きは同じで、速さは速くなる。　　イ．向きは同じで、速さは変わらない。

ウ．向きが逆になり、速さは速くなる。　　エ．向きが逆になり、速さは変わらない。

（3）手回し発電機に、豆電球をつないで、ハンドルを１秒間に１回の速さで回して光らせました。

① ハンドルを回す向きは同じで、ハンドルを回す速さを１秒間に２回に増やすと、豆電球の明るさはどうなりますか。最も適当なものを次の中から選び、記号を書きなさい。

ア．明るくなる。　　イ．暗くなる。　　ウ．変わらない。

② 豆電球を豆電球型発光ダイオードにかえ、ハンドルを１秒間に１回の速さで回したときの手ごたえをたしかめました。豆電球をつないで、ハンドルを１秒間に１回の速さで回したときの手ごたえと比べてどうなりましたか。最も適当なものを次の中から選び、記号を書きなさい。

ア．手ごたえは重くなった。　　イ．手ごたえは軽くなった。　　ウ．変わらなかった。

（4）手回し発電機のように、発電機のじくを回して発電しているものを、次の中からすべて選び、記号を書きなさい。

ア．風力発電　　イ．火力発電　　ウ．水力発電　　エ．太陽光発電

（5）手回し発電機はハンドルを回す動き（運動）を電気に変換しています。

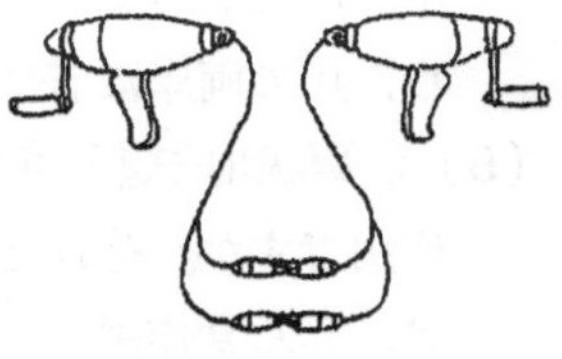

① 図２のように２つの手回し発電機をつないで、一方の手回し発電機のハンドルを回すと、もう一方の手回し発電機のハンドルが回ります。このときに起こることとして適当なものを、次の中からすべて選び、記号を書きなさい。

図２

ア．運動を電気に変換すること。　　イ．電気を運動に変換すること。

ウ．電気を光に変換すること。　　エ．電気をたくわえること。

② ドライヤーを使って、温風で髪をかわかしました。このときにドライヤーの中で起こることとして適当なものを、次の中からすべて選び、記号を書きなさい。

ア．電気を熱に変換すること。　　イ．電気を運動に変換すること。　　ウ．電気をつくること。　　エ．電気をたくわえること。

(13) ビーカーIに入れたものと同じ濃さの塩酸20mLを新たなビーカーに入れ、［実験３］で用いたものと同じ濃さの水酸化ナトリウム水溶液50mLを入れてよく混ぜました。

① よく混ぜた後の水溶液をリトマス紙につけると、リトマス紙の色はどうなると考えられますか。適当なものを次の中から選び、記号を書きなさい。

ア．赤色リトマス紙の色だけが変わる。　イ．青色リトマス紙の色だけが変わる。

② この水溶液を中性にするためには、何を何mL加えるとよいと考えられますか。最も適当なものを次の中から選び、記号を書きなさい。

ア．ビーカーFに入れたものと同じ濃さの塩酸30mL。　イ．ビーカーGに入れたものと同じ濃さの塩酸20mL。

ウ．ビーカーHに入れたものと同じ濃さの塩酸10mL。　エ．［実験３］で用いたものと同じ濃さの水酸化ナトリウム水溶液5mL。

問４

川にはしん食作用、運ぱん作用、たい積作用の３つの作用があります。これらの作用によって、さまざまな地形がつくられます。川がつくる地形としては、山の中にできるV字谷（じこく）とよばれる深くけわしい谷があります。他にも、川が山から平地に出た辺りには扇状地（せんじょうち）とよばれる地形ができ、河口付近では三角州（さんかくす）が見られます。図１は扇状地付近を流れる川の一部を表しており、図２は山から海に向かって川が流れるようすを表しています。次の問題に答えなさい。

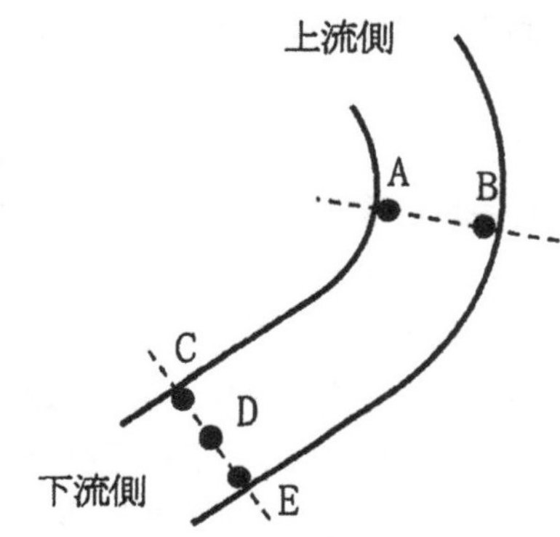

図１

（１）図１の① A地点と② B地点では、川の３つの作用のうち、どれが最もさかんですか。それぞれ適当なものを次の中から選び、記号を書きなさい。

ア．しん食作用　イ．運ぱん作用　ウ．たい積作用

（２）図１のC、D、E地点のうち、最も流れが速いのはどこだと考えられますか。適当な地点の記号を書きなさい。

（３）V字谷で石を観察すると、扇状地や三角州にある石に比べてどのような特ちょうがみられますか。文で説明しなさい。

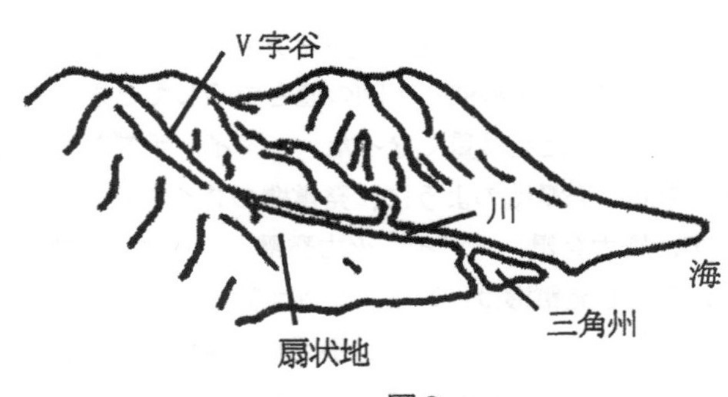

図２

（４）V字谷のような地形ができる理由として、適当なものを次の中から２つ選び、記号を書きなさい。

ア．川によって地面がどんどんけずられていくため。

イ．川によって石や砂がどんどん運ばれていくため。

ウ．川の両岸に石や砂がどんどん積もっていくため。

（５）①扇状地や②三角州のような地形をつくるのは、川の３つの作用のうち、主にどの作用ですか。それぞれ最も適当なものを次の中から選び、記号を書きなさい。

ア．しん食作用　イ．運ぱん作用　ウ．たい積作用

（６）扇状地や三角州をつくっている石や砂のつぶについて述べたものとして、最も適当なものを次の中から選び、記号を書きなさい。

ア．三角州より扇状地の方が、小さいつぶでできている。

イ．扇状地より三角州の方が、小さいつぶでできている。

ウ．扇状地も三角州もどちらも、同じくらいの大きさのつぶでできている。

関西学院中学部に通っているマナブ君が関西学院大学の構内を歩いているとき、用水路が通っていることに気付きました。その用水路をたどると新月池とよばれる池がありました。そこで、大学の校舎（こうしゃ）が建っている上ケ原（うえがはら）という土地について調べてみると、次のことが分かりました。

> 上ケ原の土地は、水はけ（たまった雨水などを流れ出させる能力）のよい扇状地であり、米作りには不向きな土地であった。しかし、土地が平らなため新田開発が進められ、用水路と人工的な池がいくつかつくられた。こうして、大学の校舎が建てられる前は田畑が一面に広がる農村となっていた。
> 現在、上ケ原の土地の多くが市街地となっているが、ところどころに田畑が残っている。

（７）大学の中を通っている用水路は何のためにつくられましたか。最も適当なものを次の中から選び、記号を書きなさい。

ア．水はけのよい土地でイネを育てるために、水を引いてくること。

イ．平らな土地で水がたまりすぎてはイネが成長しないため、不必要な水を流れ出させること。

ウ．市街地で暮らす人々の生活に必要な水を引いてくること。

エ．大雨などのときに、川がはんらんするのを防ぐために水をのがすこと。

（８）新月池は人工的につくられた池の１つです。そこでは用水路を流れてきた水をためています。水をためる理由として、最も適当なものを次の中から選び、記号を書きなさい。

ア．用水路を流れてきた石が田畑に入るのを防ぐため。　イ．野生動物を保護するため。

ウ．用水路の水の流れをゆるやかにするため。　エ．水不足に備えるため。

問３

うすい塩酸とうすい水酸化ナトリウム水溶液を用いて、次の[実験１]～[実験４]をおこないました。

[実験１]　同じ濃さの塩酸 50mL を入れたビーカーA～E に、それぞれ同じ濃さの水酸化ナトリウム水溶液を、体積を変えて入れてよく混ぜました。それぞれのビーカーの水溶液をリトマス紙につけると、ビーカーD の水溶液だけ、赤色リトマス紙、青色リトマス紙のどちらも色が変化しませんでした。

[実験２]　[実験１]の後のビーカーA～E の水を蒸発させると、ビーカーに白い固体が残ったので、その重さを測りました。

[実験１]と[実験２]の結果の一部を表１に示しました。

ビーカー	A	B	C	D	E
うすい水酸化ナトリウム水溶液の体積[mL]	5	10	20	40	50
残った白い固体の重さ[g]	0.9	1.8	a	7.2	b

表１

[実験３]　濃さの異なる塩酸 50mL を入れたビーカーF～I に、[実験１]と同じ濃さの水酸化ナトリウム水溶液を入れてよく混ぜました。よく混ぜた後の水溶液をリトマス紙につけて、赤色リトマス紙、青色リトマス紙のどちらも色が変化しなくなるまで加えた水酸化ナトリウム水溶液の体積を表２に示しました。

ビーカー	F	G	H	I
うすい水酸化ナトリウム水溶液の体積[mL]	20	40	50	100

表２

[実験４]　[実験３]の後のビーカーF～I の水を蒸発させると、ビーカーに白い固体が残ったので、その重さを測りました。

リトマス紙を使用するときは、赤色リトマス紙、青色リトマス紙の両方を使いました。ただし、リトマス紙に水溶液をつけることによってビーカーの水溶液の体積が変わることはないものとして、次の問題に答えなさい。

（１）実験に関して説明した次の文章を読み、（　①　）～（　③　）に入る適当な語句をそれぞれ書きなさい。

塩酸のような（　①　）性の水溶液と、水酸化ナトリウム水溶液のような（　②　）性の水溶液を混ぜ合わせると、水溶液がたがいの性質を打ち消し合います。これを（　③　）といい、性質を打ち消し合った水溶液は中性で、赤色リトマス紙、青色リトマス紙につけても、どちらの色も変わりません。塩酸と水酸化ナトリウム水溶液を同じ濃さにして、同じ体積で混ぜ合わせると、水溶液はちょうど中性になります。また、塩酸と水酸化ナトリウム水溶液の濃さが異なるときは、濃さが濃いほうの水溶液の体積を少なくして混ぜ合わせると、ちょうど中性にすることができます。

（２）塩酸には塩化水素という気体がとけています。塩化水素の性質として、最も適当なものを次の中から選び、記号を書きなさい。

ア．気体の中で最も軽い。
イ．石灰水を白くにごらせる。
ウ．つんとしたにおいがする。
エ．二酸化マンガンにオキシドールを注ぐと発生する。
オ．スチールウールを燃焼させると発生する。

（３）[実験１]で、赤色リトマス紙だけ色が変わったビーカーをA～E の中からすべて選び、記号を書きなさい。

（４）[実験２]で、ビーカーD に残った白い固体は何ですか。物質の名前を書きなさい。

（５）表１の a に入る適当な数値を書きなさい。

（６）表１の b に入る数値として、最も適当なものを次の中から選び、記号を書きなさい。

ア．0.6　　イ．1.8　　ウ．7.2　　エ．9.1

（７）[実験２]で、ビーカーE に残った白い固体のうち、（４）で答えた物質の重さの割合は何%ですか。ただし、割り切れない場合は小数第 1 位を四捨五入して、整数で求めなさい。

（８）[実験３]で用いた塩酸の中で、[実験１]で用いた塩酸より濃いものが入っていたビーカーはどれですか。ビーカーF～I の中からすべて選び、記号を書きなさい。

（９）[実験４]で、ビーカーに残った白い固体の重さが重いものから順に、F～I の記号をならべなさい。

(10) ビーカーF に入れた塩酸の濃さと、[実験３]で用いた水酸化ナトリウム水溶液の濃さの比（塩酸の濃さ：水酸化ナトリウム水溶液の濃さ）として適当なものを次の中から選び、記号を書きなさい。

ア．1：1　　イ．2：5　　ウ．5：2

(11) ビーカーG に入れたものと同じ濃さの塩酸 50mL を新たなビーカーに入れ、[実験３]で用いたものと同じ濃さの水酸化ナトリウム水溶液を入れました。よく混ぜた後、水を蒸発させると、ビーカーに白い固体が 2.7g 残りました。水酸化ナトリウム水溶液を何 mL 入れたと考えられますか。

(12) ビーカーH に入れたものと同じ濃さの塩酸 30mL を新たなビーカーに入れ、水 20mL を加えました。[実験３]で用いたものと同じ濃さの水酸化ナトリウム水溶液を何 mL 入れると、水溶液が中性になると考えられますか。

※答えはすべて、解答用紙に書きなさい。

（45分）

問１

右図は人の体の血管や臓器を簡単に表したものです。矢印 A～I は血液の流れを、矢印あ～か は血管と臓器や全身との間での養分や体に不要なものの主なやりとりを、点線矢印 a～d は酸素や二酸化炭素のやりとりを示しています。次の問題に答えなさい。

（１）２つで１組になっている臓器を、次の中からすべて選び、記号を書きなさい。

ア．肺　　イ．心臓　　ウ．肝臓　　エ．小腸　　オ．腎臓

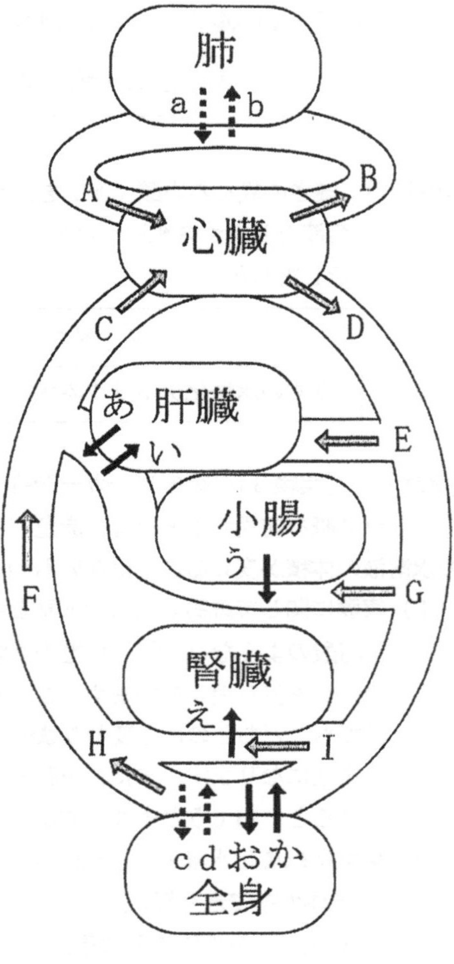

（２）心臓は縮んだりゆるんだりして、肺や全身に血液を送り出します。

① この心臓の動きを何といいますか。

② 心臓から肺や全身に血液を送り出していく血管を何といいますか。

（３）肝臓について述べたものとして、適当でないものを次の中から選び、記号を書きなさい。

ア．すい液という消化液を作っている。

イ．食べ物を消化してできた養分をたくわえている。

ウ．アルコールなどの体にとって害のある物質を、害のない物質に変えるはたらきがある。

エ．脳とともに、体の中で最も大きい臓器のひとつで、大人で1～2 kgの重さがある。

（４）小腸の内側にあるたくさんのひだは、柔毛とよばれる無数のでっぱりでおおわれています。

① 柔毛の中には細い血管があみ目のように通っています。この細い血管を何といいますか。

② 大人の小腸のすべての柔毛を平らにのばして広げると、どれくらいの面積になりますか。最も適当なものを次の中から選び、記号を書きなさい。

ア．この試験の問題用紙１枚の面積。

イ．卓球台の面積。

ウ．テニスコートの面積。

エ．兵庫県の面積。

③ 小腸に柔毛がある利点を、30字以内で書きなさい。

（５）腎臓のはたらきについて述べたものとして、最も適当なものを次の中から選び、記号を書きなさい。

ア．食べ物を消化してできた養分を一時的にたくわえて、少しずつ血液中へ出す。

イ．血液中から体に不要な物質を取り除き、その不要な物質を尿として体の外に出す。

ウ．全身から運ばれてきたものから水を吸収し、かすとして残ったものをこう門から体の外へ出す。

エ．体の中でできた有害な物質を血液中から取り出し、無害な物質に作り変えて再び血液中へ出す。

（６）図の矢印あ～かの中から、養分のやりとりを示しているものをすべて選び、記号を書きなさい。

（７）図の点線矢印 a～d の中から、二酸化炭素のやりとりを示しているものをすべて選び、記号を書きなさい。

（８）酸素が多くふくまれている血液の流れの矢印の組み合わせとして、最も適当なものを次の中から選び、記号を書きなさい。

ア．A・B・C・D　　イ．B・C・F・H　　ウ．B・D・E・G・I　　エ．A・D・E・G・I

問２

昨年あった科学的なできごとについて、次の問題に答えなさい。

（１）神戸市にあったスーパーコンピューターは、その役割を果たし８月に電源が落とされました。

① そのスーパーコンピューターの名前を書きなさい。

② そのスーパーコンピューターは、どのような目的で使われていましたか。次の中から、適当でないものを１つ選び、記号を書きなさい。

ア．台風・集中豪雨の仕組みの解明。

イ．病気を治すためによく効く薬の開発。

ウ．宇宙の構造の解明。

エ．世界中へ動画の同時配信。

（２）小惑星探査機「はやぶさ２」が着陸した小惑星の名前は何ですか。最も適当なものを次の中から選び、記号を書きなさい。

ア．スーパーカミオカンデ　　イ．ブラックホール　　ウ．リチウムイオン　　エ．リュウグウ

答えはすべて解答用紙に書きなさい。　円周率は3.14として計算しなさい。　図は正確とは限りません。

(60分)

1. 次の□の中に適当な数を入れなさい。

(1) $(197\times25+167\times21)\div16=$□

(2) $3.2\times2.8+0.87\times28-84\times0.28=$□

(3) $\frac{2}{3}-\frac{1}{6}+\frac{1}{9}-\frac{1}{12}+\frac{7}{18}=$□

(4) $2.8\times\left(8\frac{7}{9}\div5\frac{2}{3}\div2\frac{1}{3}\right)\times1.7+4.3-6.5=$□

2. 次の□の中に適当な数を入れなさい。

(1) 59を□で割ると5余り，82を□で割ると10余ります。(□には同じ数が入ります。)

(2) 図はある立体の展開図です。この展開図を組み立ててできる立体の体積は□cm³です。

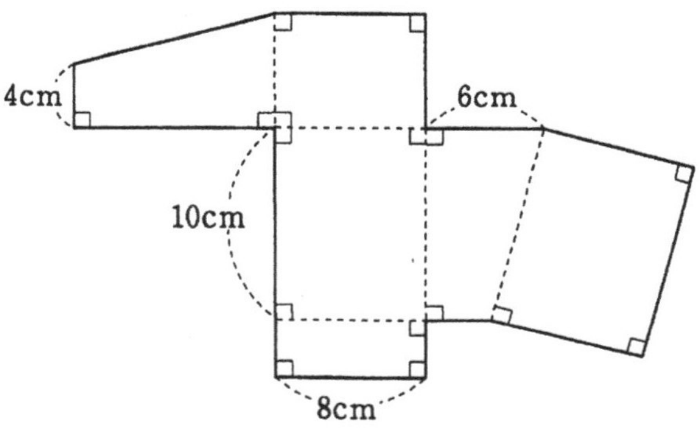

(3) 8%の食塩水200gと，5%の食塩水300gを混ぜ合わせた後，水を100g蒸発させると□%の食塩水になります。

(4) 列車A, Bが同じ向きにそれぞれ一定の速さで進んでいます。列車Aの長さは200mで速さは時速72kmです。列車Bの長さは150mで速さは時速□kmです。健太くんは列車Aに乗っていて，列車Bの先頭が健太くんの横に並んでから最後尾が通りすぎるまでに45秒かかりました。

3. 白，黒，赤の球がそれぞれたくさんあります。これらの球を左から1列に並べていきます。5個の球の並べ方は何通りあるか求めなさい。ただし，白または黒の球の右どなりに球を置くときは赤の球しか置けません。

4. 図のように，直方体の水槽があり，左右の側面に平行な長方形の仕切りでA, B 2つの部分に区切られています。Aの上には一定の割合で水を入れる蛇口がついていて，Bの底には毎分1Lの割合で水が出ていく排水口があります。蛇口から水を入れ始め，途中で排水口を閉じます。グラフは空の水槽に水を入れ始めてから満水になるまでの時間と，Bの水面の高さの関係を表しています。次の問いに答えなさい。

(1) 蛇口から入れる水は毎分何Lか求めなさい。

(2) グラフの㋐，㋑にあてはまる数を求めなさい。

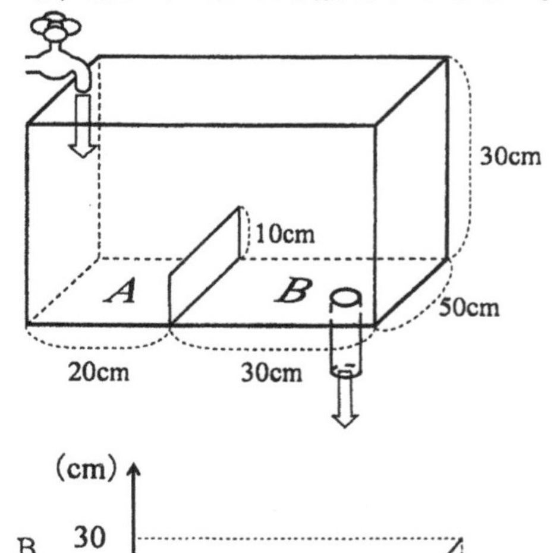

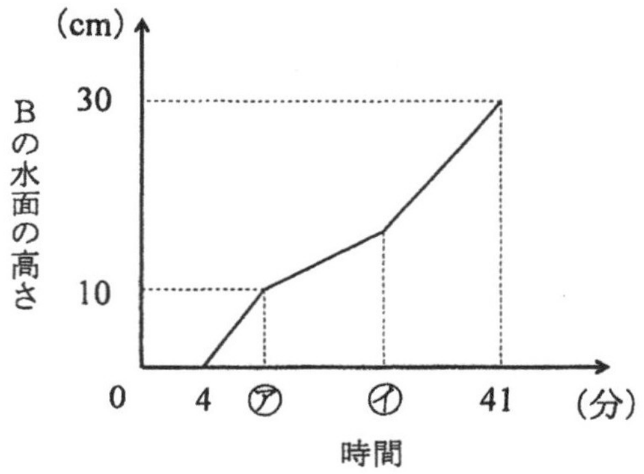

5. ロボットAとBを1台ずつ同時に使うと，6時間で仕上がる仕事があります。この仕事は，はじめにAを1台だけ使い，3時間54分後からBを1台加えて使うと，合計7時間30分で仕上がります。いま，この仕事をA, Bあわせて9台を同時に使うと，1時間18分で仕上がりました。このときAを何台使ったか求めなさい。

6. 1辺1cmの小さな立方体を64個ぴったりはりつけた大きな立方体があります。図のように，その立方体に影をつけました。影をつけた部分を反対の面までまっすぐくりぬいた立体を作りました。次の問いに答えなさい。

(1) この立体の体積を求めなさい。

(2) さらにこの立体の表面をペンキで塗り，もとの小さな立方体にばらばらにしました。4つの面がペンキで塗られている立方体は何個あるか求めなさい。

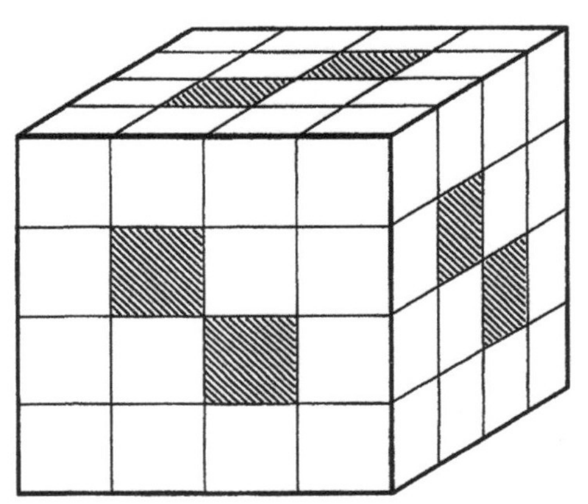

私の発音は、疑問を挟み込む余地もなく「ヘリ」だったわけです。私は自分の英語力を情けないと感じるのと同時に、どうしてアメリカ人は融通が利かないのだろうと不思議に思いました。

もちろん彼らをせめることはできません。（　Ｅ　）、英語のなかで育った彼らは幼少のころから推理を働かせて言葉を聞くという訓練をしてきていないからです。それは優劣の問題ではなく、文化の違いとしか言いようがありません。英米人に「私はferryを意図している」ことをるいすいしてくれるよう期待することは、「ＬとＲを厳密にしきべつする」ことを日本人に要求するくらい酷なことなのです。

（池谷裕二『怖いくらい通じるカタカナ英語の法則』）

（出題に当たり、横書きの原文を縦書きにし、算用数字を漢数字にした。）

注１…close も clothes も片仮名で書けば「クローズ」になる。　注２…アイウエオ以外の音
注３…food（食べ物）、hood（頭をおおうかぶり物、フード）

問一　―――　a～iの部分を漢字に直しなさい（送り仮名が必要なものはそれも書くこと）。

問二　（　Ａ　）～（　Ｅ　）に入る最も適当なことばを次の中から選んで、記号を書きなさい（同じ記号は二度以上使いません）。
ア　では　イ　しかし　ウ　たとえば　エ　ですから　オ　なぜなら

問三　〰〰〰　A、B、Cの「と」「から」「ながら」と同じ意味で使われている文を次の中から一つ選んで、記号を書きなさい。
A　ア　それがよいと思う。　イ　あなたと話したい。　ウ　成功へとつながる。　エ　山と川。
B　ア　八時から約束がある。　イ　宿題をすませてから遊ぶ。　ウ　寒いから上着を着る。　エ　酒は米からできている。
C　ア　安いながら性能がよい。　イ　昔ながらの作り方。　ウ　泣きながら走って帰る。　エ　我ながらよくできた。

問四　―――　1、「同音異義語」とは何ですか。文中のことばをぬき出して答えなさい。

問五　―――　2、なぜ、日本人にとっては、shやch、tsなどが雑音にすぎないのですか。

問六　―――　3、筆者は、英語のどのような点を指して「発声技巧の言語」と言っていますか。できるだけ文中のことばを使って答えなさい。

問七　―――　4、日本語の会話で、聞き手は具体的にどのようなことをしていますか。文中から六十三字ぬき出して、始めと終わりの五字を書きなさい。

問八　―――　5、発音の間違いに対して「アメリカ人は融通が利かない」のはなぜですか。文中から三十四字ぬき出して答えなさい。

三、例にならって、（ア）（イ）にそれぞれ別の漢字一字を入れ、上と下の語が対義語（反対語）になるようにしなさい。ただし、ア・イが一つの熟語になっていること（a～fを通じて同じ漢字は二度以上使いません）。

例　（ア）席　―――　（イ）席　ア＝出　イ＝欠　出欠

a　（ア）潮―――（イ）潮　b　（ア）気―――（イ）気　c　（ア）意―――（イ）意
d　（ア）幕―――（イ）幕　e　（ア）所―――（イ）所　f　（ア）路―――（イ）路

二、次の文章をよく読んで問いに答えなさい。

私が思うに日本人の発音が英米人に通じない理由は三つあります。

１．発音数の差　２．無母音音の有無　３．推測言語と技巧言語

それぞれを詳しく説明していきましょう。

（中　略）

日本人の発音が通じない三番目の理由「推測言語と技巧言語」は、日本語の発音数が少ないことと深い関係があります。発音数が少ないということは、単語の発音のバリエーションが少ないということです。裏を返せば、日本語では同じ発音でも複数の意味を持つということになります。

先に「加工」の発音の例を挙げましたが、「かこう」とA耳で聞いて「加工」を思い浮かべるためには前後のぶんみゃくaがなくてはなりません。なぜなら「かこう」と発音する単語はほかにも多数あるからBです。

火口　下降　書こう　河口　仮構　掻こう　花香　囲う

挙げ出せばキリがありません。私たち日本人は、数多くあるこれらの可能な単語の中から、いま耳で聞いた「かこう」という音がどれに対応しているかを逐一判断しながらC会話をしているのです。「手紙をかこう」と聞けば「書こう」を思い浮かべるでしょうし、「船で隅田川のかこうまでかこうした」と言えば「河口まで下降した」となるでしょう。

普段はあまり気に留めていないかもしれませんが、日本人はこうしたことを無意識のうちに正確に行っているのです。ためしに、次の文章を読んでみてください。夏目漱石の『坊っちゃん』からの抜粋です。

きょうしはたでみるほどらくじゃないとおもった。じゅぎょうはひととおりすんだがまだかえれない。

ひらがなだけで書かれた文章を黙読するのはひどく苦労しますね。（　A　）、これを目ではなく耳で聞いてみると、比較的すんなり頭に入ってきます。

きょうしbははたで見るほど楽じゃないと思った。授業はひと通りすんcだが、まだ帰れない。

人が読みあげるのを聞けば、おそらく対応する漢字が脳裏に浮かんで意味がすんなりと飲み込めるはずです。

こうした例からもわかるように、私たちは耳から聞いた言葉の意味を、多数の「同音異義語」1の組み合わせの中から的確に選び抜いて、瞬時に理解するという高度な処理を行っているのです。想像しながら聞く。そう、日本語とは「推理の言語」なのです。

もちろん、これは発音数が少ないという日本語の弱点をおぎなうdために発達させた日本人独特の能力でしょう。（　B　）、英語を母国語とする人々とは状況がずいぶんと異なります。（　C　）英語の場合を考えてみましょう。

英語は豊富な発音数を誇る言語です。多数の単語をその発音の仕方によって言い分けることができます。実際、英語には同じ発音を使って異なる意味を表すことが、日本語に比べれば圧倒的に少ないのです。

英語のスピーチを聞いたことがある人ならばわかると思いますが、彼らが話すときには、喉から出す「有声音」以外に、舌や唇やはなeを使った「sh シュ」「ch チッ」「ts ツッ」などという乾燥した音を出しているのが頻繁に聞こえるでしょう。

日本人にとって、あの音は単なる雑音にすぎないのですが2、彼らはそれをも利用して単語を言い分けているのです。（　D　）close（閉める）注1と clothes（服）を区別するためにはそうした子音注2を正確に利用できなければなりません。もうおわかりでしょう。英語とは「発声技巧の言語」3なのです。

結局、英語の場合、音が発せられて空気を伝わるときにはすでに音素が細かく分化されているので、聞き手はただ聞こえたままを理解すればよいことになります。

この意味で、英語は「話し手」の発声能力に依存した言語であるといえます。一方の日本語は「聞き手」の想像力を頼りに会話をします4。相手まかせの言語です。まさにこの相違点こそが問題なのです。

日本人は英語を話していても、ついつい日本語を話すときのように、相手に適切な「想像力」を要求してしまいがちです。たとえば「food」注3も「hood」も日本語の発音では「フード」です。でも、私たちが英米人に向かって「フード」と言えばその発音は「hood」以外にありえないのです。ぶんみゃく上「food」であっても、彼らは「hood」としてしか認識しません。

一五年ほど前、かんこうfでニューヨークを訪れたときのことです。私は自由の女神を船上から見ようとフェリー乗り場に行く計画を立てました。タクシーをつかまえて「ferry port」と告げると、運転手はなんの躊躇もなく車を走らせ、「heliport（ヘリコプター発着所）」へと私を連れていきました。日本人の感覚からすれば、かんこうガイドブックを片手に持った私を、人っ子一人いない軍用ヘリコプター場に連れていくのはどう考えてもおかしいと思うでしょう。でも、この運転手にとって

二〇二〇年度　A日程　国語　問題用紙（Ⅰ）

関西学院中学部（二〇二〇、一、一八）

（60分）

一、次の文章をよく読んで問いに答えなさい。

訳あって最近、[1]世界の偉人伝を読んでいる。ガリレオ、ベートーベン、ナイチンゲール、エジソンといったお馴染みの人たち。子供向けに書かれたもので、読みやすいのは当然にしても、人の一生をこんなに[a]たんじゅん化していいものかと、擦れた大人は考えてしまう。

子供の頃から伝記は好きではなかった。当たり前だが、描かれる人たちは皆、何かを成し遂げた人。結末はどれも主人公が大成してめでたしめでたし。物語性を重視する少年だった僕には、物足りないにもほどがあった。ひとつくらい、[2]主人公が失敗して、何も成し遂げられずに死んでいくような偉人伝はないのかと本気で思ったが、そもそもその人は偉人ではないので、あるわけがない。

そして僕が子供の頃に感じた伝記に対する違和感[注]は、数十年経った今も、そう変わっていない。

エイブラハム・リンカーン。伝記シリーズの[b]じょうれんである。奴隷解放宣言を行ったアメリカの十六代大統領。[3]伝記に登場する少年時代のエピソードの数々をいちいち紹介はしないが、どれも正直者のエイブラハム少年の心温まる逸話[注]。確かにそれらはいい話だし、リンカーンは立派な人だけど、（　A　）これって読み物として面白いのか。偉人伝にエンターテインメント[注]性を求めることが間違っているのかもしれないが、面白い方が子供たちは、リンカーンの人生に（　B　）[c]きょうみが湧いてくるはずだ。

リンカーンは、（　C　）足のサイズがデカかったそうだ。これだけで、雲の上の人が身近に感じられる。でも、[4]このことはほとんどの子供向け伝記には書かれていない。実に惜しい。

足がデカいということは、背が高いということ。リンカーンの身長は一九三センチ。歴代アメリカ大統領の中で一番デカい。トランプより二センチデカい。白鵬よりデカい。コブクロの大きい方の人（黒田さん）と同じ。そしてその高身長を利用して、リンカーンは（　D　）若い頃はレスラーだった。しかも二九九勝一敗。最強である。残念ながら、[5]この面白エピソードを知る日本の子供は（　E　）いない。

リンカーンといえば髭。彼は自分の[d]ようしに自信がなく、相当ひどい顔だと思い込んでいて、それを隠すために髭を[e]はやしたという説がある。人間リンカーンを知る上で大事な要素だと思うが、これもまず伝記には出てこない。

ただし異説もあって、ある時一人の少女から手紙を貰ったリンカーン。そこに「あなたは髭をはやした方が素敵だから、髭を伸ばせばきっと大統領になれる」とあり、はやしてみたら本当に大統領になったという。だが少女が手紙を書いたのが十月（ちゃんと残っている）、大統領選が十一月。自分の経験から言って、一月伸ばした程度では見栄えする髭にはなかなかならない。[6]やや信憑性[注]に疑問符がつくが、リンカーンは髭の伸びが[f]いように早かった可能性もある。

いずれにしても[7]偉人リンカーンを身近に感じるエピソード。子供たちが知らないのはもったいないではないか。

（朝日新聞夕刊　二〇一九年四月十一日「三谷幸喜のありふれた生活」）

注
違和感＝しっくりこない、不自然な感じ。
エンターテインメント＝人を楽しませてくれるもの。
逸話＝その人にまつわるきょうみ深い話。
信憑性＝情報などの信用していい度合い。

問一　―――a～fの部分を漢字に直しなさい（送り仮名が必要なものはそれも書くこと）。

問二　（　A　）～（　E　）に入る最も適当なことばを次の中から選んで、記号を書きなさい（同じ記号は二度以上使いません）。

ア　より　　イ　かなり　　ウ　なんと　　エ　ほとんど　　オ　果たして

問三　―――1、なぜ筆者は子供の頃から「世界の偉人伝」が好きではなかったのですか。できるだけ文中のことばを使って答えなさい。

問四　―――2、なぜこのような偉人伝はないのですか。できるだけ文中のことばを使って答えなさい。

問五　―――3、リンカーンの「伝記に登場する少年時代のエピソードの数々」を筆者はどんな話だと言っていますか。文中から十九字ぬき出して答えなさい。

問六　―――4、「このこと」とはどんなことですか。できるだけ文中のことばを使って答えなさい。

問七　―――5、「この面白エピソード」とはどのようなものですか。できるだけ文中のことばを使って答えなさい。

問八　―――6、なぜ「信憑性に疑問符がつく」のですか。できるだけ文中のことばを使って答えなさい。

問九　―――7、「偉人」のことをどんな人だと言っていますか。文中から五字ぬき出して答えなさい。

問十　リンカーンが髭を伸ばした理由として考えられることを筆者は二つ挙げています。その二つをできるだけ文中のことばを使って答えなさい。